人民文库 第二辑

中国近代经济史

（1937—1949）

下 册（一）

刘克祥 | 主编

人民出版社

出 版 前 言

1921年9月，刚刚成立的中国共产党就创办了第一家自己的出版机构——人民出版社。一百年来，在党的领导下，人民出版社大力传播马克思主义及其中国化的最新理论成果，为弘扬真理、繁荣学术、传承文明、普及文化出版了一批又一批影响深远的精品力作，引领着时代思潮与学术方向。

2009年，在庆祝新中国成立60周年之际，我社从历年出版精品中，选取了一百余种图书作为《人民文库》第一辑。文库出版后，广受好评，其中不少图书一印再印。为庆祝中国共产党建党一百周年，反映当代中国学术文化大发展大繁荣的巨大成就，在建社一百周年之际，我社决定推出《人民文库》第二辑。

《人民文库》第二辑继续坚持思想性、学术性、原创性与可读性标准，重点选取20世纪90年代以来出版的哲学社会科学研究著作，按学科分为马克思主义、哲学、政治、法律、经济、历史、文化七类，陆续出版。

习近平总书记指出："人民群众多读书，我们的民族精神就会厚重起来、深邃起来。""为人民提供更多优秀精神文化产品，善莫大焉。"这既是对广大读者的殷切期望，也是对出版工作者提出的价值要求。

文化自信是一个国家、一个民族发展中更基本、更深沉、更持久的力量，没有文化的繁荣兴盛，就没有中华民族的伟大复兴。我们要始终坚持"为人民出好书"的宗旨，不断推出更多、更好的精品力作，筑牢中华民族文化自信的根基。

人民出版社

2021 年 1 月 2 日

目　录

―――― 下　册 ――――

第三篇　革命战争中不断成长壮大的 新民主主义经济

征引文献目录 ·· 3777

第 三 篇
革命战争中不断成长壮大的
新民主主义经济

第十九章

抗日根据地经济

　　抗日根据地经济是抗日根据地军民在残酷的战争环境下,建立和发展起来的新民主主义经济。它有别于国民党统治区半殖民地半封建经济,同土地革命时期的苏区经济也不完全相同,是介于半殖民地半封建经济与社会主义经济之间的一种过渡型经济。

　　1937年7月7日,日本帝国主义发动"卢沟桥事变",中国守军奋起抵抗,全面抗战爆发。日本全面侵华战争,使中华民族面临灭顶之灾。7月8日,中国共产党向全国发出通电,号召"全中国人民、政府和军队团结起来,筑成民族统一战线的坚固的长城,抵抗日寇的侵略! 国共两党亲密合作抵抗日寇的新进攻! 驱逐日寇出中国!"为了促成抗日民族统一战线的建立,7月15日,中共中央将《中国共产党为公布国共合作宣言》交给国民党中央,提出全民族抗战、实行民主、改善民生等抗日的基本主张,重申愿为彻底实现孙中山的三民主义而奋斗,停止推翻国民党政权和没收地主阶级土地的政策,取消苏维埃政府,取消红军番号,改编为国民革命军。7月17日,中共代表周恩来、秦邦宪、林伯渠同国民党代表蒋介石、邵力子、张冲在庐山举行会谈,在全国人民强烈要求抗日的压力下,国民党同意国共合作,共同抗日。8月22日,国民党政府军事委员会发布将红军改编为国民革命军第八路军的命令。9月22日,国民党中央通讯社发表了《中国共产党为公布国共合作宣言》。23日,蒋介石发表关于团结御侮的谈话,承认中国共产党的合法地位。10月,国共两党在南京达成协议,将留在湖南、江西、福建、广东、浙江、湖北、河南、安徽八省边界地区的红军和游击队(琼崖红军游击队除外),改编为国民革命军新编第四军。至此,以国共合作为基础的全国抗日民族统一战线宣告成立。

中国共产党早已做好全面抗战的准备。1938年8月22日至25日,中共中央洛川会议通过毛泽东起草的《中国共产党抗日救国十大纲领》,提出了全面抗战的路线、方针。会议通过的《中共中央关于目前形势与党的任务的决定》指出:中国的抗战是一场艰苦的持久战。会议确定:红军在敌人后方放手发动独立自主的山地游击战争,使游击战争担负起配合正面战场,开辟敌后战场,建立敌后抗日根据地的战略任务。八路军从陕甘宁边区出发,东渡黄河,奔赴抗日前线。在国民党军队弃地向南溃退、大片国土沦于敌手的时候,八路军英勇抗击日寇的进攻,并深入敌后广泛开展游击战争,收复大片国土,发动群众改造旧政权,建立敌后抗日根据地。八路军、新四军在敌后开展游击战争,依托山区并逐渐向平原地区发展。先后开辟创建了华北的晋察冀、晋绥、晋冀豫、冀鲁豫、山东,华中的豫鄂边、皖东北、皖中、皖南、苏南、苏中、苏北、豫皖苏,华南的东江、琼崖等抗日根据地。

陕甘宁边区是土地革命时期保留下来的老革命根据地,是中共中央所在地,是全国人民进行抗日战争的指导中心,也是敌后抗日根据地的总后方。到1940年年底,中国共产党领导的抗日根据地已经拥有1亿人口,在全民族抗战中发挥着日益重大的作用。

为了坚持长期抗战,巩固和扩大根据地,中国共产党十分重视敌后抗日根据地的各项建设:政权建设、经济建设和文化教育建设。毛泽东同志对抗日根据地的政治、经济、文化和社会性质,做了明确的界定:"判断一个地方的社会性质是不是新民主主义的,主要地是以那里的政权是否有人民大众的代表参加以及是否有共产党的领导为原则。因此,共产党领导的统一战线政权,便是新民主主义社会的主要标志。有些人以为只有实行十年内战时期那样的土地革命才算实现了新民主主义,这是不对的。现在各根据地的政治,是一切赞成抗日和民主的人民的统一战线的政治,其经济是基本上排除了半殖民地因素和半封建因素的经济,其文化是人民大众反帝反封建的文化。因此,无论就政治、经济或文化来看,只实行减租减息的各抗日根据地,和实行了彻底的土地革命的陕甘宁边区,同样是新民主主义的社会。各根据地的模型推广到全国,那时全国就成了新民主主义的共和国。"①

毛泽东同志的新民主主义经济理论是新民主主义革命理论的重要组成部分,是马克思列宁主义同中国革命实际相结合的产物。一方面,它是以马克思列宁主义的基本原理为基础,坚持了无产阶级在民主革命中和革命胜利后的领导权,坚持了中国社会经济发展的社会主义前途;另一方面,它又根据自己对中国国情的认识,吸收了中国民主革命的经验教训,也包括孙中山的思想精华,提出了符合中国实际和人民要求的具体方针和政策。而这些方针政策经过根据地经济发展实践,不断完善,又反过来促进了新民主主义经济建设理论的形成和成熟。

1939 年 10 月—1940 年 1 月,毛泽东同志在《〈共产党人〉发刊词》《中国革命和中国共产党》和《新民主主义论》等著作中,以对中国国情的科学分析为基础,系统地阐述了新民主主义理论,总结抗日根据地建设的经验,提出了"新民主主义的社会"的概念,这是对根据地社会性质的科学总结。经过抗日根据地经济建设经验的积累,毛泽东同志 1945 年 4 月在党的第七次全国代表大会上所作的《论联合政府》中又对新民主主义经济理论有了新发展。特别是强调要发展私人资本主义经济。论述了新民主主义社会的经济中包括三个组成部分:国家经营、私人经营和合作经营。论述了三种资本主义的区别:法西斯的资本主义、民主的资本主义、新民主主义的资本主义,指出:"蒋介石搞的是半法西斯半封建的资本主义。我们提倡的是新民主主义的资本主义","它的性质是帮助社会主义的","有利于社会主义的发展的"。②

抗日根据地经济在其发展过程中,政策逐步完善,建立起了有别于半

---

① 《毛泽东选集》第二卷,人民出版社 1991 年版,第 785 页。
② 《毛泽东文集》第三卷,人民出版社 1991 年版,第 384—385 页。

殖民地半封建经济的新民主主义经济。抗日战争时期新民主主义经济建设积累了丰富的经验,在以后解放战争时期解放区的经济建设和中华人民共和国成立后的经济建设中都起着重大的历史借鉴作用。

第一节　红军长征途中的经济斗争和党在策略转变时期的经济政策

抗日根据地新民主主义经济的创立,源自20世纪30年代的历史大变动和红军的战略转移:蒋介石国民党为了彻底消灭工农革命,对侵占东北、步步紧逼华北的日本帝国主义采取不抵抗政策,强调"攘外必先安内",对苏区采取规模一次大过一次的军事"围剿"。红军连续打退了蒋介石的四次"围剿",但由于王明"左"倾冒险主义的恶性膨胀,红军在第五次反"围剿"中失利,被迫实行战略转移,北上抗日,挽救民族危亡。

1934年10月中旬,中共中央机关和中央红军主力撤离苏区,踏上向西突围的征途。1935年1月,在贵州遵义召开的政治局扩大会议上,结束了王明冒险主义在党中央的统治地位,确立了以毛泽东同志为代表的新的中央领导,扭转局势,中国革命从此踏上正确的轨道。中央在改变原来的军事路线的同时,开始纠正"左"的政治路线和政策。由于日本帝国主义军事侵略的不断扩大和国内外形势的变化,民族矛盾上升为国内主要矛盾,红军到达陕北后,开始调整和改变苏区的各项经济政策,着手创立抗日根据地和以抗日根据地为依托的新民主主义经济,开始抗击日本帝国主义的伟大战斗。

一、红军长征途中的军需给养与经济斗争

红军在长征中边行军边打仗,没有根据地作依托和有组织的人民群众的支援,伤病员的安置、粮食和弹药的供应,全依靠红军自行筹措,总的

原则是:由总政治部统一制定政策、制度、办法;政治部门和供给部门协作配合、筹集给养;物资的运输、保管分配和加工制作均由供给部门负责。红军的武器弹药依靠缴获,取之于敌;粮食、被服和其他物资供给主要依靠没收征发、购买和借贷。

在整个长征途中,红军始终把人民群众的利益放在高于一切的位置。对补充给养、处理沿途军民关系,都制定了明确的政策和严明的纪律。1935 年 1 月,红军总政治部规定,必须"使城市与圩场的商人继续营业",纸币要"尽可能维持兑现";让商人捐款必须"极端审慎",没有进行反革命活动的商店"不能没收";[1]要绝对保护工农劳动群众的利益,"不拿群众一点东西,借群众的东西要送还,买卖按照市价"。[2] 红军在贵州、云南、四川和甘肃等省少数民族地区,一般不打土豪,筹集的物资主要通过购买。红军所到之处,张贴告示,宣布"粮食公平购买,价钱交付十足"。[3]

长征开始时,中央根据地国家银行员工曾组成十五大队,挑运银洋、纸钞和印钞器材等 100 余担,随同红军长征,为红军印制纸钞,并为支付的纸钞兑换现洋。1934 年 11 月,红军进入湘南大镇延寿圩、宜章县城时,所用钞票,"均按日兑现"。[4] 红军进占遵义时,"曾在城内天主堂成立银行,发行钞票数种",以纸币购买商品并兑付现洋。[5] 但是,毕竟现洋数量有限,到长征后期,购物纸币已无法全部兑现,不过红军始终纪律严明,买卖公平。1935 年 6 月 25 日,红军总政治部发出《关于收集粮食的通知》和《关于粮食问题的训令》,规定购买粮食的政策和方法:为了争取群众与发动群众帮助红军购买粮食,买粮必须向群众作宣传,给足价钱,不

---

① 赵效民主编:《中国革命根据地经济史(1927—1937)》,广东人民出版社 1983 年版,第481 页。

② 赵效民主编:《中国革命根据地经济史(1927—1937)》,广东人民出版社 1983 年版,第492 页。

③ 赵效民主编:《中国革命根据地经济史(1927—1937)》,广东人民出版社 1983 年版,第493 页。

④ 《中国工农红军第一方面军长征记》,人民出版社 1955 年版,第 18—19、25—27 页。

⑤ 赵效民主编:《中国革命根据地经济史(1927—1937)》,广东人民出版社 1983 年版,第496 页。

准强行购买。先头部队政治机关应责成粮食征购人员,每到一地即与当地革命政府或群众共同商妥各项粮食价格,布告周知。因故逃跑群众不在家时,购买群众的粮食时须邀邻里同去并留字条和价款交邻里代转。禁止私人购买逃跑群众的鸡、猪及其他物品。①

　　红军在长途跋涉、自身给养补充极其艰难的条件下,还进行了若干群众性的经济斗争,通过打土豪、分财产的方式,为工农谋福利。红军突围后曾多次计划建立新的革命根据地。最初计划中央和红一方面军转移到湘西与红二方面军会合,建立湘西革命根据地。1934年12月中旬,因形势变化,决定放弃湘西,改向贵州,建立以遵义为中心的川黔边根据地。②1935年2月,又决定建立云、贵、川根据地;③4月决定建立川西根据地;④6月决定建立川、陕、甘根据地⑤,但均未成功,才于8月和9月,决定建立陕甘根据地,提出了在陕北创立根据地的任务。⑥ 红军在长征途中,在某一个地方停留时间并不长,但仍然做了一些力所能及的经济工作。首先是沿途各地打土豪,把没收和征发来的粮食和财物分给贫苦农民。1935年1月,没收了国民党贵州省主席王家烈的盐行,价值几十万元。同时缴获他从上海购进的价值五万元的白金龙香烟。盐和香烟除分给贫苦群众一部分外,其余均低价出售。⑦ 2月,总政治部发布训令,强调打土豪应以筹款及发动群众为中心,事前应在群众中详细调查土豪的家产,发动群众参加,并应立即就地分发给群众,严格纠正不争取群众、不散发东西给群

　　① 中国社会科学院经济研究所中国现代经济史组编:《革命根据地经济史料选编》上册,江西人民出版社1986年版,第493页。

　　② 中央档案馆编:《中共中央文件选集》第9册(1934—1935),中共中央党校出版社1986年版,第436页。

　　③ 赵效民主编:《中国革命根据地经济史(1927—1937)》,广东人民出版社1983年版,第503页。

　　④ 赵效民主编:《中国革命根据地经济史(1927—1937)》,广东人民出版社1983年版,第503页。

　　⑤ 赵效民主编:《中国革命根据地经济史(1927—1937)》,广东人民出版社1983年版,第504页。

　　⑥ 赵效民主编:《中国革命根据地经济史(1927—1937)》,广东人民出版社1983年版,第504页。

　　⑦ 《中国工农红军第一方面军长征记》,人民出版社1955年版,第22—23、28—29、40页。

众的错误。① 在一切成立工农临时政府的地方，取消一切苛捐杂税，废除封建债约，并发动群众打土豪。红军在遵义时，曾召开群众大会，成立遵义革命委员会。并组织了几百人的"抗捐队"，"清查贪官污吏，没收其财产，当场鸣锣聚众散发"。② 还在黔北许多县区建立"临时工农政权革命委员会"，废除国民党政府的苛捐杂税，没收军阀官僚豪绅的米谷、衣物，分给工人、农民及一切穷人，又没收其田地平均分配给农民及一切穷人。③ 尽管由于红军转移，群众所得革命果实旋即丧失，但正如毛泽东同志所说："长征又是播种机。它散布了许多种子在十一个省内，发芽、长叶、开花、结果，将来是会有收获的。"④红军播下的革命火种，成为后来在解放战争时期，人民解放军迅速解放南方各省的重要因素。

二、革命策略转变时期的经济政策及其实践

1936 年"西安事变"后，为了推动国共两党再次合作，团结抗日，1937年 2 月 10 日，中共中央发表《中共中央致国民党三中全会电》，向国民党提出包括停止一切内战，集中国力，一致对外；保障言论、结社、集会之自由，释放一切政治犯；召集各党各派各界各军的代表会议，集中全国人才，共同救国；迅速完成对日抗战之一切准备工作；改善人民生活五项要求。同时宣布：停止武力推翻国民政府的方针；苏维埃政府改名为"中华民国特区政府"，红军改名为"国民革命军"；特区实行彻底的民主制度；停止没收地主土地的政策四项保证。旨在消除国内两个政权对立状态，团结全国人民对日作战，挽救民族危机。

与党中央的策略转变的同时，根据地各项经济政策也做了相应的调

---

① 赵效民主编：《中国革命根据地经济史(1927—1937)》，广东人民出版社 1983 年版，第507 页。

② 《中国工农红军第一方面军长征记》，人民出版社 1955 年版，第 20—21 页。

③ 赵效民主编：《中国革命根据地经济史(1927—1937)》，广东人民出版社 1983 年版，第505 页。

④ 《毛泽东选集》第一卷，人民出版社 1991 年版，第 150 页。

整:一是纠正王明"左"倾路线下的错误政策,如土地政策中的"地主不分田""富农分坏田"的做法,以及过"左"的劳动政策和财政政策;二是为了建立抗日民族统一战线,向地主阶级作某些妥协和让步,争取他们对抗日民族战争的支持,同时切实保护工农基本群众的利益,以调动广大人民群众的抗日与生产的积极性。

(一) 土地革命政策的改变

土地革命政策的改变,是从纠正王明的"左"倾错误开始的。在 1935 年 12 月瓦窑堡中央政治局扩大会议之前,中央就已着手纠正王明的"左"倾错误,调整土地革命中的土地政策。1935 年 12 月 6 日,中央颁布《党中央关于改变对付富农策略的决定》,停止执行"加紧反对富农"和"富农分坏田"的"左"倾政策,改为保护富农经济的新政策。该决定明确规定在白区,要"联合整个农民,造成广泛的农民统一战线。故意排斥富农(甚至一部分小地主)参加革命斗争是错误的"。在根据地内,要"集中力量,消灭地主阶级",而对富农"只取消其封建式剥削的部分,即没收其出租的土地,并取消其高利贷。富农所经营的(包括雇工经营的)土地,商业,以及其他财产则不能没收"。应保障富农扩大生产(如租佃土地、开辟荒地、雇佣工人等)与发展工商业的自由。如农民要求平分一切土地时,富农应按照普通农民一样平均分得土地。① 从而纠正了"富农分坏田"的错误主张。

为了进一步纠正王明的"左"倾错误,推动抗日民族统一战线的建立,1936 年 7 月 22 日,《中共中央关于土地政策的指示》提出,为要使土地政策的实施能够实现清算封建残余与尽可能的建立广大的人民抗日统一战线的目的,需要进一步的审查现施土地政策,并给以必要的改变。土地政策的改变主要有以下几点:第一,改变了过去"地主不分田"的政策,给地主以生活出路。第二,将小土地出租者与小地主区别开来,不没收其土

---

① 中央档案馆编:《中共中央文件选集》第 10 册(1934—1935),中共中央党校出版社 1991 年版,第 586 页。

地。明确规定以下五种人的土地不没收:(1)自由职业者、技术人员、教员、医生、学生、小商人和手工业者等小业主;(2)凭自己劳动所得积蓄购得土地的工人;(3)生活情况很坏的小地主;(4)原非地主因失去劳动力而不得不出租土地者;(5)将土地出租而自己仍受雇于人者。第三,根据地主对抗日的不同态度实行区别对待的政策。"一切汉奸卖国贼的土地财产等全部没收",而"一切抗日军人及献身于抗日事业者的土地,不在没收之列"。第四,进一步改变对富农的政策。由原来的只没收富农的出租的土地,进一步发展为"富农的土地及其多余的生产工具(农具、牲口等),均不没收"。[1]

　　1937 年 2 月 10 日,中共中央在前述《中共中央致国民党三中全会电》中,提出了停止没收地主土地的政策。正如毛泽东同志所指出的"中国土地属于日本人,还是属于中国人,这是首先待解决的问题"[2]。3 月,陕甘宁边区已实际上停止了没收地主土地的运动。4 月 26 日,苏维埃政府(后不久改变为边区政府)发布关于土地政策的布告,宣布"在没有分配土地的统一战线地区,地主豪绅的土地停止没收"。以前逃跑的地主纷纷返回边区。陕甘宁边区政府颁布了在上述布告中也明确了关于处置回边区的地主的办法,规定"在已分配了土地的区域,地主豪绅回来,可在原区乡分配他以和农民一样多的土地和房屋"。给他们以足够维持生活和参加农业生产的条件。不过对已没收了的土地,不许还原。边区政府并进行了土地登记,确定土地所有权,用法律的形式,保障农民的革命成果。[3] 同时提出了减租减息政策,宣布在没有分配土地的区域,地主豪绅的土地,停止没收,但 1936 年以前的欠租,应宣布取消,不准索取;以后交租办法,可由地主与农民双方决定,但应比以前减轻些;以前农民借地主的债如果利息超过本钱或者与本钱相等的,则不再付利,没有超过本钱的酌量减轻;以后借债,最高利息不得超过一分五厘。[4] 5 月,陕甘宁边区

---

　　① 　中央档案馆编:《中共中央文件选集》第 11 册(1936—1938),中共中央党校出版社 1991 年版,第 57—59 页。

　　② 　《毛泽东选集》第一卷,人民出版社 1991 年版,第 260 页。

　　③ 　谢觉哉、左健之:《关于陕甘宁边区农村经济的几个问题》,《解放》周刊 1940 年第 119 期。

　　④ 　《回苏区的豪绅地主要收租还债怎么办》,《新中华报》1937 年第 349 期。

政府颁布选举条例,规定恢复地主富农的公民权。中国共产党停止没收地主土地的政策在边区得到全面的实施。

(二) 工商业政策的调整

中国共产党的策略转变中最主要的是对民族资产阶级政策的转变。为了争取和团结民族资产阶级,首先要纠正过去过"左"的工商业政策。陕北根据地商品经济不发达,私人工商业数量不多,在主力红军到达陕北以前,因受王明"左"倾错误的影响,曾发生过没收商店和商人货物,禁止赤白区商人往来贸易的情况,以致商品市场萧条,物资流通阻塞。主力红军到达陕北后,1935 年 11 月 25 日,临时中央政府西北办事处张贴布告,宣布实行贸易自由的政策。不仅根据地的大小商人有充分的营业自由,"白区的大小商人也可以自由到苏区来营业",除粮食及军用品外,根据地的生产品均可自由输出。同时宣布在工业方面实行投资开放政策。允许苏区内外正当的大小资本家投资各种工业。为了促进私人工商业的发展,宣布取消一切捐税,甚至连关税、营业税等也"一概免收"。① 12 月 1日,西北办事处又宣布,外出办货商人可将"苏票"(根据地银行发行的纸币)或现金到根据地银行兑换"白票"(国民党统治区钞票)。如需要携带现金出境的,亦可照数兑换。② 同时还规定:"为着发动商人输出苏区农产品,与运输食盐出口,银行可给予低利贷款。"③

在王明"左"倾错误路线影响下,根据地的工商业资本家和军阀官僚、地主豪绅以及富农一样,"是没有选举代表参加政权和政治上自由的权利的"。④ 1936 年年初,西北办事处颁布的《西北苏维埃选举法》规定,

---

① 沙兵:《目前只有苏区才是经营工商业最好的地方!》,《红色中华》1935 年第 242 期。

② 中国社会科学院经济研究所中国现代经济史组编:《革命根据地经济史料选编》上册,江西人民出版社 1986 年版,第 188 页。

③ 中国社会科学院经济研究所中国现代经济史组编:《革命根据地经济史料选编》上册,江西人民出版社 1986 年版,第 189 页。

④ 中央档案馆编:《中共中央文件选集》第 9 册(1934—1935),中共中央党校出版社 1986 年版,第 91 页。

"雇佣劳动在十人以下,资本在五千元以下之工商业主亦有选举权"。[1]
新的规定使中小工商业者有了选举权。1937 年 5 月公布的《陕甘宁边区
选举条例》规定,除汉奸卖国贼、因犯罪被剥夺公民政治权利者和精神病
患者外,"年满十六岁的,无论男女、宗教、民族、财产、文化上的区别,都
有选举权和被选举权"。[2] 所有工商业者都有了公民权。这些都极大地
调动了工商业者的积极性。

为鼓励私人工商业的发展,1936 年 8 月,根据地政府在提出积极开
发池盐和定边盐业的计划中,宣布"除陈请中央政府拨给款项外,并欢
迎国外华侨及国内资本家来投资"。[3] 上述政策解除了工商业者的顾
虑,使他们能积极参与根据地的工商业经营。陕甘宁贸易局须向定边
县商人购买布匹,商人不仅想方设法从白区进货,而且价格比市价低
廉,还可短期赊欠。定边商业的繁荣,吸引了许多白区商人冲破封锁,
冒着风险到根据地做生意。[4] 天津、北京、包头等地的商人通过他们在
定边的庄号,在根据地收购皮毛等土产品,运销布匹等工业品,交易十
分红火。[5]

为了繁荣根据地商业市场,1936 年 7 月,西北办事处还宣布,恢复
从前逢五逢十的集市,并由苏维埃政府帮助设立消费合作社;国家银行
西北分行设立营业部,批发食盐、布匹等大宗货物,以供给各个合作社;
中央粮食部成立由粮食调剂局领导的"农产品收买处",农民的农副产
品如粮食、豆类、羊毛、羊皮等,随时可以上市出售,如销售困难,可由农
产品收买处全部收买。[6] 根据地政府为了开发食盐生产,鼓励农民和商
人用食盐到白区交换工业品,取消一切捐税,"只须缴纳一定的盐价,即

---

① 《苏维埃选举法有新的改变》,《红色中华》1936 年第 250 期。
② 《陕甘宁边区选举条例》,《新中华报》1937 年第 359 期。
③ 《苏维埃政府积极开发花定盐业》,《红色中华》1936 年第 292 期。
④ 《定边城商业政策与安定商人》,《红色中华》1936 年第 298 期。
⑤ 赵效民主编:《中国革命根据地经济史(1927—1937)》,广东人民出版社 1983 年版,第
524 页。
⑥ 《中华苏维埃共和国中央政府西北办事处布告》(1936 年 7 月 3 日),《苏维埃极力改
善志丹群众生活》,《红色中华》1936 年第 286 期。

可到处运售"。同时设立县、区消费合作社，或运盐合作社，从事食盐贩运。①

（三）财政金融政策的调整

财政金融政策的调整，具体表现为抗日财政经费筹集方式上的变化。为适应抗日民族统一战线的建立，有钱出钱，有粮出粮，有枪出枪，有力出力，有知识出知识，集中一切力量进行抗日民族战争，成为制定财政政策的指导方针。当时根据地红军和政府的财政收入来自以下三个方面：一是战争中缴获和没收地主、汉奸卖国贼的财产；二是人民捐助；三是国营企业收入。据美国作家埃德加·斯诺记载：中央财政部部长林伯渠告诉他，陕北根据地的财政收入，"有百分之四十至五十得自没收，百分之十五至二十得自自愿捐，包括在白区拥护我们的人捐助的现款。其余的收入来自贸易，经济建设，红军的土地和银行贷与政府的贷款等"②。

1936 年，根据地临时中央政府颁布《没收汉奸卖国贼财产条例》，宣布没收日本帝国主义在华办的工厂企业、铁道、矿山、银行及其他财产。③被没收的上述财产，成为根据地最早的国营企业。

随着土地政策的改变，对地主的政策也由打土豪转为募捐。红军主力到达陕北初期曾一度继续实行打土豪的办法，1936 年 8 月 1 日，临时中央西北办事处、中共西北中央局、西北革命军事委员会关于收集新粮的计划中，规定在老区陕北省由红军向群众购买；在陕甘宁地区，主要没收豪绅地主的粮食，另募捐和购买一部分。④ 旋即改用对地主募捐方式。8月 18 日，西北军委、总政治部、中央财政部关于筹款工作的训令规定："对

---

① 赵效民主编：《中国革命根据地经济史（1927—1937）》，广东人民出版社 1983 年版，第525 页。

② ［美］埃德加·斯诺：《西行漫记》，董乐山译，生活·读书·新知三联书店 1979 年版，第 207 页。

③ 中国社会科学院经济研究所中国现代经济史组编：《革命根据地经济史料选编》上册，江西人民出版社 1986 年版，第 506 页。

④ 中国社会科学院经济研究所中国现代经济史组编：《革命根据地经济史料选编》上册，江西人民出版社 1986 年版，第 501 页。

于地主阶级,只要他不反对抗日红军而愿意毁家纾难的,也应避免用没收的办法,而以募捐的方式使其尽量拿出金钱和物品来。"①

与土地政策和工商业政策的改变相适应,在财政政策上,对富农也不再实行没收、征收和罚款,免除一切税收,只用募捐一项。对工商业资本家,也禁止一切没收和征发,不收任何租税,只实行募捐。上述训令强调,筹款必须注意经济政策,"没收地主的商店固然不对,没收一般的商店尤不允许"。对富农和工商业资本家的募捐也由过去的强制改为宣传动员,自愿捐助。并制定了对捐助者的奖励办法:资本家捐助千元以上者,给奖状及一等银质奖章,并单独登报表扬之;五百元以上者,给奖状及二等铜质奖章,并用大字登报表扬;百元以上给三等布质抗日奖章,并登报表扬。②

根据地政府对一般农民完全免除一切税收。陕北土质瘠薄,自然灾害频繁,加上地主的残酷剥削和军阀政府的横征暴敛,农民生活极端贫困。主力红军到达陕北后立即宣布取消国民党政府的一切苛捐杂税,并免征任何赋税。根据地政府来自农民的财政收入,只限于爱国捐助和借粮购粮。捐助必须完全自愿,并给予适当的奖励。③ 群众困难时还及时给予救济扶助。1936 年陕北根据地由于受敌人摧残和农业歉收,根据地政府于 1937 年青黄不接时,支出 2 万元,用于救济④,解决了人民困难,深受群众拥护。

根据地金融政策的改变,首先是逐步调整银行的货币发行政策。中央红军到达陕北后,于 1935 年 11 月在瓦窑堡市成立了中华苏维埃共和国国家银行西北分行。西北分行的主要职能是发行纸币,办理机关往来存款,代理中央金库,发放农工商业贷款,进行现金管理,开展货币斗争。

---

① 中国社会科学院经济研究所中国现代经济史组编:《革命根据地经济史料选编》上册,江西人民出版社 1986 年版,第 503 页。

② 中国社会科学院经济研究所中国现代经济史组编:《革命根据地经济史料选编》上册,江西人民出版社 1986 年版,第 499 页。

③ 中国社会科学院经济研究所中国现代经济史组编:《革命根据地经济史料选编》上册,江西人民出版社 1986 年版,第 499 页。

④ 《苏维埃政府决拨二万元巨款救济红属难民》,《新中华报》1937 年第 347 期。

"西安事变"前后，出现了与之建立统一战线的西北军和东北军防区，西北办事处遂规定，苏维埃机关或部队，进驻友军区域，为保证商业自由和尊重当地市场习惯，在苏票未能在当地流通以前，一般使用友军的"白票"、现洋。[1] 1937年1月，西北分行随中央政府机关迁至延安后，为适应抗日统一战线的建立，开始在陕甘宁地区统一使用法币，停止"苏票"发行，并开始回收"苏票"。

银行借贷也实行减息。同时除继续以信贷资金支持国营企业和合作社以及农民、手工业者个体经济发展外，对私营工商业也发放低息贷款。这是过去所没有的。

经济和财政政策的调整，促进了根据地经济恢复和发展。停止没收地主土地减轻了地主的对抗和阻力，有些开明的地主还主动向根据地政府捐献抗日基金。同时，实行减租减息，废除一切苛捐杂税，减轻了农民的负担，同时政府向农民发放贷款，免费供应犁铧和棉花种子，调动了广大贫苦农民的生产积极性。尤其是对富农政策的改变，不仅调动了富农的生产积极性，也消除了中农怕致富后被打成富农的恐惧心理，积极性空前高涨。1937—1938年，陕甘宁地区耕地增加了约60万亩，牛羊增加到30万头以上。[2] 工商业政策的改变调动了工商业者发展工商业的积极性。"西安事变"后，内战基本停止，根据地政府可以用更多的力量进行经济建设，恢复和发展了一批国营工业。延长石油厂恢复生产，1936年1—3月产油7万斤，超过国民党统治时期的产量。除满足根据地需要外，还可出口。陕北省安定和永坪煤矿的开发，充分满足了根据地机关、工厂和群众的需要。还建立了中央印刷厂、兵工厂、被服厂，开采了盐池县的食盐等。[3] 私营工业也有所恢复和发展，1937年1—6月，延水和延川两县有染房15处、粉房4处，各县共有油房十余处，铁木手工业也

---

① 中国社会科学院经济研究所中国现代经济史组编：《革命根据地经济史料选编》上册，江西人民出版社1986年版，第388页。

② 《陕甘宁边区简史》，《党史资料》1953年第5期。

③ 中国社会科学院经济研究所中国现代经济史组编：《革命根据地经济史料选编》上册，江西人民出版社1986年版，第183—187页。

大有发展。① 根据地商业的发展也很快。据西北办事处统计,1937 年
1—5 月,贸易总局贸易总额达 387703 元,其中,买进工业品 191110 元、
土产品 8960 元,售出工业品 182956 元、土产品 4677 元。② 合作社商业方
面,陕北省 1937 年 1—6 月,发展区消费合作社 75 个,省县机关合作社 7
个,社员 57518 人,股金 64992 元。③ 私营商业发展更快,1937—1938 年
间,除停业老店重新开业外,新开店铺 1000 余家。④

　　党的经济政策的改变,为以后抗日根据地的经济建设起了一个良好
的开端。1937 年 7 月 7 日"卢沟桥事变"爆发,全国抗日民族统一战线正
式成立,国共实现了第二次合作,伟大的抗日民族战争开始了。中国共产
党领导中国人民坚持抗日民族统一战线中的独立自主的原则,坚持放手
发动敌后游击战争和建立敌后抗日根据地的战略方针,逐步扩大了抗日
民主根据地。在抗日根据地实行新民主主义建设方针,以策略转变时期
的经验为借鉴,更有成效地推进抗日根据地的经济建设,为夺取抗日战争
的胜利和粉碎国民党的反共阴谋,奠定了坚实的经济基础。

第二节　抗日根据地建立和发展初期的经济
(1937 年 7 月—1939 年 10 月)

　　抗日战争初期,抗日根据地的地域开辟、民主政权建立和经济恢复、
建设,均处于草创阶段。

　　在地域上,抗日根据地相当分散、零碎,陕甘宁、晋察冀、晋冀鲁豫、晋

---

① 《推动边区经济建设的重要关键——陕北开各县经济部长联席会议》,《新中华报》
1937 年第 373 期。

② 《苏维埃政府办事处会议检讨苏区经济建设工作》,《新中华报》1937 年第 366 期。

③ 《推动边区经济建设的重要关键——陕北开各县经济部长联席会议》,《新中华报》
1937 年第 373 期。

④ 《陕甘宁边区简史》,《党史资料》1953 年第 5 期。

绥和山东沂蒙、华中淮南等根据地,几乎全是省县交界丘陵山区,地处偏僻,土地贫瘠,自然和社会环境复杂,经济闭塞、落后,内战时期又受到战争等因素的影响和破坏,亟须休养民力。各抗日根据地民主政府审时度势,与民休息,轻徭薄赋,停止实行没收地主土地的政策,改为减租减息,既减轻农民负担,又注重保护富农和工商业者的利益,缓和阶级矛盾。并在减租减息的同时,没收汉奸财产,没收日本帝国主义的在华资产,既孤立和打击了敌人,调动了各阶级、阶层的抗日和生产积极性,又筹措了经费,部分解决了抗日经费紧缺的问题。在国防经济和金融、财政方面,建立不脱离生产的自卫军;建立银行,发行货币;开源节流,克服财政经济困难;发展与调节资本主义,采取各种措施恢复和发展经济。农业生产方面,鼓励垦荒;开展互助合作和大生产运动;颁布相关条例、办法,兴办农田水利;改进、提高和推广农业生产技术。在发展工业和手工业生产方面,也给予足够的重视,边区政府一个重要的方针,是注意"启发小生产者和私人企业家的生产积极性和自动性",大力发展农村手工业,提倡大规模的手工业经营,促进农家副业。晋察冀边区政府根据地区特点,更将发展工业的重心,始终放在手工业与家庭副业上,为了粉碎敌人的扫荡和封锁阴谋,凡能自己制造的一切日用必需品,均设法自制,以求自给自足。

由于方针政策正确、措施有力,1937—1939 年,各根据地工农业生产和商业流通都有了明显的恢复和发展;物价稳定,财政状况改善;耕地面积扩大,粮食等作物产量增加;牲畜饲养业迅速恢复和发展,农民的收入也有所增加,生活改善;工业特别是公营工业也获得了初步恢复和发展,各个根据地相继办起了一批小型工厂或手工工场。对于私人不易经营的军需工业、矿业、冶炼业、纺织机的制造等,则主要由边区政府和军区积极经营,晋察冀军区还在河北省完县神南镇成立了军事工业部,领导军火研究与生产,保证了八路军武器装备的供给。

一、抗日根据地创建初期的经济政策

在抗日战争初期,中国共产党采取了一系列有利于国共合作,团结全国各族人民组成广泛的抗日统一战线,一致抗日的经济政策,改变了第二次国内革命战争时期的没收地主土地,打土豪以充财政经费、征收地主富农钱财等经济政策,实行了适应全国抗战新形势的经济政策。1937 年 8 月 25 日,毛泽东同志在《为动员一切力量争取抗战胜利而斗争》一文中,提出了抗日"十大救国纲领"。有关经济方面的内容包括:没收日本在华财产,否认对日债务,废除与日本签订的条约,收回一切日本租界。财政经济政策包括:整顿和扩大国防生产,发展农村经济,保证战时生产品的自给。提倡国货,改良土产。禁绝日货,取缔奸商,反对投机操纵。同时改良人民生活:改良工人、职员、教员和抗日军人的待遇;优待抗日军人的家属;废除苛捐杂税,减租减息,救济失业;调节粮食,赈济灾荒;等等。①

　　首先是停止实行没收地主土地的政策,改为减租减息。

　　早在 1937 年 2 月,中国共产党在《中共中央致国民党三中全会电》中就提出停止没收地主土地的政策,并立即付诸实施。陕甘宁边区于 1937 年 4 月宣布:"在没有分配土地的区域,地主豪绅的土地,停止没收,但去年以前的欠租应宣布取消,不准索取";"以后交租的办法,可由地主与农民双方决定,但应比以前减轻些";"以前农民借地主的债,如果利息超过本钱或者与本钱相等的,则不再付利,没有超过本钱的酌量减轻",以后借债,"最高利息不得超过五厘"。② 1937 年 6 月,中共中央在《御侮救亡、复兴中国的民族统一纲领草案》中提出,要"修订并实行土地法(指国民党政府颁布的土地法——引者注),整理田赋,改良租佃制度,减轻地租,禁止地租以外之其他要素,并保证耕者有其田的主张之最后实现";"整理农民债务,减低利息,禁止高利贷,规定最高利率,提倡农民信用合作社,增加农村贷款,改良贷款办法,使农村银行及其他贷款机关,真正能为贫苦农民所利用"③。8 月 25 日中共中央政治局洛川会议上,减租减息政策被列入《抗日救国十大纲领》,成为在抗日战争时期解决农民土地问题的基本政策。

---

① 《毛泽东选集》第二卷,人民出版社 1991 年版,第 354、356 页。
② 《回苏区的豪绅地主要收租还债怎么办》,《新中华报》1937 年第 349 期。
③ 许向楠:《新民主主义革命与马克思主义中国化的关系》,《读与写》2015 年第 3 期。

减租减息是中国共产党在第一次国共合作时期提出并在部分地区实行过的政策。在 1926 年 7 月中国共产党第四届三次扩大会议对农民运动决议案中,提出减租 25%。借贷利率不得超过二分。同年 9 月,国民党联席会议作出了"减轻佃农田租 25%","禁止重利盘剥,最高利率年利不得超过 20%"的规定,减租减息遂成为国共两党的共同主张。随后,湖南、湖北、江苏、浙江四省相继公布减租条例。不过随着以蒋介石为首的国民党反动派叛变革命,减租减息政策或被取消或名存实亡。国民党政府在 1930 年 6 月颁布的《土地法》中,规定"地租不得超过耕地正产物收获总额千分之三百七十五"。抗日战争时期中国共产党提出减租减息政策,正是合法利用国民党政府的上述规定,令其不敢公开反对。

抗日民族统一战线建立不久,中国共产党领导的抗日民族武装就在根据地内,创造条件实行"二五减租",改善农民生活。1938 年,中国共产党领导的抗日政工队,曾在浙江临海大固、小溪、长甸、宜山、下岭等乡领导农民实行"二五减租"。[①] 在这前后,慈溪三北抗日革命根据地也实行"二五减租",规定交租不超过农产品收获量的 37.5%。[②]

减租减息政策是在抗日民族统一战线内,调节农民与地主两个阶级之间相互利益和关系的最恰当的政策。它一方面要求地主债主减租减息,减轻对农民的剥削,改善农民的生活,以调动农民抗日与生产的积极性;另一方面又要求农民在减租减息之后,向地主债主交租交息,照顾地主的利益,保障地主的地权和财权,以争取地主阶级站在抗日阵线一边。减租减息政策相对于没收地主的土地分配给无地少地农户的土地改革,是属于改良性的政策。因为它不是取消封建剥削,废除地主土地所有制和消灭地主经济。但是这种改良,已经不是在反动统治下,维护封建土地所有制和封建统治,更不是发展地主经济的改良,而是在中国共产党和抗日民主政府领导下,为了减轻和限制地主对农民的封建剥削,发动和组织农民群众力量的优势,打破旧的封建专制统治的改良,因而是一种有利于

---

① 临海市志编纂委员会编:《临海县志》,浙江人民出版社 1989 年版,第 270 页。

② 慈溪市地方志编纂委员会编:《慈溪县志》,浙江人民出版社 1992 年版,第 212 页。

革命的改良政策。因为它在当时是减轻封建剥削和削弱地主经济的最直接最普遍的方法。实行减租减息政策就能够减轻地主对农民的封建剥削,把广大农民发动起来,投入到抗日救国斗争中去,同时又能够争取地主阶级的大多数站在抗日的一边。它有利于抗日根据地经济的发展,有利于夺取抗日战争的胜利,并为彻底解决农民的土地问题奠定基础。因此可以说,实行减租减息是对封建土地所有制的一种渐进性的改革。

在减租减息的同时,实行没收汉奸财产、筹措经费的政策。

1937 年 7 月 23 日,中共中央发表《中共中央为日本帝国主义进攻华北第二次宣言》,对抗日的办法提出了八条建议,在经济政策上的两条措施是:(1)立即实行全面的对日抵抗,停止对日外交谈判,实行武装缉私,抵制日货,没收日本帝国主义在华的一切银行、矿山、工厂与财产,取消日本帝国主义在中国的一切政治的与经济的特权;(2)立刻实施财政经济土地劳动文化教育等各种新政策,以巩固国防,改善民生。[1] 毛泽东同日发表《反对日本进攻的方针、办法和前途》一文提出:"财政政策放在有钱出钱和没收日本帝国主义者和汉奸的财产的原则上,经济政策放在抵制日货和提倡国货的原则上。"[2]

上述经济政策中,重点是没收汉奸的财产,没收日本帝国主义在华的财产,这是当时保障抗日根据地抗日军队供给的重要来源之一。没收汉奸财产和向汉奸筹款也是动员人民群众起来抗日,巩固和扩大抗日根据地的重要政策。1937 年 10 月 15 日,张闻天、毛泽东在给朱德、彭德怀、任弼时《关于没收汉奸财产问题》的电文中指出,"没收大地主,指没收汉奸政策的主要阶级内容,大地主而未为汉奸者,当然不在没收之列。在一切汉奸分子中,首先应坚决没收大地主,而对中层分子之为汉奸者,在未得民众同意以前,不应急于没收。工农中有被迫为汉奸者,应取宽大政策,以说服教育为主"[3]。1938 年 4 月 20 日,在《毛泽东等关于巩固与发展晋

---

[1]　中共中央文献研究室、中央档案馆编:《建党以来重要文献选编(1921—1949)》第 14 册,中央文献出版社 2011 年版,第 389—391 页。

[2]　《毛泽东选集》第二卷,人民出版社 1991 年版,第 348 页。

[3]　《毛泽东文集》第二卷,人民出版社 1993 年版,第 41 页。

察冀根据地问题给聂荣臻等的电报》中指出,"筹款方法除经常的税收捐款外,要注意向汉奸筹款。可组织特别的队伍,到铁路车站及城市附近去没收与逮捕汉奸。我们没有可能大批帮助你们的经费"①。4月21日,在《毛泽东等关于发展平原游击问题给朱德等的电报》中指出,吸收民间的枪支加入游击队与军队,要采用宣传说服及借枪(可给借枪证)的办法,或发动群众自带枪支来当游击队。"筹粮筹款,以自愿及公平摊派为原则,并注意逮捕城市及车站的大汉奸筹款"。②

为了扩大抗日民族统一战线,壮大抗日力量,分化汉奸,在没收汉奸财产、打击汉奸的策略上实行区别对待。1938年10月15日,张闻天在中共六届六中全会上的报告中提出对不同的汉奸采取不同的方针:消灭坚决的、死心塌地的少数汉奸,公布其罪状,没收其财产;争取动摇的与被迫的汉奸,同情抗日,帮助抗日。争取动摇与被迫的汉奸的方法是,不没收其财产,给他们以自新的道路,这样,动摇的与被迫的就可以回头,随后再坚决处置那些铁杆的汉奸,没收其财产。

国防经济政策方面,建立不脱离生产的自卫军。

1937年12月25日,中国共产党发表的《中国共产党对时局宣言》提出,"实行国防经济政策——首先须努力建立军事工业,加速军事交通和实行战时财政政策"③。而在此之前的8月12日,中共中央在关于抗战中地方工作的原则指示中,曾指出,一切地方工作,以争取抗战的胜利为基本原则。一切斗争方法与方式,不但不应该违反它,而且正是为了取得抗战的胜利。在改善群众生活的过程中,"应该鼓励一切同国防有关的生产事业中群众革命的热情,自觉的提高生产率。在抗日的直接后方,应竭力避免采取对抗战有害的罢工之类的斗争方式"。抗日战争初期抗日根据地比较小,几乎没有军事工业。主要是提请国民党政府去实行,支持

---

① 中共中央文献研究室、中央档案馆编:《建党以来重要文献选编(1921—1949)》第15册,中央文献出版社2011年版,第264页。

② 中共中央文献研究室、中央档案馆编:《建党以来重要文献选编(1921—1949)》第15册,中央文献出版社2011年版,第267页。

③ 中共中央文献研究室、中央档案馆编:《建党以来重要文献选编(1921—1949)》第14册,中央文献出版社2011年版,第767页。

国民党政府的国防经济政策。1938 年 3 月 25 日,中共中央向国民党临时全国代表大会致电中,提出希望采纳的八条意见中的第八条就提出,"组织抗战的经济基础,建立国防工业,发展军需工业,改进农业。用一切方法提高工业农业的生产,首先是国防工业的生产。鼓励海外华侨及国内富裕资产者的投资,保护与奖励工商业,发展国家资本,提倡国货,改良土产,调剂粮食,推广合作运动,实行节约运动"①。

1938 年 3 月 24 日,洛甫(张闻天)、毛泽东、刘少奇致电当时任北方局军委书记的朱瑞,并致电朱德、彭德怀、杨尚昆、刘伯承、徐向前、邓小平、唐天际,要求他们除建立完全在党的领导下的有战斗力的若干游击兵团(如云臻同志的游击支队)及地方游击队外,广泛组织不脱离生产的自卫军,并使他们担任侦察、警戒、放哨、坚壁清野等。② 不脱离生产,既能抗敌,又能劳动,是长期战争所必须采取的措施。

金融和财政收支方面,建立银行,发行货币;开源节流,克服财政经济困难。

1937 年 9 月,陕甘宁边区政府成立,原中华苏维埃共和国国家银行西北分行改为陕甘宁边区银行。边区境内起初使用法币,但由于当时市场上辅币很少,难以找零,给市场流通带来困难,陕甘宁边区银行于 1938 年以"光华商店代价券"的名义,先后发行了面值一分、二分至七角五分等六种代价券,信誉良好。它实际上起到了本位币的作用,群众称之为"光华票"。

各敌后抗日根据地也相继建立银行,发行货币。

中共晋西北党委决定,由动委会刘少白出面,于 1937 年 12 月创办了一个由共产党直接领导的银行——兴县农民银行,先后印制了三批纸币。第一批 2 万元、第二批 5 万元、第三批 10 万元。这些钞票,大部分做了八路军的军需支出。当时,只要有一二〇师副师长萧克的批条,每次可提款

---

① 中共中央文献研究室、中央档案馆编:《建党以来重要文献选编(1921—1949)》第 15 册,中央文献出版社 2011 年版,第 221 页。

② 中共中央文献研究室、中央档案馆编:《建党以来重要文献选编(1921—1949)》第 15 册,中央文献出版社 2011 年版,第 215 页。

2000—3000 元,最多的一次提款 1 万元。①

晋察冀边区军政民第一次代表大会,通过了"边区为统制与建设经济得设立银行发行钞票"决议案。1938 年 3 月 20 日正式成立晋察冀边区银行。关学文为银行经理,何松亭为银行副经理。总行设在五台山区的石咀村。边区所辖各专区、县、区、村镇设分行、办事处、代办所等机构,代理边区银行业务。1938 年 8 月 17 日在《在毛泽东等关于晋察冀边区货币政策给聂荣臻等的电报》中指出,边区货币政策应根据以下原则:(1)边区应有比较稳定的货币,以备同日军作持久的斗争。(2)边区的纸币数目,不应超过边区市场上需要的数量。这里应该估计到边区之扩大和缩小之可能。(3)边区的纸币应有准备金。第一货物,特别是工业品。第二伪币。第三法币。(4)日军占领城市及铁路线,我据有农村。边区工业品之来源日军占领地,边区农业产品之出卖地,亦在日军占领区域。因此边区应有适当的对外贸易政策,以作货币政策之后盾。(5)边区军费浩大,财政货币政策应着眼于将来军费之来源。(6)在抗战最后胜利之前,法币一定继续跌价,法币有逐渐在华北灭迹之可能。杂币更会跌落,伪币亦会有一定程度的跌落。边区纸币如数量过多,亦会跌落。问题中心在于边区纸币应维持不低于伪币之比价。因此提议下列具体办法:甲、发行一定数量的边区纸币(此数量由你们考虑决定电告我们),收买法币,保留一部分法币,大部分购买工业品,用一部分法币兑换伪币。乙、对于杂钞应设各种方法,使其流到边区以外去。丙、有无可能送一部分杂币至总部及一二○师带一部分法币来延安,请考虑电复。丁、扩大边区纸币的印刷,因将来印刷一定比现在更困难。上述各项请考虑研究。待彭真来延时,再详细讨论决定。②

1938 年 10 月 21 日和 25 日,广州、武汉相继沦陷,抗日战争由战略防御转入相持阶段。在此关键时刻,中国共产党召开了六届六中全会,会议根据毛泽东同志报告通过的《中共扩大的六中全会政治决议案》中指出

① 《兴县革命史》编写组:《兴县革命史》,山西人民出版社 1985 年版,第 62—63 页。
② 中共中央文献研究室、中央档案馆编:《建党以来重要文献选编(1921—1949)》第 15 册,中央文献出版社 2011 年版,第 540—541 页。

的,全中华民族的当前 15 项紧急任务中,第 8、9、11 项为经济工作任务:为激发民众的抗日热忱和生产热忱,实行相当必要的民生改善;实行新的战时财政经济政策,增加收入,节省支出,克服抗战中的财政经济困难;集中一切力量反对日本法西斯军阀侵略者,加紧国外宣传,力争国外援助,实现对日制裁,使日寇断绝外国军火和军事原料的供给,使我国能够得到友邦的军火、军事原料、医药材料、技术人员及财政的帮助。①

　　1939 年 1 月 15 日至 2 月 4 日,陕甘宁边区参议会讨论通过了《陕甘宁边区抗战时期施政纲领》。在这次参议会上,边区政府就财政问题做了报告。主要内容:第一,财政收支状况。正确地解决财政经费,保证抗战中经费供给是财政工作的重要任务。边区是落后的小农经济区域,是自给自足,既无大量农产品输出,也无大量消费品输入,地方税收可以维持政府的财政。政府财政经费的支出,只能在量入为出的原则下,达到收支平衡。1937 年 10 月到 1938 年 9 月一年的财政收支,收入为:盐税和出口货物的营业税 59.1 万元,救国公粮费 42.2 万元,公产及公营企业收入 18 万元。支出为:每月平均 9.85 万元。收支勉强平衡。但公路建设费、抚恤和赈济费,主要依靠中央拨款。第二,财政政策。(1)首先是帮助农民发展生产,提高人民实际收入,使人民可能以自己的生产增加收入,拿出一部分来帮助政府解决经费问题。边区人民热烈拥护政府,踊跃缴纳爱国公粮。为使农民公粮负担合理,政府规定:每人收入不到 300 斤者免收,1939 年为再次减轻农民负担,改为每人收入不到 350 斤者免收。从 351—500 斤,收 1%,501—650 斤,收 2%,650—800 斤,收 3%,最高每人收入 1250 斤以上,才收 7%。(2)取消苛捐杂税,实行统一税制,降低生产税率。一切税收除了一次征收外,没有任何附加或重征,边区人民负担有所减轻。边区现在只对食盐和出口皮毛、药材征收统一税,食盐的税额取消了过去的地方附加,每驮只收税两元。(3)厉行经费节省。一方面,建立财政上的严格预算制度,一切财政收入均统归财政厅管理,杜绝自收

———————
　　① 中央档案馆编:《中共中央文件选集》第 11 册(1936—1938),中共中央党校出版社 1991 年版,第 762 页。

自用;另一方面,各级工作人员不领薪俸,实行津贴制度。最高津贴不得超过5元。如边区的县长每月津贴为2.5元,区长每月津贴为1.5元,办公费也很少,经费的节省,使财政支出减少。①

李富春在这次会上做了《加紧生产,坚持抗战》的报告,号召参议员组织群众搞好生产。他论述了战时生产运动的意义。第一,在抗战新阶段的转变中,要克服一切困难,渡过一切难关,争取抗战的最后胜利。估计到抗战发展的前途与边区的实际状况,将要到来的是财政经济物资上的困难增加。首先依靠我们自己的力量,就是要自力更生,发展农业工业各种生产和商业贸易,保证供给。第二,发展边区生产运动的第二层意义,在于进一步改善生活。第三,发展边区生产运动的第三层意义,在于边区的生产运动能在全国起推动与模范作用。②

中国共产党在抗日战争从战略防御转到战略相持时,已经预感到随着战争的继续,财政经济物资方面的困难必将会突出起来。因此,未雨绸缪,及时注意经济工作,发动生产运动。1939年4月13日,为保障部队的基本生活和供给,克服财政经济困难,朱德与彭德怀、杨尚昆致电聂荣臻、贺龙等部队首长,要求各部队确立预算决算制度,严格限制预算外的开支。要厉行节约,反对浪费。要发展生产,加强贸易,并开荒种地,开办合作社,发展手工业生产。③

解决财政经济问题,一条是"开源",发展生产;另一条是"节流",节省支出。为了节流,除发扬艰苦奋斗的传统作风外,还需要有制度方面的保证。1939年6月5日,中共中央书记处发出《中共中央书记处关于严格建立财政经济制度的决定》,指出财政经济日益困难,除积极加紧生产以谋自给外,目前特别要注意认真的严格的建立财政经济的制度,发扬艰苦作风励行节省,以便坚持抗战,坚持长期艰苦斗争,因此,中央书记处有如下决定:

---

① 陕甘宁边区财政经济史编写组等编:《抗日战争时期陕甘宁边区财政经济史料摘编·第一编·总论》,陕西人民出版社1981年版,第94—96页。
② 李富春:《加紧生产,坚持抗战》,《解放》1939年第65期。
③ 中共中央文献研究室编:《朱德年谱》,人民出版社1986年版,第207页。

"（一）严格统一收支。（甲）各机关部队的收入，不得于未报解中财经部以前，自行开支。（乙）所有公营企业，应按党政军系统统一领导，集中营业，所有盈余，概须报告中财经部，确定支配办法，不得自由支配，并将资金及营业状况于六月内确切报告中央。

"（二）严格建立预决算制度。（甲）照中财经部通知第四号规定认真执行，每月开支预算必须负责在节省原则下切实估计，一次提出经中财经部切实审核发给，如经中财经部批准之预算有不同意时，必须经中央书记处的审查批准，中财经部始能作第二次的修改。（乙）任何机关部队必须照批准之预算限度内开支，如有浪费或超过情事，概不批准。（丙）预决算及一切应缴单据必须按规定期限送交中财经部，如不按时送出者，停止发给经费。

"（三）建立会计审计制。（甲）由中财经部建立会计处与审计处，并有检查审核各机关学校部队的会计账目及开支情况之权。（乙）各机关部队学校关于会计审计方面有不明了及应实行改革之处，得随时分别询问中财经部会计处及审计处。

"（四）为着调剂财政困难必须励行节省。（甲）从六月份起一概暂停建筑，已经在五月份批准建筑者亦需节省，限期结束。（乙）七月份，照前方规定各机关部队学校津贴一律发给一元，有特殊津贴者必须经中财经部之批准。（丙）从六月份起各种特别临时办公等费，要尽量减少，一切日常用品要想各种办法节省，以简单朴素为原则。（丁）各机关学校部队的油印刊物须分别经中宣部或总政治部批准后，始能出版，否则一律停止刊印。（戊）各机关部队学校除自己节省伙食举行会餐外，不得互相请客（外客来宾招待除外）。平时开会不得招待酒菜香烟。

"以上各项党政军民学各部门务须切实执行，并责成中财经部随时督促检查。各部门资材限于六月底以前进行一次总清理，报告中财经部"①。

1939年6月22日，中央军委、总政治部关于目前时局及八路军新四

---

① 中共中央文献研究室、中央档案馆编:《建党以来重要文献选编（1921—1949）》第16册，中央文献出版社2011年版，第353页。

军之任务的指示中,再次指出,在军队的物资方面,应有艰苦的准备工作。一方面进行深入的节省运动,节省财政、弹药、医药、通讯材料等;另一方面进行征集资料的工作,进行生产运动及合作社运动,帮助地方政府开发资源,调集一批干部,加以训练,以加强财政经济方面的工作,保证我军物资供给之自主而不依靠他人。这是一种艰难刻苦的任务,但无论如何应当积极准备。

"开源"就是发展经济,开展生产运动,只有生产提高了,经济发展了,财政才有可靠的来源。毛泽东1939年6月10日在延安高级干部会议上的报告及结论提纲《反投降提纲》提出,当前的任务之一,就是开展生产运动。他指出:"一切可能地方,一切可能时机,一切可能种类,必须发展人民的与机关部队学校的农业、工业、合作社运动,用自己动手的方法解决吃饭、穿衣、住屋、用品问题之全部或一部,克服经济困难,以利抗日战争。"他还说:"吃饭是第一个问题,自力更生克服困难。"①

1939年9月3日,朱德和彭德怀致电刘伯承等,要求军队在打仗的同时参加生产。指出"晋东南、冀中、冀南、五台山区均受天灾,来年春夏粮食必成大问题,部队在不妨碍战斗的情况下,要开荒种麦,非战斗部队尤须注意这一点"。②

1939年5月4日,毛泽东在延安青年群众的五四运动20周年的纪念会上,做了题为《青年运动的方向》的讲演,提出:"我们现在干的是资产阶级性的民主主义的革命,我们所做的一切,不超过资产阶级民主革命的范围。现在还不应该破坏一般资产阶级的私有财产制,要破坏的是帝国主义和封建主义,这就叫做资产阶级性的民主主义的革命","目的就是打倒帝国主义和封建主义,建立一个人民民主的共和国"。③ 他在为《解放》杂志所写的纪念五四运动20周年的文章中同时指出:"若问一个共产主义者为什么要首先为了实现资产阶级民主主义的社会制度而斗争,

---

① 中共中央文献研究室、中央档案馆编:《建党以来重要文献选编(1921—1949)》第16册,中央文献出版社2011年版,第387页。

② 中共中央文献研究室编:《朱德年谱》,人民出版社1986年版,第210页。

③ 《毛泽东选集》第二卷,人民出版社1991年版,第562—563页。

然后再去实现社会主义的社会制度,那答复是:走历史必由之路。"①超越历史,企图越过资本主义经济发展阶段,显然是不符合历史发展要求的。

1939 年 9 月 8 日,中国共产党的国民参政员毛泽东、陈绍禹、秦邦宪、林祖涵、吴玉章、董必武、邓颖超七人,在《我们对于过去参政会工作和目前时局的意见》中,就经济和财政方面所提的《意见》说:

在经济方面。要破坏敌之建设和开发而实现我之生产和节约。为此必须:(1)破坏敌在占领区域之经济建设和物质开发,发动民众彻底抵制仇货,禁止可资敌用的土产资敌,如某些特殊军需品,必须利用仇货者由国家统制购置;(2)由国家资助并奖励私人投资以扩大工农业合作运动,广泛地发展各种实用工业,尽力提高农业生产;(3)励行军政机关和私人节约运动。

在财政方面。坚决改变以前的作风,彻底实行战时财政政策,为此,必须:(1)法币的发行与资本的流通必须有适当的配合,使之避免法币在沿海与内地价格不平衡的现象;(2)严格彻底统制外汇并由国民参政会成立外汇委员会按期审查财政部对于外汇批准与使用是否适当,以杜绝一切舞弊营私。(3)严格检查和禁止私人操纵金融,捣乱法币,特别是居官者之营利图私投机操纵,犯者重惩;(4)在战区,尤其是沦陷区的省份允许其发行一定数额的地方纸币和流通券;(5)国家的金公债,必须在海外侨胞国内银行界中广为劝募,并给以确实基金的保障,与国内投资的便利;(6)国家的赋税政策,必须依照各地的环境可能分别实行营业税、所得税、遗产税之累进率,并渐改良田赋,豁免苛杂;(7)汉奸的财产必须严格实行没收,逃亡到敌区的地主,国家应代其征收较原来为少之钱粮,暂作国家的直接收入;(8)国家预算,由中央到地方均应重视规定,与抗战有关者应按需要增加,与抗战无关者,应尽量减少,可省者应削除;(9)国家行政人员特别是高级官吏之待遇,应一律减低,并须低于同级军官的待遇,取消特费与兼薪,废除公家借款或购置中的回扣。②

---

① 　《毛泽东选集》第二卷,人民出版社 1991 年版,第 559 页。
② 　中共中央文献研究室、中央档案馆编:《建党以来重要文献选编(1921—1949)》第 16 册,中央文献出版社 2011 年版,第 596—597 页。

发展与调节资本主义,以促进根据地经济的成长,是中国共产党在抗日战争时期正确的经济政策,是与幻想在中国避免资本主义发展的民粹派尖锐对立的。中共中央和毛泽东在抗日战争时期主张发展资本主义的观点,可以看出,那些认为毛泽东是民粹派的研究是站不住脚的,是别有用心的。

1939年9月25日,王稼祥在《关于三民主义与共产主义》一文中,对抗日战争时期中国共产党的经济纲领做了以下的阐述:

"在经济纲领上或者说民生主义上,情形是这样的:无产阶级的代表马列主义者明白分清资产阶级性质的民族民主革命与无产阶级性质的社会主义革命。在殖民地、半殖民地国家中,只有首先实行驱逐帝国主义、肃清封建制度的民族民主革命,才能过渡与转变到无产阶级的社会主义革命。所以马列主义者在民族民主革命中,并不企图实行任何社会主义的经济纲领,但坚决主张彻底的驱逐帝国主义的经济势力与彻底的肃清封建土地所有制的土地纲领。民族民主革命愈彻底,则对于无产阶级愈有利。而激进的资产阶级的代表的思想是有民粹派的色彩,幻想中国避免资本主义,认为平均地权与节制资本的民生主义便是社会主义,其实这仅是主观上的社会主义,而客观上正是促进资本主义长足的发展"[1]。另外,激进资产阶级代表的土地纲领,在其主张上是革命的,但其方法却是改良主义的(由国家来收买土地),因而也使其土地纲领很难实现。

二、抗战初期根据地经济的恢复和发展

抗日根据地大多地处偏僻,土壤贫瘠,经济闭塞。陕甘宁边区地处黄土高原,干旱少雨,土地瘠薄,生产落后,加上内战破坏,土匪劫掠,民众困苦至极。其他如晋察冀、晋冀鲁豫、晋绥、山东、华中等抗日根据地,也多为省县交界丘陵山区,自然和社会环境复杂。各抗日根据地政府审时度

---

[1] 中共中央文献研究室、中央档案馆编:《建党以来重要文献选编(1921—1949)》第16册,中央文献出版社2011年版,第635页。

势,在抗日民族统一战线建立后,严格执行予民休养生息的政策,减租减息,轻徭薄赋,既减轻农民负担,又注重保护富农和工商业者的利益,缓和阶级对抗和阶级矛盾,最大限度地调动各阶级、阶层的抗日和生产积极性,同时采取各种措施,发展经济,在短时间内促成了根据地工农业生产和商业流通的恢复与发展。

（一）农业生产的恢复和发展

抗日民族统一战线建立后,各抗日根据地政府根据当地情况,采取切实有效的措施,减轻农民负担,让农民休养生息。

陕甘宁边区是经济落后且环境很复杂的地区。土地革命前,土地、牲畜都集中在地主手里,苛捐杂税达 80 多种,放债利息为每元每月 1 角 5 分,年息高达 180%。军阀的蹂躏、封建势力的剥削压榨,加上连年的灾荒,使农村经济萎缩不堪,生产力水平很低。据典型调查,抗日战争前,粮食平均晌产量,固临县更乐区康家村为 27 斤(1934 年)[①],安塞县四区各乡为 2.9 斗(1935 年前)[②],绥西县景家沟村为 37 斤(1934 年)[③],清涧县解家沟为 40 斤(1935 年)[④],华池县温台区四乡城壕村为 69 斤(1934 年)。[⑤] 广大农民终年劳动,收入的 70%—80% 落入封建地主、军阀官僚和高利贷者的腰包。当时,陕北流行这样的谚语:"地富囤粮如山堆,穷人斗无三升粮。"据绥西县景家沟村调查,1934 年该村 41 户贫农,每人平均农业收入(折细粮)只有 122.3 斤;中农 13 户,每人平均农业收入也只有 334.8 斤。另据安定县(今子长县)玉家湾村调查,1934 年该村 28 户贫雇农(全村共 47 户)每人平均收入为 179.4 斤(粗粮),其中 10 户雇农

---

① 陕甘宁边区财政经济史编写组等编:《抗日战争时期陕甘宁边区财政经济史料摘编·第九编·人民生活》,陕西人民出版社 1981 年版,第 65 页。

② 陕甘宁边区财政经济史编写组等编:《抗日战争时期陕甘宁边区财政经济史料摘编·第九编·人民生活》,陕西人民出版社 1981 年版,第 38 页。

③ 陕甘宁边区财政经济史编写组等编:《抗日战争时期陕甘宁边区财政经济史料摘编·第九编·人民生活》,陕西人民出版社 1981 年版,第 96 页。

④ 陕甘宁边区财政经济史编写组等编:《抗日战争时期陕甘宁边区财政经济史料摘编·第九编·人民生活》,陕西人民出版社 1981 年版,第 105 页。

⑤ 《张振财和模范的城壕村》,《解放日报》1944 年 1 月 3 日。

每人平均收入只有 88.7 斤粗粮。[1] 农民除了这点收入之外,几乎没有别的东西。一家人住在一个窑洞里,睡在一个炕上,全部家具财产用两头毛驴就可以载完。

鉴于农村经济原来就很落后,内战时期又受到战争等因素的影响和破坏,边区政府认为:在抗战爆发时,内战才停止不久,亟须休养民力,发展生产,恢复农村经济。否则,农民的生活得不到改善,抗战也难以长期坚持。为了贯彻休养民力的政策,在 1937—1939 年的三年里,边区政府除了向人民征收救国公粮,在"三边"地区(定边、靖边、盐池)征收盐税和少量货物税以外,没有征收其他任何税捐,也没有征收任何附加。救国公粮征收的数量也不多,1937 年、1938 年只有 1 万多石,1939 年增加一点也只有 5 万多石。

在予民休养生息的同时,边区政府又实行减租减息,调动农民生产积极性。

抗日战争初期,陕甘宁边区未经分配土地的地区和各敌后抗日根据地政府先后根据《抗日救国十大纲领》发布减租减息布告、条例和办法。

陕甘宁边区未经分配土地地区属八路军驻防区,政府官员多由国民党政府委派,但各地均有中共领导的较强有力的群众团体,如抗日救国后援会、农会等,实际起着政权的作用,形成双重政权并立的局面。1937 年 11 月,绥米地区就以八路军警备区、后援会和二区专员何绍南(国民党政府专员)的名义发布减租减息布告,提出对半减租(即减租 50%),最高租率不得超过收获量的 30%,土地按上、中、下三等,租额减到三斗、二斗五、一斗。[2] 布告发布时,已经秋收完毕,很多农民已交了租,只有某些经过土地革命的地区,这一年减了租。1938 年秋与国民党顽固派的摩擦已经开始,但何绍南和八路军仍发出了一个重申前令的减租布告。1939 年摩擦越趋尖锐,这一年收成是平年,何绍南已经不肯颁布减租布告了。但

① 陕甘宁边区财政经济史编写组等编:《抗日战争时期陕甘宁边区财政经济史料摘编·第九编·人民生活》,陕西人民出版社 1981 年版,第 6—10 页。
② 柴树藩、于光远、彭平:《绥德、米脂土地问题初步研究》,人民出版社 1979 年版,第 55 页。

地方党组织和救国会还是在基层推行对半减租的政策。由于摩擦频繁，大部分力量都集中到解决摩擦问题上去了，对减租问题没有予以足够的注意。陇东地区虽由抗日救国会和农会提出了"三七减租"，鹿县提出对半减租，但只在少数地区实行，如合水店子区与城区个别地区、庆阳高迎区五乡等。关中地区的凉耀、赤水、新宁等则由政府颁布减租命令，赤水规定每石折交二斗五升，并扣除三升互济粮（1939 年改为每石收三斗）。新宁规定对半减租。关中地区早在抗战以前就处于中共领导的地方政权的控制之下，许多地主已逃往附近国民党统治区，抗日战争开始以后，地主仍不敢来收租，规定对半减租，地主已感到很满意了，"只要求多少得点租子，维持着地权就够了，不敢妄想多收租子"。①

1939 年 4 月陕甘宁边区政府发布《土地租佃条例（草案）》，规定租额按上、中、下和水地、川原地、山坡地等不同等级，确定最高租额不得超过农产物的 10%—25%；未分配土地区域，"以原租额为标准减租 25%"，"伙种②地不得超过租四、佃六"，"安庄稼③租额不得超过收获量之一半"。

晋察冀边区各地在发动农民参加抗日武装斗争的高潮中，就提出了减租减息口号。初期，各地提出的办法很不一致。例如，阜平最早提出对半减租（即减租 50%），后改为 25% 减租。行唐减租 30%，曲阳、津源、灵寿等地减租 30% 到 60% 不等。阜平、行唐还规定抗属、军属减租 50%。关于减息，阜平规定最高年利一分，100 元以上债务本利停付。典地处理办法是，原业主典出后租回自耕者停付地租，承典人自耕者退收获物的 10% 给原主，承典人出租者所得租额与原业主对分。

因为无统一政策规定和缺乏经验，在少数实行减租减息的地区，发生过"左"的偏向，如有个别村减租 90%，有的烧毁契约，更有少数农会代替政府机关，强迫命令，捉人罚款，以致发生地主逃亡的现象。1938 年 2 月

---

① 陈廷煊：《抗日根据地经济史》，社会科学文献出版社 2007 年版，第 23 页。

② "伙种"，指出租人除土地外，还供给其他生产资料的一部分（如种子、耕畜、农具、肥料）农作物收获后由双方按成分配的一种租佃形式。

③ "安庄稼"又称"招门客"或"安伙子"，指出租人不但出租土地，而且要供给耕畜、农具、种子、肥料、饲料，还要供给承租人及其家属吃用粮食及住窑用具等，农作物收获后双方按成分配，承租人把借的粮食、种子、饲料归还出租人。

9日,晋察冀边区政府颁布《减租减息单行条例》,规定地租"一律照原租额减少25%",利息"一律不许超过一分(即年利10%)",还规定"严禁庄头剥削",禁止地租外的"额外附加"和高利贷剥削。

这是抗日根据地最早颁布的减租减息条例,从此全边区开始有了统一的政策规定。为了纠正过"左"偏向,强调谈判协商,主要靠地主、债主自动减租减息。而"地主阶级的态度是防御的抗拒的,有的被迫减轻了租息,有的则阳奉阴违。农民则畏首畏尾,欲减而又有所顾虑,有的竟在地主的威胁欺骗下,约定'明减暗不减',偷偷又把已经减掉的租息如数奉还"。①

在冀南和晋东南地区等地,抗日民主政府成立后,均规定了减租减息办法。如冀南行政公署规定,地主的土地收入,不论新债旧欠,年利一律不得(超)过一分五厘,月利不得(超)过一分二厘,简称"五一减租""分半减息"。各地曾发生反对贪污、改造旧政权、实行合理负担、反对按亩摊派的农民斗争。这些斗争密切关系着战争勤务的动员,而减租减息则只在少数地区发生,晋东南少数地区曾对公地庙地实行减租。冀西少数地区发生停债停息,战后生产和农民收入下降,无力偿还,地主(债主)慑于农民斗争,也暂不强行追讨,有的则只要本不要利。

总之,上述各根据地抗日民主政府,虽然都颁布了减租减息布告、条例和办法,如"二五减租"(又称"四一减租",即减租25%)或"五一减租"(减租20%);"一分给息"或"分半给息";等等。但是,除少数地区实行以外,大多数地区还只停留于宣传号召阶段。抗战初期,党和抗日民主政府的工作侧重于抗战的发动和战争勤务的动员,同时改造旧的基层政权,以改变根据地内双重政权并立的局面。对农民生活的改善,主要是在改造旧政权过程中,通过反对贪污,废除旧政权的苛捐杂税,改变按亩摊派赋税、公差,实行合理负担来实现的(这是当时农民的迫切要求),因而对减租减息未予特别强调。在双重政权并立和农村基层政权尚未改造的一定时期内,农村抗日统一战线内部主要矛盾集中表现在农民与地主阶级

① 陈廷煊:《抗日根据地经济史》,社会科学文献出版社2007年版,第24页。

当权派之间的矛盾。这时对减租减息不予特别强调,具有策略意义。它有利于中立、分化地主阶级,争取一部分地主站到抗日民主政府方面,以孤立敌伪汉奸。然而,减租减息政策的提出和广泛宣传以及在少数地区的初步试行,为以后的贯彻执行奠定了必要的基础。

在实行减租减息政策的同时,陕甘宁边区还在原土地革命地区进行了保卫土地革命成果的斗争。陕甘宁边区大约有占土地面积60%、人口50%的地区经过土地革命,在那里,封建的土地占有制度已被消灭。中国共产党在这种地区的土地政策是巩固"耕者有其田"的土地关系,保障农民在土地革命中获得的土地和其他权益。同时通过土地税、土地借贷及劳动保护条例,抑制封建剥削重新滋生。政府实行奖励农民开垦荒地、兴修水利、改良农业耕作技术的政策,发放低息农业贷款,扶持贫农、中农经济的发展,保护富农经济的发展。上述政策的实施,促进了边区农业生产的发展。过去逃往外地的地主、富农纷纷返回边区。

抗战初期,国民党利用设在边区内的党政机构和武装力量,肆意破坏边区建设。他们策动地主反攻倒算,挑起地主对农民的阶级斗争,破坏抗日统一战线。他们或强迫农民交还已经分得的土地和房屋;或强迫农民交还已经废除的债务和欠租。国民党绥米专署办的《绥德日报》宣称:"凡在编成保甲区域为县政府权力所属;凡过去未收回之土地一律要归还原主。"国民党清涧县县长公然在大会上发表"收回土地归原主"的讲演,甚至下令:凡是不交土地的枪决,地主不要土地的枪决,拖延不交或拖延不要的判处徒刑,策动地主要回旧租旧债。[①] 安塞、志丹县个别地方土豪劣绅几乎将全部土地收回。[②]

针对国民党顽固派策动的地主反攻倒算活动,1937年10月6日毛泽东与张国焘致电何绍南,严正指出:"有人在贵境主张已分土地归还原主,另谋适当解决。当此西北吃紧,国难当前,安定民生至关重要,似可酌量情形,适当解决。若地主任意追还原有土地,勒索旧欠旧租,肆行报复,

① 柴树藩、于光远、彭平:《绥德、米脂土地问题初步研究》,人民出版社1979年版,第27页。

② 《巩固政府与群众的联系》(社论),《新中华报》1938年第448期。

势必激起民愤,甚为不好。"陕甘宁边区政府于 1938 年 4 月 1 日颁布关于处理地主土地问题的布告,再次重申"已没收了的土地不应还原,分配了的房屋不得翻案,已经销了的租债不许再索取";劝告地主"须遵守法令,不得有欺压群众及损害抗日之行为,违者依法处办"。与此同时,边区政府公布了农民享有土地所有权的文告,在土地已经分配的区域确定一切取得土地的农民的土地私有权,普遍实行重新登记土地,颁发土地所有权证,使农民有了反击地主反攻倒算的法律依据。1938 年 5 月 15 日,陕甘宁边区政府、八路军后方处联合发布布告,揭露和谴责国民党顽固派制造纠纷,破坏团结,破坏抗日统一战线,损害人民利益的种种行径。明确宣布,保护人民的既得利益,"不准擅自变更";取缔一切破坏行为,保障人民民主权利;对各种破坏活动准许人民告发,证据确实者,准许就地逮捕,一经讯实一律严惩不贷。边区政府发动和支持广大农民起来反击地主反攻倒算的斗争,给予最顽固的坚持反攻倒算活动的地主分子以有力的制裁,使被地主夺去的土地和房屋,又重新回到了农民手里,从而捍卫了土地革命成果。

各抗日根据地政府减轻赋税,减轻农民负担,推行减租减息政策,在原土地革命地区,及时揭露、果断击退国民党和地主顽固派的反攻倒算行径,坚决捍卫土地革命成果,维护农民利益。这些都得到农民的衷心拥护,极大地调动了他们的抗日和生产积极性,促进了根据地农业的恢复和发展,开始改变这些地区的贫穷落后面貌。

1937 年到 1939 年是陕甘宁边区农业生产恢复阶段。

陕甘宁边区处于分散落后的农村环境,农业生产是经济的主体。全边区 150 万人口,1936 年只有耕地 843 万亩。主要粮食产物,北部以谷子、高粱为主,以荞麦、糜子、土豆、豆类为辅,沿黄河一带盛产红枣。南部以小麦为主,兼种部分杂粮。全境海拔很高,雨水稀少,十年九旱,粮食产量很低,平年每垧(三亩)产量 145 斤,荒年有时颗粒无收。驴和牛既是主要耕畜,又是主要运输力量。骡马较少,山羊较多。主要出境物资为食盐、皮毛、药材等。副业以养蚕、纺织为主。人民生活极其困苦,贫下中农全是"糠菜半年粮",中农之家也要吃糠。住的是土窑洞,穿的是"新三年,旧三年,补补钉钉又三年"的土布衣服。这就是陕甘宁边区农业生产的基本条件,抗日战争初期农村的一般情景。

内战时期,农业生产遭到很大破坏。在内战停止后,边区在党中央直接领导下,纠正了经济政策上"左"的错误,实行休养生息的政策,农业生产迅速得以恢复。耕地面积由 1936 年的 843 万亩增至 1008 万亩,粮食由 103 万石(每石三百市斤)增至 137 万石。牛、驴由十几万头增至 28 万头,羊子由 50 万只增至 117 万只。在短短的三年内,粮食产量增长 33%,牲畜头数增加一倍左右。

1937 年后,边区党委和西北局多次发布指示,多次进行动员,反复向群众说明开展大生产运动的意义、目的、任务,同时制订各年度的生产计划,层层落实,并奖励垦荒。

开垦荒地是增产粮食的主要措施之一,边区的北部绥德、米脂、佳县、吴堡、清涧等县,人多地少,没有荒地,而南部包括延安、安塞、保安、甘泉、华池及东三县等,人少地多,有许多荒地。边区政府制定奖励移民政策。规定移民三年不交公粮,减少义务负担。提供安家费,帮助解决口粮、种子、农具等问题。并规定生荒谁种归谁,熟荒采取"调分子""安伙子""揽工"等办法,进行垦殖。绥德分区曾动员八千多人到延安开荒。

同时,开展劳动互助合作。

边区农民在农忙季节,原本就有组织变工队、扎工队、唐将班子等互助形式,调剂劳动,毛泽东在陕甘宁边区劳动英雄大会上所作的《组织起来》的讲话中,进一步从理论上和实际经验的总结中,阐述了建立在个体经济基础上的集体劳动对新民主主义经济的重大意义。事实证明,群众组织起来,大大提高了劳动生产率。

为了减轻农民负担,增加边区粮食产量,保证军粮供给,边区部队也同农民一样进行农业生产。早在 1938 年秋季,陕甘宁边区的部队就已开始从事生产。当时由于给养不足,留守边区的部队进行了种菜、养猪、打柴、做鞋等生产活动,改善了战士的生活。

1938 年 12 月 20 日,《新中华报》刊登社论,号召"广泛开展生产运动","保证各地区物质供应的自给自足",要求各地"努力提高工农业的生产力,激发工人农民以及广大劳动人民的生产热忱",并发动各级党、政、军及群众团体中的全部工作人员,各部队的指战员"一面工作,一面生产,把工作和生产联系起来",认为"只有这样才能支持长期抗战,才能保障战时物质供给"。

1939 年 2 月 2 日,毛泽东在中共中央召开的生产动员大会上提出了"自己动手"的口号。6 月 10 日,毛泽东在高级干部会议上进一步指出:"吃饭是第一个问题,自力更生克服困难"。① 从 1939 年开始,全边区开展了以自给自足为目标的生产运动,并取得成绩。是年,全边区开荒1055000 多亩,其中,中央机关、八路军后方留守部队,边区一级机关、团体、学校,边区各县机关、团体、学校开荒达 115000 亩,秋季收获细粮 9572石,从党中央毛泽东、朱德等领导同志起,到每一个干部、战士都进行生产活动。那年春天,延安到处呈现出一派新生气象,天还没亮,干部、战士就扛着镢头、铁锹奔向荒山,钻进山沟,山谷山野到处是意气风发的劳动大军,到处荡漾着《开荒歌》《生产大合唱》的歌声。经过一年的实践,大家初步尝到了生产自给的甜头,受到了锻炼,学会了本领。这一年,群众的生产运动也开展起来,仅开荒面积即达 93 万多亩,粮食产量有了增加。

在大生产运动中,部队、机关、学校的生产也取得了巨大的成绩。陕甘宁边区是中共中央和中央军委所在地,部队、机关、学校的生产自给运动,对敌后各抗日根据地起了示范作用。陕甘宁边区八路军留守部队的生产运动,从 1938 年秋就开始了,但那时还只是为了改良战士生活,还没有担负生产自给的任务。1939 年,中共中央和毛泽东发出了"自己动手,生产自给"的号召,于是边区的部队、机关、学校全体动员,积极从事以农业为中心、以集体劳动为主的生产自给运动。这一年边区的生产运动取得了很大的成绩,解决了部队、机关、学校所需的两个月的粮食,每人一套夏衣和全部冬季鞋袜。

陕甘宁边区地广人稀,除绥德分区外,均有大量荒地。除鼓励当地农民开垦外,还实行鼓励外地移民来边区开荒。到 1939 年,陕甘宁边区共

① 《毛泽东文集》第二卷,人民出版社 1993 年版,第 226 页。

开荒 1002744 亩。1936 年至 1939 年间耕地面积增加情况见表 19-1。

表 19-1　陕甘宁边区耕地面积统计（1936—1939 年）

（1936 年 = 100）

年份	耕地面积（亩）	指数
1936	8431006	100.00
1937	8626006	102.31
1938	8994487	106.68
1939	10040319	119.09

资料来源:陕甘宁边区财政经济史编写组等编:《抗日战争时期陕甘宁边区财政经济史料摘编·第二编·农业》,陕西人民出版社 1981 年版,第 85—86 页。

　　如表 19-1 所示,全边区耕地面积从 1936 年的 8431006 亩增至 1939 年的 10040319 亩,仅三年时间,耕地面积增加近 19.1%。其中 1939 年一年即增加 11.63%。个别地区的耕地增幅更大,例如安定县的 5 个区三年间增加 44.6%。

　　耕地面积扩大,粮食产量相应增加。这三年的边区年成都不错,1938 年、1939 年雨水均匀,全边区的粮食产量,无论是总产量或是单位面积产量都明显增长。据统计,1939 年全边区的粮食总产量为 137 万石,比 1936 年增加 32.46%,增幅更大于耕地面积,每亩平均产量达 40.9 斤,比 1936 年增加 13.6%。[①]

　　牲畜饲养迅速恢复和发展。到 1939 年,主要牲畜数量均恢复和超过了内战前的水平。若同 1936 年比较,牛、骡增长 2 倍以上,羊也增加将近 2 倍。[②]

　　农民的收入也有所增加,生活改善。安塞县四区的石峁、东营、西营 3 个村和延安县裴庄乡的情况很有代表性。两地是经过土地分配的老区,内战时期生产都未得到发展,自 1937 年特别是 1938 年以来,人民安

---

　　① 陕甘宁边区财政经济史编写组等编:《抗日战争时期陕甘宁边区财政经济史料摘编·第二编·农业》,陕西人民出版社 1981 年版,第 85—86 页。
　　② 陕甘宁边区财政经济史编写组等编:《抗日战争时期陕甘宁边区财政经济史料摘编·第二编·农业》,陕西人民出版社 1981 年版,第 95—96 页。

居乐业,致力于发展经济,收入显著增加,生活迅速得到改善。石峁等3个村,1939年同1937年比较,粮食产量增加107.3%,每人平均收入增加83.3%。裴庄乡1939年的粮食产量比1938年增加35.5%,副业收入增加6.7%;每人平均收入(农副业合计)由621.9斤增加到738斤,增长18.7%;每人平均粮食消费量增加11.5%,每人平均布匹的消费量增长4.7%。①

敌后各抗日根据地的农业生产,也都有不同程度的恢复和发展。

晋察冀、晋冀鲁豫、晋绥、山东、华中各抗日根据地的军民在"劳动与武力结合"的口号下,一边战斗,一边生产,甚至游击区的部队也坚持生产。在十分艰苦的环境中,创造了开展大生产运动的多种形式:民主政府发放农贷(包括贷款、贷粮、贷种子)、支援牲畜、代制农具帮助农民发展生产;派出小股部队,打击敌人,掩护军民生产;农忙季节,军队支援农民抢收抢种等。敌后抗日根据地部队、机关生产的成绩也都很大。

由于战争的破坏和消耗,根据地的农业生产资料和劳动力大大减少,导致部分耕地抛荒和弃耕,敌后根据地的情况尤为严重。而且,根据地大都属于经济落后地区,农业是命根子,政府的财政和人民的生活主要依赖于农业。大力发展边区的生产事业既是"保证军需,充裕民生",达到生产自给,支持长期抗战的根本措施;也是统制贸易,战胜敌人对边区经济封锁的物质基础。在农业生产问题上,中共中央北方分局和边区政府清醒地认识到,在经济落后的中国,95%—98%为经营农业的边区人民,农业的发展实"为根据地经济之中心关键"。因此,只有抓好"根据地经济支柱的农业"②,才能"振兴农村经济,而后才能促进其他生产事业的活跃"③,才能使工业和商业有充分发展的可能。故此,1938年秋季反"扫荡"后,中共中

---

① 根据边区政府建设厅农牧科:《一九三九年农业生产总结报告》(1940年)中所列《安塞县四区石峁等三十八家人口耕地及收获量三年比较表》,及华子扬:《边区人民生活之介绍》(1944年7月26日)中的调查材料整理。原材料中的产量计算为石,整理时按每石300斤折合计算。

② 彭真:《关于晋察冀边区党的工作和具体政策报告》,中共中央党校出版社1981年版,第81页。

③ 魏宏运主编:《抗日战争时期晋察冀边区财政经济史资料选编·总论编》,南开大学出版社1984年版,第237页。

央北方分局和晋察冀边委会在边区普遍开展减租减息群众运动的同时，发动群众掀起了生产建设的热潮，并在较短的时间里，取得明显成绩。

在没有外援的情况下，要坚持长期抗战，唯有增加农业生产。除了党政军和人民团体"自己动手"增加劳力外，"开垦荒地"这种扩大耕地的"外延"方法，也是增加农业收入的有效办法。另外，减租减息政策的实施，不仅调动了农民的生产积极性，也增加了他们的收入，激励他们增加投入和开垦荒地，加速农业生产的恢复和发展。

为了鼓励农民垦荒和兴办农田水利，各地政府相继颁布相关条例、办法。1938 年 2 月，晋察冀边区政府颁布《晋察冀边区垦荒单行条例》和《晋察冀边区奖励兴办农田水利暂行办法》，《晋察冀边区垦荒单行条例》规定，"凡本边区的未垦之地及已垦而连续两年未经耕种者，不论公有私有，一律以荒地论，准许人民无租垦种"。《晋察冀边区奖励兴办农田水利暂行办法》要求"边区内旧有水利事业，无论公营私营，须由负责机关积极整理，以增进其灌溉量"。并规定，"如有河渠可资利用，人民愿意集体开凿者，得呈报当地政府转呈本会（按：即边区军政民代表大会）核准开凿之；经本会核准，开凿水利，其资力不足者，得呈请本会协助之"。

边区政府在认真执行《晋察冀边区垦荒单行条例》和《晋察冀边区奖励兴办农田水利暂行办法》的基础上，1939 年 4 月 3 日又颁布了《晋察冀边区奖励生产事业暂行条例》，规定：凡为增加生产，改善民生，充实抗战力量，投入生产之资金，政府皆予绝对保障。并可向政府请求低率贷款，以资鼓励生产。

在边区政府的号召下，全边区形成了垦荒、兴修水利和改进农业生产条件的热潮。仅平山、阜平等 9 个县的统计，到 1939 年年底垦荒达 1.5 万亩。在兴修水利中，仅北岳区 1939—1940 年间，就整理旧渠 2734 条，在 13 个县浇地 29.2 万亩，开凿新渠 1290 条，浇地 5 万多亩，凿井 2000 余眼，浇地 1.8 万亩。[①] 农具改造则着重在耕田、播种、收割 3 种器具的改

---

① 河北省社会科学院历史研究所、《河北学刊》编辑部编：《晋察冀抗日根据地史料专辑》，《河北学刊》杂志社 1985 年刊本，第52 页。

进及种子试验等,以期节省劳力,提高生产水平。

晋察冀边区的山岳地区,尤其是晋东北,荒山荒地相当多,始终无人耕种,尚处于自然状态之中,有的属于地主私产,有的是寺庙公产,有的尚未被人占用,还没有受土地所有权的支配。这些荒山荒地"过去因迷信的风水关系,或因其他关系,任令荒芜,而却禁止贫民垦殖,即没有属主的荒地、荒山,亦因所有权没有保障,农民亦都懒得去垦"①。日军进入华北后的掠夺、杀戮,使一些地主逃亡他乡,劳力畜力也大量减少,已耕地中也有荒芜了的。基于上述情况,《晋察冀边区垦荒单行条例》特别规定了垦荒中的产权和耕作问题,强调"凡本边区未垦之土地,或已垦而连续两年未经耕种者,不论公有私有,一律以荒地论,准许人民无租垦种";"荒地面积在五百亩以下者,得由四邻分种或独种之;荒地之面积在五百亩以上者,得由所在地之贫苦农民合伙垦种或分种之"。"凡公私荒地荒山,经承垦人垦竣后,其土地所有权即属垦种之农民。但其所垦面积大小,须请县政府报本会(按:即边区军政民代表大会)备案,发给执证"。"凡公有私有荒地荒山,抗日军人家属有垦种之优先权。但地主愿自行垦种者,得尽先垦种"。

这些条款积极鼓励民众垦荒,从法律上保障了垦荒者"无租垦种"即土地所有权,调动了农民尤其是贫苦农民的垦荒积极性。北岳区各地形成了垦荒热潮,各县都作出了不少成绩。1940年8月6日,张苏在边区经济会议上的报告《生产与合作》中指出:"只平山、阜平等九县,垦荒达15000余亩"。四专区仅1939年即开荒地49000多亩。……在山多人少,劳力缺乏,条件异常艰苦的平西根据地,多年来耕地面积一直保持在157000亩上下,经过1939年的生产运动,耕地面积增加到170000亩以上,一年之内增加耕地13000亩,占原有耕地面积的8%以上。② 又据冀西、平西、晋东北29个县的统计,共开垦荒地19950余亩。③ 修滩工作也取得优异成绩,1939年夏的大水灾将晋察冀边区的沿河滩地几乎全部冲

---

① 陈克寒:《模范抗日根据地晋察冀边区》,《新华日报》1938年9月2日。
② 泉壁:《平西抗日根据地介绍》,《新华日报》1940年5月21日。
③ 张帆:《晋察冀边区的农林建设》,《晋察冀日报》1943年1月17日。

毁。北岳区 21 县"原有滩地 170427 亩,冲毁 147626 亩",占原有滩地的 86.62%。[①] 唐河沿岸民安庄至钓鱼台的 36800 亩滩地,冲毁 32440 亩,占全滩面积的 88.15%。沙河沿岸法华至王快的 25 个村庄,原有滩地 15000 亩,冲毁 13500 亩,占全滩面积的 90%。[②] 滩地禾苗荡然无存,农民生活无着。晋察冀边区政府及时提出了"恢复滩地,恢复耕地面积"的号召,于是年 9 月 19 日颁布了《晋察冀边区垦修滩荒办法》,明确规定了鼓励修复滩地的各项政策:关于垦修的办法中规定:"原属自耕之滩地,尽先地主垦修";"原系租佃之滩地,尽先地主兴修,仍由租佃户垦种;地主不能兴修者,由租佃户垦种;地主不能兴修者,由租佃户垦修";"地主和租佃户皆不能垦修者,由地方政府招人垦修之";"抗日军人家属、合作社有优先权,次为无土地之农民,次为大小地主,最后为政府经营";"抗属之滩荒无力垦修者,得由地方政府贷资或发动人力垦修之"。

边区政府在鼓励和督促滩地修复、垦种的同时,对滩地的使用和收益分配作出了明确规定:"地主兴修,佃户垦种之滩地,在垦修时间以内,其正产物不超过往年百分之六十者,租户不出租金,超过之数用以交租。至达原定契约租额为止";"由佃户垦修之滩地,得按地势优劣,费工多寡,以工折价。予以二年至九年之土地使用权";"因冲刷过甚,工程太大,地主和佃户不能垦修之滩地,地方政府招人垦修时,得按地势优劣,费工多寡,以工折价,予承垦人以五年至二十年之土地使用权。土地所有权不变";"贫小地主,仅持唯一所有之滩地地租生活者,得与佃户合力垦修,垦修期间之收益,按出力之比例,公平分配"。

关于修复滩荒之领导,规定"设立滩地整理委员会,负责制定修滩计划、核估滩地使用之年限,监督垦修";不得破坏河渠水道等水利设施。这些内容明确了垦修滩地的使用权。滩地租金的交纳办法,对抗日军属和贫苦农民予以优待,同时照顾贫小地主的利益,大大调动了各阶层人民修复滩地的积极性。1940 年春,边区开展的修滩运动,取得

① 魏宏运主编:《抗日战争时期晋察冀边区财政经济史资料选编·农业编》,南开大学出版社 1984 年版,第 471 页。

② 张帆:《晋察冀边区的农林建设》,《晋察冀日报》1943 年 1 月 17 日。

了显著成绩,1939 年和 1940 年两年中,只北岳区就修复滩地、熟地211000 亩以上。因此,在部分地区耕地面积不仅没有减少,还有所扩大。除被灾地区如上述平西地区耕地面积扩大以外,在生产搞得最好的第五专区,耕地面积亦有显著增加。第五专区灾前的耕地面积为 2003989.86亩,1940 年增加到 2017530.69 亩,增加了 1.72%;其中仅平山县就增加了 7.57%。①

水利是农业的命脉。边区境内河流纵横,不少水利资源可资利用。在北岳区的山麓地区历来有以渠、井灌溉农田之习惯。冀中平原地区,为海河各支流的中下游,历来水害严重。"冀中各河危害最大的是永定河和滹沱河。皆有小黄河之称。滹沱河下游安平油子、武毛营,饶阳王岗等地为经常决口地区,淹及饶阳、献县北部、肃宁、高阳、任邱、河间、大城、文安等县,至文安境则汇为湖泊,即所谓'文安洼',该地有句俗话:'收了文安洼粮食满地抓,涝了文安洼十年不回家'";"永定河含沙量大,且水势汹涌,右岸无堤。时常注入大清河,为害永清、固安、新城、安次等县。下游土地多被沙压";"唐河既无堤防,又无固定河漕,更是年年泛滥";"潴龙河下游河道弯曲,狭窄,宣泄不畅,两岸时常决口";沙河含沙量大,"流经之处,田园多被冲毁,变为沙岗荒滩"。"七七事变"后,国民党军队南退,冀中各河河务局"相继解体,职员弃职逃散,河务无人负责",险堤决口比比皆是。② 鉴于上述情况,边区政府把奖励兴办水利、治理水害作为发展农业的一项重要政策。

1938 年 2 月 21 日,边区政府颁布的《晋察冀边区奖励兴办农田水利暂行办法》(以下简称《水利暂行办法》)。提出要整理水利组织,整理旧渠,开凿新渠。奖励兴办农田水利事业。《水利暂行办法》规定:凡边区境内旧有水利组织和设施,"无论公营私营,须由负责机关积极整理。以增进其灌溉量;但其组织不健全者,当地政府得督促改组之"。其组织解体者,由边区政府派人管理。对于私营旧有水利事业,"其独占较大者",

---

① 《春耕竞赛总结》,《边政导报》1940 年第 2 卷第 28、29 期合刊。
② 魏宏运主编:《抗日战争时期晋察冀边区财政经济史资料选编·农业编》,南开大学出版社 1984 年版,第 332—333 页。

由边区政府派人监督其经营。以免发生流弊。《水利暂行办法》还明确规定对兴办水利事业要加以鼓励和资助，"如有河流可资利用，人民愿集体开凿者"，可报边区政府批准，予以开凿。"如开凿水利，其力不足者"，政府可以贷款资助之。

在冀中区，冀中行署改变了旧有的"水衙门"制度。成立冀中河务局，负责统一治理冀中各河水害，下设子牙河办事处和第十一专署河务委员会。1939 年大水后，为适应迅速治理水害的需要，改变群众中历来存在的"给河务局工作"的被动观点。把治水真正变成人民自己的事情。结束冀中河务局，改为行署领导，各级政府添设水利技术员，负责计划工程，检查水利状况。水利工程有关各县均建立河务委员会，由县政府直接负责。"县长、实业科长、武委会主任任正副主任委员；在沿河区设办事处，由区长、实业助理员、武委会任正副主任委员"；聘请当地熟悉堤工、热心公益的人士为委员。负责具体监修和采购等工作。这种政府统一领导下的政民结合的水利组织形式，是分散的、地方性和半群众性的组织，较为适合战时的敌后环境。它以群众面目出现，既可以充分发挥群众的积极性，又可以减少由于敌人破坏所造成的损失。当地人士在政府领导下，起了骨干作用。他们有广泛的社会关系，有采购、监修的经验，能号召群众，团结群众，和群众在一起，同作同息，他们已不是过去肥肉美酒、大吃大喝、高高在上、不理工程的委员大人们了"。[1] 贪污中饱的恶习被禁绝，打骂河工之事也不再发生，从根本上清除了国民党旧河务局"水衙门"的作风。在组织民工方面，废除了封建剥削的雇佣制，实行"有人出人，有钱出钱"的合理动员；对民工伙食，实行一部或全部补助或"以工代赈"的办法。在工程占地问题上，改变了旧政府无偿占用农民土地的做法。本着局部利益服从全局利益，又兼顾局部利益的原则。"在影响到局部利益的地方，如新堤新河占地，给予适当的禾苗损失赔偿与占地赔价"。

---

[1]　魏宏运主编：《抗日战争时期晋察冀边区财政经济史资料选编·农业编》，南开大学出版社 1984 年版，第 337—338 页。

　　奖励兴办水利,治理水害的各项政策,调动了广大农民兴办水利事业的积极性。掀起了兴办水利的热潮,使边区大部分旧水利工程得以修整,开凿了不少新渠、新井,治理了冀中的严重水害。

　　在北岳区,为提高农业生产,特别是提高山岳地区的农作物产量,边区政府提出"整理旧渠,开凿新渠""变旱田为水田"的号召,水利建设取得了显著成绩。据不完全统计,1939 年水灾前,"平山等 13 县整理旧渠 123 道,可浇地 92264 亩;阜平等 11 个县开新渠 74 道,可浇地 30620 亩;曲阳 3 个县凿井 245 眼,可浇地 1842 亩"。[1] 1940 年,"易县等 13 县整理大小水渠 2611 道,可浇地 198759 亩;涞源等 13 县凿井 1848 眼,可浇地 17053 亩"。[2] 两年中,北岳区共整理旧渠 2743 条,恢复灌溉面积达 291023 亩;开凿新渠 1290 条,凿井 2088 眼,新增灌溉面积 248814 亩;合计恢复和新增灌溉面积 539637 亩。其中第五专区原有水渠 1336 道,可灌溉面积 92000 亩;1940 年新开渠 258 条,增加灌溉面积 47000 亩,比原有灌溉面积增加了 51%。[3] 在战争环境中,短短两年时间,取得这样大的成绩,可以说是惊人的。

　　在冀中区,治理水害的工作也获得成功。因冀中区是晋察冀边区农业生产的中心区域,所以边区政府在 1938 年年初就着手进行治河的准备工作。1939 年春,即开始了春季工程。动员民工 171399 人,修堵三角塘、万安闸口、龙门口、殷家庄等重要决口及各河险工多处,保证了雄县、蠡县、高阳、任邱大部村庄的丰收。[4] 1940 年春形成了更大的治河高潮,在八路军的掩护下,在河务委员会的领导下,沿河地区的广大人民,战胜春荒,开展了全民治河斗争:男劳力出河工,女劳力下地劳动,儿童送水送饭。经过几个月的艰苦奋斗,"修堵了大小决口 215 处,长 17479.8 丈;整修险工 53 处,长 2380.1 丈;复堤筑坝 39 条,长 528.05 里;疏浚淤河九段,

①　张苏:《晋察冀边区的农林建设》,《解放日报》1943 年 1 月 17 日。
②　张苏:《晋察冀边区的农林建设》,《解放日报》1943 年 1 月 17 日。
③　陈廷煊:《抗日根据地经济史》,社会科学文献出版社 2007 年版,第 40 页。
④　魏宏运主编:《抗日战争时期晋察冀边区财政经济史资料选编·农业编》,南开大学出版社 1984 年版,第 334 页。

长 1655. 45 里。共动员民工 690285 名"。① 在这些大小工程中,新乐县西里村决口和饶阳县王岗决口,都是几十年从未完成过的艰巨工程。西里村决口位于大沙河上,土质沙性。筑堤打椿都极端困难,又靠近敌占区,广大群众以百折不挠的精神,经数次失败,终于堵上了决口,消灭了新乐、定南、深泽北部、安平北部地区的水害。王岗决口,是由于滹沱河改道而形成的大决口,危害饶阳等 8 个县。政府动员了饶阳、献县、肃宁三县的56 万群众,战胜了敌人的多次围攻和严重春荒,不怕流汗流血和牺牲(修河期间,曾被抓去民工 70 多人,有 7 人惨遭杀害),经过 3 个多月的抢修,共计"开凿了 22 里长的新渠(上口宽 10 丈,下口宽 6 丈),堵住了大小决口 5 个",完成了多年来未完成的艰巨工程。"消灭了饶阳以下八县的水害,使文安洼有千余顷水田能种上水稻"。② 加上 1939 年及以后的抢险堵口工程,初步奠定了冀中河防的基础。

改进和提高农业生产技术,是提高农业生产力的重要前提。晋察冀边区的农业生产力水平很低,生产技术非常落后,因此,要想提高生产力,增加农业产量,单靠农民群众的生产热情是不够的,还必须从改进和提高农业生产技术入手。

早在 1938 年 1 月晋察冀边区军政民代表大会通过的《经济问题决议案》中,就明确提出,要发展农业生产,除普遍实行减租减息政策,提高农民的生产热情之外,还必须改进农业技术,要"设立农业技术改良机关,协助农民建立合作社,大量制造农具,指导农民育种、播种、施肥、土壤等各种技术改良"。同年,边区政府创建了第一个农业试验场,开始进行农业技术的试验工作。不过,抗日战争之初,晋察冀边区政府刚刚建立,百废待兴,在最初的三年中,农业生产的中心不得不放在开荒修滩和春耕夏收秋收的急务上,农业生产的全面恢复需要时间。

---

① 魏宏运主编:《抗日战争时期晋察冀边区财政经济史资料选编·农业编》,南开大学出版社 1984 年版,第 339—340 页。

② 魏宏运主编:《抗日战争时期晋察冀边区财政经济史资料选编·农业编》,南开大学出版社 1984 年版,第 340—341 页。

(二) 根据地工业的恢复和发展

抗日战争初期,中国共产党领导的各根据地,包括陕甘宁边区、晋察冀边区等,在农业开始恢复的基础上,工业也有初步恢复和发展。

陕甘宁边区革命根据地是在落后的乡村中建立起来的。不但没有机器工业,连手工业也很薄弱。1935 年 10 月,中央红军长征到达陕北时,仅有一个 40 多名工人的修械所。到抗日战争前夕,加上被服厂、印刷厂等,一共也不过 270 多名职工。从 1938 年起,中国共产党开始注意在边区建设公营工业。1938 年 3 月,延安只有一个兵工厂,厂长周建祥,原来是中央苏区造币厂的厂长。厂里仅有几台机器、几十名工人。工业专家沈鸿,偕同 7 名工人,将 10 部机器从上海经武汉、西安辗转运到延安,从筹建机器厂开始,制造机器、工具,创造条件,逐步兴办其他工厂。就在这一年,在边区政府的领导下,延安先后建立了难民纺织厂、造纸厂、被服厂、农具厂、制革厂、制鞋厂、石油厂以及八路军制药厂等。这些工厂后来大都起到了倡导和骨干作用。1938 年以前,边区的布匹完全依赖从外面输入,自难民纺织厂创办以后,这种情况开始有所改变。难民纺织厂起初在安塞县二区高桥镇,之后迁到延安县西川口,发展很快。开始只有 8 台机器 10 名工人,到 1938 年年底,发展到 45 名工人,机器增加到 12 台,即织布机 4 台、毛巾机 2 台、袜子机 5 台、弹花机 1 台。

因为织布需要棉纱,由政府向民间收买,促进了民间手工纺织业的发展。1939 年,边区经济开始被封锁,中央提出"自己动手""自力更生"的号召,机关学校部队开始从事农业和手工业。边区政府于当年五一劳动节举行工农展览会,以鼓励工农业发展。1939 年又创建新华化学厂、后勤部制药厂。新华化学厂的主要业务是生产肥皂。开始仅有资本数千元,职工数人。同年还在安塞、固临、延长等地组织纺织合作社,由建设厅帮助训练工人,供给织布机,投放资本,调剂供销,开始实行公私结合(亦即军民结合)的政策。1939 年年底全部工人增至 700 人左右。各方面都比 1938 年有所进展,纺织业能生产大布 1400 匹,比 1937 年增加 116%。[①]

---

① 西北五省区编纂领导小组、中央档案馆编:《陕甘宁边区抗日民主根据地·文献卷·下》,中共党史资料出版社 1990 年版,第 272 页。

在晋察冀边区,抗日民主政府在发展工业方面,也给予足够的重视。早在 1938 年 1 月,晋察冀边区军政民代表大会就作出了"发展农村手工业,促进家庭副业,提倡较大规模手工业经营,发展国防工业"的决议。随着根据地的发展与巩固,为不使边区成为敌人的商品倾销市场,反对敌人经济封锁和在对敌经济斗争中求得商品出入平衡,并争取出超,使根据地能够完全独立自主地进行经济建设,1940 年提出了"争取边区工业品的自给自足"的口号。

晋察冀边区发展工业的重心,始终放在手工业与家庭副业上,"边区人民的生活必需品,除粮食外,最主要有棉、布、盐、油、纸张(机关需要多)"。因此,从边委会成立以来,首先"发展工业的重心,始终放在手工业与副业上"。[①] 其中,纺织工业(织布)在边区工业发展中占了第一位。冀中、冀西、平汉路沿线,家庭纺织一向就很发达,"七七事变"后因战争破坏,大部停顿。晋察冀边区政府成立后,号召恢复纺织业,不久即行恢复,边区棉产量很可观,政府限种 20%以后,年产量尚可达 1.2 亿斤,拿来制造土布,销路很好。1940 年仅行唐、唐县出产土布 200 万匹以上。[②] 冀中区农家生产的土布,数量多,质量好,远销到晋东北、察哈尔、绥远、热(河)南等地,受到各地老百姓的欢迎。此外,火柴、造纸、制革、面粉加工、榨油及其他日用品工业都有很大发展。因而,人民生活日用品大部分能够自给。

在边区的工业发展中,边区政府一个重要的方针,是"启发小生产者和私人企业家的生产积极性和自动性。使他们在有利于民生军需的原则下,自由自主地去努力从事他们的生产和贸易"[③]。在节制资本的前提下,广泛动员私人资本,发展手工业工厂、作坊以满足人民群众日用工业品的需要。1940 年 8 月颁布的《晋察冀边区目前施政纲领》(即《双十纲

---

① 河北省社会科学院历史研究所、《河北学刊》编辑部编:《晋察冀抗日根据地史料专辑》,《河北学刊》杂志社 1985 年刊本,第54 页。
② 魏宏运主编:《抗日战争时期晋察冀边区财政经济史资料选编·农业编》,南开大学出版社 1984 年版,第 274 页。
③ 彭真:《关于晋察冀边区党的工作和具体政策报告》,中共中央党校出版社 1981 年版,第 77 页。

领》)纠正了一度发生的没有把封建经济制度与资本主义的生产在政策上严格加以原则区别的偏差,明确指出,"对于私人企业家的经营,即带有资本主义性的生产,应让其发展而不是削弱或加以阻挠"①。这种把个体和私人企业赢利欲望与抗日根据地的需要相统一的政策,对边区经济建设事业的发展起了重要作用。

对于私人不易经营的军需工业、矿业、冶炼业、纺织机的制造等事业,则主要由边区政府和军区积极经营。其中军需工业占重要地位。为了自力更生解决军需问题,根据 1938 年 11 月中共中央六中全会关于"建立必要的军火工厂,准备反攻实力"的精神,1939 年 4 月,晋察冀军区在河北省完县神南镇成立了军事工业部,领导军火研究与生产。将原来的几个修械所合并,建成了 7 个军工连(厂),由修理部队枪械、制造黑色炸药和手榴弹,发展到可以翻砂、铸弹,制造地雷、迫击炮弹和生产子弹等。到 1940 年,军工生产进一步健全发展,军工连(厂)发展到 10 个。并相继建立了化学厂、被服厂,军工部还成立了技术研究室,专门从事军工新产品的研究和试制。在军工科研与生产中贯彻了军区首长规定的"集中领导,分散生产,小型配套,就地取材"的方针,就地及时供应部队需要,有力地支援了战争,取得了显著成效。

1. 公营民用工业的建立

晋察冀边区政府成立时,便确定了工业建设的方针是"发展农村手工业,促进农家副业,提倡大规模的手工业经营,发展国防工业"②。在这以后,边区的公营工业主要是发展军事工业,民用工业所占比例极小。只有"私人不易经营或不愿经营的而为国民经济之发展所必需经营的生产"③,政府才投资作少量经营。因此,晋察冀边区初创时期公营民用工业发展较慢,数量也很少,其中有些工厂是属于试验性质的。1940 年工

---

① 彭真:《关于晋察冀边区党的工作和具体政策报告》,中共中央党校出版社 1981 年版,第 85 页。

② 魏宏运主编:《抗日战争时期晋察冀边区财政经济史资料选编·总论编》,南开大学出版社 1984 年版,第 42 页。

③ 彭真:《关于晋察冀边区党的工作和具体政策报告》,中共中央党校出版社 1981 年版,第 80 页。

矿管理局成立,公营工业有了较快的发展。

1939 年 4 月 24 日,晋察冀边区政府在给各专区的指示中指出:"敌人为'确实掌握占领区域',正在进行其肃清后方扫荡华北之阴谋,尤其对我晋察冀边区,不特加紧军事进攻,而且实行封锁政策,禁止必需用品输入,以增加我物资上之困难,进而围困我军,制我军之命。阴谋毒狠,至此已极,本会为粉碎敌人此种阴谋诡计以堵塞漏洞起见,特尽可能力量,凡一切日用必需品之能以自造者,决定设法自制,以求自给自足。"①为了实现这一目标推动全边区工业生产的恢复和发展,晋察冀边区政府从 1939 年开始,陆续筹建了造纸厂、制胰厂、制革厂和造机厂,并在曲阳和阜平经营了两个煤井,这些厂矿由边区实业处直接经营。这就是边区初期的公营民用工业。

造纸厂(金龙纸厂),地址在阜平金龙洞,1939 年 2 月建立,政府投资一万余元。该厂以营业为主。工人来源开始是从行唐请来几名手工造纸工人,以后增加到十几人,设备只有五个池子,主要靠手工操作,原料是从各地收集来的麻绳头子,经过剁碎、水浸、掺上石灰、蒸煮碾碎、洗净、打浆、抄纸、晒纸等工序,最后制成麻纸,日产约十五刀。这种纸起初只能做办公纸用,以后增加了一些填料,改进了技术,制成两面光的报纸,用来印刷《晋察冀日报》,初步解决了晋察冀边区机关急用的纸张问题。该厂还试验成功了以白草、稻草和麦秸为原料的造纸方法,解决了造纸原料的困难。

制胰厂的地址在阜平县下店,1939 年 3 月建成。政府投资五千余元,产品除供军需外,还部分提供市场经销。日产各种肥皂 1200 块,种类分香皂、洗衣皂和卫生皂三种。肥皂厂所用的原料为动植物油,在晋察冀边区可就地解决,只是火碱来源困难。边区的技术人员用生石灰和当地的土碱熬制成火碱,解决了原料问题。该厂投入生产以后,改变了当地军民用草木灰溶液洗衣服的落后状况。

造机厂,即裕华工厂,1939 年 9 月在阜平建立。政府投资 17000 余

---

① 《晋察冀边区行政委员会令》(边实字第 86 号),1939 年 4 月 24 日。

元,该厂主要是研究和改进手工纺纱机,解决晋察冀边区纺织业所需之经线问题。该厂曾制造出一批纺织机及其零件,但因设备、技术等条件限制以及铁短缺,1941 年 5 月停办。

制革厂建立于 1939 年 10 月,资金 2 万余元,该厂以研究毛皮鞣制技术为主。厂址在阜平县。当地山羊很多,过去民间就有用芒硝土法鞣制毛皮的技术,但这样鞣制出的毛皮一沾水就发硬,不适宜游击战争环境。该厂经过研究试验,采用晋察冀边区生产的橡树种子外皮——橡宛子浸泡出单宁酸,经过发酵鞣制毛皮,这样的皮板遇水不变硬,很适合游击战争环境的战士们穿用。该厂除了生产皮衣外,还制造其他各种皮件如文件袋、皮带等。1940 年生产各种皮货达 800 余件。

阜平炭灰铺煤矿,1939 年 5 月开始经营,政府投资 85000 元,是晋察冀边区较大的一座公营煤矿。有职员一二十名,工人最多时达 300 名。该矿以营业为主。所产煤炭是无烟煤,只能供取暖和烧石灰用。后来经试验用大炭(即无烟煤)炼铁成功,冲破了敌人对烟煤的封锁,解决了铸造农具、炊具和军需产品(子弹壳、手榴弹壳、地雷壳等)的燃料困难。因此,炭灰铺煤矿的经营,对晋察冀边区军需民用有着极其重要的意义。

永升煤井,位于曲阳县灵山,1939 年 10 月开始经营,政府投资 4 万余元,日本占领灵山后,生产被迫停止。

2. 军事工业的建立

军事工业方面,主要是创建军区修械所。晋察冀军区成立之后,八路军在晋东北、冀西、冀中一带广泛发动群众,开展敌后游击战争,有效地歼灭进犯的敌军。随着抗日根据地的扩大和武装部队的发展,军区面临的重要困难是枪支弹药极度短缺。当时国民党政府不发给八路军一枪一弹,八路军所用枪支弹药多半是平型关大战的胜利品,是从敌人手中夺来的;还有一些是通过民运人员收集国民党军溃退时丢弃的武器弹药,但数量都很有限,满足不了部队作战的需要。而且收集到的武器,往往零件不全,或没有刺刀,或没有枪柄、枪栓。在这种形势下,军区司令部决定发展自己的军事工业,以适应敌后抗战的需要,因此于 1937 年年底成立了军区修械所。

修械所的建立,是晋察冀边区军事工业的萌芽,起初规模很小,设备简陋。当时主要任务是搞些修理和装配,将民间收集、战场缴获来的损坏或缺少零部件的枪械武器,经过修理发给部队重新使用。至于枪支弹药,开始阶段还不能制造。军区从 1937 年 11 月成立第一个修械所后,到 1940 年秋,已发展为 13 个修械所,军工人员也从最初 60 余人扩大到 2000 余人。各所成立和经营大致情况是:

军区第一修械所:1937 年 11 月成立,地址开始在冀晋两省交界处的河北平山县桑园口,职工 60 余人。主要锻打刺刀、修理旧枪。主要设备为元车 2 部、柴油机 1 台。

军区第二修械所:1939 年 2 月建立于山西省五台县跑泉厂,职工 70 多人,主要锻打刺刀,主要设备为元车 1 部。

军区第三修械所:1939 年 3 月建立于河北省涞源县五亩地。职工人数不详,主要锻打刺刀、修理枪支。主要设备为元车 3 部、零车 1 部。

军区第四修械所:1939 年春建立于河北省涞源县栾木厂,职工 80 余人,主要锻打刺刀、修理枪支。主要设备为元车 5 部、柴油机 1 台。1939 年秋,厂房被大水冲坍,修械所迁至完县东阳洼,改编为军工部第三连。

军区第五修械所:1939 年春建立于河北省唐县大滩、望大岭。职工 170 多人,主要制造黑火药、手榴弹。主要设备为翻砂炉、沙箱鼓风机、木旋床 6—7 台。1939 年秋,厂房、机器被大水冲坍,全所被合并到第六修械所。

军区第六修械所:1939 年建立于河北省唐县大石沟。职工 80 多人,主要制造手榴弹,主要设备为翻砂炉、鼓风机、木旋床。

晋察冀边区制造所:1938 年 5 月创建于山西省五台县西会里村,工人最多时有 500 多人,主要产品是二、三号手榴弹,圆形弹和地雷,供八路军部队和地方武装使用。1939 年春迁至河北省平山县五家坪村。

为了扩大军事工业的生产,支援抗日战争,各分区还自力更生地创建了许多修械所:

一分区修械所,设在河北省易县筐子沟。

二分区修械所,设在山西省五台县四道沟。

三分区修械所成立较早(1937年11月),地址在山西省曲阳县灵山镇。后来又吸收唐县拔茄村一个叫"裕农铁工厂"的私营厂参加,该所工人发展到120余人,生产工序分为修械(包括机工、钳工、铁工)、翻砂、木工、制药等车间。除修理枪支外,还可制黑火药、手榴弹。1938年下半年,该所又迁至阜平县虎峪村、马兰村、大石沟、通天寺等处。

四分区修械所,设在平山县古道村。

冀中军区修械所,除分出一部分到冀西筹建新厂外,余下的工人又招收一些小炉匠和杂工,共100余人,在饶阳成立了奖勤罚懒冀中军区第一修械所。在任邱成立了冀中军区第二修械所,有工人八九十人,主要生产炸药、手榴弹等。

以上修械所虽然设备落后,主要靠手工生产,但却能锻打刺刀,最初每班每炉只能打4把,经改进工艺后,增加至40把。修械所还能制造手榴弹、地雷,并积累了宝贵的经验,是晋察冀边区军事工业良好的开端。

修械所的骨干力量,主要来自华北大中城市的熟练技工,他们在抗日战争中发挥了重要作用。

军区修械所的普遍建立,虽然帮助部队维修了武器,也部分地制造了手榴弹、地雷等,但不能满足部队枪支弹药的需要。尤其随着游击战争的深入发展,八路军的枪支弹药严重缺乏。前线的战士因弹药缺乏,只能领到四五粒子弹,手榴弹因质量差,只能投三四十米远,威力不大。敌人冲上来,战士就拼刺刀,这种近距离作战,使部队伤亡很大。战争环境迫切需要改变军工落后状态,所以军区司令部决定成立军事工业部,以加强领导,扩大设备,自己制造枪支弹药,适应敌后抗日战争的需要。

1939年4月,晋察冀军区军事工业部在河北省完县的一个山区小镇成立,部长刘再生,政委杨成。军事工业部刚建立的时候只有7个人,以后机构逐渐扩大、健全。其直属职能部门有:

工务科,曾先后改称为军械科、统计科,负责生产统计、工作检查与总结。

材料科,负责购买、调配各军工连所需的原材料。

管理科,管理各军工连伙食、住房等。

粮秣科,负责钱粮、被服,亦称供给科。

警卫排,负责军工生产设备及人员的安全、保卫工作,有二三十人。

军事工业部的成立把晋察冀边区军事工业推向一个新的阶段。

为了进行军工产品的研究制造,军事工业部成立后,即将北岳、冀中各分区的修械所合并到军事工业部,并增编了一部分工人,先后建成11个军工生产连(亦称"厂"或"所",在现存文献中,仍有按习惯称"修械所"的),以后又建立三个化学厂和两个矿工队。根据军区司令部关于"集中领导,分散生产,小型配套,就地取材"的原则,组织生产。

军工部组建之后,还组织研究室,这是一支由知识分子组成的技术队伍。他们大部分是北平、天津、唐山一带理工大学(燕京大学、北京师范大学、北平大学工学院、河北省立高等工业学校等)的毕业生,有的则是留日、留法勤工俭学回的,先后来自延安、冀中或北平、天津、保定。当时凡懂技术、学习自然科学的人员,到达晋察冀军区后,大多被安排到军事工业部,研究室的工作人员最多时有20多人。他们平时的工作岗位就在各兵工连,与各连干部、工人一起苦心钻研,同吃同住同劳动,把所学的科学理论与晋察冀边区的实际相结合,用晋察冀边区的原材料和土设备,研制、生产出各种弹药的材料和成品。

(三) 根据地商业的恢复和发展

在抗日战争初期,根据地商业也得到了某种程度的恢复和发展。经过革命和社会改革,根据地土匪肃清,社会安定,苛捐杂税取消,生产增加,人民生活改善,购买能力和消费水平提高,给根据地商业和市场创造了有利条件;同时抗日根据地民主政府采取了正确、坚定而又相对灵活的商业政策和措施,直接引领了根据地商业的恢复和发展,新的市场不断产生,旧的市场不断扩大,商业资本充裕,市场交易兴旺、有序,按照根据地各个边区的具体情况,对敌伪地区的输出入贸易进行严格限制,在根据地内部实行贸易自由,在抗日根据地处于偏僻农村、敌伪占据城镇和交通沿线的情况下,迫使敌人以根据地所需要的工业品来换他所需要的农产品及土特产品,从而在一定程度上打破了敌人的经济封锁。根据地政府在允许和鼓励私人资本商业发展的同时,还组织和发展合作社商业。在晋察冀边区,有22个县建立了合作社,合作社的业务范围,由最初的生产自救渡荒、贩运粮食、组织群众纺线织布,扩大到棉花、土布、猪鬃、皮毛、苇席等土副产品的生产运销,合作社资本在晋察冀边区整个市场资本份额达到10%,边区每年从敌占区运来的必需品,向敌占区输出的山货土特产,有一半是由合作社经营的。合作事业在整个经济活动中发挥了不可替代的重要作用。

1.陕甘宁边区商业的恢复和发展

在陕甘宁边区,抗战初期根据地经济因战争破坏,在财政上实行"争取外援,休养民力"的方针。这时的供需特点是棉织业还未发展起来,食盐、甘草、皮毛的出产不多,出口商品只有不多的皮毛、甘草。在消费方面,因人口逐渐增多,人民生活也逐渐有所改善,购买力有所提高,需要大量的布匹和棉花的供给。党政军供给除部分粮食外,须外来供给。这时陕甘宁边区出入口极不平衡,主要靠外援收入弥补入超。

陕甘宁边区内主要市场为定边市、延安市和绥德市,定边、延安的商业资本相对充裕,各有大小商户400户左右。定边为食盐、皮毛、药材产地,抗日战争前全陕甘宁边区以及陇东药材、皮毛均由定边直接输往天津或包头,药材年输出量不下2万市担,约值200万元,皮子30万张,约值450万元,羊毛1万斤,约值400万元。延安市为陕甘宁边区土产向外输出,以及工业品输入陕甘宁边区内或边区外所经过的市场,又是陕甘宁边区的政治文化中心,因此经货商和过载行商资本居首位。经过革命,土匪肃清,社会秩序安定,苛捐杂税取消。人口增加,人民生活改善,消费水平提高,新的市场不断产生,旧的市场不断扩大,陕甘宁边区商业日益发展。如延安市,过去只有数十家小商店,现在商店发展至400余户,资本增加10倍以上,输出也不断增加。食盐输出1938年为7万驮,1939年为19万驮,1940年以后又有所增加。因战争影响,药材输出减少,不过食盐输出的增加可以弥补。商品输出虽然逐年增加,但因抗战后工业品价格上升,而土产品价格上升幅度远不及工业品,形成不等价交换。输出和输入商品总量均有所增加,但输入工业品增长幅度少于土产品输出幅度。工业品价格的涨幅另一原因是敌占区和顽固派区对陕甘宁边区的经济封锁。这种封锁一般是禁止必需品输入边区,而放纵迷信品、消耗品的输入。同时对边区的土产实行统制,故意压低价格,增加税率,限制输出数量。

陕甘宁边区的商业,是在战后迅速发展起来的,在主要市场上客商资本占绝对优势,陕甘宁边区本地商和合作社受客商资本的支配,如延安市的商户,客商占 2/3,其中战后到陕甘宁边区的十大家(占了延安市全部商业资本的 50% 以上),他们都是京货商,不与边区主要土产(如食盐)相联系,全靠用法币到外面买货。有的在山西、陕西、甘肃、河南、天津、上海、重庆均有分号或客庄,所以不会因没有法币或经济上略受封锁便全部停业而离开陕甘宁边区。当地商人和消费合作社的资本过小,在对外贸易上和边区内商品交换上不起决定作用。故客商资本一逃走,便引发了市场上的萧条现象,不过陕甘宁边区的土产输出仍然没有减少。①

这一时期私营商业尤其是中小商业欣欣向荣,以延安市为例,几年间的发展情况见表 19-2。

表 19-2　延安小商业发展情况(1936—1939 年)

项目 \ 年份		1936	1937	1938	1939
商业户(户)		168	204	233	262
其中	资本 10 万元以上	—	—	—	2
	资本 5 万元以上	2	7	10	17
	资本 1 万元以上	5	12	18	29
	资本 5000 万元以上	161	185	205	214

资料来源:陈廷煊:《抗日根据地经济史》,社会科学文献出版社 2007 年版,第 51 页。

在延安市,外省的商户从 1936 年的 87 户增加到 1938 年的 114 户、1939 年的 117 户;各县商户由 1936 年的 49 户增加到 1937 年的 59 户、1939 年的 66 户;本地商户由 1936 年的 168 户增加到 1937 年的 204 户、

---

① 陕甘宁边区财政经济史编写组等编:《抗日战争时期陕甘宁边区财政经济史料摘编·第四编·商业贸易》,陕西人民出版社 1981 年版,第 18—20 页。

1938 年的 233 户、1939 年的 262 户。

在中心城市发展的同时,口岸城市出现南盛北衰。由于山西沦陷,绥德县出现衰落;而战前商业不甚发达的庆阳市、西华池、富县等对外口岸,由于食盐出口增加,商业日益繁荣。①

这一时期公营商业也有所发展。陕甘宁边区政府商业机关开办的光华商店,成立于 1937 年,1938 年拥有资本 5 万元,营业额 400 万元;1939 年资本增加到 50 万元,营业额 1000 万元。②

1937 年在对外贸易上主要由陕甘宁边区政府贸易局经营,边区所需要的物资一部分直接由西安采购,采购的主要商品是棉花、布匹。1938 年绝大部分物资由西安办事处采办,被服则由办事处供给成品,对外贸易较为活跃。1938 年 3 月 1 日,贸易局改为光华商店,职责任务不变。1938 年陕甘宁边区对外贸易四通八达。1939 年以后,大部分货物则来自碛口。这一时期对外贸易的特点是单纯采购性的。进出口贸易不平衡,当时食盐、皮毛及甘草生产还不很多,棉花种植及家庭纺织业刚刚恢复。加之陕甘宁边区人口增加,人民生活改善,购买力提高,需要大量外来商品。由于当时还有 1000 万元以上的法币流入边区,弥补了进出口贸易方面的入超。

2. 晋察冀边区商业的恢复和发展

随着生产事业的发展,晋察冀边区的商业贸易也逐渐繁荣。但由于城镇和交通沿线均被敌人占据,抗日根据地处在广大乡村的战争环境中,敌人又不断加紧对晋察冀边区的经济封锁,经济环境极其艰难。在这种情况下,晋察冀边区政府必须有正确、灵活的贸易政策与措施,才能取得对敌斗争的胜利,并繁荣和发展边区的贸易活动,以促进根据地的经济建设。

起初,由于经验不足,曾经发生过两方面的偏向。随着根据地的扩大

---

① 陕甘宁边区财政经济史编写组等编:《抗日战争时期陕甘宁边区财政经济史料摘编·第四编·商业贸易》,陕西人民出版社 1981 年版,第 20—22 页。

② 陕甘宁边区财政经济史编写组等编:《抗日战争时期陕甘宁边区财政经济史料摘编·第四编·商业贸易》,陕西人民出版社 1981 年版,第 40 页。

和反"扫荡"的胜利,在晋察冀边区商业繁荣的同时,一时放松管理,粮食大量出口,奢侈品等大量进口。之后又发生了贸易局、裕民公司(1938年成立的一个公营商店)和合作社垄断商业贸易,排斥小贩和税务局对过境商品乱征税、乱扣押等现象,引起民众不满。在总结经验教训的基础上,晋察冀边区政府于1938年8月17日颁布了《统制对外贸易执行方案》,9月发表《我们的贸易政策》等一系列政策法令。明确提出,"我们的贸易政策要成为粉碎敌人对我们的经济阴谋的武器之一"。具体政策是:一方面"统制对外贸易","绝对禁止日货的输入";"于战争有利的东西尽量的输入进来,于战争无关鸿旨的东西尽量的限制输入";"凡是可能用土货代替了的外货,纵然是必需品,也把它的输入限制起来"。其目的是"为了要维持贸易平衡,甚至争取出超,以巩固边区的财政"。同时"鼓动一切土货输出",但因输出之物品属于资敌而有害于抗战,"如粮食,则仍严禁出口"。这就是统制贸易的基本内容。另一方面,晋察冀"边区的内部,原则上贸易必须是自由的"。只有如此,促进手工业的发达、农业的增进、商业的活跃,持久抗战才会有巩固的后方,才能安定民生,发展生产。各级政府主办的贸易机关的任务"在于节制民食民衣,促进土货的出口,平衡物价,稳定金融",但并不是与之争利。[①]

　　由于各级贸易管理机关坚决执行了晋察冀边区政府的贸易政策,有计划地输出,有计划地输入,控制了对外贸易,使"敌人占领的城镇和交通沿线农产品供不应求,这就使我们在很大程度上掌握了经济战线上反封锁的主动权,迫使敌人不得不以我们所需要的工业品来换他所需要的农产品及土特产品,这就在一定程度上打破了敌人的经济封锁"[②]。在晋察冀边区内部实行贸易相对自由政策方面,由于认识到"商业的集中害多利少,分散一点利多害小"[③],因此吸收大量商人进行贸易活动,并给商

---

　　① 魏宏运主编:《抗日战争时期晋察冀边区财政经济史资料选编·工商合作编》,南开大学出版社1984年版,第356—357页。
　　② 聂荣臻:《聂荣臻回忆录》(中),解放军出版社2007年版,第473页。
　　③ 魏宏运主编:《抗日战争时期晋察冀边区财政经济史资料选编·总论编》,南开大学出版社1984年版,第254页。

人以赚钱机会,只要不是投机操纵,囤积居奇,允许让其独立自主地发展。晋察冀边区从事商业活动的小贩空前活跃,边区内部贸易出现了繁荣景象。

因为晋察冀"边区的经济主要是小农经济,小的生产,小的消费,大部分人家,经济力量很小,一点余粮不能跑到远的市场出卖,小的消费品不能跑到远的市场上购买;特别在抗战环境中,布、盐、油等日用品,经常感到购买困难,所收山货,经常感到卖不上价去。为了改善人民的生活,对敌进行经济斗争,减少奸商垄断操纵,调剂边区经济,组织合作社是一个最好的办法"①。1938年年初,晋察冀边区政府号召人民集资兴办合作社,用联合起来的力量,调剂军需民用,来解决生产生活的必需品问题。1939年2月,晋察冀边区政府公布《晋察冀边区合作社暂行规程》,共10章20条。明确规定合作社种类有以下四种:(1)生产合作。凡经营种植、饲养、农田、水利、牲畜、造林、开矿、纺织及制造一切农村日用品和职业上之用品者均属之。(2)运销合作。凡经营农业生产品、工业生产品之输出者均属之。(3)消费合作。凡供给农村日用品及职业上之用品者均属之。(4)信用合作。凡经营农工业生产之放款及农村之储蓄者均属之。②《晋察冀边区合作社暂行规程》还规定:合作社须有9人以上方得设立,社股数额无限制。并规定了合作社盈余分配、民主办社原则等。同年4月,晋察冀边区政府又公布了《奖励合作社暂行条例》,进一步调动了广大群众创办合作社的积极性。

为了加强领导,使合作事业健康发展,晋察冀边区政府实业处之下设立合作事业科,各专区和县成立了合作事业促进会,有的地区(如冀中)还成立合作总社,领导管理合作社工作。晋察冀边区政府又开办合作干部训练班,学习合作社的经营与管理、会计业务等,加强充实了各地合作事业中的骨干力量。为了战胜天灾(1939年晋察冀边区发生大水灾)和

---

① 河北省社会科学院历史研究所、《河北学刊》编辑部编:《晋察冀抗日根据地史料专辑》,《河北学刊》杂志社1985年刊本,第57页。

② 魏宏运主编:《抗日战争时期晋察冀边区财政经济史资料选编·工商合作编》,南开大学出版社1984年版,第760页。

敌人"扫荡"、烧杀、抢掠给群众生活造成的困难,提高合作社的质量并发展数量,1940 年 1 月,晋察冀边区政府决定由边区银行举办 300 余万元合作贷款,重点鼓励运销合作和生产合作。这对畅流晋察冀边区贸易,扩大边区市场,打击敌伪市场,推动农田水利建设和改进农业、工业生产技术,发展群众需要的日用品生产,起了相当大的推动作用。

由于政府的倡导、扶植及广大群众的拥护,1939 年晋察冀边区有 22个县建立了合作社,总数达到 1307 个,其中平山县就有各类合作社 588个,社员达 3.3 万多人,股金达 4.5 万多元。冀中区合作社运动始于 1939年,当年七八月间大雨成灾,9 月,冀中区行署确定大力兴办合作社,开展生产自救运动。专区、县、区建立三级合作运动委员会,拨出 40 万元救灾款支持合作社调剂粮食,组织群众生产渡荒。由于群众深受其利,推动了合作运动的迅猛发展。合作社的业务范围,由贩运粮食、组织群众纺线织布,进而向棉花、土布、猪鬃、皮毛、苇席等土副产品的产销发展。[①] 在全边区,合作事业在整个经济活动中发挥了重要作用,它的资本占边区整个市场资本的 10%,边区每年从敌占区运来的必需品,向敌占区输出的山货土特产,有一半是合作社经营的。

在合作社的发展过程中,虽然因少数干部对合作精神了解不够,也发生了强迫入股、排挤商人、发财营利、脱离群众等现象,但经过政府的检查和整顿,及时得到了纠正,使边区的合作事业不断健康发展。

（四）抗日战争初期的根据地财政与金融

抗日战争初期,根据地的财政和金融,条件极为艰难,抗日根据地大多处于敌人后方农村,又被敌人占据的交通干线分割成多个小块游击区,几乎没有任何工业生产。农业和手工业生产也非常落后,人力物力分散,部队分散而且经常流动。人民生活困苦,抗日部队供给得不到满足。就是在这种极其艰难的战争环境下,抗日军民几乎是从零开始,逐渐建立起

①　河北省社会科学院历史研究所、《河北学刊》编辑部编:《晋察冀抗日根据地史料专辑》,《河北学刊》杂志社 1985 年刊本,第 57—59 页。

了新型的财政和金融,恢复和发展生产,创兴和提升财政收入,废除封建剥削,实行合理负担,促进生产,改善人民生活,建立和巩固抗日民族统一战线。金融方面,整顿金融秩序,取缔伪币,驱逐劣币,保护良币,建立自己的银行,发行自己的纸币,稳定币值和物价,筑起抗日的金融堡垒。

1. 抗日战争初期的根据地财政

抗日战争初期的根据地财政建设,完全是从零开始。在抗日战争开始后的一个短时间内,抗日部队的军需供给,绝大部分甚至全部自筹自支。筹款方式、办法亦多种多样,诸如没收罚款、捐募、借粮、向国民党政府索取军饷等。此后随着战争胜利的积累,抗日根据地的巩固、扩大,社会生产的恢复、发展,源自社会生产的财政收入增加,开始建立和健全新型财政制度。同时组织多种公营经济收入,财源扩大,渠道多元化,保证了抗战需要。

(1)抗日根据地粮款的筹集

抗日战争是一场关乎中华民族存亡的大战,是一场持久而又残酷的战争。因此动员全国人民,一切为着前线,一切为着打败日本侵略者,就成为敌后抗日根据地行动的口号、总方针。

抗日战争时期,战争的需要是多方面的,政府对人民的动员也是多方面的。其中主要的一项是动员人民出粮出钱,保证抗日军队及党政工作人员的供给需要,这项动员,习惯上称为"筹粮筹款"。敌后抗日根据地处于多个被分割的游击战争的农村环境,人力物力是分散的,部队也是分散的,而且是流动的。因此,粮款的筹集和供应也是分散进行的。但每个根据地都是在中共中央的统一指导下,按照当时当地所处的环境条件,自行组织财粮供应,自行安排收入和支出,各地筹集粮款的具体形式,在抗战的前期、中期和后期,在不同根据地,不尽相同,归纳起来,大体上有以下七种筹集形式:

第一种是没收罚款。

这是根据中共中央1937年提出的"十大救国纲领"[①]而采取的一种

---

① 《毛泽东选集》第二卷,人民出版社1991年版,第354页。

筹款形式。所谓"没收罚款",就是没收日本帝国主义在华的财产,没收汉奸的财产或对他们处以罚款。抗战初期,陕甘宁边区、山东根据地、淮南根据地以及晋察冀根据地的冀中区,都采用过这种筹款方法,但所得收入都不多,而且是逐年减少的。据陕甘宁边区财政统计,没收罚款占财政收入(钱的部分,未包括救国公粮在内)的比例,1937 年为 4.41%、1938年为 3.95%、1939 年为 1.07%、1940 年为 1.62%。①

对于没收罚款的筹款形式,中共中央反复强调要注意政策,一再指出,"除了有真凭实据的汉奸之外,决不准乱没收一家商店"②。同时"严禁无组织、无计划的筹粮筹款"③;反对将负担完全放在地主资本家身上,禁止"捉人罚款以解决军饷的办法"④。这就有效地防止了乱打、乱罚的政策偏差。

第二种是捐募。

捐募,有些地方也叫捐献、捐助、捐赠,是用号召、动员等方式筹集粮款的一种形式。用捐募形式筹集的抗日经费来自两个方面,一是来自根据地内部,二是来自根据地外部,即国民党统治区和国外。

根据地内部的捐募,一般是在抗日民主政权尚未建立,来不及制定正规税收制度的情况下采用的过渡形式,或者是在财政经济极端困难条件下采取的一种临时应急措施。例如,晋绥边区开展的"四献"运动(献金、献粮、献鞋和扩兵),山东根据地和冀中地区 1938 年年初募集的"抗日救国捐"。动员的对象,主要是富有者,但农民自动捐献的亦不少。

在国民党统治区和海外的捐款,是由地下党组织通过友好进步人士募集的。随着日本全面侵华战争的爆发,日本的野蛮侵略,八路军、新四军、华南游击队的英勇抵抗,引起了国内各界爱国人士、海外侨胞和国际

---

① 西北财经办事处:《抗战以来的陕甘宁边区财政概况》,1948 年 2 月。

② 《毛泽东选集》第二卷,人民出版社 1991 年版,第 425 页。

③ 中共中央党校党史教研室选编:《中共党史参考资料》(四),人民出版社 1979 年版,第79 页。

④ 《毛泽东选集》第二卷,人民出版社 1991 年版,第 767 页。

友人的广泛同情,他们不仅从道义上支持,而且在物资上给予援助。据陕甘宁边区财政统计,1938 年 10 月至 1939 年 2 月的 5 个月内,海外及后方捐款即达 1300948 元(法币),约合当时小米 40654 石(每石 300 市斤)。[①]在这方面,宋庆龄、廖承志等建立了不朽的功绩,对陕甘宁边区、东江根据地、琼崖根据地解决当时的财政困难,起了巨大的作用。1940 年以后,由于国民党政府的封锁、破坏,外部的捐款断绝。

第三种是向国民党政府索取军饷。

向国民党当局索取的军饷为数很少,且不可靠。中国工农红军 1935 年至 1936 年在陕北会合时,计有官兵 8 万人,1937 年改编为国民革命军,国民党只承认 4.5 万人[②],每年只发军饷 60 万元(法币)。到 1940 年,八路军、新四军发展到 50 万人,国民党当局出于反共限共的需要,不但不相应增加军饷,反而将原来的 60 万元减为 50 万元,全体八路军、新四军官兵每人只合 1 元,并且拖延几个月不发。1940 年以后,国民党当局不顾全国人民的谴责,更全部停发了八路军、新四军的军饷;对按照协议每月应发给琼崖民众抗日独立队的军饷 8000 元,也全部停发。

第四种是征税。

这是敌后抗日根据地筹集粮草和经费的主要形式。抗日战争时期全国 9 个抗日根据地都征过税,并建立了相应的税收制度。此外,处于游击状态的东北抗日联军,也用极简单的办法征过税。

各根据地开征的税种名称互异,数额多寡不一,比较普遍的有:救国公粮、田赋、统一累进税、货物税、商业商品税、盐税、田房契税和出入口税等数种。税收的具体名称和内容,不仅根据地之间不同,就是同一根据地内前后也多有变化。

上列税种,分别征收粮食、马料、柴草和现金。征收的现金,列入经费收入预算,征收的粮食、马料,列入实物收入预算,分别建立两套账,也有把实物作价统一编列财政收支预算的,例如晋绥边区就是这样做的。

---

① 1938 年陕甘宁边区每石小米约为 32 元法币。
② 中共中央文献研究室、中央档案馆编:《建党以来重要文献选编(1941—1949)》第 21 册,中央文献出版社 2011 年版,第 332 页。

第五种是借粮。

借粮是在特殊情况下的一种筹粮措施。

第六种是发公债。

抗日战争时期,发放公债的不多。据记载,陕甘宁边区 1937 年夏季发行过 200 万元(法币),晋察冀边区 1938 年发行过 300 万元。公债的发行,都是为了解决当时的财政困难,是一种临时措施。

第七种是组织公营经济收入。

由于日本侵略者的反复"扫荡"和国民党制造的两次反共摩擦,敌后抗日根据地的财政经济十分困难。在这种特殊的条件下,各根据地按照中共中央的指示,自己动手建立了自己的公营经济。许多根据地建立了贸易公司,办了一些自给性工业;军队进行了大规模的生产运动,发展了以自给为目标的农工商业;机关、学校也发展了同样的自给性经济。这些自给性的生产,特别是部队机关、学校掀起的大生产运动,抗日战争后期,曾解决了整个粮款需要的一部分或大部分。

组织自给性生产,自己动手解决粮食和经费的部分需要,这是一种特殊的筹集粮款形式。它在一般情况下似乎是不合理和不可理解的,但在分散的长期的人民游击战争条件下,则是进步的,具有重大历史意义的。

上述七种筹粮筹款形式,如果就粮款的来源分析,大体上可以归结为四个方面:一曰取之于敌,包括没收日本帝国主义、汉奸的财产和缴获敌人的战利品;二曰取之于友,包括各方爱国人士、国际友人和海外华侨的捐款,也包括国民党政府发的军饷;三曰取之于民,即各阶层人民用捐募形式、税收形式、借粮形式、公债形式提供的钱款和粮食;四曰取之于己,就是政府组织的公营经济收入和部队、机关、学校的生产自给收入。这四个方面的来源中,取之于民是主要的。取之于民,主要是取之于农民,即构成农民的财粮负担。①

财粮负担是农民负担的重要组成部分。它包括:根据地政府征收的

---

① 　地主缴纳的税收等,是地租的转化形式,实际是农民所出。这里讲的农民负担,是指广义的农民负担。

救国公粮、公草、田赋、资产米、农业统一累进税、村款粮、屠宰税、契税、公盐代金;农民自动的捐献、捐助,政府的突击借粮和所发公债款。农民的财粮负担是支持抗战最基本的物资基础,农民所出粮食,一般约占根据地筹粮总数的90%以上,农民所出钱款,一般约占根据地经费总额的50%以上。如果把粮食加在一起,据陕甘宁边区的资料计算,占财政、粮食收入总数(统一折粮)的比例是,1937—1939年平均为55.7%。①

(2)实行合理负担政策

合理负担,是在动员财力、人力的问题上,正确处理纳税人相互间、服役人相互关系的一条政策原则,它同兼顾的政策是紧密联系的。

抗日战争前期,负担的合理体现在三个方面:一是阶层之间的负担合理;二是地区之间的负担合理;三是农(业)商(业)之间的负担合理。

阶层之间的负担安排,总的出发点是基于抗日民族统一战线。因为"抗日战争的根本政策,是抗日民族统一战线"。② 这就是毛泽东提倡的互助互让、调节各阶级相互关系的恰当的政策。③

在这个指导思想下,中共中央对各阶层的负担安排在政策上确定了两条:一条是实行"有力出力,有钱出钱,有枪出枪,有知识出知识"④。在税收上,就是收入多的多负担,收入少的少负担,最穷苦者不负担。另一条是对封建剥削应进行限制,对贫农中农的负担应尽可能减轻。

可战争初期,陕甘宁边区军政人员的财粮总收入(统一折合小米计算)为49138石,其中公粮为27360石,占55.7%。分年度看,1937年占40.6%、1938年占36%、1939年占75.8%。⑤ 这三年,边区人民除公粮和少量工商税收负担外,没有别的负担(战勤负担很少)。由于公粮征收数

---

① 陈廷煊:《抗日根据地经济史》,社会科学文献出版社2007年版,第61页。
② 《毛泽东选集》第二卷,人民出版社1991年版,第567页。
③ 《毛泽东选集》第二卷,人民出版社1991年版,第525页。
④ 《毛泽东选集》第二卷,人民出版社1991年版,第355页。
⑤ 边区的财政收支(钱款部分)和粮食收支是分别编列预决算的,救国公粮征收数反映在粮食收支里面。为了便于比较和分析,这里把二者合并在一起,并将钱款收入折合成小米计算。各年小米的折算价格是:1937年每石小米为26元(法币),1938年每石小米为31元(法币),1939年每石小米为39.4元(法币)(据西北财经办事处:《抗战以来的陕甘宁边区财政概况》(附表),1948年2月18日)。

量不多,加以农业生产迅速得到恢复、发展,所以公粮的负担也显得较轻。全边区实征公粮占实际产量的比例,1937 年为 1.27%、1938 年为 1.25%、1939 年为 3.80%。每亩平均负担细粮,1937 年为 3.99 斤、1938 年为 4.2 斤、1939 年为 4.1 斤。①

　　这个负担水平,同华北各抗日根据地同期比较是轻的,如果同该地区土地革命前比较,那就相当地减轻了。以新正县(原属旬邑县,老区)为例,革命前(1934 年)全县的负担为 34550 元,革命后(1937 年 7 月至 1938 年 10 月统计)全县的负担为 14575.3 元,比革命前减轻 57.8%。②该县有三万余人,革命前每人平均负担 1 元多,革命后每人平均只负担 4 角。所以,边区政府的政策得到人民热烈的拥护。1937 年、1938 年政府号召征收公粮 1 万石,1939 年号召征收 5 万石,结果都超额完成了任务。尤其是延安、延长、固林、延川、甘泉等县,许多区域实际只用三五天便完成了任务,本来对于抗日军人家属和贫农照例应当免税,但他们自动把粮食捐给政府,还有许多农民自动超过标准缴纳公粮。

　　救国公粮是为了保证抗日救国的需要向人民征收的一种税收,因为它以征收粮食为主,所以叫救国公粮。1937 年 8 月 1 日,陕甘宁边区党委基于晋绥危急、边区财政经济困难的情况,作出了《关于征收救国公粮的决定》,确定在边区人民中进行抗战动员,征收 1.5 万石(后改为 1 万石)救国公粮。据此,陕甘宁边区政府于 10 月制定公布了第一个《救国公粮征收条例》,并制发了《征收救国公粮附则》。之后,边区政府每年都专门发布征收救国公粮的文件,1938 年发布了《关于征收救国公粮的决定》,1939 年发布了《征收五万担救国公粮的训令》。这些条例、文件的主要内容是:

　　第一,关于纳税人。《救国公粮征收条例》规定:"凡边区人民,除抗

----

　　①　据陕甘宁边区政府财政厅:《老区农业负担总结报告》(1949 年)中的产量数字整理。此数字与南汉宸 1947 年财经报告数字一致,均为细粮数。实际负担比例与其他有关材料中的数字略有出入,主要是计算的口径不一致。这里系按公粮负担口径计算。

　　②　陕甘宁边区财政经济史编写组等编:《抗日战争时期陕甘宁边区财政经济史料摘编·第一编·总论》,陕西人民出版社 1981 年版,第 95 页。

日军人家属及因灾荒经政府查明豁免者外,均须缴纳救国公粮。"这就是说不论是已实行土地改革的地区的人民或是未土地改革地区的人民,不论是地主、富农、商人或是中农、贫农,只要在边区政府管辖范围内的,都要按条例规定缴纳救国公粮。边区管辖的人口数量,边区政府成立时,经国民党政府行政院例会正式通过,指定受边区政府管辖并为八路军募补的区域,共 26 个县 200 万人。但自八路军主力开赴华北前线抗战后,国民党当局未履行诺言,陆续侵占了约 50 万人口的地区。所以到 1938 年、1939 年,边区实际控制的地区只有 150 万人,其中农村人口约占 90%,即130 万人。这就是救国公粮征收的范围。

第二,纳税单位和计征标准。救国公粮以家(户)为单位计算,以全家实际收获量为计征标准。各家的实际收获量由各户自报,经"区征收救国公粮委员会"和乡政府审核后,即据以征税。隐瞒不报者,加倍征收。呈报不实,以多报少者,其少报部分,加倍补征。

第三,税率规定。救国公粮实行有起征点的全额累进税率。当时,边区农村存在两类不同的地区。一类是经过土地分配的地区,另一类是未经过土地革命的地区。这两类地区,各阶层人民的生产和收入水平都有一定的差别。因此,1938 年的条例规定:每人全年收粮在 350 斤以下者免征,350 斤以上者,最低税率为 1%,最高税率为 7%。

第四,关于租佃地负担。1937 年《救国公粮征收条例》规定:凡出租土地依靠收租生活的地主,其每人所收租粮不满 300 斤者征 1%,300 斤以上的按税率表加倍征收;佃户则按税率表减半征收。1938 年《救国公粮征收条例》规定:凡出租土地全部依靠收租生活之地主,按税率表规定加一倍征收;因孤寡稚弱残废缺乏劳动力,或因参加各抗日机关工作,对其土地出租不予加倍;对自己无土地或只有很少土地,主要靠租种别人土地为生之佃农,照税率表规定减半征收。

第五,征收办法。救国公粮由区组织征收,每年秋收后征收一次;以征收粮食为主,征收的粮食统一规定为小米、黄米、麦子三种。

以上都是条例或文件上的规定。实际执行则主要靠政治动员,自动缴纳,条例只是一个标准。在征收方法上,各地大多采取民主摊派办法,并未完全按照条例执行。结果，救国公粮成了征募形式的"抗日救国捐"，负担偏重在少数富有者身上。据统计，1939 年征税户占总户数的比例，延安县为 27.1%、安定县为 26.4%、安塞县为 34.1%、盐池县为 15.6%、华池县为 31.1%。负担的面都很窄。

陕甘宁边区的《救国公粮征收条例》，是抗日战争时期最早形成的税收制度。当时边区虽未按照条例彻底执行，但却为后来税收制度的确立、发展做了准备，对华北、华中根据地税收制度的建立，也提供了借鉴。

在晋察冀边区，边区政府成立前，在八路军发动下建立起来的县、区、村抗日组织，是一种半政权性质的机构，在许多方面实际上起了政权组织的作用。这些组织机构一成立，就废除了军阀、官僚、地主强加在人民头上的 30 余种苛捐杂税，田赋也废除了，使中国共产党一贯提出的减轻人民负担的主张在晋察冀边区初步得到实现。同时，立即开展了为革命筹粮筹款的工作，实行了县合理负担。筹集的对象主要是汉奸、土豪和资本家，农民出钱出粮的户较少，贫苦农民基本上不出，负担面不到 30%，一般只占总户数的 20% 左右。部队的粮食供给是到哪里吃哪里，就地筹集，就地供应。部队多的县筹得多，部队少的县筹得少，部队来了就筹，没有什么计划。粮食来源为逃亡的大粮商、老财，每村不超过三五户。[1] 动员性质的县合理负担虽然是一种临时的过渡办法，但却解决了部队的吃饭问题，缓和了供给上的矛盾。同时，由于取消了苛捐杂税，筹粮筹款又集中在"富有者"头上，对于贫苦的农民来说，也喘了一口气，大大提高了他们的抗日积极性。但是，由于各自为政，财政不统一，筹粮筹款缺乏正确的标准，任何机关都可以筹款，曾引起社会不安。

晋察冀边区政府成立后，1938 年 3 月 6 日，边区第二次行政委员会通过了《关于合理负担及粮银的决议》。从动员性质的县合理负担改为村合理负担，一方面是为了增加财政收入，解决供给上的困难；另一方面则是为了使"有钱出钱，有粮出粮"负担政策能够制度化、正规化，纠正那

---

[1]　中国社会科学院经济研究所中国现代经济史组编：《革命根据地经济史料选编》下册，江西人民出版社 1986 年版，第 88、92 页。

种乱摊乱派的不合理现象。所以试行村合理负担办法,是边区税收制度的第一次改革,后来的统一累进税就是在这个基础上发展起来的。

1938年3月6日,晋察冀边区第二次行政委员会还决定,已经停征的田赋继续恢复征收。其征收办法要点是:(1)自3月15日起开始征收1938年上忙粮银,限4月15日以前解交70%,其余限5月底以前全数解交。(2)粮银折合银元仍各照例计算。(3)征收纸币以边区银行钞票为准,法币限河北各地可通用,晋钞加一成征收。(4)粮银凭证遗失者,由村长查实征收。(5)赔粮(即有粮无地者)一律免征。(6)余粮(即有地无粮者)由财粮员检查再由地主缴纳。(7)因受敌人蹂躏或其他原因,经县政府查实无力缴纳者,一律免征。(8)县附加按粮银附加五厘,由县统一开支,不得自行筹集,但应指定项目,编造预算报边委会备案。县不得超过上年之县附加数。1938年冀中区上下忙田赋就征收了60万元,占全区财政收入(钱的部分)的20%。

晋察冀边区政府成立后,普遍建立了税务机构,恢复了已经取消的烟酒税、烟酒牌照税、印花税、营业税等旧税中比较合理的税种,并且新增了出入口税。1939年年初,为了活跃土地买卖,保障土地所有权,又恢复了田房契税。

1938年11月,晋察冀边区政府用布告形式公布了《救国公粮征收条例》。征收办法是:全部收入每人平均小米1.4石以下者不收。1.5石至2石者收3%,2.1石至3石者收5%,3石以上加1石递增1%,增至20%为止。由于免征点定得高,负担面比较小,一般在40%—50%之间。1939年后,降低了免征点,负担面扩大到60%。[1]

晋察冀边区政府在恢复田赋、整顿税收的同时,还发行了救国公债。1938年7月,边政府颁布了救国公债募集办法,以政治动员的方式号召人民群众认购,粮食、布匹、棉花等物品均可折价购买。起初在北岳区发行,发行额为200万元,年利四厘,从1942年起还本付息,分30年还清。随后又在冀中区发行公债100万元,实际完成154万元。购买公债

---

① 陈廷煊:《抗日根据地经济史》,社会科学文献出版社2007年版,第67页。

者多为富户、商人,农民购买者亦不少,有些贫苦农民也购买了一部分。

1939 年 5 月和 9 月,晋察冀边区政府还先后发动了救国献金及赈灾献金运动。边区广大军民热烈响应政府号召,节衣缩食,踊跃献金慷慨捐助,掀起了狂热的高潮。许多干部把自己一个月或几个月的零用钱全部献了出来,许多工人、雇工把自己用血汗挣来的工资拿了出来,许多妇女把自己心爱的首饰,如手镯、耳环、银簪等,也拿出来献给国家,敌占区大城市的人民,也秘密地送来了巨款。在短短的几个月内,边区政府共计收到救国献金 408 万元,赈灾捐款 62 万余元。其中,冀中区完成救国献金 102 万余元,超过原分配数 50 万元的一倍多,占 1939 年财政收入总额的 50%以上。[1]

晋察冀边区政府恢复田赋,试行村合理负担,开征救国公粮之后,负担面逐渐扩大。1938 年负担人口占总人口的比例一般为 40%—50%,1939—1940 年扩大到 60%。相对于动员委员会时期把负担集中在剥削者头上的做法,有了改变。这对于发展抗日民族统一战线,贯彻兼顾各阶层利益的原则,起了促进作用。

据北岳区统计,1938 年征粮 104450 大石米,1939 年征粮 117156 大石米。据冀中区统计,1938 年征收 4950 万斤,1939 年征收 2647 万斤。负担占登记产量的比例,以北岳区巩固区为例,1938 年为 6.27%,1939 年为 77.12%。[2] 另据南汉宸《晋察冀边区的财经概况》及宋劭文《晋察冀边区行政委员会工作报告》中有关人民负担材料推算,全边区每人平均负担大约是:1938 年为 17.8 市斤米、1939 年为 12 市斤米。

晋冀鲁豫边区在各地抗日民主政权建立以后,对以前的种种苛捐杂税和陋规,均宣布取消。太行区的苛捐杂税,从 1937 年冬季到 1938 年 6 月,已先后完全废除,存在的只是田赋、契税、烟酒营业税、牲畜税(太北已取消)等几种。冀南取消的苛捐杂税计有土布、木、烧炭、花粉、油饼、

---

① 魏宏运主编:《抗日战争时期晋察冀边区财政经济史资料选编·总论编》,南开大学出版社 1984 年版,第 688 页。

② 李成瑞:《中华人民共和国农业税史稿》,财政出版社 1959 年版,第 92 页。

山药、油、麻、菜蔬、柴草、估衣、芦草、麻席、白货等 17 种牙税和车行税。[1]
冀鲁豫边区从抗日民主县政府成立之日起,即分别宣布废除苛捐杂税。
这些苛杂的废除,不仅减轻农民的负担,同时也减轻了工商业者的负担。

在宣布取消苛捐杂税的同时,各抗日民主政权机构根据战争供给的
需要,相应规定了一些筹款办法。由于各地抗日民主政权不统一,环境条
件不同,部队就地供给,打到哪吃到哪,因此征收任务和供给办法都是各
自为政,执行情况很不一致。

晋东南各县,大多采取了二战区的《战时村合理负担办法》。其要
点是废除过去的摊派制度,按财产情况把村分为十二等,户分为十九
级,按级定分,然后由村民公议,钱多多出,钱少少出,凡可以负担者均
要负担,特等户则另按其财产情形由县摊派。这本是一个临时的征款
办法,不是一个税则。阎锡山规定这个临时征款办法,虽本意是为了保
证庞大的军费支出和弥补战争的损失,但对农民来说是有利的。由于
是按累进率摊派,阎锡山及其手下的军阀官僚本身都是财产 3000 元以上
的富户,向他们摊派高额负担,无异于与虎谋皮,只能变成一张空头支票。
当时三、五专署已建立抗日民主政权,已宣布把若干苛捐杂税废除,但又
感到保留的几种税收不多,解决不了财政上的需要,较大的一宗收入——
田赋,又不合理,于是就不得不施行(或仿行)二战区颁布的村合理负担
办法了。

这个办法太笼统。所谓按村依户分等,在财富上没有一定的标准,负
担面也没有具体规定,而且在做法上只凭估计,不凭调查,这样并不能真
正地将财富的多寡差别表现出来,因此贫富之负担,仍然是极不公平的。
特别是没有照顾到人口因素,不是以人为计算单位,而是以户为计算单
位,因此形成"富户捐"。正因为办法本身和做法上都存在某些缺点,所
以在执行中造成了举拳头决定谁负担,谁就负担多少的偏向(老百姓叫
"拳头负担")。然而,无论如何,这个办法比按田赋、地亩、人口摊派好,
是分了"等"的,也有累进的意义。

---

[1] 陆诒:《冀南在进步中》,《新华日报》1940 年 3 月 15 日。

冀南则采取"公平负担"办法。这个办法同冀中实行的公平负担办法又有某些不同。主要内容是:将各户土地按好坏折合成标准亩,然后按人计算扣除基本地(即维持基本吃粮需要的土地,同免税点相似,基本地仍按标准亩扣除,不是按自然亩扣除)1 亩,再按应负担亩累进征收。同时还要扣除牲畜消耗,并规定家庭手工副业免税。标准地的计算是:一般旱地 1 亩折标准亩 1 亩,砂碱地 1 亩折标准亩 0.24 亩,水田 1 亩折标准亩 0.68 亩(此规定不够妥当,后来做了修改)。这种折合标准与实际情况不相符合,基本群众吃亏过大(因基本群众占有土地中坏地比例大)。同时,由于只征收土地税,工商业均不征税,农商之间负担亦不合理。1939 年冀南开始"大囤粮",一部分为商会摊派,另一部分为乡村摊派,还搞了一部分富户捐。

它是晋冀鲁豫边区下的一个区(行政区)冀鲁豫的合理负担办法,也是根据人均占有土地数量,除去 1 亩的免税亩后,为"负担亩",按"负担亩"累进计算征收,每人平均一个"负担亩"的不累进,仍按一个"负担亩"征收;每人平均超过一个"负担亩"以上的,则累进征收。累进办法是,每超过 1 亩,多征收 1.1 亩,如负担亩 2 亩按 2.1 亩征收,负担亩 3 亩按3.31 亩征收,负担亩 4 亩按 4.64 亩征收,依次类推。征收公粮的同时征收公柴,规定一米三柴。这是部分县的做法。有些工作尚未开展的地方,筹粮筹款仍是按亩摊派。

至于田赋的征收,基本上仍沿用国民党的田赋征收基础,即按银两征钱。田赋征收,在晋冀鲁豫边区是较轻的。每两正银征收的大洋数字,各地不一致。1939 年冀南每亩地收田赋 0.2 元,另加收建设费 0.3 — 0.5元。漳北、太北、太南、太岳每两银子(上、下忙)1939 年征收 3—4 元。另据辽县西周村调查,1936 年每两征 4 元;1937 年每两征省款 2 元,地方款征 5 角,再以每两以上加征 6 角,半两以上加征 1.2 元,2 两以上加征 3元,以累进征收;1938 年每两征 5 元;1939 年每两征 5 元;1940 年每两征2.5 元。

上述各种筹粮筹款办法虽然很不一致,但是在多数地区仍然贯彻了"合理负担即实行'有钱者出钱',但农民亦须供给一定限度的粮食与游击队"。①据赞皇县黄北坪村的调查,1939 年 147 户,共负担大洋 1777.7 元(折小米 16339 斤),每人平均负担小米 27.9 斤。各阶层负担占全村总数的比例是:富农占 54.9%、富裕中农占 17.9%、中农占 19.8%、贫农占 8.1%、商人小贩没有负担。②同时由于废除了苛捐杂税,初步实行了合理负担,基本农民群众的负担比战前大有减轻。③根据长治县的统计,人民负担 1937 年每人平均 3.34 元,1938 年每人平均 0.85 元,1939 年约为 0.857 元。另据阳城县的统计,1937 年度(敌人未入境时),每人平均负担 1.732 元,1938 年度(敌人已入境)因切实执行合理负担,每人平均负担降为 1.182 元,1939 年度则锐减为 0.629 元。

由于各地分区而治,财政上各自为政,没有明确的负担办法,随征随用,这个时期的筹粮筹款也产生了不少偏差和问题。

首先,就地取给的粮食政策,使各地人民负担苦乐不均。哪里驻扎部队多,筹粮筹款就多,人民负担就重一些;反之,部队少的地方,筹粮筹款就少,人民负担就轻一些。由于部队打仗经常流动,在年度之间各地的负担就出现时轻时重的现象。特别是 1939 年开始突击囤粮,为反"扫荡"做准备,这种现象就更加突出。

其次,由于采取面向"大户"捐粮捐款的办法,负担面过窄,使地主富农负担过重。负担的重担放在剥削者头上,这是土地革命时期的政策,在抗日战争时期这个政策的基本精神还是适用的。这对削弱封建势力、减轻基本群众的负担是有利的,确实也调动了部分群众的积极性。但负担过分集中在剥削阶级身上,甚至使地主难以维持正常的生活,对抗日民族统一战线的巩固和发展影响很严重。对中农以下的阶层,也有消极影响,使他们在经济上不愿上升。因此在这一时期,有些地主、富农和商人,为了逃避负担,纷纷逃往敌占区或城市,特别是 1939 年大囤粮"举拳头"的负担,对地主、富农打击很大。

最后,在一些工作未开展的地区,或乡村政权操纵在地主、富农手里

---

① 《毛泽东选集》第二卷,人民出版社 1991 年版,第 425 页。
② 据 1942 年晋冀鲁豫边区农村社会调查。
③ 《战地的合理负担》,《新华日报·华北版》1940 年 1 月 27 日。

的地方,仍然执行弊病最严重的按亩摊派的办法,乱摊乱派的现象很普遍,因而地主富农从中搞鬼,负担照旧落在广大农民头上。

总之,这个时期财政上很混乱,经济上缺乏明确的政策。有时只顾克服目前的财政困难,而忽略了长远的经济利益。1939 年发生的单纯需索(筹粮筹款)而不进行细致工作的偏向,给抗日军队和抗日政府的政治声誉带来相当不良的影响,更为显著。因此,当 1939 年敌人回师华北,"扫荡"与反"扫荡"作战剧烈展开,在敌人破坏烧杀下,根据地经济遭到重大损失后,各地较富足的绅商,纷纷逃往蒋管区或敌占区。基本群众的负担虽大为减轻,然而生产情绪并没有提高,农业生产急剧下降。根据地一度出现了民生凋敝,供应极度困难的局面。①

晋绥边区,从 1937 年 9 月八路军一二〇师进入以吕梁山为中心的晋西北,到 1939 年"晋西事变"平复,是该边区根据地的初创阶段。在这一阶段,新政权尚未建立,八路军和山西新军的财粮供给,主要靠统一战线组织——"动委会"设法解决。"动委会"全称为"第二战区战地总动员委员会",成立于 1937 年 9 月 20 日,系由共产党、八路军及晋、绥、察三省政府、各军队、各群众团体的代表组成。"动委会"的主要任务是动员群众出粮、出钱、参军,支援抗日战争。这种统一战线的组织,1938 年在晋西北的 29 个县已普遍成立。

"动委会"筹集粮款的方式,主要是山西省政府通过各县发出布告,废除苛捐杂税,借用阎锡山提出的"有钱出钱,有力出力"的口号,实行合理负担。在大青山根据地,"动委会"首先发动群众,抵抗土匪与汉奸伪政权的敲诈勒索,然后按地亩累进征收与集中救国公粮。

此外,还有群众自动的捐助。

不过上述几种筹粮筹款方式,筹得的粮款是有限的,而且是不稳定的。因此,在根据地初创阶段,部队的物质生活十分艰苦,每人每天的菜金只发三分钱。尤其感到困难的是粮食,部队经常处在行军作战的环境,

---

① 齐武编著:《一个革命根据地的成长——抗日战争和解放战争时期的晋冀鲁豫边区概况》,人民出版社 1957 年版,第 150 页。

吃不上饭,吃的黑豆也很有限,有几个月只能每人每天吃4两粮(16两1斤),伤病员也不到7两。由于缺乏最起码的营养,害夜盲症及肠胃病者,人数很多。那时,有钱都不易买到粮食,阎锡山扬言要"饿死八路军,困死八路军",禁止群众将粮食卖给八路军,谁卖谁受处罚。为了求生存,部队在经济上不得不与反动派作激烈的斗争。在当时条件下,搞农工业生产很困难,只有从经营贸易得到一些赢利,通过商人换一点粮食,借以勉强生存。供应得极度困难,特别是粮食供应不足,对战争的影响很大,有一段时间,违反群众纪律以及大批减员的现象很普遍。然而,具有革命光荣传统的八路军一二○师,并没有被困难吓倒,他们在最低生活都难以维持的条件下,仍然坚持战斗在吕梁山上。

山东抗日根据地在初创阶段,财粮供应基本上取之于民(没收汉奸财产充当抗日经费的数量不多)。筹粮筹款的方法主要有两种:一种是捐募;另一种是摊派。

捐募是用号召的方式,动员各阶层人民出钱出粮支持抗战。有的地方叫募救国捐,有的地方叫募救国公债。当时,群众支持抗战的热情很高,当那些揭竿而起的抗日队伍赤手空拳起来斗争时,人民大力捐献经费和枪支(山东民间存枪30万支以上)。装备自己的子弟兵。许多妇女拿出金银首饰和多年积攒的体己钱交给游击队,购买抗日武器。[1] 1938年端午节,胶东敌占区的民众把千余元救国捐,包藏在食品干粮内带出城来送给游击队,回去时却带进了政府的法令、布告和报纸。还有把钱藏在粪箕子内带出来交给抗日政府的。[2] 捐募的方式,是抗日民主政府成立以前的主要筹款形式(胶东区捐款占总收入的比例,1938年为71.39%、1939年为66.13%、1940年为37.02%;清河区1940年捐款占总收入的21.8%)。捐募虽出于群众的自觉自愿,但也体现钱多多出、钱少少出的原则。

摊派救国公粮,是抗日政权建立后采用的主要筹粮、筹款形式。1938

---

① 魏宏运主编:《中国现代史资料选编》(4),黑龙江人民出版社1981年版,第566页。
② 东辛:《胶东抗日根据地》,《解放日报》1941年10月10日。

年 8 月 21 日,中共山东省委为了保证抗日战争经费的供给,曾经提出在敌后抗日根据地征收累进税,并明确规定,累进税的征收,贯彻钱多多出、钱少少出的原则,贫农、中农不超过所得的 5%,富农不超过 10%,地主不超过 20%,大地主不超过 35%,工商业者依其财产多寡,也按照农村各阶层的累进率收税。但是,由于中共山东省委忙于武装斗争,加之对政权建设重视不够,只是规定了征收的原则,一直没有制定出具体的征收办法。因此,各地在筹集救国公粮时,都采取了简单的做法——摊派。

摊派的方法,大体有三种:一种是按旧田赋的银两摊派;另一种是按地亩摊派;还有一种是按户摊派熟食。

摊派的办法,是很不合理的。无论是按银两摊派、按地亩摊派或按户摊派,都不能体现钱多多出、钱少少出的原则。一些有钱有势的地主、豪绅往往依恃他们原来的社会地位,逃避负担,把抗战负担多加在中下层贫苦人民身上。1939 年 5 月,中共山东省委批评了这种做法,要求取消摊派制度,动员民众自觉地应募救国公粮,有计划地合理解决部队的给养。但是,仍未制定出具体的征收制度,各地继续沿用了这种不合理的做法。

用捐募的摊派形式筹集的粮食款项,主要供部队食用,也有一部分用于政权机关支出。当时的供应也没有什么标准和制度,就地筹集,就地供应,需要多少就筹集多少。由于部队数量不多,实际消耗水平也低,所以筹粮筹款的数字不大,农民负担也较轻。

据有关资料推算,山东根据地用上述两种方式筹集的粮款,1938 年约为 2349 万斤、1939 年约为 3969 万斤。[①]

2. 抗日战争初期的根据地金融业

根据地的新式金融业,在抗日战争初期尚处于起步阶段。银行、货币

---

① 这些数字是按各年军政人员数字和每人每天食用消耗 2.5 斤粮食推算的。1938 年年底,山东纵队为 24500 人,独立营团为 1600 人,合计 26100 人(当时基本上没有脱离生产的政府人员),每人每年耗粮 900 市斤,推算出人武部粮款为 2349 万斤。1939 年山东纵队为 26100 人,八路军一一五师一个旅为 8000 人,估计政府人员为 1 万人,合计为 44100 人,推得数字为 3969 万斤(中华人民共和国财政部、《中国农民负担史》编辑委员会编著:《中国农民负担史》第三卷,中国财政经济出版社 1990 年版,第 438 页)。

是金融的核心,早在第二次国内革命战争时期,毛泽东同志于 1934 年 1 月 23 日发表的《我们的经济政策》一文中就曾经说过:"国家银行发行纸币,基本上应该根据国民经济发展的需要,单纯财政的需要只能放在次要的地位。"抗日民主政府在根据地建立新式金融业的基本步骤,就是毛泽东提出的"允许被割断区域设立银行,发行地方纸币";而根据地货币工作的基本方针是:独立自主、平稳物价、保护人民财富、保证生产发展。在陕甘宁边区,法币是根据地的本位币,国民党发给八路军的军饷法币均系元以上整币,市场交易只能以邮票"找零",给市场贸易带来极大不便,且邮票极易污损,交易双方遭受损失。在当时历史条件下,边区银行没有对外公开,不便以银行名义发行钞票,于是采用折中办法,以光华商店名义发行小面额的代价券,缓解了市场交易的找零困难。在华北各敌后抗日根据地,包括晋察冀边区、晋冀鲁豫边区和山东根据地,也都先后建立了抗日民主政府直接管辖的新式金融业,建立了自己的银行,晋察冀边区银行还发行了自己的货币,严格执行边区的货币金融政策,起到了发展地区金融的枢纽作用。

(1)陕甘宁边区的金融业

抗日民族统一战线建立后,法币是陕甘宁边区的本位币,国民党发给八路军的军饷法币均为元以上整币,这就给边区市场贸易带来极大不便。起初,市场以通行的邮票"找零",而邮票易污损,群众损失较大。为了市场交易和抗日战争初期的根据地找零需要,边区自行发行元以下辅币。在当时历史条件下,边区银行没有对外公开①,不便以银行名义发行钞票,只能以光华商店名义发行代价券。1938 年 4 月 1 日成立光华商店,以"光华商店代价券"名义,先后发行了面值 1 分、2 分、5 分、2 角、5 角五种,后又增发 7 角 5 分券,共六种。② 作为法币的辅币,开始只发行 10 万元,至 1939 年年底不过 31 万元。由于光华代价券的信誉好,它实际上起

---

① 1937 年 9 月,陕甘宁边区政府成立,10 月初边区银行正式成立,原中华苏维埃共和国国家银行西北分行改为陕甘宁边区银行。

② 中国人民银行金融研究所、财政部财政科学研究所编:《中国革命根据地货币》上册,文物出版社 1982 年版,第 185 页。

到了本位币的作用,群众称之为"光华票"。光华商店当时是边区银行为积累资本而设立的唯一的商业机构。下设定边、盐池、曲子、庆阳、绥德、甘泉、张家畔等分店,又有一个过载栈、四个农产品购销处、两个运输队、两个货栈。有的分店后来改编为边区银行分行,如绥德分行、陇东分行。此外还在各地设立了办事处或分行,主要有:(1)西安办事处:1938 年秋成立,由八路军驻西安办事处会计科代理,主要办理汇兑业务。(2)三边分行:1939 年春成立办事处,冬季改为分行,主要办理汇兑业务。三边是盐、药材、皮革出产地,和周边贸易关系密切,故银行也办理商业上的业务。

陕甘宁边区银行的初期活动主要是商业活动,光华商店作为公营商店,当时独此一家(1939 年后才开始有其他公营商)。光华商店先是开设书店,后经营商店,营业范围相当广泛,包括党政军机关团体和市场上所需布匹、棉花、文具、纸张、染料、五金等,还有专营运输和流通的过载栈、农产品贩卖处、运输队等。光华商店在市场上推行边区政府的商业贸易政策、繁荣经济等方面,起了很好的作用。

光华券 1938 年开始发行,1942 年 2 月停止,共发行 4307215 元。发行情况统计见表 19-3。

表 19-3 光华商店发行纸币情况(1938—1939 年)

(单位:元;1938 年=100)

年份 项目	月份	本期发行数(元)	发行累计数(元)	指数
1938	7—12	99050	99050	100
1939	1—6	182690	281740	284.4
1939	7—12	35235	316975	320.0

资料来源:中国人民银行金融研究所、财政部财政科学研究所编:《中国革命根据地货币》上册,文物出版社 1982 年版;陈廷煊:《抗日根据地经济史》,社会科学文献出版社 2007 年版,第79 页。

光华代价券是法币的辅币,它的价值和法币的价值是完全等同的,其地位和法币在边区的地位一样都是流通货币。光华代价券以光华商店资本作为保证,因而持券者可到光华商店换回如数法币。光华券的信用很好,它的流通范围甚至超出了边区。

关于三年来银行的工作所取得的成绩和作用,陕甘宁边区银行曾进行过总结:①经过三年的经营与不断发展,在组织的建立上、在资本的积累上、在干部的培养上,都可以说已经打下了相当的基础,依据这基础进行今后的任务是比较顺利的;②给了财政上不少的帮助,如经常进行的巨额的垫款与服装的筹办与垫款等;③进行了对工业的投资,扶助边区工业初步基础的建立;④在商业上保证了机关必需品的供给,因而也就起了调剂物价的作用。"总结"也指出:银行的弱点是:在业务的对象上局限于机关与公营企业,而未与广大群众取得密切的联系,经过群众的经济组织使工作深入农村,起到整个边区经济的推动作用,也就是说没有起到国家银行应有的作用。同时,银行"偏重于注意自己直接经营的商业上,把范围缩到自己直接相连的系统,因此束缚了自己,不能面向全边区,面向广大群众";"还未注意与其他边区联系,以收得互相促进的效果"。①

(2)华北各敌后抗日根据地的金融业

抗日战争初期,华北各敌后抗日根据地,包括晋察冀边区、晋冀鲁豫边区和山东根据地,先后建立了抗日民主政府直接管辖的新式金融业,建立了自己的银行,晋察冀边区还发行了自己的货币。

晋察冀边区军政民第一次代表大会,通过了"边区为统制与建设经济得设立银行发行钞票"的决议案,1938年3月20日正式成立了晋察冀边区银行,总行设在五台山区的石咀村,关学文为银行经理,何松亭为副经理,边区所辖各专区、县、区、乡镇设分行、办事处、代办所等机构,代理边区银行业务。

晋察冀边区银行,严格执行边区的货币金融政策,起到了发展地区金融的枢纽作用。边区货币金融政策的主要内容是:"第一,确立边钞为边区本位币,以边币为衡量一切通货的尺度;第二,边钞发行的中心任务是

---

① 陕甘宁边区财政经济史编写组等编:《抗日战争时期陕甘宁边区财政经济史料摘编·第五编·金融》,陕西人民出版社1981年版,第14—15页。

沟通与扶植三省(边区)经济,加强边区经济力量,以与敌人进行经济斗争,造成统一的金融局面,而不是解决财政问题;第三,使边币成为广大人民的货币,在广大人民的拥护下,与贸易、合作、税收各种财政经济相联系,以与敌人作战;第四,采取主动,抓住每一个机会打击敌人,打击伪钞,在边区以内根绝伪钞的流通;第五,缩小敌人的市场,扩大我们的市场,在市场的扩大中,增加边钞的流通额与发行额以及巩固边币"[1]。边区银行在发挥其职能作用的同时,还要完成以下任务:"(1)统制金融:提高边币信用,使其成为边区的本位货币,驱逐伪钞恶币,肃清土票,吸收法币硬币而达成边区货币一元化,筑成抗战的金融堡垒。(2)调资金融:流通资金,充实筹码,使边区各个市场均呈活跃现象。(3)开展经济:办理贷款及投资,扶助经济之开展。(4)保存金融实力:吸收保存金融、硬币、法币,粉碎敌人收买的计划。"[2]

边区银行的业务,除代理金库为其主要工作外,也办理部分生产、运销等项事业的贷款。这种投资业务,大部分也是通过边区政府发放的。除此之外,还办理过规模较小的定期、活期、透支等项信用存放款业务。就其工作性质而言,它实际上是起着"管库""出纳"的作用,基本上脱离市场、脱离群众经济生活,而在组织上则为边区政府的一个附属部门,为边区财政服务。

晋察冀边区银行成立不久,便颁布了《晋察冀边区银行办理边区各级金库暂行章程》(以下简称《金库暂行章程》)。其中规定,由晋察冀边区行政委员会,责成边区银行办理边区各级金库。各级金库除承边委会之命,办理边区公款公物的保管支付等事项外,还须办理县地方款的保管及支付事项,各级金库收存边区款项,非奉有边委会的支付命令,不能支付予任何机关和部队,《金库暂行章程》,对边区各级金库的名称、收存款项、支付转发、保管等,也都做了比较详细的规定。

边区银行的边币发行方针有其特点:敌后抗日根据地的货币制度,具

---

①　韦明:《晋察冀边区的货币金融建设》,《新中华报》1940年第192期。

②　陈廷煊:《抗日根据地经济史》,社会科学文献出版社2007年版,第81页。

有明显的分散性,各个抗日根据地,都有自己的银行,并发行自己的货币。这是因为在当时的情况下,各抗日根据地被日伪侵略军分割隔离,各地的军需民用都以当地的出产为主,地区之间很少甚至没有物资交流,财政收支也完全独立,这种分散性有利于对日伪的货币斗争。根据地的货币制度,虽然是分散的,但在整体政策和总的任务上是一致的。

银行发行货币,必须有相应的准备金。晋察冀边区银行没有硬通货(金银)储备金,而是靠法币兑换,法币在抗战初期还是良性货币,边币在当时是一个兑换的纸币。为了维护边币的信用与便利边币的推行,边区政府筹集了一定数量的法币,作为发行边币的准备金。当时聂荣臻就捐献了4万元法币的部队津贴费,作为边区银行发行边币的最初基金。边币发行的基础主要是实物,就是以边区广大老百姓的粮食和棉布,作为边币发行的保证。在发行时也重视边区生产的发展、老百姓财富的积聚、特产交换的次数等情况。也就是说,边区老百姓的财富增加了,边币就能巩固;假若广大老百姓趋向贫困,边币也就随之低落;当货币流通不畅或交换频率下降时,货币需要量就少,其发行额亦相应减少。因为货币发行量,不应超过边区市场上的需求量。这就是晋察冀边区银行发行边币的基本原则。

在边币发行过程中,还要考虑:边币是强制使用的地方法币、在边区独占流通界的法币。法币和硬币(及信用纸币)的流通,本是受不同法则的支配,但在今天的晋察冀边区关于边币发行的法则,却有了部分特殊的情形或新的因素。第一,它的发行额,基本上仍然受流通商品的价格总额所决定。第二,因为我们没有外汇基金,同时我们与敌区的贸易,在政治上是断绝的或者非法的,在实质上则是"以货易货"。因此,对外贸易的差额就严重地影响到边币的币值。第三,在政治经济学中,从理论上处理法币时不得不把它当作纯流通手段来对待,同时在纯资本主义社会中,实际上也是如此,或差不多是如此。但在现在的边区却是另外一种情况:因为是商品经济还未充分发展的农村,半封建社会的地主、富农素有窖藏货币的习惯,加以长期残酷的战争环境,富人窖藏货币之风益盛。同时他们所窖藏的,并不限于硬币,有时也储藏法币。也就是说法币并不像资本主义社会那样,老是川流不息地运行在流通界,而是经常有一部分成为储藏手段①。

根据这种特殊情况和因素,边币发行最高额究竟应确定为多少? 以当时边区的经济情况、人民生活水平来说,估计按人口平均每人有一元五角的流通工具是最高额,以 1938 年年底全边区 1200 万人计,边币发行的最高额则是 1800 万元。此后则随着边区生产的发展、人民生活的提高,以及边区的不断扩大,边币发行额也在逐渐增加。1938 年 3 月,边区银行成立,到 1942 年,边币发行指数见表 19-4。

表 19-4　晋察冀边区银行边币发行指数(1938—1942 年)

(1938 年 = 100)

年份	1938	1939	1940	1941	1942
发行指数	100	396.34	835.75	844.53	1229.95

资料来源:宋劭文:《晋察冀边区行政委员会工作报告》(1938—1942),河北省档案馆藏件。

边区政府为了提高边币的信用,不断扩大并平衡边币市场,加速边币的流通,于 1938 年 6 月,在边币发行政策的决定中,明确了边币发行的主要措施:①确定边币独占发行,边币为市面唯一的交换媒介。禁止法币、杂钞等在市面流通。持有法币、杂钞者,必须在交易前,先到兑换机关兑成边币,否则不得使用。这就使奸商很难投机操纵扰乱根据地金融。②人民有正当理由,需要携带法币或杂钞出境者,随时可以持边币到银行换取法币或杂钞。这样就使民众乐于保存边币。③人民有愿储藏法币者,听之,但不得投入流通界,致被敌伪吸收。并向民众说明,边区金融政策的目的,并不是吸收法币,而是防止敌人吸收法币,来套买边区的外汇,扰乱边区的金融。这样就避免发生法币逃亡的现象。④为了逐渐巩固边币的信用与地位,当时还必须借重于法币,依赖法币,需要联合在金融上势力最大的法币以打击杂钞。因此,规定边币以法币作基础,边币与法币

————————

①　彭真:《关于晋察冀边区党的工作和具体政策报告》,中共中央党校出版社 1981 年版,第 115—116 页。

兑换率为一比一,与其他各钞兑换则照市价。⑤严禁奸商私运法币、现银出境。⑥禁止伪钞入境或流通。①

对上述措施,边区政府在党内,部队、政权机关和群众中,进行了广泛的宣传解释和动员工作后,开始施行。这几项措施的制定和施行,为边币的发行做好了充分的准备工作,为边区金融的建立打下了基础。

关于边币的印刷。边区银行在物资和技术条件极端困难的情况下,几经计划,多次研究和试验,才把第一批边币印制出来。这第一批一元的边币票,是由人工刻票板,石印机印制出来的,质量较差,加上边币还没有被边区广大人民所认识,信誉不高,币值也不稳定。随着抗日战争的不断胜利,边区政府就把没收来的日伪、汉奸的黄金、银元等财产,作为边区银行发行边币的准备金;并把没收的财物在边区银行进行展览,表明边区银行的基金越来越充足。对印刷设备也不断进行更新,提高了印刷技术,使边币票的质量越来越好。② 这样,边币不仅基金充足了,而且信用越来越高,币值也日益稳固。

边币基本上是按照边币市场需要发行的,力求发行、回笼的平衡。大、小票比例,即5元、2元、1元、5角、1角等,配备适当。边币发行后,始终未出现过供大于求的现象,保持了边币币值的相对稳定。

边币的发行,使边区银行逐渐控制了边区的货币市场,沟通了三省的经济,促进了边区经济的恢复和发展。边区经济的统一,又使政治的统一作为一个整体得到了加强,而没有被太行山脉所阻隔。在边币发行的同时,边区政府曾下令禁止使用伪钞,限期肃清杂钞,收回各种土票,保护了边币的信用,增进了边币的流通。边币顺利地发行,使各阶层人民更加拥护抗日的边区政府;同时,敌占区的人民见到边币后,就清楚地知道在日伪的后方,还有抗日的根据地,晋察冀人民还在英勇顽强地抵抗着日本侵略者,中国是不会灭亡的! 从而又起到了有力宣传抗日的作用。

由于发行了自己的货币,全面地推动了整个边区经济的恢复和不断

---

① 彭真:《关于晋察冀边区党的工作和具体政策报告》,中共中央党校出版社1981年版,第111—112页。

② 根据访问原晋察冀边区政府实业处长张苏同志记录整理,1981年9月23日。

发展。

　　为了保证军事的需要,边币发行中,有一部分是用于财政透支。这是因为晋察冀边区,属于经济落后的山区,没有发达的工业,只有分散的个体农业和少数的小手工业,加上日伪的破坏、封锁,要保持经常财政收支平衡是很困难的。所以,当时的一部分财政发行是完全必要的,它对收集物资、保证供应、支援抗日战争有着重要意义。当然,这种财政发行会助长物价上涨,影响币值稳定,这也是不可否认的。但是,决定边币发行或不发行的根据,不应当是物价涨与不涨,因为当时处在战争环境中,物价到处都涨,边区也不会例外。边区当时所应做的与所能做的,只能是求其物价不是暴涨罢了。因此,对边区采取稳定边币的政策,在当时进行抗战和有财政发行的条件下,不能理解为使边币毫不贬值,而是使这种贬值趋向缓和,也就是保持边币的相对稳定。

　　在晋冀鲁豫根据地,抗日战争初期,冀南银行尚未成立以前,货币金融市场是非常混乱的。当时市场上流通的货币种类极为庞杂,除国民党政府"中、中、交、农"各行发行的"法币"外,山西、河北两省银行和一些商业银行发行的钞票,以至各县政府及地方银号、商号、当铺等也发行了五花八门的杂钞,到处充斥市场。边沿地带还流通日伪钞票,个别场合,人民还有使用银元的。如在冀南地区流通的,除"河北省银行票"外,各县一般都发行地方流通券,如南宫、衡水、枣强、钜鹿、清河、晋县、束鹿、宁晋等县都发行县票。其中以南宫县数量最多,有 100 余万元。又如在晋东南地区,流通的除山西省银行、山西省盐业银行、西北垦殖银行发行的钞票外,还有潞城、壶关、平顺、长治、高平、晋城、阳城、陵川等县发行的县票。

　　这些货币大多数币质低劣,信用很差,部分属于专区和县级单位发行者,其负责人在日本全面侵华战争爆发后几乎全部逃之夭夭,无人承担发行责任,这些货币在人民群众中根本没有信用基础,经常被拒收。在此种情况下,敌伪币泛滥于市场,原始式的物物交换盛行。这些种类庞杂的货币存在,既有碍于根据地内部经济建设的发展,更不利于对敌进行经济斗争和货币斗争。

　　此外,在根据地内部,在冀钞未发行前,各根据地局部地区之间,发行的货币也不统一。如在冀南,有冀南农民合作社发行的冀南合作社兑换券;在晋东南有第三、五行政区发行的上党银号票和山西省第五行政区救国合作社兑换券;等等。

在极其艰难的抗日战争条件下,只有设法平稳物价,才能开展生产,适当进行经济建设,繁荣市场,保证人民最基本的生活水平,才能支援战争。如果市场混乱,物价高涨,民不聊生,生产和贸易均要受到影响,各项建设和人民生活也难免遭受干扰和破坏。

为了达到稳定物价的目的,从货币工作的角度来说,首先必须将敌币排除、驱逐出根据地,同时肃清一切杂钞,使民主政府的本位币在货币市场上取得独占地位。否则,就难以控制和调剂货币流通数量,也就难以达到平稳物价的目的。如果本位币在市场上取得独占地位,就能做到主动调节货币流通量,达到平稳物价的目的。

冀南银行就是根据这个指导方针建立起来的。晋冀鲁豫边区的货币政策是:统一本位币市场,严格取缔敌币,保护法币,收回土杂钞,保护金银等,不使它在市场上流通行使,使我们的货币在根据地货币市场取得独占地位。同时还由人民民主政府颁布法令,规定根据地内所有的财政收支、财务往来,经济企业、事业单位和人民群众之间的商业交易,债权债务清偿等,均须以根据地的冀南银行发行的货币为计价工具和商品交换媒介。

根据上述方针政策,晋冀鲁豫边区各地抗日民主政府在中国共产党的领导下,先后采取一系列重要措施,统一内部货币市场,严禁敌伪货币在根据地内流通,保护金银、法币不使其流通资敌,逐步收回各种土杂钞以及统一发行本战略区的货币等。

在冀南行署区,早在1938年8月20日即作出严禁敌伪货币流通的规定:"凡伪中国联合准备银行票、中央储备银行票、朝鲜银行票、满洲中央银行票,各市场绝对禁止流通。如发现以上敌伪钞一律没收。"同年9月,冀南经济委员会确定的经济政策中提出整理货币市场的方针和政策措施:①整理地方土票,并逐渐收回,以澄清金融市场;②限制(中、中、交、农)法币流通范围,以免被敌伪吸收;③坚决打击伪钞,并严防敌伪汉奸收买硬币现金。

1939 年 10 月 15 日,冀南银行成立,开始发行冀南银行币,由冀南行政主任公署与太行区抗日民主政府商定,为该两区的法定本位币,并即着手收回各种地方杂钞。以后,随着行政管理区域逐次扩大至太岳区和冀鲁豫区,抗日民主政府还逐步颁布了有关保护法币、禁使法币、保护银币、禁使银币以及禁使伪钞票等一系列法令和规章、办法,统一本位币货币市场。

日本帝国主义为了加紧对我敌后抗日根据地进行军事进攻和经济掠夺,在华北大量印发伪“联合准备银行”纸币,并到处以武力胁迫群众使用,以此盗取我根据地的物资。日本利用推行伪钞,贬价吸收法币,进而套取外汇,购买军用物资,以支持其侵略战争。针对敌人这一阴谋,山东根据地民主政府,及时地采取了保护法币,严禁使用伪钞,部分地发行本币,以及限制法币出境的办法,与敌人展开货币斗争。这样做的结果,既保持了法币币值的相对稳定,也稳定了市场物价。

1939 年,国民党各地方政府,在日本“扫荡”中随其军队的溃散而逃跑。当地人民在中国共产党的领导下相继成立了民选的抗日民主政府。抗日民主政府为建立抗战的经济阵地,促进经济发展,保障军需民用,很快就肃清了国民党部队和地方政府滥发的各种纸币,稳定了金融市场。这时,市场上流通的主要是法币,同时民主政府也开始发行自己的本币——“北海币”(开始时只发行票面为 1 角、2 角、5 角的小面额货币,作为法币的辅币)。

第三节 抗日根据地经济政策逐步完善时期的经济(1939 年 10 月—1943 年 8 月)

1939 年冬至 1940 年春,国民党顽固派掀起第一次反共高潮。1939 年 11 月,国民党的五届六中全会进一步确定以“军事限共为主,政治限共为辅"的方针。12 月,国民党军队进攻陕甘宁边区,先后侵占五座县城,并阴谋进攻延安,中国共产党坚决予以回击。在同一时间,阎锡山在山西发动"十二月事变",进攻中国共产党领导的新军和八路军。新军在八路军的支持下奋起抵抗,打退了他们的进攻。1940 年二三月间,国民党军队进攻太行和冀南根据地,矛头直指八路军总部。八路军坚决打退了国民党军的进攻。1941 年和 1942 年抗日战争进入最困难时期,日本帝国主义为了准备和支持太平洋战争,把华北变成"兵战基地",集中 64%的侵华日军于华北、华中战场,加紧实行所谓的"治安强化运动",日本为了摧毁敌后抗日根据地,一方面增设据点,修筑碉堡,挖壕沟,建封锁墙,以加强其所谓的"囚笼政策";另一方面频繁出动大批日军伪军,对抗日根据地"铁壁合围""分区扫荡""梳篦清剿",实行野蛮的抢光、烧光、杀光的"三光政策",妄图摧毁敌后抗日根据地军民的生存条件。就在这时国民党顽固派发动第二次反共高潮,在用大军包围封锁陕甘宁边区和其他华北根据地的同时,把反共重心转向华中,制造了震惊中外的"皖南事变"。国民党顽固派指使其留在敌后的几十万国民党军队,打着"曲线救国"的旗号投降日本,更明目张胆地打起反共的旗帜,协同日本进攻抗日根据地。抗日根据地处于极端困难的局面。

为了粉碎日本的"扫荡"和国民党顽固派的反共活动,抗日根据地由以发展为主转为以巩固为主。中共中央决定深入群众工作,发动群众在根据地实行有利于广大民众的经济改革和政治改革。在经济改革方面实行减租减息,废止苛捐杂税与改良工人生活。在政治改革方面,实行民选制度,建立抗日民族统一战线的"三三制"政权。在根据地的经济建设中,在发动群众投入生产运动的同时,及时纠正了经济政策上对待私人资本主义经济的"左"倾错误,使根据地经济建设的各项政策更加完善,促进了根据地经济建设的发展。

一、根据地经济建设理论的系统形成和经济政策的完善

中国人民在抗击日本帝国主义侵略的斗争中,面临两个十分严峻的

问题,一个是中国能不能打败日本帝国主义,将日本侵略者赶出中国,取得抗日战争的彻底胜利,如果能够胜利,又需要什么条件,必须通过什么方式和手段取得胜利;另一个是中国向何处去,中国共产党怎么办。这是中国共产党必须回答的大问题,必须通过严酷和艰苦卓绝的奋争才能解决的问题。中国共产党人对此作出了明确的回答和准确的选择。对于前者,1938 年五六月间毛泽东发表著名的《论持久战》,解决了抗日战争能不能胜利和如何夺取胜利的问题;对于后者,毛泽东在 1939 年 10 月至1940 年 1 月间,先后发表了《〈共产党人〉发刊词》《中国革命和中国共产党》和《新民主主义论》等论著,以对中国国情的科学分析为基础,对中国革命的历史进程做了全面总结,系统地阐述了新民主主义革命理论;总结抗日根据地建设的经验,明确指出,根据地社会性质是新民主主义的社会。判断一个地方的社会性质是不是新民主主义的,主要是以那里的政权是否有人民大众的代表参加以及是否有共产党的领导为原则。共产党领导的统一战线政权,便是新民主主义社会的主要标志。同时,现在各根据地的政治,是一切赞成抗日和民主的人民的统一战线的政治,其经济是基本上排除半殖民地因素和半封建因素的经济,其文化是人民大众反帝反封建的文化。因此,无论就政治、经济或文化来看,只实行减租减息的各抗日根据地,和实行彻底的土地革命的陕甘宁边区一样,都是新民主主义的社会。中国共产党在同日本帝国主义和国内反动派、投降派的殊死搏斗中,建立了根据地新民主主义经济建设的系统理论,完善了相关经济政策。

（一）毛泽东系统地阐述新民主主义革命理论

国民党顽固派在发动军事进攻的同时,开动宣传机器,大肆贩卖反共理论,叫嚣"共产主义不适合中国国情""共产党不需要存在",宣扬"一个主义""一个领袖"的封建法西斯反动理论。在国民党顽固派发动的反共浪潮中,广大人民十分忧虑,许多人尖锐地提出中国向何处去的问题。在这严酷的斗争面前,中国共产党必须作出回答。为了向全党和全国人民说明对中国革命理论和抗日根据地经济建设的全部见解,毛泽东在延安从事大量的理论研究,集中全党智慧,对中国革命的经验进行系统的总结。

1939 年 12 月,毛泽东在《中国革命和中国共产党》中首次创造性地提出"新民主主义革命"概念,创造性地指出:中国半殖民地半封建社会的主要矛盾,是帝国主义和中华民族的矛盾、封建主义与人民大众的矛盾,而前者又是最主要的矛盾。半殖民地半封建中国的社会性质决定了中国革命必须分为两个步骤:第一步是民主主义革命;第二步是社会主义革命。中国的民主主义革命在 1919 年五四运动以后,已经不是一般的民主主义革命,而是新民主主义革命,即是无产阶级领导的人民大众的反帝反封建的革命。新民主主义革命的政治纲领是推翻帝国主义和封建主义的压迫,在中国建立一个以无产阶级为领导的、以工农联盟为基础的各革命阶级联合专政的民主共和国。经济纲领是没收操纵国计民生的大银行、大工业、大商业,建立国营经济;没收地主土地,归农民所有,并引导农民发展合作经济;允许民族资本主义的发展和富农经济的存在。文化纲领是废除封建买办文化,发展民族的科学的大众文化。新民主主义革命的发展前途必然是社会主义。"民主主义革命是社会主义革命的必要准备,社会主义革命是民主主义革命的必然趋势"。只有完成前一阶段的革命,才可能去进行后一阶段的革命,不能"毕其功于一役",但两个革命阶段必须也必然是衔接的,不容插进一个资产阶级专政。新民主主义革命是以共产主义思想为指导的。共产主义有两个含义:思想体系和社会制度。从社会制度上必须把新民主主义和社会主义、共产主义分开。但是现时的中国革命不能离开无产阶级的领导,也就不能不以共产主义思想体系为指导。

毛泽东指出新民主主义革命"虽然按其社会性质,基本上依然还是资产阶级民主主义的,它的客观要求,是为资本主义的发展扫清道路;然而这种革命,已经不是旧的、被资产阶级领导的、以建立资本主义的社会和资产阶级专政的国家为目的的革命,而是新的、被无产阶级领导的、以在第一阶段上建立新民主主义的社会和建立各个革命阶级联合专政的国家为目的的革命。因此,这种革命又恰是为社会主义的发展扫清更广大的道路"①。

　　毛泽东说:"现时中国的资产阶级民主主义的革命,已不是旧式的一般的资产阶级民主主义的革命,这种革命已经过时了,而是新式的特殊的资产阶级民主主义的革命。这种革命正在中国和一切殖民地半殖民地国家发展起来。我们称这种革命为新民主主义的革命。这种新民主主义的革命是世界无产阶级社会主义革命的一部分,它是坚决地反对帝国主义即国际资本主义的。它在政治上是几个革命阶级联合起来对于帝国主义者和汉奸反动派的专政,反对把中国社会造成资产阶级专政的社会。它在经济上是把帝国主义者和汉奸反动派的大资本大企业收归国家经营,把地主阶级的土地分配给农民所有,同时保存一般的私人资本主义的企业,并不废除富农经济。因此,这种新式的民主革命,虽然在一方面是替资本主义扫清道路,但在另一方面又是替社会主义创造前提。中国现时的革命阶段,是为了终结殖民地、半殖民地、半封建社会和建立社会主义社会之间的一个过渡的阶段,是一个新民主主义的革命过程。"②

　　毛泽东还说:"没有问题,现阶段的中国革命既然是为了变更现在的殖民地、半殖民地、半封建社会的地位,即为了完成一个新民主主义的革命而奋斗,那末,在革命胜利之后,因为肃清了资本主义发展道路上的障碍物,资本主义经济在中国社会中会有一个相当程度的发展,是可以想象得到的,也是不足为怪的。资本主义会有一个相当程度的发展,这是经济落后的中国在民主革命胜利之后不可避免的结果。但这只是中国革命的一方面的结果,不是它的全部结果。中国革命的全部结果是:一方面有资本主义因素的发展,另一方面有社会主义因素的发展。这种社会主义因素是什么呢?就是无产阶级和共产党在全国政治势力中的比重的增长,就是农民、知识分子和城市小资产阶级或者已经或者可能承认无产阶级和共产党的领导权,就是民主共和国的国营经济和劳动人民的合作经济。所有这一切,都是社会主义的因素。加以国际环境的有利,便使中国资产

① 《毛泽东选集》第二卷,人民出版社1991年版,第668页。
② 《毛泽东选集》第二卷,人民出版社1991年版,第647页。

阶级民主革命的最后结果,避免资本主义的前途,实现社会主义的前途,不能不具有极大的可能性了。"①

毛泽东在 1940 年发表《新民主主义论》,运用马克思主义原理,总结了抗日根据地建设的经验,提出了"新民主主义的社会"的概念。这是对根据地社会性质的科学总结。

多年以来,中国共产党人"不但为中国的政治革命和经济革命而奋斗,而且为中国的文化革命而奋斗;一切这些的目的,在于建设一个中华民族的新社会和新国家。在这个新社会和新国家中,不但有新政治、新经济,而且有新文化。这就是说,我们不但要把一个政治上受压迫、经济上受剥削的中国,变为一个政治上自由和经济上繁荣的中国,变为一个被新文化统治因而文明先进的中国。一句话,我们要建立一个新中国"②。

在中国建立这样一个共和国,"在政治上必须是新民主主义的,在经济上也必须是新民主主义的"。"大银行、大工业、大商业,归这个共和国的国家所有";"在无产阶级领导下的新民主主义共和国的国营经济是社会主义的性质,是整个国民经济的领导力量,但这个共和国并不没收其他资本主义的私有财产,并不禁止'不能操纵国民生计'的资本主义生产的发展,这是因为中国经济还十分落后的缘故";"这个共和国将采取某种必要的方法,没收地主的土地,分配给无地和少地的农民,实行中山先生'耕者有其田'的口号,扫除农村中的封建关系,把土地变为农民的私产。农村的富农经济,也是容许其存在的。这就是'平均地权'的方针";在这个阶段,"一般地还不是建立社会主义的农业,但在'耕者有其田'的基础上所发展起来的各种合作经济,也具有社会主义的因素"。中国的经济,"一定要走'节制资本'和'平均地权'的路,决不能是'少数人所得而私',决不能让少数资本家少数地主'操纵国民生计',决不能建立欧美式的资本主义社会,也决不能还是旧的半封建社会"。这样的经济,"就是新民主主义的经济"。③ 新民主主义的政治,是新民主主义经济的集中表

---

① 《毛泽东选集》第二卷,人民出版社 1991 年版,第 650 页。
② 《毛泽东选集》第二卷,人民出版社 1991 年版,第 663 页。
③ 《毛泽东选集》第二卷,人民出版社 1991 年版,第 678—679 页。

现。中国无产阶级、农民、知识分子和其他小资产阶级，乃是决定国家命运的基本势力。这些阶级，或者已经觉悟，或者正在觉悟起来，他们必然要成为中华民主共和国的国家构成和政权构成的基本部分，而无产阶级则是领导的力量。一定的文化（当作观念形态的文化）是一定社会的政治和经济的反映，又给予伟大影响和作用于一定社会的政治和经济；而经济是基础，政治则是经济的集中表现。这是我们对于文化和政治、经济的关系及政治和经济关系的基本观点。那么，一定形态的政治和经济是首先决定那一定形态的文化的；然后，那一定形态的文化才给予影响和作用于一定形态的政治和经济。

毛泽东总结抗日根据地建设的经验，论述了抗日根据地社会性质是新民主主义的社会。1941 年 5 月 8 日，他在《关于打退第二次反共高潮的总结》中指出，"还有一些同志，不了解陕甘宁边区和华北华中各抗日根据地的社会性质已经是新民主主义的。判断一个地方的社会性质是不是新民主主义的，主要地是以那里的政权是否有人民大众的代表参加以及是否有共产党的领导为原则。因此，共产党领导的统一战线政权，便是新民主主义社会的主要标志。有些人以为只有实行十年内战时期那样的土地革命才算实现了新民主主义，这是不对的。现在各根据地的政治，是一切赞成抗日和民主的人民的统一战线的政治，其经济是基本上排除了半殖民地因素和半封建因素的经济，其文化是人民大众反帝反封建的文化。因此，无论就政治、经济或文化来看，只实行减租减息的各抗日根据地，和实行了彻底的土地革命的陕甘宁边区，同样是新民主主义的社会。各根据地的模型推广到全国，那时全国就成了新民主主义的共和国。"① 这就是说，排除了半殖民地因素和半封建因素的经济就是新民主主义的经济，实行了减租减息的社会经济也是新民主主义经济。抗日根据地的社会是新民主主义的社会。

新民主主义革命理论是中国共产党总结了大革命时期和十年土地革命时期的革命实践中正反两方面经验教训，同时总结了抗日战争时期根

---

① 《毛泽东选集》第二卷，人民出版社 1991 年版，第 785 页。

据地建设发展中的经验提出来的。因而是马克思主义同中国革命实际相结合的产物。一方面,它是以马克思主义的基本原理为基础,坚持了无产阶级在民主革命中和革命胜利后的领导权,指明了中国社会经济发展的社会主义前途;另一方面,它又根据自己对中国国情的认识,吸收了中国民主革命的经验教训,也包括孙中山的思想精华,提出了符合中国实际和人民要求的具体方针和政策。而这些方针和政策在实践过程中的效果和不断完善,又反过来促进了新民主主义经济建设理论的形成和成熟。

(二) 新民主主义经济建设理论的形成和根据地经济政策的完善

中国共产党在创立根据地经济建设理论、推行和完善根据地经济政策的过程中,实事求是,正视和密切结合实际,强调明确革命理想、目标同当前经济现实及经济政策、工作任务两者之间的区别。中国共产党的理想、目标社会主义和共产主义,而现时的任务,当前的具体工作,是发展新式资本主义,不能把理想当现实。中国共产党和根据地政府,就是根据这样的指导思想确立和完善根据地的经济政策。

新民主主义革命理论的提出为抗日根据地经济建设理论的形成奠定了基础。首先是在抗日根据地的经济建设中强调要发展资本主义经济。

毛泽东反复阐述对资本主义经济要采取调节的政策,要大胆地让资本主义发展而不是压制资本主义。1939 年 12 月,毛泽东多次强调:"我们对于资本主义采取调节的政策。包括发展中农的生产运动,办好消费合作社扶助中农生产,与富农竞争,成立商品合作社扶持小手工业生产者,废除苛捐杂税培植小商业者,发展国防工业与资本主义展开竞争,大胆地让资本主义去发展而不是压制资本主义,对于劳资关系也采取调节的政策。""社会主义是必然道路,但现在还不成,所以可以让资本主义发展,不过要调节它的发展。"[1]

在《中国革命和中国共产党》一文中,毛泽东明确指出,农民阶级中,富农不应过早地消灭。"中国革命的全部结果是:一方面有资本主义因

---

[1] 顾龙生编著:《毛泽东经济年谱》,中共中央党校出版社 1993 年版,第 141 页。

素的发展，又一方面有社会主义因素的发展。"①新民主主义革命，"它在经济上是把帝国主义者和汉奸反动派的大资本大企业收归国家经营，把地主阶级的土地分配给农民所有，同时保存一般的私人资本主义的企业，并不废除富农经济。因此，这种新式的民主革命，虽然在一方面是替资本主义扫清道路，但在另一方面又是替社会主义创造前提。"②

1940 年 9 月 23 日，毛泽东在延安杨家岭所作《时局与边区问题》的报告中，对民族资产阶级做了具体分析，认为在当时，资产阶级有左、中、右三派，对他们主要是团结的问题。毛泽东举例说，上海有资本家要捐 20 万元给八路军，要加入共产党，总的是希望祖国复兴者多。在谈到边区经济建设时说，边区经济有所发展，新的国营经济似乎像国家资本主义，这是一种特殊的国家资本主义。他还说，要消灭党内的资本主义思想，发展新式的资本主义。边区党代表大会把资本主义痛打了一顿，但有些地方是打得超过范围。党外资本主义是要发展的。边区有四种经济，国营、私人资本主义、合作社经济、半自足经济。私人资本主义要节制，但非打击，更非消灭。③

1940 年 10 月 14 日，毛泽东在给刘少奇、陈毅、黄克诚的信中提出，"注意吸收民族资本家及其代表参加根据地建设"。对苏北以外的江浙民族资本家及其代表，"约请他们派人或介绍人参加苏北之地方政权工作，民意机关工作，及经济、文化、教育建设工作。"④

毛泽东批评了党内对待资本主义经济及一些其他经济政策上的"左"倾错误倾向，强调了应该发展资本主义经济。1940 年 10 月 18 日，毛泽东起草了《防止执行政策时犯"左"倾错误》，指出：由于没有使中下级干部彻底了解，由于上级没有事先预防与及时检查，致使许多地方犯有极左错误，主要是在土地政策，劳动政策，财政政策，锄奸政策，对知识分

---

① 《毛泽东选集》第二卷，人民出版社 1991 年版，第 650 页。

② 《毛泽东选集》第二卷，人民出版社 1991 年版，第 647 页。

③ 中共文献研究室编：《毛泽东年谱（1893—1949）》（修订本），中央文献出版社 2013 年版，第 208—209 页。

④ 《毛泽东文集》第二卷，人民出版社 1993 年版，第 300 页。

子政策,对待俘虏政策,对待国民党人员政策,以及我之政权组织上表现过左。其结果是缩小了我之社会基础,引起中间势力害怕,给日寇汪逆与顽固派以争夺群众团聚反动力量的机会。待错误形成再去纠正,已使我们受到极大损失。现在华中工作正在发展(山东亦然),你们必须预防下级执行政策时犯过左错误,你们必须懂得"左"倾错误是当前主要危险,必须及时检查下级工作,纠正过左行动,否则在敌人与顽固派的夹攻中要取得我党我军发展与巩固的伟大胜利,要长期坚持根据地,是不可能的。此事望你们尖锐地提起全党全军注意,切勿等闲视之。①

　　适应发展资本主义经济的要求,在劳动政策方面做了新规定。中共中央书记处于 1940 年 12 月 3 日发出《中央关于各抗日根据地劳动政策的初步指示》,提出不要对雇主提过高要求,而应兼顾各阶级的利益。根据地的劳动政策,应当以支持长期抗战、争取抗战胜利为原则,否则既不能保存工人已得利益,更不能彻底解放工人阶级。因此工人阶级眼前利益必须服从永久的全部利益。因此劳动政策应根据下列原则:既要力求改善工人阶级在政治、经济、文化各方面的条件,以便动员工人阶级积极领导和参加抗战,又要协调各阶级关系,以便争取各阶级共同抗战。工会应当尊重政府法令及法律程序,劳动纠纷应尊重政府及劳资三方的仲裁。工人待遇的改善、工资的增加、工时的规定,必须以发展抗日根据地之工农商业,增加抗战生产,适合战时需要为原则。否则既有碍于根据地之坚持与巩固,也违反工人阶级的根本利益。改善工人生活,必须估计到在持久的战争中根据地人民的生活日益艰苦,国民经济生活一般已降低,根据地工人生活想改善得比战前更好是不可能的。工会工作方向:动员工人到八路军游击队去参战,发扬劳动热忱,积极参加根据地的一切建设工作。使工人成为统一战线的模范,成为团结根据地人民的中心。对于阶级关系应适当调剂,而不是与各阶级尖锐对抗。必须纠正自由没收汉奸强迫雇主雇用工人和实行自己一切要求的办法。组织城市及乡村工人到工会中来。必须以马列主义来教育工人,特别是工人干部,首先使他们打

―――――――――

① 《毛泽东文集》第二卷,人民出版社 1993 年版,第 302 页。

破行会主义的思想,使他们认识工人阶级只有经济斗争是不能获得最后解放的真理,必须提高文化,消灭文盲,使工会成为工人阶级的学校,把教育工人看作经常的重要的工作。

根据地政府还提出了解决目前一些具体问题的原则:手工业、农业、店员工人目前绝不宜实行8小时工作制,公营工业及合作社等除已规定之8小时工作制外,应经过工会发动工人做两小时义务工(现在陕甘宁边区实行此制度)。对失业工人及其家属应尽可能组织到各种生产部门如工厂及合作社中去。农业、手工业、店员工资,应以现在生活水准能够维持生活为原则,以当地政府颁布的劳动法令为根据订立合同,不宜有过高和过苛的要求,并且工资以不高于公营工厂工资待遇的总和为原则,否则将影响生产及技术的发展。但已增加之工资待遇不能以命令取消之。公营工业工人除工资外,一般待遇必须注意不能超过当地生活水准,一般需要照可能范围,工人伤亡抚恤不能超过抗日阵亡将士之抚恤,否则将影响部队。劳动政策的过"左"倾向必须纠正,否则不仅影响根据地工商业的发展,而且会造成阶级的尖锐对抗、工农对立,但在纠正这种错误倾向时应注意:纠正过"左"倾向时,应经过当地工会说服动员;从上而下作深入解释教育工作,先教育干部;加强新工运动,避免过"左"错误。[①]

1940年12月25日,毛泽东为中共中央起草的《论政策》的党内指示,阐述了必须避免过"左"、保护资本主义经济发展的政策。关于劳动政策。必须改良工人的生活,才能发动工人的抗日积极性。但是切忌过"左",加薪减时,均不应过多。劳资间在订立契约后,工人必须遵守劳动纪律,必须使资本家有利可图。否则工厂关门,对抗日不利,也害了工人自己。至少乡村工人的生活和待遇的改良,不应提得过高,否则就会引起农民反对,导致工人的失业和生产的缩小。关于税收政策,必须按收多少规定纳税多少。一切有收入的人民,除对最贫苦者应该规定免征外,80%以上的居民,不论工人农民,均须负担国家赋税,不应该将负担完全放在

---

① 中央档案馆编:《中共中央文件选集》第12册(1939—1940),中共中央党校出版社1991年版,第570—574页。

地主资本家身上。关于经济政策。应该积极发展工业农业和商品流通。应该吸引愿意来的外地资本家到抗日根据地开办实业。应该奖励民营企业,而把政府经营的国营企业只当作整个企业的一部分。凡此都是为了达到自给自足的目的。应该避免对任何企业的破坏。关税政策和货币政策,应该和发展农工商业的基本方针相适合,而不是相违背。

对农村带有资本主义性质的富农经济,只是削弱其封建部分而奖励其资本主义部分,以奖励资本主义生产为主。为贯彻中共中央1942年1月发出的关于抗日根据地土地政策的决定,中央于2月下达的执行土地政策的指示中说:在经济上,目前我党的政策,"奖励资本主义生产与联合资产阶级,奖励富农生产与联合富农",以奖励资本主义生产为主,但同时保存地主的若干权利,可以说是一个七分资本、三分封建的政策。①

张闻天经过调查研究在1942年10月7日写成的《发展新式资本主义》一文认为:"我们有些干部,不懂得发展新式资本主义是新民主主义经济的全部方向和内容,也是将来社会主义的前提。不会运用新民主主义政治力量,推进新民主主义经济的发展。甚至机械了解'政治是经济的集中表现',因而以为,晋西北今天的抗日民主政权是新民主主义政权,晋西北今天的经济,也一定是新民主主义经济了"。"应当知道:什么是发展新式资本主义? 为什么要发展它?""晋西北封建势力还强大,农村资本主义只是萌芽,工商业家根本没有。封建剥削制度是落后的,资本主义生产方式,是现时比较进步的,可使社会进化的。封建剥削制度下,地主出租土地,农民租进土地,土地使用很分散。地主以高额地租盘剥农民,而农民缺乏生产工具和资本,生产情绪不高。所以农业生产力是低下的,农民生活是痛苦的,社会也是贫穷的"。"在资本主义方式的经营下,首先是富农经营自己的土地,并雇长工。土地集中使用,而又合理分工。富农饲养牲畜猪羊,经营工商业(油房、粉房、磨房、染房、商店等),自己有工具,有肥料,有资本,可以把土地耕种好,多打粮食和棉花。土地产量

---

① 《中国的土地改革》编辑部、中国社会科学院经济研究所现代经济史组编:《中国土地改革史料选编》,国防大学出版社1988年版,第86—88页。

越高,对富农和资本家越有利(所以他们不像地主那样对生产漠不关心,当寄生虫),对全社会更有利。资本主义经营,可使商品经济园艺业等发展,因工业需要原料,商业需要货物,富农和资本家又需要货币支付工资和投资工商业。我们在晋西北发展新式资本主义,一定要靠农业积累资本。将来社会主义,又要靠新式资本主义发展做基础"。"为要发展新式资本主义,第一,不要怕晋西北资本家多。现时,不要怕富农。因为今天的富农,每户平均剥削不到一个雇工,垄断不到一百垧山地,这有什么不得了呢? 倒是应该限制地主,奖励农民,才合我们的政策。有些农民出身的干部,体贴农民的疾苦,这是对的。但把改善农民生活完全放在合理分配别人的财产上,则是不对的。应主要从发展生产、增加社会财富来求民生之改善,才是比较妥当的";"第二,不要怕农民受苦,就是说,不要怕雇农多,没法安插,失业、工资低,生活恶化。今天雇农、贫农的生活,都是很苦的。说贫农永远比雇农生活好,贫农不要丢失土地当雇农,这是落后的想法"。"在新民主主义政权下只要资本主义发展了,工人生活一定会改善。因为革命政府颁布劳动法令,限制富农资本家随意剥削工人,政府将有计划从农村征调工人,不会造成农村无政府状态,造成农村破产"。"所以我们所提倡的新式资本主义,与欧美的旧资本主义不同。我们有革命政权和革命政策,调节社会各阶级关系。凡可以操纵国计民生的工商业,均握在国家手中"。"社会主义和共产主义,是我们的理想。发展新式资本主义,是我们现时的任务,也是我们当前的具体工作。若把理想当现实,乱来一阵,会弄糟糕的"。①

中国共产党以新民主主义经济建设理论为指导,形成和完善了根据地的经济政策。

毛泽东在调查研究总结根据地经济建设经验的基础上,在1942年12月陕甘宁边区高干会议期间写成了《经济问题与财政问题》一书,制定了根据地经济建设的一系列经济政策。

---

① 张闻天选集传记组等编:《张闻天晋陕调查文集》,中共党史出版社1994年版,第323—325页。

(1)"发展经济,保障供给,是我们的经济工作和财政工作的总方针"。毛泽东说,"财政政策的好坏固然足以影响经济,但是决定财政的却是经济。未有经济无基础而可以解决财政困难的,未有经济不发展而可以使财政充裕的。陕甘宁边区的财政问题,就是几万军队和工作人员的生活费和事业费的供给问题,也就是抗日经费的供给问题。这些经费,都是由人民的赋税及几万军队和工作人员自己的生产来解决的。如果不发展人民经济和公营经济,我们就只有束手待毙。财政困难,只有从切切实实的有效的经济发展上才能解决。忘记发展经济,忘记开辟财源,而企图从收缩必不可少的财政开支去解决财政困难的保守观点,是不能解决任何问题的",阐述了经济决定财政与财政制约经济的辩证关系。他强调如果只着重财政而不切切实实地有效地发展经济,就要走国民党竭泽而渔的老路。他同时指出,"发展经济的路线是正确的路线,但发展不是冒险的无根据的发展"。"党的路线是正确的发展路线,一方面要反对陈旧的保守的观点,另一方面又要反对空洞的不切实际的大计划。这就是党在财政经济工作中的两条战线上的斗争"。①

(2)公私兼顾方针。毛泽东提出,"在公私关系上,就是'公私兼顾',或叫'军民兼顾'"。"只有实事求是地发展公营和民营的经济,才能保障财政的供给。虽在困难时期,我们仍要注意赋税的限度,使负担虽重而民不伤。而一经有了办法,就要减轻人民负担,借以休养民力"。②

(3)精兵简政,厉行节约的方针。1941年12月,中共中央发出"精兵简政"的指示,要求切实整顿党、政、军各级组织机构,精简机关,充实连队,加强基层,提高效能,节约人力物力。这一政策是李鼎铭等于1941年11月在陕甘宁边区第二届参议会上提出的。这是在抗日根据地日益缩小的情况下,克服财政困难和休养生息民力的一项极其重要的政策。毛泽东强调,"这一次精兵简政,必须是严格的、彻底的、普遍的,而不是敷衍的、不痛不痒的、局部的。在这次精兵简政中,必须达到精简、统一、效

① 《毛泽东选集》第三卷,人民出版社1991年版,第891—893页。
② 《毛泽东选集》第三卷,人民出版社1991年版,第894—895页。

能、节约和反对官僚主义五项目的。这五项,对于我们的经济工作和财政工作,关系极大。精简之后,减少了消费性的支出,增加了生产的收入,不但直接给予财政以好影响,而且可以减少人民的负担,影响人民的经济。经济和财政工作机构中的不统一、闹独立性、各自为政等恶劣现象,必须克服,而建立统一的、指挥如意的、使政策和制度能贯彻到底的工作系统。这种统一的系统建立后,工作效能就可以增加。节约是一切工作机关都要注意的,经济和财政工作机关尤其要注意。实行节约的结果,可以节省一大批不必要的和浪费性的支出,其数目可以达到几千万元。从事经济和财政业务的工作人员,还必须克服存在着的有些还是很严重的官僚主义,例如贪污现象,摆空架子,无益的'正规化',文牍主义等。如果我们把这五项要求在党的、政府的、军队的各个系统中完全实行起来,那我们的这次精兵简政,就算达到了目的,我们的困难就一定能克服,那些笑我们会要'塌台'的人们的嘴巴也就可以被我们封住了"。①

(4)根据地经济建设的基本方针是发展经济,平衡出入口。1941 年8 月6 日,毛泽东在《关于财经建设的基本方针给谢觉哉的信》中提出了边区财经问题的"规律性或决定点似在简单的两点,即(一)发展经济,(二)平衡出入口。首先是发展农、盐、工、畜、商各业之主要的私人经济与部分的公营经济,然后是输出三千万元以上的物产于境外,交换三千万元必需品入境,以达出入口平衡或争取相当量的出超。只要此两点解决,一切问题都解决了。而此两点的关键,即粮、盐二业的经营,如能增产二十万至三十万担粮与运三十万至四十万驮盐出境,即算基本地解决了两个问题"。"今年的八百万投资仅顾及公营事业,全没有顾及私人农业贷款与合作社贷款,仅是不得已的过渡时期的办法。今后必须停止公业投资,发动私业投资,即大放农贷与合作社贷款,兼放畜牧贷款与私商贷款,以达增加粮食产量、牛羊产量与相当繁荣商业之目的。如能投三四百万元于农业,加以政府的春耕秋收运动之动员,增产二十万至三十万担粮食,则收二十万担粮税数千万斤草税而民不伤,或尚可向绥、榆输出数万

---

① 《毛泽东选集》第三卷,人民出版社 1991 年版,第 895—896 页。

担。如能使畜产繁殖及商业有相当繁荣,则年收二三百万元羊税与七八百万元商税而民不怨,财政的基本问题即解决了。今年之仅仅注意公业投资未能顾及私业投资,是由于等着公营事业救急的特殊情况,但由此产生的害则是与民争利(垄断)及解决不了大问题。明年决不能继续这个方针,仅有盐业投资是明年应该继续的,而其他公营的农、工、商业则只当作必要的一部分继续下去"。"盐为达到出入口平衡之唯一的或最主要的办法,只要能年输三十万驮出境,换取三千万元(以每驮法币百元计)棉、布进来,即算平衡了出入口,因据银行告我,边区棉、布等入口年仅三千万元之数。如能输出四十万驮,除换取三千万元棉、布之外,尚有一千万元现币进口,则情况更好了。至收六百万至八百万元盐税以补一部分财政之不足,尚是第二个好处,盐的第一个好处是解决出入口平衡问题。出入口问题一解决,则物价、币价两大问题即解决了。据此以观今年盐的官督民运政策,不但是未可厚非的,而且是完全正当的,虽然是否能销出三十万至四十万驮尚不可必,然舍此并无解决出人口问题之其他办法,因而舍此便无解决物价、币价两大问题,故此政策的根本方针是完全正当的。因为完全的自由贸易政策,在盐的问题上,今年是不能行的,原因是粮贵、草贵与国民党限制,今年与去年不相同,舍官督民运(半强制主义),便不能运三十万至四十万驮出境"。①

(5)以农业为第一位的方针。毛泽东在《经济问题与财政问题》一文中指出:"确定以农业为第一位,工业、手工业、运输业与畜牧业为第二位,商业则放在第三位。"②他说,我们要用尽力量使农民发展农业生产,这样做的首要目的是使农民富裕起来,改善他们的生活,提出应该打破害怕农民群众富裕起来的幼稚观念,纠正农业经济政策中的平均主义,提出实行农业统一累进税,使农民好放手发展自己的生产,改善自己的生活。他还总结了边区农业发展的历史经验:纠正了经济政策上的"左"的错误,实行了休养生息的政策;党中央发出了发展农业生产的号召,打破农

---

① 《毛泽东文集》第二卷,人民出版社 1993 年版,第 366—367 页。
② 《毛泽东文集》第二卷,人民出版社 1993 年版,第 462 页。

民怕发展生产的心理;开展了移民垦殖;实行了奖励政策;减少劳动力的浪费与调剂劳动力,动员妇女参加生产;政府发放农业贷款。

(6)发展合作事业,提倡股份制经济。陕甘宁边区高干会议确定发展农业生产是边区第一位的工作,而组织劳动互助又是发展农业生产的中心关键。毛泽东在《经济问题与财政问题》一文中大力提倡成立劳动互助合作组织。他提倡兴办适合边区手工业不发达、手工业工人不多等政治经济条件的合股企业、合股雇佣企业,对合股企业的集股方式、股金来源、分红办法、股息额度等情况做了详细的考察,并仔细介绍了当时延安南区合作社的历史和经验,提出了发展集股合作事业的方针。

(7)自己动手,解决困难。毛泽东在《经济问题与财政问题》一文中指出:"因为封锁这件事,除了它的消极的坏处一方面之外,还产生了一个积极的方面,那就是促使我们下决心自己动手,而其结果则居然达到了克服困难的目的,学得了经营经济事业的经验。'艰难困苦,玉汝于成'的古话,对于我们,是完全自觉地被理解的。"①

总之,在这一时期根据地经济建设中,为克服财政经济上的严重困难,中共中央和毛泽东同志以及边区政府的领导同志等,提出了许多财政经济工作的正确方针和政策。上述方针政策在指导根据地经济建设方面起了重大的历史作用。

二、减租减息运动的兴起和减租减息政策的完善

抗日根据地的减租减息运动的大规模开展,有其特殊的历史背景。1939 年抗日战争进入相持阶段后,国民党顽固派在日本帝国主义新的政治诱降、军事进攻策略引诱、胁迫下,消极抗战,积极反共,制造摩擦,残杀抗日干部和积极分子,一再掀起反共高潮,抗日根据地处于日本侵略者和国民党顽固派夹击之中,政府财政、军队补给、人民生活非常困难。在这种形势下,中国共产党和根据地政府,发动和依靠群众,推行经济和政治

---

① 《毛泽东文集》第二卷,人民出版社 1993 年版,第 462 页。

改革:经济上实行减租减息,废止苛捐杂税,改善工人生活;政治上实行民主制度,调动民众积极性,保卫抗战果实和人民群众的根本,击退了国民党顽固派的反共逆流。因各地敌、顽、我力量对比和政治经济环境不同,各个根据地军民在 1939 年冬至 1940 年春的抗击顽固派斗争中,采取了多样的斗争方式和策略:晋察冀边区在 1939 年冬至 1940 年春开展了减租减息和赎地换约运动。陕甘宁边区绥米地区农民在反顽斗争中赶走了不抗日、专反共的国民党顽固派,结束了"双重政权"的局面,开展减租减息运动;在已进行土地革命的地区,支持农民向地主索回被夺取的土地(即"归地"运动);在未经过土地革命的地区,支持农民要求土地多的地主富农调剂一部分土地租给无地农民耕种(即"拼地"运动)。晋冀鲁豫边区在反顽斗争中掀起了反贪污、反恶霸、实行合理负担以及借粮斗争,打击了封建势力,保护了农民利益。晋西北游击区经过反顽斗争,建立了抗日的晋西北行政公署。除了减租减息,更开展了"献金地"和"牺牲地"(即为抗战而献金和牺牲)运动,借种逃亡地主土地等。在华中、山东根据地,也进行了减租减息。

因国民党顽固派的反共逆流得到大地主的支持,大大激化了农民同地主的矛盾,加剧了农民群众和基层干部的阶级仇恨和报复情绪。加上土地革命时期"左"倾错误思潮残余的影响,导致了部分地区减租减息运动中"左"倾蛮干错误的发生,即不满足于减租减息,减租减息发展为"不交租,不交息";清理旧债变成废除一切债务;回赎抵押地和典地,变成无偿回赎;又把"耕者有其田"的宣传口号当作行动纲领,个别地区甚至出现变相没收和分配地主土地的情况。这些"左"倾错误导致根据地农民与地主的关系一度紧张,某些县区地主富农逃亡或投降敌人,提出"收复失地"的口号,带领敌人搜捕抗日干部和雇农,中间势力恐慌,抗日民族统一战线面临分裂的危险。面对这种严峻局面,中共中央及时采取措施,纠正了一些地区发生的"左"倾错误,明确和制定了对地主阶级又团结又斗争的策略,使抗日根据地的减租减息运动进入了全面发展的新时期。

（一）减租减息运动的兴起和"左"倾错误的纠正

抗日战争进入相持阶段后，日本侵略者对国民党采取以政治诱降为主、军事进攻为辅的方针，而以其主要兵力对中国共产党领导的八路军、新四军和抗日民主根据地进行围攻和"扫荡"。国民党顽固派则消极抗战，积极反共，处处制造摩擦，掀起了第一次反共高潮。为了粉碎日本的"扫荡"和顽固派的反共活动，应付突然事变，中共中央决定敌后抗日根据地由发展转入巩固，深入群众工作，加强根据地的政权建设和经济建设，实行有利于广大抗日人民的经济改革和政治改革，以提高群众的抗日积极性。1939 年 11 月，《中共中央关于深入群众工作的决定》指出："共产党进一步依靠群众，只有深入群众工作，才能克服当前时局的危机，争取抗战的胜利，并在可能发生的不利于党与抗战的突然事变中，不使党与抗战遭受意外的损失"。该决定明确提出在抗日根据地内"必须实行激进的有利于广大抗日民众的经济改革与政治改革。在经济改革方面必须实行减租减息废止苛捐杂税与改良工人生活。……在政治改革方面，必须实行民选制度"。[①]

根据中央决定，陕甘宁边区和华北各抗日根据地于 1939 年冬至 1940 年春，在反击顽固派反共高潮的斗争中，开展了争取民主、改善民生的农民群众运动。由于顽固派围攻根据地，残酷屠杀抗日干部和积极分子，激起了广大农民的仇恨。反顽固派的斗争怒潮，遍及各地；农民争取民主、改善民生的斗争，汹涌澎湃。由于各地敌、顽、我力量对比和具体环境不同，斗争内容、方式和口号各有差异。

晋察冀边区在 1939 年冬就兴起了减租减息和赎地换约运动。是年 12 月，边区农民救国会提出了减租减息办法。次年 2 月，边区政府对《减租减息条例》进行了修订。主要内容是：(1)实行"二五减租"后，"地租不得超过正产物收获总额千分之三百七十五"。(2)保障佃户的佃权，承

---

① 中共中央文献研究室、中央档案馆编：《建党以来重要文献选编(1921—1949)》第 16 册，中央文献出版社 2011 年版，第 736—737 页。

租人依据租约继续耕作,出租人不得解除契约。地主只能在"不能维持生活","保持耕地原有性质及效能","自己耕种而不用雇工"的前提下,并得承租人同意,才能收回土地。(3)债务利息"年利不得越过10%",清理旧债"按年利一分,一本一利计算清偿,其利息超过原本,停利还本,其已付利息超过二倍者,本利皆停付,结束积欠"。两年来,地主债主未减租减息者,农民"所欠租息一律停付"。

对借债中的抵押地和典地问题,《减租减息条例》规定:"债权人不得因欠息关系处置所质(即抵押)土地,如已处置者,应将所质土地交还债务人。"1940年2月,边区政府还颁布《三十年内典当地回赎法令》,规定"未出三十年"的典地,"均得回赎",出典人可"以原典价回赎";无力回赎者,照原典价,"订立借贷契约,按年利率一分行息",赎回典地。农民在减租减息和赎地换约中,获得许多经济利益。仅据1940年6月北岳区一、二、三、五专区16个县的不完全统计,减租粮达12290石,减息金额320600余元,农民抽回土地64900余亩。①

陕甘宁边区绥米地区农民在反顽斗争中赶走国民党专员何绍南后,已进行土地革命的地区,发生了农民向地主索回被夺取土地的"归地"运动;未经过土地革命的地区,发生了农民要求土地多的地主、富农调剂一部分土地租给无地农民耕种的"拼地"运动。中共绥米特委根据农民要求,于1940年2月,颁布土地问题暂行调整办法,提出在1937年《土地维持现状布告》发布后,被地主、富农强行收回的土地归还农民;在未经过土地革命的地区,说服地主、富农让出一部分土地,租给无地农民耕种。②

反对国民党顽固派斗争胜利后,陕甘宁边区结束了双重政权的局面,绥德、陇东、鹿县先后召开临时参议会,通过了减租减息决议和办法。绥德分区参议会于1940年7月通过的《减租减息暂行条例》,规定减租比例如下:丰年按标准租额减25%;平年减40%;歉年减55%。歉年普通耕地收成在三斗以下免租;伙种地,除种子外,地主得四成佃户得六成。如种

---

① 黄韦文:《关于根据地减租减息的一些材料》,《解放日报》1942年2月11日。

② 柴树藩于光远、彭平:《绥德、米脂土地问题初步研究》,人民出版社1979年版,第30页。

子耕牛出自地主,则地主得四成五,佃户得五成五;禁止押租或预租。为保障佃权,地主不得无故收回租地或更换佃户。关于减息,借贷金钱者,"利率不得超过月息一分五厘"。借贷粮食,"年息不得超过十分之三"。陇东分区临时参议会通过了"三七减租"和1939年以前欠租一律豁免的决议。关中地区的同宜耀和马栏参议会决定"四六减租"。

晋冀鲁豫边区在反顽斗争中掀起了反贪污、反恶霸、实行合理负担以及借粮斗争,对封建势力给以很大打击,农民也从斗争中得到了一些经济利益。减租减息则只在太行区和其他少数地区实行,核减标准分别为"五一减租"(即减租1/5)、"分半给息",低于晋察冀边区。在冀南、鲁西及晋察豫等地,1940年春耕中进行了分配公地、没收分配汉奸土地、借种逃亡地主的土地、分配地主、富农的隐瞒不交公粮赋税的"黑地",以及借种地主、富农"余地"的调剂土地的运动。

晋西北游击区在反顽斗争胜利后,建立了晋西北行政公署。行署于1940年4月颁布减租减息条例,规定减租25%,取消一切附加;利息一律不准超过年利一分,凡付利息超过本钱者,停息还本,已付利息超过本钱一倍以上者,本利均停。不过政府和农会当时的注意力放在要地主"捐地",即所谓"献金地"和"牺牲地"(即为抗战而献金和牺牲),借种逃亡地主土地等上,对减租减息未能注意贯彻执行。

在华中,中共中央中原局于1940年集中大批干部,深入皖东地区开展减租减息斗争,提出"三七分租"(地主三成、佃户七成)、"分半给息"和"废除旧债"等口号。"三七分租"是针对当地租佃关系中多为分租制这一具体情况而提出的。当地分租制一般为"对半分"和"四六分"。对典当地的处理办法是:一是按不同年限折价赎回,如五年至十年九折,20年至30年五折等;二是按不同年限,无代价抽回一部分,如3年以内抽回20%;20年至30年的抽回60%等。总之,是以折中的办法调整典当关系。

山东根据地于1940年11月制定了《减租减息暂行条例》,规定地租一律照原租额减少1/5,利息方面:钱息年利不得超过一分五厘,粮息不得超过二分半。由于群众工作不充分,除了鲁南的南沂蒙和泰山区少数地区实行了减租减息以外,大多仍停留在宣传号召阶段。

上述情况显示,除少数地区外,减租减息尚未受到重视,因而还没有发动群众认真实行。在反顽斗争中,群众发动起来后,干部和群众又不满足于减租减息。而把注意力集中在打汉奸、斗顽固分子,分配公地,没收和分配汉奸土地,借种逃亡地主土地,清查没收分配地主、富农隐瞒不交纳赋税的"黑地",以及借种地主、富农的余地等方面,直接满足无地、少地的农民对土地的要求。这样就忽视和松懈了减租减息政策的贯彻执行,并助长了"左"的倾向。

根据地农民运动是在粉碎国民党顽固派第一次反共高潮中兴起的。由于少数大地主支持顽固派的反共行径,激起了农民群众和基层干部的阶级仇恨和报复情绪。同时由于土地革命时期"左"倾错误思潮的影响尚未彻底肃清,少数干部把部分大地主的反共投降倾向,当作整个地主阶级的动向,怀疑地主阶级继续抗日的可能性,所谓"无地主不顽固""无顽固不汉奸",主张改变对地主的政策,把他们排除在抗日统一战线之外,以致在农民群众组织起来之后,发生了"左"倾蛮干的错误。"左"倾错误在土地政策上的表现,就是不满足于减租减息,而把"耕者有其田"的宣传口号当作行动纲领,以致发生种种变相没收和分配地主的土地的错误倾向。以冀南地区最为突出。如中共冀南区党委制定的代耕土地办法提出:(1)逃亡地主的土地、族地、庙地一律分配给贫农抗属与雇农、贫农代耕,族地、庙地归农会负责管理;(2)在家地主的"余地"(多因负担太重而不愿自种或出租的土地)交抗属、雇农、贫农代耕。上述办法首先在冀南一分区实行,步骤是发动群众请愿,政府调解,规劝地主答应,即刻分配代耕。据统计,晋县共分配土地 27676 亩,宁晋分地 34000 多亩。[①] 晋西北和晋冀豫的某些地区,在 1940 年春耕运动中,也曾分配公地、逃亡地主土地和隐瞒的"黑地"。以及以"汉奸"之名没收和分配了一些地主和富农的土地。华中苏北个别地区在镇压反动地主暴动以后,曾发生不分首恶和协从,一律没收汉奸和暴动参加者的土地及财产的运动。晋察冀边区

---

① 《平原》1940 年第 32 期;彭真:《晋县、束鹿、宁晋、藁城等县的土地问题和我们的处理办法》,1940 年 9 月 16 日。

也曾发生佃户、债户在减租减息之后，不交租、不交息；清理旧债变成废除一切债务；回赎抵押地和典地，变成无偿回赎，或以极少代价赎地的偏向。

上述"左"倾错误导致根据地农民与地主的关系一度紧张，在冀南某些县区地主、富农逃亡，一部分地主投降敌人；藁城地主提出"收复失地"的口号，带领着敌人搜捕抗日干部，甚至搜捕雇农。中间势力恐慌，抗日民族统一战线面临分裂的危险。

在这种情况下，中共中央 1940 年 7 月 7 日作出《关于目前形势与党的政策的决定》，要求切实纠正"左"倾错误，并先后发出一系列指示，其中主要有：(1)1940 年 7 月发出《关于在敌后地区没收大汉奸土地财产问题的指示》，规定没收政策"仅仅应对付个别的罪恶昭著的大汉奸"，对反共的顽固地主，"不论其罪恶如何重大，不论其勾结日寇有何证据，在他们未公开投敌当汉奸前，均不应没收其土地财产"。伪军军官的土地"概不没收"，以利争取反正。对全家逃亡敌占区的普通汉奸或普通地主之土地财产"不应宣布没收，而应由政府暂时代管，以低租租给农民，俟其返回重新抗日时，即退还其土地财产"。(2)1940 年 10 月，中共中央发出《关于纠正冀南过"左"的土地政策的指示》和《中央关于防止执行政策中左倾错误的指示》，指出冀南的土地政策，"是过'左'的，是违反抗日统一战线原则的"；重申："'左'倾错误是当前主要危险，必须及时检查下级工作，纠正过'左'行动"。(3)1940 年 12 月，中共中央发出《关于时局与政策的指示》，进一步阐明抗战期间的土地政策，重申减租减息的原则规定，即要求地主实行减租减息，农民也须交租交息。对减租减息从量上加以限制，提出"不要减得太多，地租一般以实行二五减租为原则"；利息"不要减到超过社会经济借贷关系所许可的程度"，"不要因减息而使农民借不到钱，不要因清算老账而无偿收回典借的土地"。各根据地政府根据上述指示，先后发布施政纲领和保障人权财权法令。总结了 1939 年冬季以来政治和经济改革的经验，巩固了改革的成果。这些纲领和法令，以反对日本帝国主义，保护抗日的人民，调节各抗日阶层的利益，改善工农生活和镇压汉奸反动派为基本出发点。是克服和纠正各种"左"的和右的错误倾向的有力武器。促进了减租减息斗争的深入和健康发展。

"左"倾错误得到纠正后,农民与地主之间的紧张关系得到缓和,地主、富农解除了疑虑,逃亡敌占区的地主返回原籍。据晋西北调查,截至1941年2月,逃亡地主有2/3以上返回了根据地,抗日民族统一战线得到了巩固和发展。

晋察冀边区修正《减租减息条例》,纠正了减租减息过多,对地(债)主利益照顾不够的偏向,既保障地主的土地所有权,又保障佃户的使用权,地主与佃户之间普遍订立较长期的租约。尚未减租减息的地区,则根据新条例实行减租减息。

晋冀鲁豫边区太行区在纠正"左"倾错误的同时,普遍地实行减租减息。据1941年6月晋冀豫农救会的不完全统计,榆庄、辽县、襄垣、偏城、邢东、平南、赞皇、磁县等9县7750户佃户共减租粮17730石,平均每户减租达二石以上。另据黎城县统计,减息金额达104890元,收回押地7590亩。[①] 冀南和冀鲁豫地区也在少数地区实行了减租减息。

"皖南事变"后,华中根据地盐城农民在农救会的领导下,进行了减租减息斗争。提出"二五减租""四六分租"和月利"分半给息"、年利"分八给息"(即一分八厘给息)的口号。对典地则按不同年限折价回赎,如承典人尚未收获,出典人回赎须偿还全部典价,并按月利一分五厘付息;期满一年按典价八折,二年以上六折,三年以上四折,五年以上十年以下一折,期满十年则价滥产回,即无偿赎回。盐城在减租减息运动中,创造了突破一点、推动全局的工作方法。取得了农民群众斗争与区、县参议会内斗争相结合的宝贵经验。

(二) 减租减息政策和策略的完善

为了彻底纠正土地政策方面"左"的偏向,发动和依靠群众力量战胜困难,巩固和扩大抗日根据地,中共中央研究和总结了正反两方面的经验,于1942年1月通过《中共中央关于抗日根据地土地政策的决定》,确定了土地政策的三项基本原则:(1)农民是抗日与生产的基本力量,必须

---

① 黄韦文:《关于根据地减租减息的一些材料》,《解放日报》1942年2月11日。

扶助农民,减轻地主的封建剥削,实行减租减息,保证农民的人权、政权、地权、财权,以改善农民生活,提高农民抗日与生产的积极性。(2)地主的大多数是有抗日要求的,一部分开明绅士并且是赞成民主改革的,只能是扶助农民减轻封建剥削,而不是消灭封建剥削,更不是打击赞成民主改革的开明绅士。实行减租减息的同时,又须实行交租交息,既保障农民的人权、政权、地权、财权,又保障地主的人权、政权、地权、财权,借以联合地主阶级一致抗日。只是对于绝对坚决不愿改悔的汉奸分子,才采取消灭其封建剥削的政策。(3)资本主义是中国现时比较进步的生产方式,而资产阶级,特别是小资产阶级与民族资产阶级,是中国现时比较进步的社会成分与政治力量。富农的生产带有资本主义性质,富农是农村中的资产阶级,是抗日与生产不可缺少的力量。富农有抗日与民主的要求,因此对富农及其生产,不是加以削弱,而是在适当改善工人生活条件下,奖励富农生产与联合富农。但富农有一部分封建性质的剥削,为中农、贫农所不满。因此,对富农的租息,也须照减,同时又须交租交息,并保障富农的人权、政权、地权、财权。一部分用资本主义方式经营土地的地主(所谓"经营地主"),其待遇与富农相同。

三项基本原则揭示了抗日战争时期农村各阶级在抗日斗争和发展生产中的地位和作用,阐明实行减租减息政策的历史根据。该决定还附有三个附件,分别就地租和佃权、减息清债以及若干特殊土地问题做了原则性的规定。各地根据三项基本原则和附件规定,参照当地习惯和农业生产水平,对减租减息条例,土地使用条例,做了若干补充修订,使其更切合当地实际,全面纠正了过去某些"左"的政策规定。这些具体政策和办法,可分述如下:

第一;关于减租率。各地按"二五减租"的原则,结合当地的具体特点,对不同租佃形式以及土地肥沃度和单位面积产量,规定不同的减租率;按不同年景规定不同的减免租额标准。对抗日军人家属和烈士家属以及少量土地出租者规定了具体的照顾办法。

第二,关于欠租的减免。规定"多年欠租应予免交",一些地区的规定更加具体和明确,即减租以前的欠租一律免交,减租后的欠租,分别情况补交、缓交、少交或免交。

第三,关于保障佃户的佃权。该决定附件规定:"有永佃权者保留永佃权,无永佃权者奖励双方订立较长期的契约。"关于这一点,各地均有相关规定,如承租人在租约期内按期、交清租额,"出租人不得收回土地"(晋冀鲁豫);不得因减租"解除契约,收回租地"(山东);累世承租之地,"视为承租承佃人取得永佃权"(晋察冀);"禁止借口自耕,收回土地,暗行出租或任其荒芜,以及假典假卖等行为"(陕甘宁);等等。[1]

第四,关于减息清债。该决定指出,减息是对抗战前成立的借贷关系而言的,至于抗战后的息额,应以当地社会经济关系,听任民间自行处理。这样就纠正了过去侧重对现行利息"规定过低息额,致使借贷停滞不利民生"的偏向。各根据地参照上述原则对过去规定的减息至一分或分半,只作为清理旧债的计息标准。所有旧债,凡"付息超过原本一倍,停利还本,超过原本二倍,本利停付"。新债则由借贷双方协商处理。

第五,关于抵押地与典地的回赎。华北各根据地纠正了对抵押地和典地不加区别的政策规定。抵押地属债务关系中的抵押品,抗战前的旧债按"债务人已付利息超过原本二倍者,即作为还清,由债务人无条件收回押地"。[2]"凡抗战后新成立的借贷关系,债务人到期不能付息还本,债权人有依约处理抵押品之权"。关于典地"尚未转成买卖关系者,出典人

---

[1] 晋冀鲁豫边区财政经济史编辑组,山西、河北、山东、河南省档案馆编:《抗日战争时期晋冀鲁豫边区财政经济史资料选编》第2辑,中国财政经济出版社1990年版,第571页;《中国的土地改革》编辑部、中国社会科学院经济研究所现代经济史组编:《中国土地改革史料选编》,国防大学出版社1988年版,第96—98页;魏宏运主编:《抗日战争时期晋察冀边区财政经济史资料选编·农业》,南开大学出版社1984年版,第36—43页;《中国的土地改革》编辑部、中国社会科学院经济研究所现代经济史组编:《中国土地改革史料选编》,国防大学出版社1988年版,第120—123页。

[2] 晋冀鲁豫边区财政经济史编辑组,山西、河北、山东、河南省档案馆;《抗日战争时期晋冀鲁豫边区财政经济史资料选编》第2辑,中国财政经济出版社1990年版,第574页;《中国的土地改革》编辑部、中国社会科学院经济研究所现代经济史组编:《中国土地改革史料选编》,国防大学出版社1988年版,第96—98页;魏宏运主编:《抗日战争时期晋察冀边区财政经济史资料选编·农业编》,南开大学出版社1984年版,第36—43页;《中国的土地改革》编辑部、中国社会科学院经济研究所现代经济史组编:《中国土地改革史料选编》,国防大学出版社1988年版,第120—123页。

随时可用原典价依约赎回土地,不得用抽地换约的办法。如已转成买卖关系者,不得赎回"①。华中根据地纠正了"烂价产回"(即无代价赎回典地)的偏向。

第六,关于对富农的政策。各地纠正了不区别富农与地主,限制和削弱富农经济的政策规定。同时针对地主、富农的雇工剥削带有封建性的特点,如鉴于各地普遍存在"典当雇佣""债务雇佣""娶妻成家雇佣""养老雇佣""带地雇佣"等封建性的雇佣形式,以及雇工工资低下、伙食粗劣、居住条件极差、劳动时间长、劳动强度大等情况,各地农会和政府均有改善雇工待遇的要求和规定。如制定雇工工资的最低标准,禁止虐待雇工,保障雇工休息、教育、医疗以及参加工会、参加抗日的权利等。

中共中央 1942 年 2 月发出的《关于执行土地政策决定的策略的指示》,制定了对地主阶级又团结又斗争的策略。对大多数地主的抗日要求,要实行团结的方针,即团结地主抗日的一面;对地主反民主反民生的一面则要进行必要的斗争。在执行过程中,当农民未发动起来时,必须支持农民,打击地主在农村的反动统治,建立农民群众力量的优势。只有这样,才能使地主感到除了接受减租减息政策,便无出路。在农民群众充分发动起来,实行减租减息之后,应及时说服群众纠正过火行动,认真实行交租交息,贯彻执行政权机构的"三三制"原则②,保障地主的人权、政权、地权、财权,使地主愿与我们合作,达到团结抗战的目的。在纠正过火行动时,又必须注意保护干部和群众的积极性,防止地主反攻。

各抗日根据地按照中央上述策略指示,广泛发动农民进行减租减息斗争,创造了许多新的经验,进一步丰富和发展对地主又团结又斗争的策略。如山东临清抗日民主政府根据实际情况和群众要求,实施"赎地""双增双减"政策。"赎地"是让农民灾荒年景廉价卖给地主的土地,按原价赎回,地归原主(地主卖出的土地不准回赎);"双增"是地主为雇工增

---

①　中共中央文献研究室、中央档案馆编:《建党以来重要文献选编(1921—1949)》第 19 册,中央文献出版社 2011 年版,第 25 页。

②　"三三制"原则,即抗日民主政权中人员分配为共产党员占 1/3,非党的左派分子占 1/3,不左不右的中间派占 1/3。这是调整抗日根据地各阶级内部关系的合理的政权形式。

加工资,减轻佃农负担,增加佃农收入。增资数额不一,由当地工会、农会评议确定,一般增加1—2成,"增佃"一般实行"秋三七、麦二八"或"粮三七、棉二八"分成,佃农增加收入 1—2 成,有的还增加了衣物和现金。"双减"是减租减息。减租一般实行"二五减租",即减收原租额的 25%,多年欠租免交;减息规定凡抗日战争前成立的借贷关系,应以一分半为计息标准,如付息超过本金一倍者,停息还本,超过两倍者,本息均停付。①"双增双减"政策在一定程度上限制了地主的剥削,改善了佃农、贫雇农的经济状况和家庭生活。平度抗日民主政府也实行了减租减息。1941—1942 年间,先后在平度大泽山、平南仁兆一带实行了减租减息,1944 年胶东八路军发动秋季攻势,拔除了一大批日伪据点,平度、平南、平西三县减租减息运动大面积展开。减租,实行"一五""二五"减租,即按原租额减去 15%、25%;减息,减到社会借贷关系所许可的程度,一般为年息一分半。按此标准,清算了前三年的租与息。通过减租减息,减轻了农民负担。②

部分抗日根据地,根据当地具体情况,在进行减租减息的同时,开展"反霸清算"和"开明地主"运动。1942 年 10 月,中共晋豫区党委与晋豫联办发动群众,对号称"四十里江山"的千峰寺和铁盆嶂寺恶僧进行斗争,依照《抗日救国纲领》与《晋冀鲁豫边区土地使用条例》,将其 3000 多亩土地及山场没收归公,除分给每个僧人 5 亩外,余则分配给下寺坪一带农民。晋豫联办还特颁执文,勒碑记事。岩山村斗倒了恶霸地主上官恒元,查出了杀害干部的凶手上官洪章,经晋豫联办批准处决。索泉岭依法处置了不法地主李春景。一些开明地主主动放弃债权,交出土地:煤坪村王应钟在其兄王铸九(抗日区长)的帮助下,主动给群众退租退息并交出土地,受到县抗日政府的奖励。向阳坡村财主孙甲三在该村减租减息大会上,当众宣布放弃债款 1 万余元(冀钞)。会后,其族弟孙光国也主动向村长提出放弃债款 2 万余元。

---

① 山东省临清市地方史志编纂委员会编:《临清市志》,齐鲁书社 1997 年版,第 118 页。
② 山东省平度县地方史志编纂委员会编纂:《平度县志》,1987 年印本,第 204 页。

因 1942—1944 年连年干旱,抗日政府在减租减息中,注意调整政策,在租额方面按土地产量计算,每年产量只 1—3 斗的不交租,3—5 斗的每斗交 1 升,5 斗—1 石的每斗交 1.5 升,1—1.5 石的每斗交 2.2 升。利息方面,利息超过 1 倍的停息还本,超过 2 倍的本息停付,无条件抽约;超过 1 倍不足 2 倍的,补足 2 倍抽约;其间因还不了债务将房地抵押了的,将房地无条件退还原主。经 1942—1944 年三个冬春的减租减息、反霸清算、减租清算以及开展"开明地主"运动,在老根据地,地主、富农作为阶级已经被基本消灭。[①]

由于减租减息政策和斗争策略的进一步完善,抗日根据地的减租减息运动进入了全面发展的新时期。各根据地巩固区在 1942 年 5 月以后,减租减息运动取得了前所未有的成绩。据山东根据地 1943 年 10 月统计,共有 47354 个村庄、37 万多亩租地实行了减租,平均每亩减租 31 斤多。有 4435 个村庄开展了雇工增资,近 7.3 万雇工增加了工资,平均每人增加工资折合粮食 165 斤。华中抗日根据地苏中地区有 101 万亩租田减租,占全区租田 292 万亩的 45%。[②]

三、根据地农业生产的恢复和发展

1939 年抗日战争进入相持阶段后,日本帝国主义把主要兵力放在敌后战场,对抗日根据地进行大规模的军事进攻和残酷扫荡,并实行经济封锁,而国民党顽固派消极抗日、积极反共,不仅停发了八路军军饷,而且同日敌沆瀣一气,对陕甘宁边区实行经济封锁,使根据地经济一度陷入十分艰难的境地。边区财政异常拮据,军民生活非常艰苦,粮食、棉布等生活必需品十分缺乏,"曾经弄到几乎没有衣穿,没有油吃,没有纸,没有菜,战士没有鞋袜,工作人员在冬天没有被盖"。为了克服极端严重的物资困难,坚持持久抗战,在推行减租减息、调整生产关系、实施社会改革、调

---

① 阳城县志编纂委员会编:《阳城县志》,海潮出版社 1994 年版,第 101 页。
② 陈廷煊:《抗日根据地经济史》,社会科学出版社 2007 年版,第 158 页。

动农民生产积极性的同时,中共中央号召抗日根据地军民自己动手、自力更生,垦荒补滩,扩大耕地面积,抗灾救灾,掘井筑堤,兴修水利,实验和推广农业技术,改良作物品种,扩大粮棉种植面积,不断提高粮食、棉花产量,恢复和发展畜牧业及家庭养殖业。为了迅速克服前线抗日和后方民生的双重困难,在严酷的战争环境下,军民齐动员,发动军民大生产运动,齐心协力,生产自救。在晋察冀、晋冀鲁豫、晋绥、山东、华中一些抗日敌后根据地,军民在“劳动与武力结合”的口号下,一面战斗,一面生产,甚至游击区的部队也坚持生产,创造了开展大生产运动的多种形式。

中共中央的号召得到根据地军民的热烈响应,根据地政府的上述政策、措施,全面贯彻执行,并且成效显著,根据地经济特别是农业生产,迅速恢复、发展,耕地面积逐年扩大,粮食、棉花种植面积增加,单位面积产量和总产量明显上升,畜牧业和家庭养殖业也得到恢复、发展,牛、驴、羊等牲畜数量大幅上升,八路军给养和民众生活物资都有了保障,一些原来极其贫穷困苦的地区,民众很快摆脱了贫困,过上了丰衣足食的生活,不仅当年自给,而且可以“耕二余一”,亦即耕种两年可以供给三年需用。农村社会阶级结构也发生了明显变化,原来一些典型的贫困村或“贫农村”,村民几乎全部是贫农,现在中农成为村民的主体,实现了贫农“中农化”或小康化。

（一）恢复和发展农业生产的政策

农业是国民经济的基础,根据地政府在恢复和发展国民经济的过程中,特别重视对农业的恢复和发展。1942 年 12 月,毛泽东在陕甘宁边区高干会议上的报告《经济问题与财政问题》,总结了边区农业发展的主要原因:“第一是纠正了经济政策上的‘左’倾错误,实行了休养生息的政策”,“打破了农民怕发展生产的倾向,农民愿意增加耕具,富农敢于安伙子,雇长工,休养生息政策恢复了元气,便利了农民的再生产,同时粮价高,副业利大,也刺激了农民的生产热忱,使农业迅速发展”。“第二是发展生产的号召。例如:1939 年中央召开的生产动员大会,第二次边区党代表大会,第一次参议会,第一次农展会,均有发展生产的号召,这些号召起了巨大的推动作用"。"第三是移民政策。最近四年中耕地扩大 235 万亩,一个重要原因在于土地多的区域大批吸收了移民增加了人口"。"第四是奖励政策。移民三年不收公粮,并减少其他义务负担"。"第五是减少劳动力的浪费与调剂劳动力"。"第六是农贷政策"。

"根据过去的经验,下列八项政策是必须执行的":"第一项农业的政策就是减租减息"。"应依政府法令实行减租减息,这是增加农民生产积极性的极其重要的方针。在减租减息后,农民对地主的负担减轻,自己的保有量增加,生产积极性就会大大增加,生产量也可增加了"。"第二项农业政策就是增开荒地。根据荒地多的地方农民认为深耕不如开荒的要求,我们应在一切有荒地的县、区、乡组织移民多开荒地,以期增产粮食"。"第三项农业政策就是推广植棉"。"政府关于推广植棉应做的工作有如下列:(1)实地分配有棉地的农户种足 15 万亩棉地,并帮助棉户准备棉种、肥料及种棉经验,有耕牛农具困难的给予贷款。(2)制造轧花机及轧花机零件,供给棉农,并帮助棉农修理旧机。(3)研究棉油榨法,使棉农能将 400 万斤棉籽榨出 48 万斤油来。(4)组织公私合办的棉业合作社经营轧花、打包、销售及榨油等事业。(5)奖励优秀棉农,介绍种棉、轧花等优良经验,借以增进棉农的积极性,提高种棉的数量与质量"。"第四项农业政策就是不违农时,即在农忙时允许农民停止一切无关农业的开会与动员"。"农忙时期应该停止农民群众除农业以外的任何开会与动员,借以节省人力、畜力,使之全部用到农业生产上去。必要的开会与动员,应当利用农隙"。"第五项农业政策是调剂劳动力。这里有奖励移民、劳动互助、动员妇女、动员二流子、着重优抗、生产给假、军队帮助等项办法,都是有利于劳动力调剂的"。"第六项农业政策,就是增加农贷。1942 年政府放了耕牛、植棉、水利等几种贷款,受到农民的极大欢迎,帮助一部分农民解决了困难。边区农民中,有 1/3 缺乏耕牛农具,这是一个极大的问题"。"第七项农业政策是提高农业技术"。"从边区现有的农业技术与农民生产知识出发,依可能办到的事项从事研究,以便帮助农民对于粮棉各项主要生产事业有所改良,达到增产的目的"。"我们认为下列各项是应该做的:(1)兴修有效的水利"。"(2)推广优良品种"。"(3)鼓励从事秋开荒,秋翻地"。"第八项农业政策是实行农业累进税"。"提议政府于1943年进行人民土地的调查与登记,依次制定一种简明的农业税则,依一定土地量按质分等计算税率,使农民能够按照自己耕地的量与质计算交税数目"。①

(二) 恢复和发展农业生产的政策的实施

1939年,抗日战争进入相持阶段后,日本帝国主义把主要兵力放在敌后战场,对抗日根据地进行大规模的军事进攻,并实行经济封锁,加上国民党顽固派积极反共,使抗日根据地处于十分困难的境地,军民生活非常艰苦,加之华北地区连年发生旱、涝、虫灾,1941—1942年,各抗日根据地财政经济情况异常困难,粮食、棉布等生活必需品十分缺乏。1939年,国民党发动反共高潮后,不仅停发了八路军军饷,而且对陕甘宁边区实行经济封锁,使边区财政经济出现严重困难。毛泽东在谈到当时的情况时曾说:"我们曾经弄到几乎没有衣穿,没有油吃,没有纸,没有菜,战士没有鞋袜,工作人员在冬天没有被盖。"②为了克服极端严重的物资困难,坚持持久抗战,中共中央向抗日根据地军民发出了自己动手、克服困难的伟大号召,各抗日根据地军民积极响应,"用军民两方同时发动大规模生产运动这一种办法",自力更生,艰苦奋斗,去克服这个阻碍抗日斗争前进的严重经济困难。

1939年2月,毛泽东在延安生产动员大会上指出:要解决陕甘宁边区200万居民、4万脱产工作人员的穿衣吃饭问题,就要进行生产运动。1940年12月25日,中共中央在党内指示中再次指出:认真地精细地"去组织各根据地上的经济,达到自给自足的目的,是长期支持根据地的基本环节"③。在党中央的号召下,生产运动在陕甘宁边区和敌后各抗日根据地迅速开展起来。陕甘宁边区是中共中央和中央军委的所在地,部队、机关、学校的生产自给运动,为敌后各抗日根据地起了示范作用。1939年,

---

① 毛泽东:《经济问题与财政问题》,苏北新华书店1949年印本,第9—34页。
② 《毛泽东选集》第三卷,人民出版社1991年版,第892页。
③ 《毛泽东选集》第二卷,人民出版社1991年版,第768页。

中共中央和毛泽东发出了"自己动手、生产自给"的号召,于是边区的部队、机关、学校全体动员,积极从事以农业为中心、以集体劳动为主的生产自给运动。这一年边区的生产运动取得了很大的成绩,解决了部队、机关、学校所需的两个月的粮食,每人一套夏衣和全部冬季鞋袜。1940 年 2月 10 日,《中共中央、中央军委关于开展大生产运动的指示》要求各级军政负责人,要努力领导"部队中的生产运动。开辟财源,克服困难"。并要求这一运动还应"在前线部队中广泛开展起来"。①

　　1941 年,由陕甘宁边区开始,接着在各抗日根据地,由军队、机关、学校的人员,组成庞大的生产大军,开垦荒地,种植粮食、棉花,解决军民的衣食问题。其中成绩最为显著的是负责守卫陕甘宁边区的八路军 359旅。该旅于 1941 年进驻南泥湾,实行战斗、生产、学习三结合,把荒无人烟、荆棘丛生、野狼成群的地方,开垦成了"到处是庄稼,遍地是牛羊"的"陕北江南"。该旅共开垦荒地 26 万亩,不仅实现了粮食自给,而且做到了"耕一余一",上缴公粮 250 万斤。1943 年 9 月,毛泽东、朱德、任弼时等亲临南泥湾视察 359 旅屯田情况,高度赞扬指战员自力更生、艰苦创业的革命精神。1943 年陕甘宁边区生产自给的总额占财政总支出的 64%,而取之于民的仅占 36%。②

　　在晋察冀、晋冀鲁豫、晋绥、山东、华中各抗日根据地的军民在"劳动与武力结合"的口号下,一面战斗,一面生产,甚至游击区的部队也坚持生产。在十分艰苦的环境中,创造了开展大生产运动的多种形式。如人民政府发放农贷(包括贷款、贷粮、贷种子)、支援牲畜、代制农具帮助农民发展生产;派出小股部队,打击敌人,掩护军民生产;农忙季节,军队支援农民抢收抢种;等等。敌后抗日根据地部队、机关生产的成绩也很大。晋冀鲁豫部队每人种地 3 亩,自给一季粮食。③ 抗日根据地的大生产运

---

① 中共中央文献研究室、中央档案馆编:《建党以来重要文献选编(1921—1949)》第 17册,中央文献出版社 2011 年版,第 131 页。

② 陕甘宁边区财政经济史编写组等编:《抗日战争时期陕甘宁边区财政经济史料摘编·第八编·生产自给》,陕西人民出版社 1981 年版,第 29—30 页。

③ 人民出版社编著:《抗日战争时期解放区概况》,人民出版社 1953 年版,第 65 页。

动,"军民两方大家都发展生产,大家都做到丰衣足食,大家都欢喜"①。正如毛泽东所指出的:"这是中国历史上从来未有的奇迹,这是我们不可征服的物质基础。"②

八路军指战员和边区政府干部积极响应中共中央的号召,自己动手,开展农业大生产运动,自力更生,自给自足,不仅大大减轻了人民负担,而且群策群力的垦荒运动和农业大生产运动也为农民进行生产自救和劳动互助树立了榜样。

在减租减息提高了农民的生产积极性后,组织劳动成为发展农业生产的中心环节。抗日民主政府积极帮助农民在自愿互利的基础上开展劳动互助。抗日根据地的农民互助合作形式,是在吸收旧有的劳动互助组织的经验的基础上形成的。但其形式和内容都起了变化。它由"农民救济自己悲惨生活的一种方法","成了农民群众为着发展自己的生产,争取富裕生活的一种方法"。③ 互助合作和劳动协作明显提高了劳动生产率。陕甘宁边区的经验显示,一般的变工扎工劳动,二人可抵三人;模范的变工扎工劳动,一人可抵二人,甚至二人以上。④ 劳动互助对劳动生产率的提高,随即物化为农作物收获量的增长。如延安县吴家枣园村,1942年的收获是 141.5 石,1943 年是 256.75 石,增长 81%;安塞马家沟村,1942 年的收获是 83.7 石,1943 年是 160 石,增加了 86%;淳耀白塬村,1943 年的收获比 1942 年增加了 200 石,每亩比邻村多收 7 升至 1 斗。延安念庄的变工队 1943 年收获比 1942 年增加了几乎一倍;华池城壕村1942 年的收获是 170 石,1943 年是 280 石,增加了 60%。⑤ 在敌后抗日根据地,还开展了以劳武结合为基础的农业互助合作运动。这种建立在个体私有财产基础上的集体劳动组织,具有奇特的创造力和镇吓力,"一经

---

① 《毛泽东选集》第三卷,人民出版社 1991 年版,第 930 页。
② 《毛泽东选集》第三卷,人民出版社 1991 年版,第 894 页。
③ 《毛泽东选集》第三卷,人民出版社 1991 年版,第 1078—1079 页。
④ 《毛泽东选集》,东北书店 1948 年版,第 889 页。
⑤ 陕甘宁边区财政经济史编写组等编:《抗日战争时期陕甘宁边区财政经济史料摘编·第二编·农业》,陕西人民出版社 1981 年版,第 487 页。

成为习惯,不但生产量大增,各种创造都出来了,政治也会进步,文化也会提高,卫生也会讲究,流氓也会改造,风俗也会改变;不要很久,生产工具也会有所改良"①。

在恢复和发展农业生产的过程中,根据地政府大力开展劳动竞赛,推广劳动模范增产经验。

1942年4月至6月,《解放日报》连续报道了延安县柳林区第二乡吴家枣园劳动英雄吴满有的先进事迹。他勤于耕作,精于农业技术,辛勤劳动,开荒多,打粮多,缴纳公粮多,并带领全村成为模范村。边区政府表彰了他的先进事迹,并号召边区农民向吴满有学习,向吴满有看齐。1943年3月3日,中共中央西北局向边区各地党委发出通知,要求各级党委领导和推广由安塞劳动英雄杨朝臣和吴满有带头倡导的生产竞赛运动。从此,各地相继出现了大批劳动模范,他们在生产运动和各项工作中起了带头作用、骨干作用和桥梁作用。他们成为团结群众、教育群众、组织群众的核心力量。并出现了一批模范村、模范乡。他们的英雄事迹,广为传播,成为人们学习的榜样,推动了边区农业生产的发展。

大力鼓励农民垦荒和移民垦荒,是根据地政府恢复和发展农业生产的又一项重要措施。

农业是国民经济的基础。日本全面侵华战争爆发后,由于战争的破坏和消耗,根据地的农业生产资料和劳动力都大幅减少,导致部分耕地抛荒和弃耕,而根据地由于大都处于经济比较落后的地区,农业是最主要的甚至唯一的产业,政府的财政和人民的生活主要依靠农业,要在基本没有外援的情况下,坚持长期抗战,就必须增加农业生产。其中开垦荒地、扩大耕地面积这种恢复和发展农业的外延方法,是增加农业收入较有效的方法。

为了鼓励农民垦荒,各根据地政府相继颁布了奖励开垦荒地的相关条例、办法。晋察冀边区早在1938年2月就颁布了《垦荒单行条例》,明

① 《毛泽东选集》第三卷,人民出版社1991年版,第1017页。

确规定，"凡本边区的未垦之地及已垦而连续两年未经耕种者，不论公有私有，一律以荒地论，准许人民无租垦种"。该条例颁布实施后，成绩颇佳，仅平山、阜平等9个县，垦荒面积即达15000余亩；四专区仅1939年即开垦荒地49000多亩；自边区政府成立至1940年的两年中，北岳区共开垦荒地达276000余亩。在山多人少、劳力缺乏、条件异常艰苦的平西根据地，多年来耕地面积一直保持在157000亩上下徘徊，通过1939年的生产运动和垦荒运动，耕地面积增加到170000亩以上，一年之内增加耕地13000亩，占原有耕地面积的8%以上。[1] 又据冀西、平西、晋东北29个县的统计，共开垦荒地19950余亩。[2]

陕甘宁边区地广人稀，除绥德分区外，其他均有大量荒地。根据地政府除号召当地农民全力开垦外，还鼓励外地农民移往边区开荒。1943年3月1日，陕甘宁边区颁布了《陕甘宁边区移民难民垦荒条例》，明确规定谁垦谁有，免税三年，三年以后仍有困难者，继续减免并酌情减免义务劳动。边区政府还帮助垦民解决耕牛、农具、种子以至口粮和所需资金。就垦移民搬迁费由政府补助，因病无钱医治可免费就医。从1941年到1943年的3年间，陕甘宁边区安置垦荒移民数量统计见表19-5。

表19-5　陕甘宁边区安置垦荒移民数量统计（1941—1943年）

年份	1941	1942	1943	总计
移民户数（户）	7855	5056	8570	21481
移民人数（人）	20740	12431	30447	63618

资料来源：陕甘宁边区财政经济史编写组等编：《抗日战争时期陕甘宁边区财政经济史料摘编·第二编·农业》，陕西人民出版社1981年版，第645页。

如表19-5所示，1941—1943年的3年中，陕甘宁边区共安置垦荒移民21481户、63618人。在63618人移民中，有18300多个劳动力，一个劳动力平均以耕种20亩计，即可扩大耕地面积366000亩，每亩以平均出产

---

[1]　泉壁：《平西抗日根据地介绍》，《新华日报》1940年5月21日。
[2]　张帆：《晋察冀边区的农林建设》，《晋察冀日报》1943年1月17日。

2斗粗粮计算,每年可收粮食73200万石。这个估计,不论是耕地数量还是粮食收获量,都是偏低的。① 1939年至1943年开荒面积亩数见表19-6。

表19-6　陕甘宁边区开垦荒地统计(1939—1943年)

年份	1939	1940	1941	1942	1943	总计
开荒面积(亩)	1002744	698989	481262	354768	763276.8	3301039.8

资料来源:陕甘宁边区财政经济史编写组等编:《抗日战争时期陕甘宁边区财政经济史料摘编·第二编·农业》,陕西人民出版社1981年版,第57页。

表19-6显示,1939—1943年的五年间,陕甘宁边区共开垦荒地3301039.8亩,其中开垦荒地面积最多的1939年,垦地1002744亩,占5年垦地总面积的30.4%。有移民数据可考的1941—1943年的3年中,共垦地1599306.8亩,占5年垦地总面积的48.4%。显然,这3年移民垦荒是有成绩的。

开垦荒地使边区耕地面积有了较大幅度的增加。1939—1943年边区耕地面积的变化情况统计见表19-7。

表19-7　边区耕地面积变化情况统计(1939—1943年)

(单位:亩;1939年=100)

项目 ＼ 年份	1939	1940	1941	1942	1943
实数(亩)	10040319	11742082	12223344	12486937	13774473
指数(%)	100	116.9	121.7	124.4	137.2

资料来源:陕甘宁边区财政经济史编写组等编:《抗日战争时期陕甘宁边区财政经济史料摘编·第二编·农业》,陕西人民出版社1981年版,第87—86页。指数系引者计算。

在极其艰难的形势下,根据地耕地面积不仅没有减少,反而逐年增加,从1939年的1004万亩增加到1943年的1377余万亩,增幅达37.2%。而且这种耕地增加,并非根据地范围扩大,几乎完全是根据地人民和八路

① 陕甘宁边区财政经济史编写组等编:《抗日战争时期陕甘宁边区财政经济史料摘编·第二编·农业》,陕西人民出版社1981年版,第644页。

军官兵、边区政府机关干部垦荒所致。这是十分了不起的成就。

为了恢复和发展农业生产，根据地政府十分重视对农田水利的兴建修护和抗灾救灾工作。

晋察冀边区北岳区政府，为恢复和发展农业生产，特别是提高山岳地区的农业产量，利用救灾抢种之机，大办农田水利，全面"整理旧渠，开凿新渠"，"变旱田为水田"，变旱地农业为水田农业，在农田水利建设和农业种植改制方面，取得了显著成绩。据统计，1939 年水灾前，平山等 13 县整理旧渠 123 条，可浇灌农地 92264 亩；阜平等 11 县开新渠 74 条，可浇灌农地 30620 亩；曲阳等 3 县凿井 245 眼，可浇灌农地 1842 亩。[1] 1939 年水灾之后，1940 年，易县等 13 县整理大小水渠 2611 条，可浇灌农地 198759 亩；涞源等 13 县凿井 1848 眼，可浇灌农地 17053 亩。[2] 两年中，北岳区共整理旧渠 2743 条，恢复灌溉面积 291023 亩；开凿新渠 1290 条，凿井 2088 眼，新增灌溉面积 248814 亩；合计恢复和新增灌溉面积 539637 亩。仅以第五专区为例，原有水渠 1336 条，可灌溉面积 92000 亩；1940 年新开水渠 258 条，增加灌溉面积 47000 亩，比原有灌溉面积增加了 51%。[3] 在战争环境中，短短两年时间，取得这样大的成绩，十分难能可贵。冀中根据地，在数十年未有的大水灾中，根据地军民在 1940 年共抢修险工 59 处，筑堤长 528 里，封堵缺口 197 处，疏浚河道 165 里，使"冀中不但克服了 1939 年大水灾的灾害，并且得到 1940 年的丰收"。[4] 在太行区的蝗灾中，"参加打蝗的人，达到百余万，费工千万个，从挖卵十万斤到创造打蝗千八百万斤的空前记录"。[5] 由于"灭蝗、治水、救灾的伟大群众运动，收到了史无前例的效果，使抗日战争能够长期地坚持下去"。[6] 各根据地政府大力组织农民兴修水利，扩大了灌溉面积。陕甘宁边区在

---

① 张帆：《晋察冀边区的农林建设》，《解放日报》1943 年 1 月 17 日。

② 张帆：《晋察冀边区的农林建设》，《解放日报》1943 年 1 月 17 日。

③ 张苏：《生产与合作》，1940 年 8 月 6 日在边区经济会议上的报告。

④ 人民出版社编著：《抗日战争时期解放区概况》，人民出版社 1953 年版，第 34 页。

⑤ 史敬棠等编：《中国农业合作化运动史料》上册，生活·读书·新知三联书店 1957 年版，第 480 页。

⑥ 《毛泽东选集》第三卷，人民出版社 1991 年版，第 1041 页。

1940—1943 年水浇地面积增加 74%。晋冀鲁豫边区 1941 年成立了"冀南水利委员会",专管治理猪龙河系各河和漳河、卫河等。截至 1943 年年底,整修河岸渠系 14 万丈,有效地减少了因敌人利用河水决堤淹没冀南所造成的危害,增加了水田 3 万顷。①

在农业资金方面,根据地政府通过发放农业贷款,保证农业资金的供给。各地抗日民主政府给农民发放的农业贷款,内容包括耕牛、植棉、水利等,帮助农民解决农业生产中的困难。1942—1943 年,陕甘宁边区逐年增加发放农业贷款的金额数量。1942 年发放的农业贷款为 500 万元,1943 年增加到 11978 万元。② 晋察冀边区 1942 年发放春耕贷款 1758294 元。③ 晋冀鲁豫边区太行区 1943 年发放农业贷款 900 万元、水利贷款 300 万元。④ 山东根据地,北海银行发放大量农业贷款,1943 年下半年至 1944 年上半年发放农业贷款 2000 万元。⑤ 同时各行各业都从各方面支援农业。如陕甘宁边区部队帮助锄草、秋收、推磨、修水利等耗费人工 74600 余个,牛工 2100 余个,帮助开荒 7750 亩,赠送工具 792 件,粮 70 石,柴炭 39000 余斤,药万斤等。⑥ 这样,就使农业生产在人力、财力、物力上有了可靠的保障。

抗日根据地政府还因地制宜地进行了一些农业科学研究和农业技术改良工作,以提高农作物生产量。1939 年就在延安建立了农业科学研究机构——"延安自然科学院";1940 年 2 月 15 日成立了"边区自然科学研究会";1941 年边区政府又决定把边区农业学校试验农场与 1939 年冬成

---

① 齐武编著:《一个革命根据地的成长——抗日战争和解放战争时期的晋冀鲁豫边区概况》,人民出版社 1957 年版,第 169 页。
② 陕甘宁边区财政经济史编写组等编:《抗日战争时期陕甘宁边区财政经济史料摘编·第五编·金融》,陕西人民出版社 1981 年版,第 395 页。
③ 魏宏运主编:《抗日战争时期晋察冀边区财政经济史资料选编·财政金融编》,南开大学出版社 1984 年版,第 780 页。
④ 晋冀鲁豫边区财政经济史编辑组,山西、河北、山东、河南省档案馆编:《抗日战争时期晋冀鲁豫边区财政经济史资料选编》第 2 辑,中国财政经济出版社 1990 年版,第 905—906 页。
⑤ 朱玉湘主编:《山东革命根据地财政史稿》,山东人民出版社 1989 年版,第 193 页。
⑥ 中国社会科学院经济研究所中国现代经济史组编:《革命根据地经济史料选编》下册,江西人民出版社 1986 年版,第 39 页。

立的光华农场合并,改为农业试验场,设农艺、畜牧兽医和园艺三部分。科技人员在资金缺乏,仪器、设备极其简陋的情况下,土法上马,进行农业试验和农业技术改造:选育牲畜、果树、蔬菜与农作物的优良品种;改良作物栽培与畜禽饲养方法;防治发病率和死亡率都很高的牛瘟、驴驹泻肚、马与骡的鼻疽、羊痘、猪霍乱等畜病,取得成效,研究出了高免疫血清和疫苗,扑灭了牛瘟,基本上控制住了多发病和传染病;先后选育和推广了粟、大豆、甜菜、花生、苜蓿等粮油作物的优良品种与 41 个瓜菜良种;在畜牧兽医方面,驯化了滩羊、河南奶羊,陕甘宁边区在推广植棉新技术,在选种、育种、因地制宜种植、种植方法、棉田管理、病虫害防治,以及在棉花收获后的轧花新技术等方面做了许多工作,使棉花种植面积得到迅速的增长。①

在敌后各抗日根据地也大力推广农业新技术。在晋察冀边区,农业专家调查研究了各地水利建设和农林状况,创造了一些新的农具,如冀中创造的水利自动机、洋式造井、改良架、摇力吸水机、水利簸箕、改良水车及磨犁机等,种类不少,并开始了纯系育种,取得了客观的成效:小麦产量增加 10%,玉蜀黍增产 10%—20%,茄子增产 40%。初时,一些农业专家的研究、实验是分散的。1942 年,各地农业专家,"由分散走向集中,实验研究由自由转到统一",农事实验研究"取得了伟大的成绩":在作物育种方面,首先,确定了燕大 811 号谷在灵寿、阜平一带的适应性,811 号谷比"本地黄"(最好的谷)增收 15%(标准的靠山黄每亩收 397.51 斤,燕大811 号每亩产 500 斤),如全边区适用此种谷可整体增产 15%;其次,显示了燕 14 号、15 号的抗旱性,和平西的玉米在阜平、灵寿的优越性(多产100 斤)。在作物栽培方面,指出了小麦在陈庄一带沙性土壤灌溉的适当次数(每年四五次),确定了甘薯插秧留芽(叶)的适当数量,指出传统留三芽、四芽的"不利",以五六叶为"优良"。在病虫害防治方面,研究了牛瘟、猪瘟,摸清了枣树害虫"步曲"的生活史,提出了预防方法。在肥料施用和浸种防病、催芽方面,指明了黑豆绿肥的优越性,证明了温汤浸种是

---

① 陈廷煊:《抗日根据地经济史》,社会科学文献出版社 2007 年版,第 173—174 页。

防止黑穗病的有效方法。经过温汤浸种者可早出芽二天,但蓖麻油、石灰、酒均妨碍发芽,碱水及尿反而增加黑穗病。在牲畜饲养、管理方面,研究了剪毛、洗羊、编号、去势、断尾及交配时间等。根据地农业专家和技术人员的研究、实验取得显著成效,令人瞩目。连美国花旗银行驻北平经理郝鲁,见到根据地的农场实验成绩后也说:"这是难以想象的"。[①]

(三) 农业生产恢复和发展成就

由于根据地政府采取了促进农业生产恢复和发展的各项政策、措施,使根据地的农业生产逐步得到恢复和发展。耕地面积扩大,粮食产量提高,棉花生产跃升,畜牧业也得到较快的恢复与发展。

陕甘宁边区 1939—1943 年耕地和粮食生产量逐年上升,发展情况见表 19-8。

表 19-8　陕甘宁边区耕地面积和粮食产量变化统计(1939—1943 年)

(单位:亩;1939 年=100)

项目 年份	耕地面积(亩)		粮食产量(石)	
	实数	指数	实数	指数
1939	10040319	100	1370000	100
1940	11742082	116.9	1430000	104.4
1941	12223344	121.7	1470000	107.3
1942	12486937	124.4	1500000	109.5
1943	13774473	137.2	1600000	116.8

资料来源:陕甘宁边区财政经济史编写组等编:《抗日战争时期陕甘宁边区财政经济史料摘编·第二编·农业》,陕西人民出版社 1981 年版,第 85—86 页。指数系引者计算。

无论耕地面积还是粮食产量,都是逐年增长,1943 年与 1939 年相比:耕地面积扩大 37.2%;粮食产量增长 16.8%。粮食产量增长幅度明显小于耕地面积增长幅度,其原因应是棉花等经济技术作物占用土地增加。

---

① 中国社会科学院经济研究所中国现代经济史组编:《革命根据地经济史料选编》中册,江西人民出版社 1986 年版,第 351—352 页。

中国近代经济史(1937—1949)

相对于粮食作物,棉花生产的发展尤为迅速,种植面积和产量增长幅度更大。1939—1943年间植棉面积和棉花产量增长情况见表19-9。①

表19-9　陕甘宁边区棉花种植面积和产量变化统计(1939—1943年)

(单位:亩,斤;1939年/1941年=100)

项目	年份	1939	1940	1941	1942	1943
植棉面积	实数(亩)	3767	15777	39987	94405	150473.5
	指数(%)	100	402.9	1061.5	2506.1	3954.5
棉花产量	实数(斤)	—	—	508131	1403646	2096995
	指数(%)	—	—	100	276.2	412.7

资料来源:据陕甘宁边区财政经济史编写组等编:《抗日战争时期陕甘宁边区财政经济史料摘编·第二编·农业》,陕西人民出版社1981年版,第87页统计表政制。指数系引者计算。

1943年同1939年比较,植棉面积从3767亩扩大到150473.5亩,增长了38.9倍;棉花产量缺1939年、1940年数据,1943年同1941年比较,棉花产量从508131斤增至2096995斤,增长3.1倍。同期棉花种植面积从39987亩扩大到150473.5亩,增加2.8倍。产量增幅明显大于种植面积,亦即棉花单位面积产量有所提高,从一个侧面反映了棉花生产发展的质量。

这一期间,畜牧业和家庭养殖业也得到较快的恢复与发展,牛、驴、羊当地三大家畜的数量均有不同幅度增长。表19-10反映了1939—1943年陕甘宁边区三大家畜的数量增长情况。

表19-10　陕甘宁边区三大家畜数量增长统计(1939—1943年)

(单位:头;1939年=100)

项目 年份	牛(头)		驴(头)		羊(头)	
	实数	指数	实数	指数	实数	指数
1939	150892	100	124935	100	1171366	100
1940	193238	128.1	125054	100.1	1723037	147.1

①　陕甘宁边区财政经济史编写组等编:《抗日战争时期陕甘宁边区财政经济史料摘编·第二编·农业》,陕西人民出版社1981年版,第87页。

续表

项目 年份	牛（头）		驴（头）		羊（头）	
	实数	指数	实数	指数	实数	指数
1941	202914	134.5	137001	109.7	1714205	146.3
1942	209684	139.0	169966	136.0	1873120	159.9
1943	214683	142.3	169404	135.6	1923163	164.2

资料来源:陕甘宁边区财政经济史编写组等编:《抗日战争时期陕甘宁边区财政经济史料摘编·第二编·农业》,陕西人民出版社1981年版,第98页。指数系引者计算。

1939—1943年,牛、驴、羊三大家畜,除羊的数量在1941年轻微下降外,均逐年上升,1943年与1939年比较:牛增长42.3%,驴增长35.6%,羊的增幅最大,达64.2%。整体上明显大于粮食产量的增长幅度。

各敌后抗日根据地的农业生产也都有不同程度的恢复和发展。

耕地面积不同程度地扩大。晋绥边区的兴县,大量荒地被开发,耕地面积明显扩大。1941—1943年,垦荒面积逐年递增,3年累计垦荒达69370垧,耕地面积从1940年的390000垧增加到1943年的498296垧,增幅达27.8%。[1] 晋察冀边区,耕地面积扩大了1823933亩。晋冀鲁豫边区在开展大生产运动后,太岳区9个县1943年扩大耕地面积123492.87亩。[2]

荒地的开垦,耕地面积的扩大,农田水利的兴修,为农业生产提供了基础条件,直接促进了农业生产的发展。1943年太岳区9个县随着耕地面积的扩大,当年增加农业产量49397.148石。[3] 植棉面积也明显增加,晋西北1941年植棉32000亩,1942年增至56000亩,1943年更增至71000亩,3年间扩大1倍多。兴修水利更直接促进了农业的恢复、发展和土地产量的提高。据估计,仅因兴修水利而每年增产粮食就有百

---

① 晋绥边区财政经济史编写组、山西省档案馆编:《晋绥边区财政经济史资料选编·农业编》,山西人民出版社1986年版,第262页。

② 晋冀鲁豫边区财政经济史编辑组,山西、河北、山东、河南省档案馆编:《抗日战争时期晋冀鲁豫边区财政经济史资料选编》第2辑,中国财政经济出版社1990年版,第131页。

③ 晋冀鲁豫边区财政经济史编辑组,山西、河北、山东、河南省档案馆编:《抗日战争时期晋冀鲁豫边区财政经济史资料选编》第2辑,中国财政经济出版社1990年版,第131页。

万担以上[1]。

畜牧业和家庭养殖业也有某种程度的恢复、发展。晋察冀边区的平山等4个县,1941年至1943年,新增加牛2408头、驴1691头、马293匹、羊20170只、猪29837头,做到了平均每5人养一头猪,每人养一只鸡。[2]

随着农业生产的恢复和发展,农民生活也得到一定程度的改善。据1942年8月7日《解放日报》关于华池县群众生活情况的报道,华池县人民的生活"已经大大地改善了"。房台区三乡二村革命前有30户,其中佃农16户、贫农14户,共有土地350垧,"过着被高利贷重利盘剥的生活"。1942年该村共有居民37户,其中新兴富农2家、中农24户、贫农6户,另有"缺乏劳动力"的佃户5户,系移来的难民。全村共有大小耕牛75头、驴66头、羊990只,"其他猪鸡等每家都有"。[3] 如不计外来的5户难民,从阶级成分看,原来30户村民几乎全是贫农(除14户贫农外,佃农绝大部分也是贫农或"帮工式"雇农)。1942年32户村民中,中农、富农已占81.3%,贫农只占18.7%,即不足1/5。农民基本"中农化"。家畜占有方面,按本村32户村民计算,平均每户有牛2.3头、驴2.1头、鸡30.9只。这种情况在根据地建立和民主改革前是完全不可想象的。另据太行区一分区(包括晋东和晋西)和(顺)东、昔(阳)东、平(定)东、内丘、临城、赞皇、井陉7县7个典型村4414户的调查:1942年总收入折米38832.32石,每人平均2.21石;1943年为47325.33石,每人平均2.9石。[4]

作为陕甘宁边区政治中心的延安,农村更是到处呈现一片丰衣足食、喜庆祥和的景象。据1943年6月16日《解放日报》报道:"延市农家丰衣足食——康树德家业旺盛食饱衣暖,刘雨云多打粮食积谷满仓。"延安"其他各区农家,也过着丰衣足食,愉快美满的生活"。同月18日《解放

---

① 史敬棠等编:《中国农业合作化运动史料》上册,生活·读书·新知三联书店1957年版,第357页。

② 魏宏运主编:《抗日战争时期晋察冀边区财政经济史资料选编·农业编》,南开大学出版社1984年版,第328页。

③ 《华池县群众生活改善》,《解放日报》1942年8月7日。

④ 晋冀鲁豫边区政府调查研究室编印:《太行区一九四四年国民经济调查初步研究》,韬奋书店发行。

日报》还报道,"加紧生产,努力劳动的结果,已使延市各阶层人民的生活日益改善"。① 另据固临②更乐区康家村调查,"革命前人民苦不堪言,现在已做到耕二余一"。1943 年农业大丰收,粮食产量比 1942 年增加24%,全村全年人口和牲畜共用粮 125 石,出公粮 16 石。除开支外,还余细粮 62.7 石,比 1942 年增加 15%,做到了"耕二余一",亦即耕种二年可供三年需用。③

四、根据地工业生产发展

抗日战争进入相持阶段,由于日本帝国主义的残酷"扫荡"和严密封锁,加上国民党顽固派与日本侵略者沆瀣一气,消极抗日,积极反共,根据地军民日常生活所需工业品、手工业品严重短缺。同时,反"扫荡"和抗击日本的武装战斗及游击战愈加频繁和残酷,武器弹药和器材的消耗大大增加,短缺程度愈加严重。在这种情况下,根据地军民唯一的办法是自己动手,恢复和发展工业、手工业生产,满足日常生活用品和军用物资、武器弹药的供应。根据地党政领导和全体军民,齐心合力,实事求是,因时因地制宜,制定和适时调整发展工业的方针政策:在所有制和企业性质方面,正确处理、调整私营和公营、军营和民营的比例关系,军事工业直接由军区掌管,鼓励私人企业的发展;工厂建设、分布方面,因地制宜,采用小规模、分散式生产模式,成功躲避敌人的"扫荡"、破坏;生产经营和管理方面,亦军亦工,军办、民办并举,公有、民营相结合,吸收职工参与工厂管理;工资报酬方面,实行计件工资、超额奖励制度,充分调动职工的生产积极性;等等。

在上述方针政策的指引下,根据地军民克服资金、原材料和技术人才等方面的重重困难,因陋就简、就地取材,从无到有、从少到多,在各个根

---

① 《各阶层人民生活蒸蒸日上》,《解放日报》1943 年 6 月 18 日。

② 固临县位于延安东南,距离延安城 100 多公里,属于陕甘宁边区和国民党统治区交界地带,历经多次行政区划变迁,县治名称今已不存。

③ 陕甘宁边区财政经济史编写组等编:《抗日战争时期陕甘宁边区财政经济史料摘编·第九编·人民生活》,陕西人民出版社 1981 年版,第 84—90 页。

据地创立起一大批中小工厂,行业涵盖煤炭、冶金、机械、石油、化工、制药、棉毛纺织、被服、造纸、印刷、陶瓷、肥皂、面粉等重轻工业行业,初步建立起最基本的工业体系,改变了落后的根据地山区在工业方面一穷二白的落后面貌,不仅满足抗日战争和民众物质文化生活的基本需求,还扩大了根据地人民的就业范围,有力地支持了抗日战争,保证和改善了人民生活。

(一) 发展工业的方针政策

各抗日根据地为了尽快发展工业,建立最基本的工业体系,改变在工业方面一穷二白的落后面貌,满足抗日战争和民众物质文化生活的基本需求,相继提出了发展工业的方针、政策、措施和办法。

陕甘宁边区发展工业的方针、政策、措施,有一个明显的变化和完善过程。1940年拟定的工业建设方针和任务,是要求在生产上达到"半自给",并确定以发展轻工业为主。[1] 1941年后,陕甘宁边区开始立足于建立较为完整的工业体系,"下决心自己动手,建立公营经济,奖励私营工业的发展",具体措施包括:(1)奖励并保护内外工业实业家到边区投资,发展各种工业,并帮助发展家庭工业和生产合作事业。政府对于工业予以免税及低利贷款的奖励和帮助,并设法提高工人的劳动热忱,以增加生产,使工业资本家有利可图并扩大其生产规模。(2)政府办理有供给和提倡作用的工业,造就便利发展私人工业的条件,以帮助发展私人工业,并帮助解决抗日战争和民生的需要。(3)组织政府机关、部队,利用业余时间帮助发展工业,并保证工业品自给。(4)奖励农民提供工业原料,便利工业的发展,并组织工业品展览,实行工业奖励和竞赛,以鼓励发展在"分散经营,统一领导"原则下,巩固发展公营经济,合理进行生产自给。[2]1942年,建设厅确定"巩固现有工厂,发展农村手工业"的方针;1943年进一步提出"为争取工业品全部自给而奋斗"的方针。

---

[1] 陕甘宁边区财政经济史编写组等编:《抗日战争时期陕甘宁边区财政经济史料摘编·第三编·工业交通》,陕西人民出版社1981年版,第19页。

[2] 陕甘宁边区财政经济史编写组等编:《抗日战争时期陕甘宁边区财政经济史料摘编·第三编·工业交通》,陕西人民出版社1981年版,第22—23页。

晋察冀边区政府在日本加紧对边区的经济封锁、严禁日用品和军用品输入的情况下,于 1940 年秋季,提出了"争取边区工业品的自给自足"①的口号,并鼓励技术的发明创造,号召边区广大军民,充分利用边区的土产原料,生产各种日用必需品,打破敌人的经济封锁。为了加强对工业生产的领导和促进生产技术的提高,边区政府于 1940 年 9 月 24 日成立了工矿管理局。

晋冀鲁豫边区 1941 年 8 月 16 日提出了"发展工业生产走向自力更生"的方针和"三年实业建设计划"。在工业建设上,"以造成自给自足为主要目的"。具体要求如下:主要纺织品的自给自足;主要文化用品的自给自足;大量发展制造药材;制造肥皂、电池、硫酸及玻璃、瓷料。完成以上任务的先决条件在于大量进行工具的制造,发展必要的煤铁生产,培养技术职工,建设市场,以利于工农业生产的交流。②

（二）陕甘宁边区工业生产发展

陕甘宁边区在抗日战争初期,延安先后建起了纺织、造纸、被服、农具、制革、制鞋、石油、制药等若干工厂,不过规模很小,设备落后,尚处于起步阶段。

抗日战争进入相持阶段后,陕甘宁边区的工业有了新的发展。工业门类、工厂数量、工业产量、生产技术都有新的变化。1940 年 1 月,边区举行第二次工业展览会,工艺实习厂建立了分厂,军事工业部分调往前线服务;造纸厂试验用马兰草造纸成功;植物染料的研究开始进行,并开始收集制造玻璃用的原料。1941 年 9 月,朱德提倡纺毛运动,开始发展毛纺织业。与 1939 年相比较,毛纺织业又有新的进步,厂、社已发展到 33 个,职工约 1000 人,纺织业已能年生产大布 14700 匹,产量增加 105%。

1941 年,国民党对边区加紧封锁,外援完全断绝,更迫切需要发展自给工业。由边区政府拨款 70 万元,银行贷款 300 万元,作为工业生产资

---

① 《为争取边区工业品完全自给而继续努力》,《晋察冀日报》1941 年 6 月 14 日。

② 晋冀鲁豫边区财政经济史编辑组,山西、河北、山东、河南省档案馆编:《抗日战争时期晋冀鲁豫边区财政经济史资料选编》第 2 辑,中国财政经济出版社 1990 年版,第 172、176 页。

金,并举行了第三次工业展览会以刺激自给工业的发展。机关、部队、学校纷纷筹设工厂。359 旅抽调百余名勤务员做学徒,建立大光纺织厂、大光肥皂厂。这些工厂除自给外,尚有部分产品在市场上出售。另外开木厂二个、铁工厂三个、榨油厂一所、盐井一个等。同时动员战士业余学习纺毛,编织用具,进行各种手工业生产。机关学校和中央系统、后勤系统,抽调勤务员、通讯员到难民工厂学习纺织,兴办了十多个纺织工厂及被服、制鞋、煤炭、木工、造纸、磨坊、榨油、丝织等许多手工业工厂及手工作坊,其中中央系统 27 个、后勤系统 19 个。在迅猛发展时期,曾有过纺织厂(社)36 个,职工 2400 多人;造纸厂 12 个,职工约 400 人;石油厂 1 个,职工 84 人;化学厂 11 个(皮革 5 个、制药 2 个、酒精 2 个、肥皂 2 个),职工共约 300 人;机械修理、打铁厂共 6 个,陶窑 4 个,面粉、赶毡、麻绳厂等 7 个。以上共计厂、社 97 个(此处原资料计算有误,分项合计为 90 个),大部分为机关、部队所创办,全体职工达 7000 人。

1942 年建设厅提出:"巩固现有公营工厂,发展农村纺织业"的方针,除建设厅增设关中铁厂外,工厂总数减少 1/3,中央系统工厂由 27 个减至 19 个,纺织厂总数由 97 个减至 62 个。工厂数量虽减少,但经营质量提高。为了保护和促进纺织业的发展,边区政府将棉花、棉纱(原料)的进口税降低至 1%,而布匹(成品)的进口税增加至 15%。银行投资 200 万元在绥德组织"永昌土布产销公司"发放棉花,收购棉布,以合作方式奖励、发展农妇纺织,使棉纱的质量日渐提高。在正式提出"公私兼顾"政策以后,为了帮助私营工厂的发展,政府实行投资并采取订货办法,保证它们 20%的利润,使私人企业如米脂民生纸厂、万合毛纺厂等亦与公营企业同步发展。这时,纺织、造纸工具已能全部自制自给,制造基本化学工业品所需的机器已开始装置,火柴制造已开始研究。与 1941 年相比较,1942 年工业更加稳步发展。纺织业年生产能力达到 22000 余匹,比 1940 年增加 49%。造纸已够书报印刷之用。肥皂自给有余。为了进一步调动工人的生产积极性,边区总工会总结了生产竞赛运动的经验,于 1942 年秋,奖励了特等劳动英雄赵占魁,开展了学习赵占魁的运动,进一步促进了边区工业的发展。

1943 年,边区政府贯彻执行毛泽东于 1942 年在边区高级干部会上提出的"发展经济,保障供给"的总方针,边区公营工业有了新的发展,公营工厂总计达到 82 个,其中:纺织厂 21 个、造纸厂 12 个、被服厂 14 个、炼铁厂 3 个、印刷厂 4 个、肥皂厂 2 个、火柴厂 1 个、陶瓷厂 4 个、皮革厂 3 个、纸烟厂 1 个、制药厂 2 个、机械修理厂 3 个、机器工具厂 4 个、木工厂 7 个、石油厂 1 个。另外还有煤窑 6 个、油坊 9 个及其他小型作坊未统计在内。增加职工人数 6300 多人。重工业与化学工业取得显著成绩。机器制造业为印刷、造纸、皮革、玻璃、肥皂及部分纺织业,制造和改造了工厂装备;石油生产增加三倍。边区第一铁厂和基本化学工业的创立,玻璃与陶瓷业的初步成就,为边区工业的发展建立了自给的基础。轻工业也取得了新的发展。纺织工业:产布 33000 匹,比 1942 年增长近 50%;造纸工业:1940 年产纸 833 令,1941 年 2174 令,1942 年 4983 令,1943 年达到 5671 令,较 1942 年增长 14%;印刷工业:中央印刷厂生产量比 1942 年增长 8%;肥皂业:新华、大光二厂共生产肥皂 546855 条,其中新华厂生产 482588 条,比 1942 年增长 55%。

由于开展了学习赵占魁运动,工业劳动生产率明显提高,生产成本降低。如化学厂在减少职工 27% 后,产量提高了 55%;其中,熬碱组自 8 月以后,在平均每人每天碱产量提高一倍(从原来的 11 斤提高到 22 斤)的基础上,节约生碱 9000 多斤、石灰 9000 多斤、石炭 19000 多斤。

私营工业和合作社工业也得到较快发展。私营工业中有规模较大的万合毛厂、民生纸厂、元华工厂等。手工业作坊遍地林立,仅以陇东分区、延川、固临、鹿县、吴堡、盐池、定边、延安等 13 县的手工作坊为例,统计见表 19-11。

表 19-11　延安、靖边等 13 县手工作坊统计(1942—1943 年)

项目 类别	1942 年		1943 年		增长(%)	
	作坊 (个)	工人 (人)	作坊 (个)	工人 (人)	作坊	工人
毡坊	26	91	49	145	88	59
鞋铺	29	51	33	85	14	67

续表

项目\类别	1942 年		1943 年		增长（%）	
	作坊（个）	工人（人）	作坊（个）	工人（人）	作坊	工人
成衣铺	10	23	32	74	220	222
毛口袋坊	18	92	36	152	100	65
皮坊	33	149	72	338	118	127
染坊	45	72	92	201	104	179
木工作坊	40	131	69	216	73	65
铁匠铺	63	169	101	336	60	99
钉掌铺	12	37	14	42	17	14
铜匠铺	7	10	9	19	29	90
粉坊	63	106	43	85	-32	-20
油坊	45	149	73	237	62	59
其他作坊	5	18	19	54	280	200
总计	396	1098	642	1984	64	81

资料来源:陕甘宁边区财政经济史编写组等编:《抗日战争时期陕甘宁边区财政经济史料摘编·第三编·工业交通》,陕西人民出版社 1981 年版,第 596 页。

在全部 433 个合作社中有 233 个工业生产合作社。兼营工业的有安塞枣湾纺织社、固临安河纺织合作社、米脂民办纺织合作社等。这些合作社工业产品优良,很有成绩。总之,公营工业、私营工业、合作社工业三种形式,在边区政府的扶持和支持下共同发展,这是边区自给工业发展的一个重要特征。①

（三）晋察冀边区工业的发展

1940 年以后,日本加紧对边区的经济封锁,严禁日用品和军用品输入根据地。晋察冀边区政府于 1940 年秋季提出"争取边区工业品的自给自足"②,鼓励技术的发明创造,充分利用边区的土产原料,生产各种日用

---

① 西北五省区编纂领导小组、中央档案馆编:《陕甘宁边区抗日民主根据地·文献卷·下》,中共党史资料出版社 1990 年版,第 272—280 页。

② 《为争取边区工业品完全自给而继续努力》,《晋察冀日报》1941 年 6 月 14 日。

必需品。1940 年 9 月 24 日成立工矿管理局,增添了设备,扩大了生产。增设了一批新厂如工具厂、窑业厂、酒精厂、第二造纸厂、皮件厂、纺织厂、化工厂以及唐县迷城煤矿等,边区公营工业从此有了较大的发展。

边区政府决定首先建立工具厂,制造和修理工具,以满足群众生产和生活的需要。利用边区出产的棉花、羊毛和牛羊皮等工业原料,建立纺织工业。扶植各种家庭手工业和小作坊的发展。集中了原来实业处的技术力量并广泛招请各地的知识分子,成立了工矿管理局技术研究室,专门进行各项技术研究和生产试验。研究室成员下到各厂,负责工厂的筹建和管理,在生产和科学试验方面都取得了很大成绩。

主要工厂的建设和生产经营情况如下:

工具厂:1940 年 10 月建厂,资金 1941 年为 8.5 万元,1942 年增为 9.5 万元。职工 80 余人。产品主要有:纺车、秤、铁锅以及短枪等。还生产一部分仪器和供给酒精厂、工矿管理局技术研究室所用的铁、木质器具。工具厂用的切削工具和钢铁材料,少数是从敌占区购进,绝大多数都取材于敌占区的铁路钢轨。民兵破坏敌占区铁路后,将铁轨加工成工具钢和钢材使用。炼铁需要焦炭,焦炭的原料——烟煤,产地为日本所控制,来源困难。工具厂的技术人员经过研究试验,采用边区的无烟煤炼铁成功,解决了铸造工具的燃料问题。

窑业厂(包括玻璃厂):1940 年 10 月建立,资金 1941 年为 5000 余元,1942 年资金扩大为 13000 余元,主要生产各种陶瓷用具——盆、碗、缸、磁瓶、磁头、帽花等。1942 年 6 月,制成了高温耐火熔罐,以石英为原料烧制玻璃成功。生产玻璃器皿——玻璃灯罩、药瓶、玻璃管、注射针管等。同时也为军区硫酸厂和化学厂生产玻璃试管,支援了军工生产。

酒精厂:1940 年 10 月建立。利用当地盛产的红枣为原料,酿酒并烧制酒精。年产 70 度、80 度、90 度的酒精万余磅,供给部队医疗部门和各生产单位使用。

第二造纸厂:1941 年 1 月政府投资 1 万余元,建立了第二造纸厂,年产麻纸 2200 刀。

皮件厂:1941 年 3 月建立,以制革厂鞣制出的各种皮革为原料,缝制各种皮件——皮球、篮球、皮带、背包、枕套、马具等。

纺织厂:政府投资4万余元,1940年筹备,1941年6月建成投产。该厂以试验为主,主要进行技术推广,帮助群众发展纺织业。产品有棉背心、腰带、枪带、袜子等。1942年停止织造背心和袜子,改为以梳纺羊毛为主,生产毛衣和线毯。

唐县迷城煤矿:1942年边区政府投资4.5万元,当年2月投产开采。

化学厂:为解决煤油缺乏问题,工矿管理局技术研究室人员反复试验,从植物油中提炼煤油代用品,并获得成功,1942年4月成立化学厂,从植物油中提炼原油,产品有润滑油、灯油、轻油、重油和煤油。每百斤植物油可分馏出原油65—71斤,重油10余斤;原油中可提炼出与普通煤油效用相等的燃油30余斤,汽油代用品10余斤,机油20余斤,为军事工业及机械加工工业提供了动力燃料。同时还利用炼油副产品生产电池,铅印油墨和肥皂等产品。[①]

边区政府贸易局、晋察冀日报社等单位,也根据需要创办和经营了若干工厂企业,如毛纺厂、被服厂、印刷厂、造纸厂等。边防、管理比较稳固的专区、县域还投资兴办了一些小手工作坊,如行唐、阜平、繁峙等县办的毛织作坊,灵寿、平山、五台和阜平等县筹建了若干油坊等。

1942年1月17日,边区政府召开了工矿、农牧、贸易三局联席会议,对公营工业作出了以下决定:(1)整顿公营工业的经营管理,改变公营工厂"机关化、部队化,头大脚轻,指挥员多,战斗员少,不适合小商品生产的经营方式",规定厂矿的指挥员要直接参加生产;(2)要求各厂要分散经营,小规模地经营;(3)工农商密切结合,把原料、制造和消费联系起来;(4)工矿局所属各厂以解决民用为主。公营工厂于1942年年初进行了调整,主要内容是,明确工厂的性质和归属:工厂尽可能让私人开办,必须公营的仍由工矿局领导;属于军事工业的工厂交由军区经营,工矿管理局所属的皮革、酒精、皮件及第二造纸厂也移交军区经营管理。同年八九

---

① 魏宏运主编:《抗日战争时期晋察冀边区财政经济史资料选编·工商合作编》,南开大学出版社1984年版,第280—295页。

月间,为加强军工生产力量,边区工矿管理局副局长张珍带领部分技术干部深入军事工业部门调研,张珍调任军事工业部副部长,工矿管理局所属的窑业厂(玻璃厂)、纺织厂、化学厂以及唐县迷城煤矿等,均移交军区经营。工矿管理局经营的公营厂矿只余工具、造纸及炭灰铺煤矿三处。①

公营工业在初办时期总是赔钱,以后逐渐改为由政府投资,而交由工人合作经营,工厂与工人利益直接挂钩。同时,一些公营厂矿不断改进管理制度,使生产明显提高。晋察冀日报社印刷厂,在胡锡奎社长的领导下,对工厂管理进行整顿,改革工资制度。因为原来的工资制度存在严重的平均主义毛病,技术进步受阻,于是决定改为固定工资与超额计件工资两种。固定工资的评定标准,根据技术等级(分为三级)而有差别。超额计件工资,对每个工人每天提出不同的生产数量要求,超过定额的产品给以相当于固定工资每件应得额的10倍的工资。在改进工资制度的同时,在管理方面也注意吸收工人参加。"由厂长、职工会代表、工人大会代表直接选举代表,共同组织管理委员会"。"管委会的主要任务,是集中工人的意见,讨论工厂行政管理方案,兴举事项,某个时期的生产计划等问题。这些问题由管委会决定后,再交由厂长执行,日常工作仍由厂长处理,各委员则只执行委员会所委托的任务"。②

随着游击战争的深入发展,八路军的枪支弹药严重短缺,军区司令部决定成立军事工业部,扩大设备,自己制造枪支弹药。1939年4月,晋察冀军区军事工业部成立时,组建技术研究室。技术队伍大部分是理工大学的毕业生,有的还是留日、留法勤工俭学回国的,最多时有20多人。他们担负着军工产品的研制工作,平时的工作岗位在各兵工连,与各连干部、工人一起精心钻研,同吃同住同劳动,把所学的科学理论与边区的实际相结合,用边区的原材料和土设备,生产出各种弹药的材料和成品。

军区军工部组建后,先后建成11个军工生产连(亦称厂或所,原有文

---

① 魏宏运主编:《抗日战争时期晋察冀边区财政经济史资料选编·工商合作编》,南开大学出版社1984年版,第110—121页。

② 《在改进中的报社工厂》,《晋察冀日报》1944年5月19日。

献中,仍有称"修械所"的),后又建立三个化学厂和两个矿工队。根据军区司令部关于"集中领导,分散生产,小型配套,就地取材"的方针①,各兵工厂分散在易县、完县、唐县、曲阳、阜平、平山等县山区,敌人"扫荡"不易到达的偏僻山村或小山沟,十分隐蔽,但水源可供生产需要;工厂规模小,遇敌来犯,可随时掩藏或转移设备。虽然敌人"扫荡"频繁,但军工生产的损失很小。

军工部所属各厂的建立,分为两批:一批是在 1940 年 10 月以前,对军区各修械所进行调整充实,逐步由修械转向制造;另一批是为了适应反"扫荡"的需要,于 1940 年 11 月在河北平山县一带建立"总厂",下设军工连。1941 年年底,军工部所属各连产品只能供给正规部队的一部分,游击队还不能供给。"但各地武委会爆炸组很多,工兵所用手榴弹、地雷均由爆炸组供给,自 1940 年春季'扫荡'后,当时还能为了组织武装开展爆破运动,曾发展了很多民间军事工业"。② 军事工业部成立后,各军工连有明确的分工:一、二、三、四连制造步枪,六、七连制造手榴弹,五连复装子弹。军工产品主要是制造手榴弹(包括生产黑火药)、复装子弹和仿造捷克式步枪,1940 年 1 月开始试制硫酸。

手榴弹厂的生产流程,有明确的分工协作。一般分为翻砂组——铸手榴弹壳,木工组——制手榴弹把,制药组——生产黑火药。军工部制造手榴弹的第六连,成立初期月产量在三千枚左右。生产规模较大的是边区政府的制造所(亦称手榴弹厂,制造 2 号、3 号手榴弹),到 1940 年 10 月共制造出 2 号手榴弹 53147 枚,3 号手榴弹 304199 枚,圆形弹 1723 枚,地雷 71 个。③ 聂荣臻说:"在军事工业方面,我们注意手榴弹和刺刀的制造,日本鬼子对手榴弹是相当怕的,特别在山地里,正规军可以用,游击队、老百姓也可以用,它的效力很大,是用来解决战斗最好的东西。我们

① 魏宏运主编:《抗日战争时期晋察冀边区财政经济史资料选编·工商合作编》,南开大学出版社 1984 年版,第 32—47 页。

② 魏宏运主编:《抗日战争时期晋察冀边区财政经济史资料选编·工商合作编》,南开大学出版社 1984 年版,第 103—104 页。

③ 魏宏运主编:《抗日战争时期晋察冀边区财政经济史资料选编·工商合作编》,南开大学出版社 1984 年版,第 247 页。

制造两种手榴弹，一种是普通的，一种是小的，可以掷六七十米远。"①

　　原料短缺是边区军工生产面临的突出问题。晋察冀边区军民采用就地取材、自力更生的办法，解决了军工原料问题。边区工业仿造的步枪，其主要原料——钢铁，来自铁路上的钢轨。游击队将其破坏后，向根据地内输送。这些钢轨经过锻打车铣之后，可制成枪筒、炮筒、掷弹筒、枪栓、子弹匣，性能很好。据抗战两周年的战绩统计，抗战两年来共破坏铁路达177里又92段。边区行政委员会向军区发出公函说："边区军需工业的生产及农具的补充，均须使用大量钢铁。……请令各游击队配合地方机关不断进行破坏铁路并大量发动民众向内地搬运。为提高民众搬铁情绪，由各专员公署负责给价收买，每斤5分，以资鼓励"②。

　　军工生产所需要的其他原料如火硝、棉花等，边区政府采取措施，保证供给。硝盐，冀中产量很多，1940年3月4日，冀中政治主任公署发令，"迅速调查所属硝盐产地，发动民众大量熬制，并请富有熬制硝盐经验之人士研究提炼硝质及精制方法"③。"各工厂都能够以自给原则来解决一部分军事器材和原料问题。我们的铁和铅及硫酸可以做到不是舶来品"④。在军区成立三周年纪念总结大会上总结了军工生产情况："一般的工厂都完成了生产计划，超过计划的占34.3%，按时完成的占53.7%；没有完成计划的占12%。"⑤军工生产"创造出来的枪支送到前线得到战士们的称赞，他们创造出来的手榴弹给战士在火线上以百倍的信心。而每次歼灭敌人的最后解决战斗的，就是工人创造出来的各色手榴弹"⑥。

---

　　①　魏宏运主编：《抗日战争时期晋察冀边区财政经济史资料选编·总论编》，南开大学出版社1984年版，第78页。

　　②　魏宏运主编：《抗日战争时期晋察冀边区财政经济史资料选编·工商合作编》，南开大学出版社1984年版，第24页。

　　③　《冀中政治主任公署令》（实字第十号），1940年3月4日。

　　④　魏宏运主编：《抗日战争时期晋察冀边区财政经济史资料选编·工商合作编》，南开大学出版社1984年版，第29页。

　　⑤　魏宏运主编：《抗日战争时期晋察冀边区财政经济史资料选编·工商合作编》，南开大学出版社1984年版，第29页。

　　⑥　魏宏运主编：《抗日战争时期晋察冀边区财政经济史资料选编·工商合作编》，南开大学出版社1984年版，第29页。

五、根据地商业发展

抗日战争进入相持阶段后,日本加强了对根据地的经济封锁,根据地物资供给和商业流通产生极大困难。为了突破敌人经济封锁,保证根据地的物资供应和人民的正常生活,边区政府根据各自的地域环境和经济状况,制定相应的商业政策和措施,基本方针是外紧内松,"对外调剂,对内自由";坚持原则,灵活多样,以多种方式进行对敌占区的贸易,开展对敌贸易斗争。奖励边区内地剩余土产出口,从敌占区、游击区换回必需品。为了争取对外贸易的主动,必要时实行"以货易货",以求得输出入的调整与平衡。在商业体制、组织方面,巩固、发展公营商店的同时,保护、鼓励和扩大私人商业和合作商业,建立和扩大集市贸易,恢复和繁荣根据地经济,有力地支持了抗日战争。

(一) 抗日根据地商业政策

为了适应抗日战争进入相持阶段后的新形势,突破敌人经济封锁,根据地政府提出了新的商业政策。1941 年 7 月 1 日,陈云起草的《陇东贸易分局工作须知》,提出了"对外调剂,对内自由"的商业政策。"对外调剂",就是有计划地奖励边区内地剩余土产,如食盐、药材、皮毛、毛毡、毛口袋、军毡、毛线、猪鬃、马尾等的收集与运销出口,换回必需品或无代替品,如布匹、棉花、文具、纸张、机器、工具、原料、材料、钢、铜、铁、军用品、医药品等,运进边区内地,并严禁毒品(如鸦片)和限制奢侈品(如纸烟、酒、雪花膏、香皂、香粉等)与迷信品(如烧纸、香火等)运进边区内地。同时,限制边区内地食盐、布匹、棉花等必需品出口,并且最好先以剩余土产运出口去换回必需品进来,即先争取对外贸易之主动,打破法币买货观念,实行"以货易货",以求得输出入的调整与平衡。"对内自由",就是在不违反政府法令的前提下,不问边区内地商人或老百姓,也不问边区外面的商人或老百姓,都有在边区内地做买卖的自由。政府不但不用国家资本或权力来统制和垄断,并且还要帮助公私商业及消费社的发展,特别是奖励和保护私人商业的发展(《陕甘宁边区施政纲领》第十一条已明确提出)。使他们有货买、有钱赚,这是不限制自由。同时,也不放任自流,任商民囤积居奇,抬高物价,破坏金融秩序。如果发生这种现象,贸易局不仅用政府法令来严格纠正,并且也要健全与壮大消费社和集中公营商业力量从中起调剂作用,以打破私人操纵居奇。总体来说,"对外调剂",正是为了"对内自由"。只有这样才能促进工农商业向上发展,以求得生产品与消费品达到自给自足。反之,如果没有"对外调剂",任其自流式的入口,什么东西都运进来了,也就是边区所需要的东西运不进来,或运进来也是很少的,反而边区不需要的货物大量运进来了。这样,边区内部生产与消费都失掉了保障。"对内自由"因此也谈不到了,这样看来,两者是统一体,相辅相成,缺一不可的有机整体。陈云总结说:"这个政策的目的是:对外'以有易无'吸收必需品进口,来发展与提高工农业生产,并保障边区内部军民的需要,来完成'抗战建国'的大业。同时对内发展与保护私人商业,并健全与扩大合作社力量和集中公营商业的领导,使它们在商业上起调剂作用,促使边区商业资本向合理的方向发展为其最终目的。"[①]

"皖南事变"后,顽固分子对边区实行物资与金融封锁的政策。太平洋战争爆发后,物资封锁进一步加剧,并用倾销法币套取边区物资。对此,根据地政府确定的对外贸易政策是:(1)实行完全统一公营的对外贸易。建立物资局,将盐业、特产、贸易局、光华商店统一合并于物资局,由物资局建立对外贸易网,对外贸易负完全责任。一切有对外贸易关系的大的公营商店,完全受物资局的领导与委托,在物资局的统一计划下,执行一定的对外贸易任务。私人的出入口商,由物资局及其支店密切联系,给以出入口的任务,保障其供给,帮助其发展。(2)统一经营出入口的主要物资是对外经济斗争的物资基础。盐的部分统销,完全由物资局下的盐业公司负责,各部队机关所驮之盐,必须经过盐业公司出

---

①　陕甘宁边区财政经济史编写组等编:《抗日战争时期陕甘宁边区财政经济史料摘编·第四编·商业贸易》,陕西人民出版社 1981 年版,第 111—112 页。

卖,不准私卖。（3）扩大对外贸易范围,展开经济统一战线,向边区周围展开贸易关系,不但要利用出入口商人、脚夫的关系,努力争取他们给以方便,认真以互惠原则,采取各种方式(公开的、秘密的、上层的、下层的),在各方面展开经济统一战线工作,发展了边区四周的贸易,使我们争取主动,出入自如,不被束缚。（4）争取出入口平衡与物物交换的相对等价。[①]

边区政府还制定内部市场政策与实施原则:第一,调剂物资与调整物价;第二,扶助与依靠中小商人,繁荣市场,稳定物价;[②]第三,国家资本在内地商业中必须占主导地位。对国家资本与私人资本相互间关系的方针,国家资本与私人资本共同得到发展,使国家资本占主导地位。[③]

（二）陕甘宁边区商业的发展

就所有制结构而言,陕甘宁边区商业由公营商业、合作社商业和私营商业三个部分组成。经营状况、发展变化各有特点。

1. 公营商业

1941 年 5 月 27 日,中共陕甘宁边区中央局、中央军委、陕甘宁边区政府拟订了《关于公营商店的决定》,规定:公营商店的主要任务,应在贸易局的领导下组织土产品输出,换取必需品输入,以保证机关和人民的必需。所有公营商店均负有平定物价,巩固边区的艰巨任务,绝对禁止黑市买卖、偷漏捐税、囤积居奇等违法行为。光华商店在今后必须加强执行边区内的"公家商店"的任务,以其自己的力量,实际从事输出输入贸易,调剂物价,保证机关部队的供给,帮助各工厂购买原料,推销成品,并与各公营商店及合作社取得工农业上的密切联系和互相帮助,各机关部队亦必

① 陕甘宁边区财政经济史编写组等编:《抗日战争时期陕甘宁边区财政经济史料摘编·第四编·商业贸易》,陕西人民出版社 1981 年版,第 107—110 页。

② 陕甘宁边区财政经济史编写组等编:《抗日战争时期陕甘宁边区财政经济史料摘编·第四编·商业贸易》,陕西人民出版社 1981 年版,第 122—125 页。

③ 陕甘宁边区财政经济史编写组等编:《抗日战争时期陕甘宁边区财政经济史料摘编·第四编·商业贸易》,陕西人民出版社 1981 年版,第 125—126 页。

须爱护与帮助光华商店,使之有力量完成其任务。①

为了发展公营商业,陕甘宁边区政府推行了以下措施:

第一,巩固、扩大光华商店。光华商店属于银行直属的商业。到 1940 年,设立的营业商店有:延安光华商店、定边分店、盐池分店、曲子分店、庆阳分店、绥德分店、甘泉分店、张家畔分店等。另外,还有一个过载栈、四个农产品购销处、两个运输队、两个货栈。② 光华商店是实际从事贸易的机关,是公营性质的商店,是新民主主义国家商店的雏形,并且要在执行政府商业政策上起着推动与影响公私商业及消费社的作用。其主要任务是:(1)收集与运销土产出口,换取必需品进来,满足生产与市场上的需要;(2)稳定外汇与平抑物价;(3)帮助公私商业及消费社的发展。③ 1940 年光华商店的任务是只保证党政军各单位生产自给不足部分的供需品,如布匹、棉花。光华商店资金增至 120 万元法币,也是从八路军军饷款中抽出的,全年流转总数达 2000 万元法币。因边区政府措施有力,公营商店颇为发达,延安一处已有规模较大的商店 46 家,比 1938 年增加 45 倍。光华商店的进货渠道:东由碛口仅能进小部分货物,如纸张、文具、日用品、洋布;北由定边输入纸张、布匹、棉花、皮毛;南由宜川、洛川进入一部分棉花、三八土布。④ 1941 年 1 月"皖南事变"后,顽军对陕甘宁边区的经济封锁加强。面对这种局势,边区政府对光华商店业务方针规定为,"以其自己的力量,从事输出入贸易",借以"调剂市场","保证机关部队的供给","帮助各工厂收买原料、推销成品"。贸易局作出新的决定,光华商店的经营方针为:(1)"赚钱不是光华商店唯一的任务,必须把稳定市场金融的责任负担起来";(2)"有计划地收买运销食盐、皮

① 西北五省区编纂领导小组、中央档案馆编:《陕甘宁边区抗日民主根据地·文献卷·下》,中共党史资料出版社 1990 年版,第 352—354 页。

② 陕甘宁边区财政经济史编写组等编:《抗日战争时期陕甘宁边区财政经济史料摘编·第四编·商业贸易》,陕西人民出版社 1981 年版,第 187 页。

③ 陕甘宁边区财政经济史编写组等编:《抗日战争时期陕甘宁边区财政经济史料摘编·第四编·商业贸易》,陕西人民出版社 1981 年版,第 187 页。

④ 陕甘宁边区财政经济史编写组等编:《抗日战争时期陕甘宁边区财政经济史料摘编·第四编·商业贸易》,陕西人民出版社 1981 年版,第 188—189 页。

毛,必要时折本亦应大量收买,向外推销,换进棉花、棉布、棉纱、文具纸张,供给机关、人民的需要";(3)"供给各工厂工业原料,并代推销成品,以保护边区工业向前发展";(4)"关于价格政策,光华商店出卖的货物,凡必需品,或无边产可代替的产品,应低于市价出卖。凡非必需品,或用土产可代替的物品,则高于市价出卖,以弥补损失"。总之,光华商店的业务方针,是以调剂市场,促进商业流通,促进工商业发展为主要目的。①

第二,成立盐业公司。食盐是边区生产的最大的出口物资,产销食盐是边区经济建设最重要的任务。1941年5月18日,中共西北局《关于运销食盐的决定》强调,必须发动群众运销食盐。1942年春又决定实行对盐外销统销政策,当年9月,成立盐业公司。规定其任务是:(1)实行对外统销,以食盐换回边区必需物资,并配合银行掌握外汇,巩固边币;(2)稳定盐价,募集资金,囤积食盐,掌握食盐外销价格,不使价格涨跌过猛;(3)团结盐脚,保证盐脚运盐利益,争取逐渐做到一切外销能经过公司成交,以控制市场调整供需,冲破封锁;(4)团结公私盐店,争取公私盐店参加公司组织。几年来边区食盐销量逐年增加:1938年为70000驮;1939年为190000驮;1940年为230000驮;1941年为299068驮;1942年为240000驮。盐业公司成立后,还在各地建立了6个分公司,7个直属支公司,并吸收了一部分公私盐店参加了公司组织。公司开始起着控制市场、冲破封锁、稳定和调剂价格的作用。② 关于盐业的经营模式,边区政府曾提出专卖,因行不通而改为过载,但由于只收过载费也无法做到统销。实行食盐统销政策的目的在于把大量食盐运销出去换回必需品和外汇,以争取边区出入口的平衡,稳定金融,调剂物资,保障供给,发展国民经济。由于"实行食盐统销,掌握了盐价,有资金到处囤盐,普遍缉私",因此1943年"上半年销盐十万余驮,较去年销量多。今年放青压低盐价,

① 陕甘宁边区财政经济史编写组等编:《抗日战争时期陕甘宁边区财政经济史料摘编·第四编·商业贸易》,陕西人民出版社1981年版,第189—190页。
② 陕甘宁边区财政经济史编写组等编:《抗日战争时期陕甘宁边区财政经济史料摘编·第四编·商业贸易》,陕西人民出版社1981年版,第193—195页。

如耀县在7、8月间每百斤1700元法币,放青季节压低为每百斤1400元法币"。"今年统销盐价不受友区操纵,由于他们需要盐,顽区盐价不得不予提高。如耀县逐渐上升到2300元法币。陇东的西峰盐百斤2500元法币。肖镇2600元法币,7月、8月、9月三个月共销盐5万余驮(走私盐不在内)"。截至1943年9月底,盐池共运出252035驮,同一时间经盐业公司销盐154810驮。另北大池盐19000驮未在内,这就是说统销占销盐总数的61.4%,走私与自由出口的盐在10万余驮,减去边区80万人口食用,每人每年6斤需3万余驮,也在7万余驮上下,其余就是走私与自由出口的,到年底盐池可运盐33万驮到34万驮,加上经营北大池盐1万驮至4万驮,估计可以销盐35万驮至38万驮,"造成了边区食盐空前外销的数量"。①

第三,成立土产公司。1942年年底成立了股份有限公司性质的土产公司。主要任务是推销边区土产,换取日用必需品,经营进出口业务,并掌控外汇。依据物资局所授权力,对特定产品进行统购统销。土产总公司设在延安,下设6个分公司:关分公司、定分公司、陇分公司、延分公司、鹿分公司、固延分公司。另有支公司设在商业进出要口,为直接营业基层组织。② 1943年,土产总公司土产科主要经营业务是,购买羊绒12349斤、土纱322斤、羊毛1750斤,收购磅线2903磅,推销肥皂971973余箱;换进货币:白洋145253元、银器2671两、黄金8397两、关金券136967元、法币10亿余元、边币87亿余元。土产推行和收益方面,1943年肥皂推销的收益107亿余元,商品收益36亿余元,企业投资收益2亿余元,其他收益及利息28亿余元。土产总公司的开支和赢利状况:各项开支6亿余元,各项耗损4亿余元,支付营业税25亿余元,支付财政补助金4亿余元,纯益91亿余元。支付股红12亿余元,全年红利率600%。"争取必需物资、外汇与稳定金融"。在外汇问题上,一年来是供给了对外流通上的

---

① 陕甘宁边区财政经济史编写组等编:《抗日战争时期陕甘宁边区财政经济史料摘编·第四编·商业贸易》,陕西人民出版社1981年版,第195页。

② 陕甘宁边区财政经济史编写组等编:《抗日战争时期陕甘宁边区财政经济史料摘编·第四编·商业贸易》,陕西人民出版社1981年版,第207—208页。

无限制兑换。金子与银洋也供给了晋西北的需要,在采取方法上,是有计划的而非盲目的。4月、5月、6月三个月中原战争的失败,导致法币贬值,法币大量涌进边区。边区政府为了防止银水的损失及时指示了各分公司,随时报告各口岸的进口情况,以运用适当的价格政策拒绝法币过多进口。在采取方针上是以棉花布匹为主,在肥皂的质量上是以好货换布匹棉花,法币换坏货。当时进口超过需要的法币由关分(公司)抛出,购进物资。四五月份关分(公司)抛出了法币 1000 余万。6月份又按其外汇的需要,指示各分(公司)法币和物资并重争取,因此这一时期法币贬值,边区政府实行有计划的掌握:一方面供给兑换的需要;另一方面防止银水损失及供给晋西北的需要,在有利的原则下指示了各分(公司)以适当的比价争取大量吸收黄金白银。在物资问题上,第一,一年来解决了机关部队的夏冬衣被的需要,而且调剂了市场,解决了群众需要。土产的经营及其市场调剂与合作社相结合,促进了国民经济的发展。[①] 表 19-12 是陕甘宁边区土产公司 1943 年度纯益统计。

表 19-12 陕甘宁边区土产公司纯益统计(1943 年)

项目	金额(元)	说明
辅助财政开支	404552000.0	占纯益总额的 48.3%
股金红利	214883400.0	占纯益总额的 25.6%
公益金	3000000.0	原规定 1.0%,实际只占 0.4%
利益滚存	214499673.8	占纯益总额的 25.6%
总计	836935073.8	—

资料来源:陕甘宁边区财政经济史编写组等编:《抗日战争时期陕甘宁边区财政经济史料摘编·第四编·商业贸易》,陕西人民出版社 1981 年版,第 219 页。

边区政府采用经济办法和价格政策来节制物价,统一了内部的经济管理,冲破了国民党顽固派的军事封锁、经济封锁。"价高招远商,货高招远客"。西安、长武、彬州、平凉、西峰镇、宁夏都成了物资进出的转运

---

① 陕甘宁边区财政经济史编写组等编:《抗日战争时期陕甘宁边区财政经济史料摘编·第四编·商业贸易》,陕西人民出版社 1981 年版,第 207—219 页。

站。封锁线上有些国民党军队变成了根据地商人越过"封锁线"的"运输保护队"。因法币不断贬值，国民党军队的士兵吃不饱饭，下级军官就叫士兵背着东西进边区卖，搞点钱补充伙食费。逐渐发展到商人给他们花点钱，骡马队就可以顺利通行，把物资运进运出。后来，土产公司的业务扩大到晋察冀、晋东南边区。边区的财政经济基本达到物资丰富，仓库充实，金融、市场比较稳定，财政支出减少，利税收入增多，基本收支平衡，并稍有节余。

第四，机关、部队、学校进行公营商业经营（以下简称"机关商业"）。1939年各机关、学校已有消费合作社。至1940年上半年，共有30个合作社和食堂，资金共有6万余元。1940年冬，由于经济被封锁，外援断绝，财政困难达到极点，整个财政供给不得不从半自给急速地转到完全自给，因此机关学校的生产任务也迅速地起了变化。为了渡过这一严重的难关，从1940年冬到1941年春，先后由政府支付70万元，银行借出300万元，作为各部门增加的生产资金，加上第一时期各机关自己所积累的资金，各机关抽调人员，选择业务范围，决定以工商业为主要经营方向，农业则放在辅助地位。1941年至1942年两年中的经营商业，是从要迅速解决困难的目的出发的，因此就不能不以各机关、学校所有资金的大部分去做图赚快钱的生意。1940年这一年中，主要经营的是百货业。有些机关、学校利用他们原来的本小利微的合作社、小商店或小货摊，加以扩大，增加资金，补充人员，加入商会，正式经营商业。这时各公营商店的营业主要是从绥德、定边、鹿县贩卖百货，特别是机关、学校、部队自己需要的布匹、纸张、文具及老百姓需要的火柴、棉花等。延安、绥德、定边一带，机关学校设立的大小商店共有60余家。另有许多不设门面，靠着一二人带二三四五头牲口贩运货物，沿途流动出卖，叫作"走水生意"。据1941年10月统计，仅后勤商店管理委员会所辖，就有西北商店、西北菜社、兴华、合作、交通、新一、光民、民兴、百货、军民及贩卖部等大小14个商店，中等系统则有20个。这一年的商业，确实靠它渡过了难关，解决了很大的供给问题。例如，中央直属财经处与各机关、学校，在1941年上半年的商业中，依靠113个员工所共有资金296800元的大小20个商店，获得了256000

中国近代经济史(1937—1949)

元的利润,供给了各机关学校日常经费的48%。后勤系统以706000元资
金在同一时期得到了81万元的利润,供给了他们日常经费的45%。不过
这一时期的商业有一个很大的弊病,即各自为政,互相竞争,甚至违反党
的政策,影响物价与金融。时逢物价高涨,边钞跌落,顽固派封锁加紧,经
营出入口的百货生意,顿时显出不景气,各机关学校靠此维持经费亦发生
了问题。在这种情况下,亟须将机关学校的商业与军队的商业加以改进。
这种整顿1941年下半年就已开始。1942年春,边区初步实行精兵简政,
决定将商业完全企业化。各系统一方面整顿原有商店,组织公营商店联
合会,统一对公营商店的领导,严格贯彻法令政策;另一方面扩大商业范
围,进行多样营业。例如盐店、骡马店、过载行、客栈、屠宰处等。经营方
式亦有改变,或几个商店合并经营;或向私人商店及合作社投资,而自己
不做生意;或向政府盐业公司、光华商店入股。中管与后勤系统照此方针
整理的结果,从原有商店38个,员工196人,缩减至1942年10月的商店
25个、员工105人。10个月中,两系统以800万元资金,获得1644万元
的利润,占了全部生产收入的68%。又如边区政府各厅处的生产委员
会,1943年农商两业的收入为60万元,其中商业35万元,亦占58%。又
如分区及县级机关原是以农业为主的,但至1942年商业亦占了重要部
分。1943年财政经济的领导实行一元化,对外贸易统一于物资局,各机
关学校要彻底实行精简。因此,各机关学校的商业必须在物资局的调节
之下,分工经营土产与盐的运输,并以一部分资金与物资局合作,使公营
商业更加合理化。[1]

2. 合作社商业

陕甘宁边区地广人稀,交通不便,商业不发达。为了发展商业,边区
政府除鼓励私人商业的发展外,还大力发展消费合作社。据1940年17
个县市的统计,共有消费合作社132个,社员123279人,股金268756.65
元,公积金41678.95元。[2] 另据统计,从1937年到1941年的四年中,消

———

① 《毛泽东选集》,东北书店1946年版,第129—131页。
② 陕甘宁边区财政经济史编写组等编:《抗日战争时期陕甘宁边区财政经济史料摘编·
第四编·商业贸易》,陕西人民出版社1981年版,第283页。

— 2892 —

费合作社的数量,由 130 社增到 155 社;社员由 57847 人增到 140218 人;股金由 55525 元增到 693071 元;销货款由 261189 元增到 6008000 余元;红利由 4800 元增到 102 万余元;公积金由 3500 余元增到 173000 余元。截至 1942 年 10 月底,19 个县市统计,与 1941 年比较,社员由 97297 人增至 115899 人,股金则由 712900 余元增至 600 余万元,红利亦由 858000 余元增至 3908000 余元。[①] "仅仅依靠政府的力量,派干部,摊股金,形成官办民不管,合而不作的现象,使老百姓认为参加合作社是负担,妨碍了他们积极性的发挥,只有南区合作社是真正有群众基础,大大地发展起来了。我们总结了南区合作社的经验,今年提出民办官助的政策"。[②] 南区合作社成立于 1937 年 1 月,第一年(1937 年)股金(每股 3 角)159.9 元,社员 80 人;第二年(1938 年)股金(每股 5 角)1500 元,社员 400 人;第三年(1939 年)股金、社员均增加一倍(股金 3000 元、社员 800 人),公积金 1200 元;第四年(1940 年)股金 11000 元,社员 1000 人,净利 9600 元;第五年(1941 年)股金 22000 余元,社员南区全体共 1000 余家都加入了。净利 18000 元。总计有资本 165000 余元,尚有 50000 元存货。[③]

毛泽东在 1942 年高干会议上总结南区合作社成为合作社模范的经验:"第一,冲破了合作社的教条主义、公式主义、不拘守成规。南区合作社以消费合作社开始,但它的事业,却发展到南区全体人民经济生活的各方面,不仅经营消费事业,还经营供销、运输、生产、借贷等项事业。它组织了纺织、榨油、制毡等 6 个生产合作及一个拥有百余头牲口的运输队,是一个综合的合作社。它不斤斤于合作社本身的公积金、公益金的百分比的多少,而尽量将赢利分给社员;它不限制股份的红利,不论社员的股金多少,一律照股分红;它不限制社员对股金处理的权利,每个社员都有随时退股的自由;也不限制社员资格,各阶层人民都可加入(因为延安是

　　① 陕甘宁边区财政经济史编写组等编:《抗日战争时期陕甘宁边区财政经济史料摘编·第四编·商业贸易》,陕西人民出版社 1981 年版,第 283—284 页。

　　② 陕甘宁边区财政经济史编写组等编:《抗日战争时期陕甘宁边区财政经济史料摘编·第四编·商业贸易》,陕西人民出版社 1981 年版,第 284 页。

　　③ 中国社会科学院经济研究所中国现代经济史组编:《革命根据地经济史料选编》中册,江西人民出版社 1986 年版,第 541—542 页。

经过土地革命的区域,各阶级入股并不妨碍共产党对合作社的领导),机关社团也可加入。也不一定要用现金入股,当它还未在群众中有完全信仰时,它允许人民用公债券、储蓄票入股,如粮食、牲畜、鸡蛋、柴草等。因此,一切人民称便。

"第二,打破了合作社的形式主义,认真贯彻面向群众,替人民谋利益的方针。因此,它逐渐被群众所爱戴。如每年春耕时,事先从韩城等地运铧,以比市价要贱的价格卖给农民。组织各种生产事业,不仅吸收了失业工人,招收了学徒,安置了工作人员的家属,而且扩大了事业的赢利,保障当地人民日用必需品的供给,增加了人民的收入。比如南区合作社组织 800 多名妇女纺织,每月可纺纱 1400 斤,每月增加收入 7 万元。它的消费合作社营业的方针完全为保障老百姓的必需品,不仅使老百姓少走路,而且比大城市商店的东西还要便宜。

"第三,它以公私两利的方针,作为沟通政府与人民经济的桥梁。经过合作社,一方面贯彻政府的财政经济政策;另一方面又调剂人民的负担使其更加合理化,增加了人民的收入,提高了人民的积极性。比如 1941 年政府动员驮公盐时,南区合作社要南区人民交纳代金给合作社,而由合作社的运输队代替人民驮盐交政府。比如在政府收公粮以前,合作社动员老百姓先交照上年应交的粮给合作社,合作社不仅保障替社员代交本年应出的公粮,而且承认所交公粮的数目即作为老百姓所入之股份。因此,一方面,合作社可以向政府交涉,替政府保管公粮,在政府未支用以前,合作社可以将公粮运转赢利;另一方面,老百姓不仅交了公粮,而且入了股。所以有些老百姓家有余粮的,甚至愿交二年的公粮给合作社,不管下年增加公粮多少,由合作社负责代交,南区有 40 余户农民就是这样做的。这样就固定了农民的负担,增加了农民的收入,农民的生产积极性也就提高了。比如县、区政府要人民出教育经费与自卫军放哨费,亦由合作社从红利中替人民支付,既可免政府收费之烦,又可减人民之苦。比如政府奖励移民,救济难民的政策,合作社亦可实行(它可以给难民、移民以贷款等)如此种种,使政府、合作社及人民三者公与私的利益,个体与集体的利益,密切地结合起来。

"第四，它根据人民的意见来改善合作社的组织形式。不开社员全体大会，而由社员按村举代表到会。不采取摊派入股的方式，而是团结社员的积极分子去劝导人民入股。不限制社员入股数量而照股分红，但在解决合作社的一切问题上，不管股份的多少，每一社员都有平等权利。"①

1942 年高干会后，在提倡"民办公助"，纠正保守观点和发展生产的方针下，部分合作社乃走向扶助生产，实行自由入股和按期分红，因而合作社有了新的发展，并在供给必需品，推销土产，建立集市，发展纺织和运输、医药等各方面起了重要的作用。

3.私营商业

这一时期，由于国民党顽固派的经济封锁，货物来源困难，特别是停发经费后，边区境内停止流通法币，导致一部分大资本出走。1941 年在延安做批发生意的十大家出走。在边区政府鼓励私人商业发展的政策下，边区私人商业中的中、小商户均有较大幅度的增加。如延安私人商业户数从 1939 年的 246 户增加到 1940 年的 280 户、1941 年的 355 户、1941 年的 370 户，1943 年更达到 456 户。② 大商铺有德盛玉、玉和祥、天德店。中商有敬信裕、福星明、晋豫合、广元合、自强永、永泰号等。延安市的过载栈和各地市镇集市贸易私人商业也得到发展。

4.建立经济统一战线，开展反封锁的贸易斗争

在对外贸易上首先要掌握物资，用统销专卖的方法，并运用价格政策、税率及政府法令来进行反封锁斗争，以换得外汇和必需的物资，调剂内部市场，保证边区财政金融的需要。边区专卖与统销政策具有以下特点：(1)对外统销，对内自由。对外统销是为了有计划地统一推销土产与掌握价格。对内自由则是为了将分散的统销物资在群众自愿的条件下集中起来，集中的方法主要靠利润。如边区的食盐统销就是以价格高低来掌握食盐的流向，以保证各地的供销。(2)以经济刺激为主，政治动员为

---

① 《毛泽东选集》,,东北书店 1946 年版,第 44—46 页。
② 陕甘宁边区财政经济史编写组等编:《抗日战争时期陕甘宁边区财政经济史料摘编·第四编·商业贸易》,陕西人民出版社 1981 年版,第 299 页。

辅。在统销事业上以利润刺激为主,辅以政府法令,达到生产、贩运、销售的配合。开始时曾以政治动员为主,一度成为一些没有运盐习惯的地方和群众的负担。以后改为以经济刺激为主获得较好的效果。(3)利益均沾,互相照顾。食盐统销,政府获得大量盐税,成为财政收入的主要来源。盐户获得高价盐本,内外运户(俗称脚户)和运输合作社均获得大量利润,骡马店增加收入,运输发展,促进了边区的市场繁荣。专卖和统销的物资是经过广大群众的生产、运输与贩卖过程才集中起来的,因此是在和生产户、运输户、贩卖户及客商、外运输户互相合作的基础上进行专卖与统销的。这需要有正确的经济政策才能调整各种矛盾而达到统一。(4)平价加税,防止走私。在产地集中的条件下,增加产地税,降低口岸差价是减少走私及保证财政收入的最有效办法。①

(三) 晋察冀边区商业的发展

在商业体制和结构方面,晋察冀边区商业由公营商业、合作社商业、私人商业和公私合营商业四个部分组成,以公营商业、合作社商业为主,后者在这一阶段获得长足发展,对稳定市场,平抑物价,统一对敌经济斗争发挥了很好的作用。私人商业方面,边区政府成立前,由于日军的严重破坏,大商人或逃往敌占区城镇,或因敌人烧杀抢掠破产,私营商业几乎全部为中小商人,以家庭副业形式经营的小商贩占绝大多数。在1940年前的一段时期内,内部自由政策的执行过程中也出现过一些"左"的偏向,合作社贸易局垄断土产、统制贸易,自卫队沿路检查苛烦,甚至县与县之间,互相限制出入、扣留商人。以致商旅裹足,流通减少,市面萧条。1941年8月后,开始采取措施纠正,实行内部贸易自由,取缔非法统制垄断,加强商人统战工作,保护商人的合法权利。1942年5月,晋察冀边区贸易管理局又作出关于便利发展私商的六项决定,有力地促进私人商业的发展。因边区政府财政困难,财力有限,边区政府还将发展公私合营商

---

① 陕甘宁边区财政经济史编写组等编:《抗日战争时期陕甘宁边区财政经济史料摘编·第四编·商业贸易》,陕西人民出版社1981年版,第540—542页。

店作为繁荣经济的重要途径,将公营商店逐渐变为公私合营商店,团结了广大商人,扩大了商人统一战线,调动了广大商人的积极性,活跃和繁荣了根据地商业。

1. 公营商业

公营商业是边区政府投资兴办的商业,设置四种业务:调剂业务——以批发内外物资调剂民用军需为主;采购业务——以办理出入供给军政需要为主;产销业务——以置办当前急需之生产实行部分的产销合一为主;医药业务——以收集配制土药代替边区自造药品及输入药品批发为主。公营商店的主要业务是对外办理出入口和对内调剂市场平衡物价,它所经营的商品种类限于影响人民生计的粮食、布棉、食盐、火柴与军需品等。公营商店总的任务是掌握出入口贸易,调剂群众生活,统一采购,掌握物价与金融。在敌人分割、封锁的情况下,公营商店的具体任务有三:一是调剂军民需要,搞活商品交流。抗战的困难时期,冀西的棉花、土布有余,如满城、完县、唐县、新乐、曲阳、行唐、平山、灵寿都盛产土布,粮食牲畜甚缺,而雁北正相反,故设在冀西分区"裕华"总店的任务是收购土布、棉花、供应雁北人民需要(实际上,土布收购延伸到冀中,而销售则延伸到晋绥边区),而设在雁北分区"中和裕"总店的任务则是收购粮食、牲畜供应根据地和冀西人民的需要,这样既使冀西人民得到粮食,又使雁北人民的穿衣问题得到解决。两个分区在经济上互通有无。如有一次就给晋绥供应了一万尺土布,说明公营商店调剂军民需要的作用之大。二是扶植土特产品出口,采购军民必需的商品。雁北应县生产的土盐,洋源生产的黄芪,边区政府设专业商店直接经营,规定盐驮可直接进入根据地和边缘地区,使雁门关以南的繁峙、五台、定襄、崞县人民在抗战时又吃到了应县的土盐,至于黄芪出口则是通过商贩进行的,太行山盛产中草药材,日军侵占天津后,中草药材出口发生困难,边区政府决定在灵寿、曲阳、行唐、平山、唐县设置专业商店经营中药材收购、加工、出口等业务,其中以曲阳葡萄口的"济民药店"规模最大。根据地当时缺乏西药、电池、油墨、蜡纸、模造纸(印刷货币用)等紧缺商品,边区政府设立专业的采购商店采购,如在冀中区白洋淀附近的"永茂"商店,冀西的"大华"商店。

三是掌握物资,稳定物价。人民生活和生产上最急需的物资:粮食、牲畜、棉花、土布等都是边区必须保证供应的物资,各专区、县、区设置的商店,在物价跌落时大量收购,物价上涨时大量抛售。这样,商店不仅对人民的缓急所需起了调剂作用,而且对稳定物价也起了重要作用。

公营商店经营方针,根据不同的交易对象有所不同,概括来说,可分三类:第一类,对外包括对敌和对友两方面,对敌贸易是以看利越大赚钱越多越好,对友以买卖成交而不吃亏或两方都有利为原则。第二类,对内分为三种:一是对合作社以不赚钱为原则;二是调剂市场以平衡物价为原则,一般要赚钱,有时也赔钱,怎样调剂,由当地政府和商店协同掌握;三是对小商贩要按市价交易。第三类,对公家(军队、政府),公营商店不需要赚公家的钱,为补偿货物损耗,可收取百分之一以下的手续费。[①]

边区的商店多分布在各条贸易路线上。公营商店的类型、设置均与边区贸易路线有关。北岳区主要贸易路线有三条:一是由雁北下关经铁岭口、史家寨、阜平、王快曲阳至定县通冀中,龙泉关至五台山,这条贸易路线沟通了冀中区与晋绥边区的贸易;二是以平山回舍、洪子店、小觉为通道,西至定襄、忻县、五台、崞县、代县,东至灵寿、行唐、新乐、正定,这条线路主要是沟通北岳山区一专区与五专区的商业贸易;三是以完县北神南为中心,这条路线主要是沟通北岳区三专区与四专区的南北交易。

根据地各贸易路线所经过的地区及商店,按其任务的不同可分为四种类型:第一种类型,过货店,主要是进行贸易路线上的货物的收发转运,对转运站所在地区的合作社供给货物并吸收合作社的货物,不向市场供应商品;第二种类型,主要任务是从集市商贩手中吸收商品,调剂市场,平抑物价,同时兼营第一种类型商店——过货店的业务;第三种类型,主要是掌握游击区、敌占区物资,掌握出入口贸易,办理采购专卖,并执行货币

①　魏宏运主编:《抗日战争时期晋察冀边区财政经济史资料选编·工商合作编》,南开大学出版社1984年版,第449—450页。

斗争的任务;第四种类型,主要是在出入口点线上与敌占区或友区商店、商人定买定卖,收货发货并进行买卖货币的业务。①

2.合作社商业

1939 年后,根据地政府相继颁布关于合作社的指示、规程和合作社法,着手开展合作社运动,并加以规范。1939 年 7 月,发出《关于发展边区合作事业的指示》。② 同年,边区政府颁布了《晋察冀边区合作社暂行规程》。1941 年颁布《晋察冀边区合作社法草案》,规定合作社是"依自愿互助平等原则,以联合经营方法,谋社员之经济利益与生活改善的经济组织"。③ 1940 年 8 月,边区首次经济会议的决定中,认为"牙纪(牙人、经纪)是封建社会的产物,进行超经济剥削基本上要取消的"但"须要一个过程",办法是"发展合作社。合作社起了应有的作用,或者说一般的乡村经济活动大部通过合作社,那么牙纪自然会消灭的"。"目前合作社可以派人担任'牙纪'的任务"。④ 边区的合作社从 1939 年 8 月的 559 个、社员 32000 人、股金 56000 元,迅速增加到 1940 年 6 月的 5069 个、社员 508668 人、股金 873509 元。⑤ 1940 年 8 月,边区经济会议上提出了整理合作社的要求,明确了合作社的任务与发展方向。会后许多县建立了联合社。北岳区的合作社从 1940 年的 3790 个、社员 482617 人、股金 946766 元,增加到 1941 年年底的 4624 个、社员 627764 人、股金 1357191 元。合作社的业务从简单的消费业务发展经营织布、纺纱、生产农具、榨油、造纸等业务。⑥ 经过整顿,纠正了过去"只图赚钱,给社员利益很少的

① 魏宏运主编:《抗日战争时期晋察冀边区财政经济史资料选编·工商合作编》,南开大学出版社 1984 年版,第 450 页。
② 魏宏运主编:《抗日战争时期晋察冀边区财政经济史资料选编·工商合作编》,南开大学出版社 1984 年版,第 735 页。
③ 魏宏运主编:《抗日战争时期晋察冀边区财政经济史资料选编·工商合作编》,南开大学出版社 1984 年版,第 760、764 页。
④ 魏宏运主编:《抗日战争时期晋察冀边区财政经济史资料选编·工商合作编》,南开大学出版社 1984 年版,第 415 页。
⑤ 魏宏运主编:《抗日战争时期晋察冀边区财政经济史资料选编·工商合作编》,南开大学出版社 1984 年版,第 783 页。
⑥ 魏宏运主编:《抗日战争时期晋察冀边区财政经济史资料选编·工商合作编》,南开大学出版社 1984 年版,第 860—864 页。

偏向"。明确了"合作社经营的业务要满足社员的需要","供给业务定要卖给社员便宜的必需品","运销业务是把社员用不了的东西,联合起来运出去卖,得了的利仍归自己"的指导思想等。① 对合作社与公营商店的关系,当时认为,公营商店是经济战场上的正规军,合作社是游击队;公营商店的业务主要是对外,合作社的业务主要是对内。② 工商局与合作社既分工,又配合,对稳定市场,平抑物价,统一对敌经济斗争发挥了很好的作用。③

3. 私人商业和公私合营商业

边区政府成立前,由于日军的严重破坏,大商人或者已逃往敌占区城镇,或者由于敌人的烧杀抢掠已经破产。边区政府成立时,根据地私营商业几乎全部为中小商人,小商贩占绝大多数。小商贩中,专门以经营商业为主的只占少数,绝大部分多与农业结合,作为家庭副业经营,在农闲时以运销方式进行商业活动。在 1940 年前的一段时期内,内部自由政策的执行过程中也出现过一些"左"的偏向,如"合作社贸易局,或者滥用组织的力量,垄断土产,或者滥用行政权力,统制贸易,遂使商人无法活动,再加锄奸团的工作方式不善,自卫队的沿路检查太烦,又使商人不便活动,甚至县与县之间,互相限制出入,时而扣留商人,因此商旅裹足,流通减少,市面萧条起来"。④ 1941 年 8 月 6 日,边区第二次经济会议的报告中提出了贯彻内部贸易自由政策的办法:取缔一切非法统制垄断;加强商人的统一战线工作;保护商人的合法权利;给予商人以活动便利。⑤ 1942 年5 月 6 日,在晋察冀边区贸易管理局第二次支局长经理联席会议上,又作

---

① 魏宏运主编:《抗日战争时期晋察冀边区财政经济史资料选编·工商合作编》,南开大学出版社 1984 年版,第 900—901 页。

② 魏宏运主编:《抗日战争时期晋察冀边区财政经济史资料选编·工商合作编》,南开大学出版社 1984 年版,第 918 页。

③ 魏宏运主编:《抗日战争时期晋察冀边区财政经济史资料选编·总论编》,南开大学出版社 1984 年版,第 555—556 页。

④ 魏宏运主编:《抗日战争时期晋察冀边区财政经济史资料选编·总论编》,南开大学出版社 1984 年版,第 418 页。

⑤ 魏宏运主编:《抗日战争时期晋察冀边区财政经济史资料选编·总论编》,南开大学出版社 1984 年版,第 418 页。

出关于便利发展私商的六项决定:商业资产税免征,商店抗战勤务可以用一部分鞋子来代替;提高免征点;私商资金不足,可由政府及贸易局投资;纠正过去除奸工作的缺点,尽量给商人以便利;号召组织商人救国会;避免私商对登记怀疑与害怕,取消商业登记。① 边区政府还定出了如何团结商人的具体措施:第一,组织商人救国会。1942 年雁北横涧市场商民成立商人抗日救国会。第二,组织商会。1943 年 1 月 8 日中共晋察冀北岳区党委关于建立商会问题的通知指出,商人是敌我经济战线中最活跃的因素,商会就是根据商人意志而自动组织起来的用以自己教育自己的业务组织。② 由于执行了内部贸易自由,扶植、发展、团结私商的政策,私营商业有所发展,仅北岳区 1942 年就有 25 个私营商店。"边区的工商业多是零散的,多是农工商不分的,在门面设铺的商人不多(一般市上也不过 20%)俗称流水商人和兼营商业者也是单纯是小商贩,其拥有成万的资本者亦不少,常见差不多的一个集市,每集的贸易额,由二三万增至五六万,这是边区工商业发达的明显征兆"。③ "流动商贩:他们不雇工不雇伙,只一个人做脚户来回运输","营业周转率也最快,开支很少,目前边区商业上这样人比较赚钱"。④ 1943 年后,私商小贩很活跃,敌区和游击区的小商小贩深入到根据地,进行交易;有的商贩从朱线向西线的深处,而西线商贩向东,伸到平汉铁路沿线大集市,甚至到路东,这样刺激了东西商业路线的畅通。

边区政府在鼓励私人商业发展、团结和扩大私商的同时,将公营商店逐渐变为公私合营。1942 年 5 月 6 日,边区贸易管理局第二次支局长经理联席会议上的报告指出:"今后商店发展的方向是以扩大私商为主,我

---

① 魏宏运主编:《抗日战争时期晋察冀边区财政经济史资料选编·工商合作编》,南开大学出版社 1984 年版,第 543—544 页。

② 魏宏运主编:《抗日战争时期晋察冀边区财政经济史资料选编·工商合作编》,南开大学出版社 1984 年版,第 517 页。

③ 赵子尚:《五专区统一累进税工作中关于工商业调查问题的研究》,《晋察冀日报》1942 年 6 月 20 日。

④ 赵子尚:《五专区统一累进税工作中关于工商业调查问题的研究》,《晋察冀日报》1942 年 6 月 20 日。

们现有的公营商店要逐渐变为公私合营,大量的发展,使边区大大小小的市场都有我们的商店,更重要的是大大小小私人商店都与我们有关系,从这方面来团结广大商人,扩大商人统一战线。"因为这时边区政府的财政困难,财力有限,发展公私合营商店是繁荣经济的重要途径。至1942年8月,在北岳区除二专区外,一、三、四、五专区和直属商店就发展了25个公私合营商店。①

4.对敌占区的贸易和开展对敌贸易斗争

晋察冀边区的四周是敌占区,边区市场的周围是敌占区市场。边区政府很早就确定了对外统制贸易、对内自由贸易的政策,严格禁止日货的输入,尽量限制非必需品的进口,可以有限制地用土货代替外货入口,有计划地输出土货。② 同时实施对敌贸易的稽征管理。1940年8月30日,边区制定的《晋察冀边区管理对外贸易暂行条例》规定:"商民向敌占区运输本货或向敌占区购买货物者,须于事先开具货名清单,申请当地县或专区贸易局核准",始能运出或购入。"商民向敌占区运销本货,所得货价,应按边区市场之比值,折合边币,尽数交由边区银行在敌占区之办事处或代理站,并取得收据,归向原批准之贸易局核对无误后",向银行取款,"因故不能或不便在敌占区结售外汇者,得携回法币或敌伪票据,通过贸易局",交边区银行换取同值边币。"商民从敌占区买来之货物,必须先交原批准购货之贸易局,检查相符后,始准在市面出售,否则以违法论"。"不经贸易局之批准,向敌占区运销或购买货物者,以通敌论"。③为了保护和统一管理对外贸易,逐步形成了以下政策:严格掌握粮食、棉花等必需品的输出;以免税、轻税、奖励剩余土产的输出,取消各种限制。对输入之必需品则免税、轻税、奖励,对非必需品则严禁输入。边区出入口税则,在管理对外贸易中起了关键性的作用。1940年5月,边区政府

---

① 魏宏运主编:《抗日战争时期晋察冀边区财政经济史资料选编·工商合作编》,南开大学出版社1984年版,第557页。

② 魏宏运主编:《抗日战争时期晋察冀边区财政经济史资料选编·工商合作编》,南开大学出版社1984年版,第661页。

③ 魏宏运主编:《抗日战争时期晋察冀边区财政经济史资料选编·工商合作编》,南开大学出版社1984年版,第378—379页。

颁布《晋察冀边区征收本产货物出境税暂行条例》。① 1941 年 2 月 1 日又颁布了《晋察冀边区出入口税暂行税则》,规定:凡输出输入边区货物,依其性质分别规定税率:粮食、布匹(察南、雁北、晋东北可出口)、棉花(察南、雁北、晋东北可出口)、各种金属原料、煤炭、硝磺、大牲畜及皮、羊绒、动物油等禁止出口;羊皮、兽皮、鸡鸭蛋、蜂蜜、植物油、一般木料等,税率为 10%;猪毛、羊毛、茶叶等税率为 15%。花生、花生仁税率为 20%,其余一律免税出口。凡入口货物,依其性质分别规定:军火器材、电讯材料、印刷材料、火柴、盐碱、中西药、粮食、棉纱、生产用具等免税入口;钟表、海带、红白糖、自行车外胎等税率为 30%;羊绒、扣子、各种刀子、锁子、牙刷牙粉等税率为 20%;油印油墨、染料、洋烛、报纸等税率为 10%,其余一律禁止入口。入口货物纳税后,在境内可自由运销。偷漏案件,除照章补税外,处以所漏税额一倍至五倍之罚金,但所处罚金及应补税额之和不得超过货物总价。私货及敌货案件,除将货物悉数没收外,送交当地县政府酌情处理。为了抵制日货还颁发了敌货鉴别表。② 同年 2 月,公布了《晋察冀边区购货特许证使用办法》,为军事机关、供给机关、工业机关、印刷机关购买禁止类输入品。为加强对外贸易的稽征管理,又修正公布了《查获日货私货及漏税案件奖励办法》。1941 年 12 月公布《边区关于粮食等八种物资运销紧急处置办法》,规定:粮食、油、榨油原料、棉花、布匹、皮毛、铁、铁器一律禁止出口。③ 1942 年根据地缩小,敌我经济斗争更加激烈。边委会于 1942 年 9 月 1 日公布了《晋察冀边区出入口货稽征暂行条例》,规定:"本条例所称出入口贸易,系指对敌占区贸易而言,其他抗日根据地与边区直接贸易者不在此限"。④ 日军为掠夺粮食,除直接抢掠,

---

① 魏宏运主编:《抗日战争时期晋察冀边区财政经济史资料选编·财政金融编》,南开大学出版社 1984 年版,第 246—247 页。

② 魏宏运主编:《抗日战争时期晋察冀边区财政经济史资料选编·财政金融编》,南开大学出版社 1984 年版,第 251—254 页。

③ 魏宏运主编:《抗日战争时期晋察冀边区财政经济史资料选编·工商合作编》,南开大学出版社 1984 年版,第 401 页。

④ 魏宏运主编:《抗日战争时期晋察冀边区财政经济史资料选编·财政金融编》,南开大学出版社 1984 年版,第 256—257 页。

还抛出大批伪钞,用"高价收买",边区各地粮价高涨,奸商乘机私运粮食出口,导致粮食外流。1943 年 1 月 7 日,边委会颁布了《边区为发展禁止粮食资敌规定六项紧急措施》:(1)奖励游击区粮食运入巩固区,巩固区粮食绝对不准出封锁沟;(2)划定封锁沟内 5—10 里为"缉私线";(3)开展群众缉私运动;(4)查获走私粮食案件之群众或团体,按粮食变价,给予 20% 的奖金;(5)缉私线以内巩固区粮食,自由流通,不加任何限制;(6)游击区发动村民制定公约,"粮食不上伪市,不准卖与敌人"。① 1943年 2 月 25 日,在经济会议上提出:"把北岳区生产运销迟滞的形势转变为活跃国民经济的形势,把粮食绝对禁止出口,改变为缉私与专卖有机地联系起来"。"把以货币易物的形式转变成以物易物的形式"。"把军政民的力量密切结合起来,以发展国民经济为基础改善民生,适当减轻人民负担,清除奸商居奇操纵,团结商人,打击敌人"②,办理粮食专卖出口。粮食的内部调剂按市价,运粮出口高于市价,偷运粮食出口则予严加惩罚。第四专区 1943 年在缉私线外建立了 78 个缉私小组,如定唐在二、三区的砖路、白沙、田家庄一带,建立了缉私组,组织打击奸商,保护了专卖,一年多来查获了变价 363724.9 元的物资,5、6、7 三个月查获牲口 46 头,粮食 921 斗。③

为掌握游击区、敌占区物资,根据地军民与敌军曾展开争夺市场的斗争。特别是雁北、平西、晋东北和冀中的市场,根据地军民都是先控制市场,再掌握物资,打击伪钞,反击敌人的倾销政策,在经济战线上变被动为主动。北岳区第四专区根据不同情况,掌握了敌人据点市场,建立了游击区市场,封锁和打垮了有利于敌的市场。第一,采取"合法与非法相结合,武装斗争与市场斗争相结合,有组织有计划地灵活地掌握了敌伪市场"。在进行过程中,"秘密的组织力量,与武装斗争结合,争取与打击敌

① 魏宏运主编:《抗日战争时期晋察冀边区财政经济史资料选编·工商合作编》,南开大学出版社 1984 年版,第 411—412 页。

② 魏宏运主编:《抗日战争时期晋察冀边区财政经济史资料选编·总论编》,南开大学出版社 1984 年版,第 540—545 页。

③ 魏宏运主编:《抗日战争时期晋察冀边区财政经济史资料选编·工商合作编》,南开大学出版社 1984 年版,第 641 页。

伪市场的牙纪或包税人员,而逐渐走上公开的掌握"。第二,"在敌人军事政治力量仅限于据点活动时,企图掠夺物资、控制市场的情况下,我把市场转移到离开敌据点,在敌人增加兵力"清剿时,又把市场转回敌据点,"解决了群众交换,保存了市场与物资的安全"。第三,"削弱了敌统制的市场,建立了游击区完全由我掌握的市场"。"构成了路东与路西游击区与巩固区物资(如土布、食盐、棉花、牲口)交流的桥梁"。第四,"对不能掌握和不必要掌握的敌伪市场,实行封锁限制。……这些市场一般是敌伪军事力量较大,在贸易路线无关紧要,只是便于敌伪对我物资的吸收与掠夺,或消耗和促使游击根据地物资与伪币相结合,与边币脱离关系"。"这些市场……应加以封锁"。[①]

边区政府在进行对敌占区贸易和对敌贸易斗争过程中,坚持团结内外商人,进行隐蔽经济斗争的策略。随着斗争形势的日趋尖锐,1942 年、1943 年许多商人经营敌占区贸易,进行隐蔽的经济斗争。在经由敌占区游击区通往我巩固区贸易路线上设置货栈,利用商人为我办理出入口业务,出口商品由我供应,进口商品按边府计划进行,并以适当利润交付商人。例如五专区(后改为第四专区)贸易局,曾于 1939 年在行唐南城寨成立了新行贸易货栈,1940 年为便于商人往返敌区,发展进出口贸易,改为华昌总店。主要业务是打击伪钞,提高边币信用,促进进出口贸易。由于敌人封锁,物资供应困难,边币币值很低,而我到敌占区买货必用伪币,为打击伪币换取物资,主要采取"以货易货"的办法,由平山洪子店的天德总店及其分店收购土布、羊毛、山货等,交给新行贸易货栈作价后运到敌占区,得到伪币后买回西药、颜料、钞票纸,为军区兵工厂买到钢锉、刀锯、炸药等。利用大商人到北京、天津、保定出口山货,购买物资(购军用品主要是到天津),同时,收集军事、经济情报。1943 年华昌总店改为冀晋恒昌总工会店,在白洋淀端村有一个分店,任务是用船从天津经子牙河到河间牛庄运货,交换便利,亦便于掌握商人。除此,在灵寿、行唐还组织

---

① 魏宏运主编:《抗日战争时期晋察冀边区财政经济史资料选编·工商合作编》,南开大学出版社 1984 年版,第 642—643 页。

灵行货栈,在对敌经济斗争中均起了作用。在敌占区(城镇),在我力量所及之处建立隐蔽商店,进行隐蔽经济斗争,或根据地的贸易干部突破敌人封锁,以私商面貌出现,冒着生命危险到敌占区或游击区办理推销采购。在冀中变质后,1943年九专区由赤明等人在白洋淀一带、蠡县、高阳、肃宁等地曾建立过隐蔽的经济商店,进行斗争。易县城南寺的聚兴隆总店的干部在1943年以私人面貌出现与定兴商人合作到北平推销杏仁、核桃等土特产,同蔚县商人合作出口白麻,从北平换回中西药和军民必需品。组织游击区商人小贩化整为零到敌占区做买卖;或组织商贩结伙到敌占区贩运物资,运交我公营商店。如1942年,四专区曲阳发动群众及小贩自由组织"互助搬运小组",到敌占区及冀中贩运必需品。这种斗争收效甚大,"仅据两个区一个月的统计,即贩来粮食700余石,食盐5800余斤,棉花1500斤,土布7800余匹,火硝4200余斤"。[①] 通过敌占区的商人开展对敌贸易,一方面通过给以较高利润的办法鼓励他们代办输出土产、山货和输入边区急需物资;另一方面团结大批政治上可靠的爱国商人直接为根据地沟通商情,采购商品。这些商人大都在敌占区有各种关系,有的甚至和伪军的一些军官有联系,能较顺利地采购到紧缺物资,并通过"封锁线",运进根据地。总之,贸易战士在艰苦的环境中,出生入死与敌军进行经济斗争,有的甚至献出了宝贵的生命。在这一斗争中,一些商人、小贩作出了贡献,在他们之中,有的后来成了根据地的商业干部。1943年边区贸易管理局(北岳区)各商店团结商人情况见表19-13。

表19-13　边区贸易管理局(北岳区)各商店团结商人情况(1943年)

项目 店别	来往巩固区	来往游击区	来往敌占区	来往雁北	总计
永德昌	10	80	—	35	125
建业布店	15	180	5	20	220
振兴号	12	85	17	—	114

① 甘娜:《曲阳的集市争夺战》,《边政往来》1942年第2卷第6期。

项目 店别	来往巩固区	来往游击区	来往敌占区	来往雁北	总计
瑞元昌	5	——	10	——	15
民兴号	20	15	——	42	77
济民药店	64	4	25	——	93
大兴号	3	9	4		16
民利店	——	8	——	53	61
总计	129	381	61	150	721

资料来源：魏宏运主编：《抗日战争时期晋察冀边区财政经济史资料选编·工商合作编》，南开大学出版社 1984 年版，第 606 页。(该书因附表十一原文不清，略。此处所引来自原始档案。)

1943 年，北岳区贸易管理局永德昌等 8 家公营商店共联络和团结 651 名商人，其中将近一半是从事往来于游击区的贸易，也有少数往来于敌占区。人数虽然不是很多，但对活跃根据地内部的自由商业流通、满足根据地物资供应，起到了关键性的作用。

六、抗日根据地的财政

相对于农、工、商业的情况而言，抗日战争进入相持阶段后，根据地的财政尤为艰难。1939 年年底至 1940 年年初，国民党顽固派消极抗日，积极反共，掀起了第一次反共高潮，并于 1940 年 9 月停发八路军军饷；1941 年 1 月，国民党顽固派发动"皖南事变"，发动第二次反共高潮，并从军事上、经济上加紧包围和封锁陕甘宁边区和其他敌后抗日根据地，导致根据地财政困难空前加剧。

（一）陕甘宁边区的财政税收

1939 年 12 月至 1940 年 3 月，国民党顽固派掀起了第一次反共高潮。1940 年 9 月，停发了每月 60 万元的八路军军饷。1941 年 1 月"皖南事变"后，国民党顽固派发动了第二次反共高潮。从军事上、经济上加紧包围封锁陕甘宁边区和其他敌后抗日根据地，导致根据地财政困难空前加剧。正如毛泽东所说:"我们曾经弄到几乎没有衣穿,没有油吃,没有纸,没有菜,战士没有鞋袜,工作人员在冬天没有被盖。国民党用停发经费和经济封锁来对待我们,企图把我们困死,我们的困难真是大极了。"① 具体来说,财政上面临的困难是:脱产人员增加,从 1940 年的 61000 人增加到1941 年的 73000 人,增长 20%多;占边区财政收入 70%多的外援完全断绝,必须依靠自己解决;粮食差额巨大;物价上涨幅度大,例如 1940 年 9月国民党停发八路军军饷时,延安物价指数为 578.13,同年 12 月上升为716.7,到 1941 年更增长到 1373.5,边区财政没有积累,税收占财政收入比重很小。② 所有这些都大大加重了财政困难。

根据地政府为了尽快克服财粮供给困难,群策群力,发动各机关、部队进行生产,发展公营经济,尽量做到财粮自给,同时动员边区人民踊跃出粮、出钱、出力,支持持久抗战,此举得到人民的热烈响应。1940 年边区政府计划征收救国公粮 9 万石,实收 97354 石,超额 8.2%。不过由于对军需的数量严重估计不足,征粮数量过少(距实际需要差 1/3),以致1941 年 3、4 月间发生粮荒,只得临时采取以下措施:第一,向人民征募救国公粮 20 万担,公草 2500 万斤,人均负担公粮 1 斗 4 升,占收获量的13.85%。第二,把支持农业放在财政投资的首位。当年农业生产投资500 万元,超过几年来对农业投资的总和;新开荒地 60 万亩,增产粮食 40万石。第三,为稳定金融和物价,1941 年 1 月边区政府决定,禁止法币流通,发行边币 1000 余万元。第四,加强税收工作。主要采取以下办法:1941 年 4 月成立边区税务总局,统一边区税收和税种;1941 年 10 月 1日,边区政府重新颁布了《货物税修正条例》和《营业税条例》;在定边设盐务总局,统一征收盐税,建立边区统一税制。这些办法取得明显效果,1941 年税收比 1940 年增加 3 倍多,占当年全部财政收入的 30%。为弥补财政急需,1941 年决定计划发行"建设救国公债"。这在偏远的西北边区还是一个前所未有的创举,但却得到边区人民的热烈响应。"各县人

---

① 《毛泽东选集》第三卷,人民出版社 1991 年版,第 892 页。
② 西北五省区编纂领导小组、中央档案馆编:《陕甘宁边区抗日民主根据地·回忆录卷》,中共党史资料出版社 1990 年版,第 251 页。

民纷纷认购"。① 原本计划发行 500 万元,后来实际发行 618 万元,超额 23.6%。以上措施促进了农业、工业和其他经济的发展,增加了财政收入。在这种情况下,1942 年边区政府适当调减了公粮征收任务,但实际完成 165369 石。

财政收入的增加,有力地支援了根据地经济建设。1941 年经济建设的投资只有 480 万元,1942 年增至 7000 万元,增加 13.6 倍。1941 年在"集中领导,分散经营"的财政方针指导下,各机关、部队、学校都建立了自己的"家当",不过也因此发生了许多违反政府法令和财政纪律的问题。1942 年开始纠正,有所扭转,但漏税现象严重。1942 年 12 月至 1943 年 1 月,在中共中央西北局召开的高干会上,毛泽东做了题为《经济问题与财政问题》的报告,提出了"发展经济,保障供给"的财政工作总方针和公私关系上的"公私兼顾"或叫"军民兼顾"的原则。② 遵照毛泽东提出的"在财政经济问题上,应以百分之九十的精力帮助农民增加生产,然后以百分之十的精力从农民收得税收"的指示。按照发展生产是第一位的基本方针,边区财政对经济建设的投入逐年增加:1943 年比 1942 年投入增加了 9 倍。边区经济建设获得空前的发展。财政收入逐年增加,人民负担逐步减轻。税收的增加幅度很大:1943 年比 1942 年增长 8 倍,占当年财政收入的 15%。③

税收方面,1941 年到 1943 年间,陕甘宁边区开始实行税制正规化:一是对原来的税收制度进行了修订、改革,普遍建立了出入口税制度;二是各项税收制度均有正式立法手续,统一由边区参议会或政府委员会立法;三是对纳税人征税,按税法办事,反对任务摊派。

税制建设是实行统一累进税。一是把对农村和城镇征收的几种资产税与收入税,合并统一为一种税;二是将各级政府的权力统一集中于边区一级政府;三是在赋税征收方面,以粮、秣、钱三种形式统一缴纳。

————————

① 《加紧推销救国公债》,《解放日报》1941 年 5 月 27 日。
② 《毛泽东选集》第三卷,人民出版社 1991 年版,第 891、894—895 页。
③ 西北五省区编纂领导小组、中央档案馆编:《陕甘宁边区抗日民主根据地·回忆录卷》,中共党史资料出版社 1990 年版,第 255 页。

在此基础上,陕甘宁边区制定和公布了统一累进税制度,在五个县开始试行。

在粮的征收方面,救国公粮增加幅度很大。如以 1939 年为 100,1940 年为 186.32,1941 年为 385.87,1942 年为 316.50。[1] 同时,作为公粮附加,开始征收地方教育粮。从 1942 年起,统一规定各县附加粮总数为 1.2 万石,附加粮占公粮的比例为 7.5%。秣作为赋税形式,开始征收"公草"。1941 年边区政府确定征收公草 2600 万斤,要求保证马草马料的实物供给,实际完成 2500 万斤,相当于计划征额的 96.2%。根据这种情况,1942 年边区政府减征公草 1000 万斤,实收公草 1600 万斤,如额完成征收指标。

商业税方面,1941 年开始向商人开征营业税。1939 年以前,边区商人没有任何负担。1939 年开始募集少量寒衣代金,解决前方战士的冬衣问题。当年募集 10 万元,1940 年增为 40 万元。1941 年边区政府明令改寒衣代金为营业税,10 月 1 日公布了《陕甘宁边区营业税修正暂行条例》。营业税按纯收益累进计征,最低税率为 2%,最高为 20%。1942 年又调高了税率,最低税率调到 3%,最高税率调为 30%。历年营业税占总税收的比例为:1941 年 10.3%、1942 年 11.3%、1943 年 34%。[2] 1940 年开征羊子税,以 200 万头羊计,征羊毛 600 万两,合 38 万斤,合现金约 76 万元;1941 年征收的羊毛折款约 100 万元。1942 年,为促进畜牧业的发展,废除了羊子税。盐税在 1940 年驴驮每驮收税 3.2 元,占盐业收入的 4.4%;1941 年增加到 7.2%;1942 年各月盐税占收入的比例变动很大,1 月占 14.6%,7 月降至 4.4%,11 月升至 36.3%,12 月又降至 10%;1943 年 2 月为 10.4%,6 月降至 3.1%,8 月又升至 10.2%。[3] 边区盐税收入历年占工商税收的比例变化如下:1939 年占工商税收的 67.3%,1940 年占

---

① 陕甘宁边区财政经济史编写组等编:《抗日战争时期陕甘宁边区财政经济史料摘编·第六编·财政》,陕西人民出版社 1981 年版,第 236 页。

② 陕甘宁边区财政经济史编写组等编:《抗日战争时期陕甘宁边区财政经济史料摘编·第六编·财政》,陕西人民出版社 1981 年版,第 318—319 页。

③ 陕甘宁边区财政经济史编写组等编:《抗日战争时期陕甘宁边区财政经济史料摘编·第六编·财政》,陕西人民出版社 1981 年版,第 370 页。

56.8%,1941年占46.3%,1942年占12.8%,1943年占15.6%。[①]

为了增加盐税收入,1941年边区政府投资600万元开发食盐生产,发动群众驮运公盐。1942年计划产盐40万驮(实产27.1万驮),动员群众运公盐12万驮。当年,部分地采取征收公盐代金的办法。每驮交边币1000元。凡运交食盐者,每驮交盐105斤(每驮可运盐150斤,交公盐105斤)。1943年以后全部改为征收公盐代金。公盐及公盐代金每年分两期缴纳,但须在8月底交清,用公盐或公盐代金形式取得的收入比羊子税多。据统计,1941年为700.9万元边币,1942年增至3555.7万元。[②]

此外,机关部队的自给性生产以及1942年边区自产特产并专利代销晋绥的特产,边区自力更生的办法,保证军政人员的最低需要。三年平均,农民缴纳的公粮占粮食供应量的93.6%,政府取之于民的各项财粮收入占总数的60.6%。

边区政府还对救国公粮征收条例进行了修订,于1941年11月2日公布《1941年度征收救国公粮条例》。同月20日中共中央西北局发布《关于1941年征粮征草工作的指示信》[③],扩大了救国公粮的征收范围,规定"耕种所得之一切农产物",均要计征救国公粮,并降低了起征点,原定为1.2石起征,1941年降为0.5石,即每口为150斤,抗日军人家属,抗日残废军人及家属,起征点为210斤,鳏寡孤独及失去劳动力者,起征点为180斤,全边区平均负担面达到86.1%。[④] 同时修正税率,调整了税级,提高了起征点税率,控制了最高累进率。规定最低税率为5%,以后每增加所得1斗,累进率增加1%,最高税率定为30%。1942年,边区政府又对《救国公粮征收条例》做了以下修订:税率起征点由0.5石提高到0.6石,起征税率由5%升为6%;1942年开始实行夏征。1943年开始试

① 陕甘宁边区财政经济史编写组等编:《抗日战争时期陕甘宁边区财政经济史料摘编·第六编·财政》,陕西人民出版社1981年版,第367页。

② 陕甘宁边区财政经济史编写组等编:《抗日战争时期陕甘宁边区财政经济史料摘编·第六编·财政》,陕西人民出版社1981年版,第374页。

③ 陕甘宁边区财政经济史编写组等编:《抗日战争时期陕甘宁边区财政经济史料摘编·第六编·财政》,陕西人民出版社1981年版,第121页。

④ 《陕甘宁边区三十年度征粮征草工作总结》,《解放日报》1942年10月25日。

行农业统一累进税。边区政府于 9 月 11 日颁布了《陕甘宁边区统一累进税暂行办法》及施行细则,确定在绥德、延安、庆阳三县试行。[①] 主要内容是:第一,增征土地财产税。把农民的所得与地主所获的地租区别对待,以削弱封建剥削,促进收租地主向工商业转化,调动农民的生产积极性。第二,改变了计税标准。土地财产税及土地收益税均按土地常年产量计税;农业收益部分,自耕农按常年产量的 15% 扣除生产消耗,佃耕地除扣除生产消耗外,并扣除缴纳的地租后计税;地租收入按减租后实得租额计税,农村副业及运输业以纯利八折、牧畜业以市价六折折粮计税。第三,调整了累进税率。农业统一累进税率,把收益税与土地财产税分别算出税本之后,合并累进征收,使不同阶层农民的负担更加公平合理。

(二) 晋察冀边区的财政税收

晋察冀根据地从边区政府成立到 1940 年秋,在财政上逐渐实行统筹统支,除边区政府外,一切机关均停止了直接筹款。部队经费概由政府统筹统发。地方政府方面,县区以上各级政府由边区政府统筹统支,停止了县"合理负担",开始试行村"合理负担",并依照合理负担的原则,征收"救国公粮"。一方面废除了苛捐杂税,另一方面仍保留了旧税中部分比较合理的税收,保持了田赋,继续征收烟酒税、烟酒牌照税和印花税等。同时新征出入口税。

1940 年恢复了田房契税。

税制调整、规范方面,一项重要措施是 1941 年开始实行的统一累进税。这是对旧税制比较彻底的改革。核心内容是实行"三统一"。

第一,将农村征收的几种资产税与收入税统一为一个税种。1940 年征收的税种有田赋、村合理负担、救国公粮、工商营业税、烟酒税、烟酒牌照税、印花税等。改革后将田赋、村合理负担、救国公粮、工商营业税合并为统一累进税,同时取消烟酒税、烟酒牌照税和印花税。1941 年以后,只保留三种税,即统一累进税、田房契税和出入口税。第二,征收权力统一

---

① 南汉宸:《关于农业统累税的试行》,《解放日报》1943 年 10 月 10 日。

于边区政府。1941年实行彻底的统收统支,除村款开支仍由村自筹外,县以上军政开支全部由边区统筹,由边区财政按计划供给。在税收管理上,改变了原来救国公粮作为边区收入,田赋及其他税收作为地方收入的办法。第三,原来征收救国公粮时附征马草、马料,田赋主要征钱,村合理负担既征粮也征钱,其他税收则全部征钱。改革后,统一累进税既征粮,又征钱和草,由边区政府按照需要和可能分别下达任务,统一征收,有粮出粮,有钱出钱,有草出草,还可以交军鞋抵顶公粮。

1941年3月20日,边区政府修正公布了《晋察冀边区统一累进税暂行办法》[①],内容包括以下几个方面:关于纳税人的规定:"边区之经常费、临时费悉依本办法向财产所有人、收入所得人统一累进直接征收之。"统一累进税的征收范围,按资产和收入分别规定。征税项目:土地、商业投资、存款、公私合营之贸易投资、证券、存粮、存货及金银珠宝。征税的收入项目有:(1)土地、林木、羊群及家庭副业收入;(2)房租及存款、证券、存粮之利息;(3)公司、商店、行栈、工厂、合作社及个人经营事业收入;(4)公司合办事业收入;(5)属于临时经营事业收入;(6)自由职业及从事各业的薪给报酬收入。

关于计算单位:统一累进税征收范围包括农业、工业和商业,既有资产部分,又有收入部分。条例规定了两个统一的计算单位:计算土地的单位——标准亩,计算其他资产和收入的单位——元。各种资产、收入的统一计算单位——富力。

土地按"标准亩"计税。以每亩能生产六大斗谷(约合150斤)为统一标准亩。土地以外的资产和收入项目,均按实际的产品、产量和价格,统一以"元"来计算征收。这二者还必须有一个统一的计算单位才能综合计算征收。为此,规定了"富力"作为统一的计算单位。"富力"不是使用价值或价值的计算单位,是计算税收的统一折算单位。土地折合"富力"的标准规定为:自营土地以每1标准亩为1富力;出租土地以每1亩

---

① 魏宏运主编:《抗日战争时期晋察冀边区财政经济史资料选编·财政金融编》,南开大学出版社1984年版,第354—360页。

半标准亩为 1 富力;佃耕土地以每 2 标准亩为 1 富力。土地以外其他各种资产和收入折合"富力"的标准是:资产:以 200 元为 1 富力;收入以 40 元为 1 富力。这个标准是比照土地来定的。自营土地每 1 标准亩算 1 富力。每标准亩估计 100 元,是每值 100 元的土地,再加上 1 石 2 斗谷的收入作为 1 富力。其他资产是和收入分开算的,以 2 倍于 100 元,即 200 元作为 1 富力。其他收入按理也应 2 倍于 1 石 2 斗谷价作为 1 富力,但因为土地收入未扣除消耗,其他收入或无消耗(如利息、房租),或实际已经除去大部消耗(如工商收入),所以不再加倍,即以 1 石 2 斗谷在边区各地的平均价 40 元作为 1 富力。

关于税率:统一累进税采取有免征点的超额累进税制,税率则采取分数制。把纳税人应纳税的税率规定为若干"分",再按照政府所规定的每分应纳粮食数或金额,计算纳税人的应纳税额。战争时期环境动荡,征收额很难固定,采取"分"的办法,征税就比较灵活,每分应纳税额由政府按照财政需要和人民负担能力逐年具体规定。

边区 1941 年的统一累进税征收办法,把"富力"分为十二等,按等累进,一等到七等以零点一为累进率,七等到十二等以零点二为累进率。征税单位名为"分",按"富力"定"分"。最高计分到十二等即停止累进。1941 年规定免征点为 1.5 富力。不足 1.5 富力者免征,超过 1.5 富力者,对超过部分进行征税。

1941 年 4—6 月,北岳、冀中、平西等地区开展了调查、评议土地产量及资产收入的工作。冀中地区 35 个县、6689 个村,完全以统一累进税办法进行调查的达 4027 个村,占 62.8%;未调查财产,只调查土地产量的占 8.3%;只调查土地亩数的占 5.2%;未能调查单凭估计的占 2.3%。全边区调查分数共 1680 万分(冀中区 1000 万分,北岳区 680 万分),每分负担小米 1.35 斗(北岳区)到 1.4 斗(冀中区),约合老秤 18.9 斤。[①] 统一累进税实施后,负担面又有所扩大。冀中区负担人口达到总人口的 80%,北岳区负担人口达到总人口的 74%。冀中区的纳税富力占总富力的 62.8%。

---

① 孙元范:《关于统一累进税在晋察冀的实施》,《解放日报》1942 年 8 月 10 日。

统一累进税修正了过去负担面过于狭小的缺点，实现了中共中央所规定的使全人口80%缴纳国税的原则；同时规定了适当的免税点，保障了极贫苦人民的最低限度的生活，修正了过去的累进率，减轻了地主富农的负担，保证了一切人民的财权与地权，因而获得了全边区人民的热烈拥护。统一累进税的实行对保证战争供给，克服财政困难，起了决定性的作用。

1942年和1943年，边区政府又两次对统一累进税则进行了修订。

1942年5月2日公布了修订后的《晋察冀边区统一累进税则》。[①] 其修订要点如下：

（1）改变标准亩的计算标准，取消免征点的升降办法。1941年规定，平均年产谷1石2斗（即6大斗）之土地为1标准亩，1942年改为1市石谷为1标准亩。1941年规定每人扣除一个免征点，免征点定为1.5富力，以村为单位将负担面控制在80%的范围内自行升降免税点；1942年改为在全边区范围内控制负担面（不超过80%），免税点的扣除则根据各地不同情况分别规定，北岳区扣除1.5富力，冀中区扣除1.8富力。

（2）资产税与所得税分开计算。1941年土地的资产与收入是合并计算的，出租土地以1.5标准亩折合1富力，自营地以1亩折合1富力，佃耕地以2亩折合1富力。经过减租减息的地区，地租在375‰上下，若地租过低，则地主负担会过重。1941年在统一累进税实施过程中，少数地主由于负担过重，入不敷出而出卖土地。而在尚未实行减租减息的地区，地租都在375‰以上（一般均在400‰—500‰）。统一累进税设定的地租，少于实际地租，使地主负担太轻。为此，1942年把财产税与所得税分开计算，合并征收。地主与自耕农都有财产（土地），都要缴纳财产税；佃农没有财产（土地）不缴纳财产税；他们都有收入，都要缴纳收益税。财产税部分（土地）以每4标准亩算1富力；收益税部分规定地租及农业收入均以每市斗谷算1富力；佃农与自耕农都有经营费（牛料、种子消耗），自

① 魏宏运主编：《抗日战争时期晋察冀边区财政经济史资料选编·财政金融编》，南开大学出版社1984年版，第362—368页。

营地按总生产物扣除 1/4 的消耗,佃耕地按总生产物扣除 1/4 消耗并扣除地租,地主没有经营费不扣除消耗。这样规定比较公平合理。

(3)最初几个富力层,缩短等距,降低累进率。缩短等距,降低累进率以后,贫农的负担减轻,中农的负担比较合理,地主的负担也不至于过重而影响生活。

(4)对工商业家庭副业征税的修改。1941 年的办法中存在的问题:一是对工商业征税过高,免征点过低,没有估计工商业与农业消耗的不同。工业获利小,负担较重;商业虽然获利较多,但财产税与所得税合并征收,负担亦重。因此要加以改变。二是根据 1941 年统一累进税调查,在边区工商业中,专营者少,兼营者多。兼营者多采取家庭副业形式。边区的工商业多以家庭副业为其基础。1941 年的征税办法,对于发展家庭副业的鼓励不够。三是原来的征税办法,对于存粮存款一律征税不妥。工商业资产税已经取消,家庭副业与遵照政府法令组织的合作社,一律不征税,存粮与放债资本和银行存款,一律不征资产税。资产以 400 元折合 1 富力,总收入以 60 元折合 1 富力,纯收入以 40 元折合 1 富力。征收工商所得税时,按总收入扣除一定消耗为标准(工商业消费以每一经营人员每年平均 300 元计),公营企业按纯收入征税。取消工商业资产税,免征点实际提高,累进率不高,工商业负担比上年减轻。

(5)对各阶层的负担水平明确规定了最高限度:贫农负担最高不超过其总收入的 7%,中农 15%,富农 25%,地主 70%(富力特高的个别地主除外),雇用工人的收入继续免税。

(6)减轻敌占区与接近敌占区人民的负担,由区行政委员会另颁发新税则,其累进率低于巩固区,按照估计数字,从轻征收。

边区政府于 1943 年 2 月 4 日公布了修订后的《晋察冀边区统一累进税则》。① 其修订要点是:低租地的租额在耕地总收获物 20%以下者,其财产税以收租每 8 市斗谷之土地计 1 富力,以减轻低租地耕种者的负担。工商业收入及其他收入均以 10 市斗谷之价计 1 富力,纯收入均以 7.5 市

① 李成瑞:《中华人民共和国农业税史稿》,中国财政经济出版社 1962 年版,第 50 页。

斗谷之价计1富力,实物以市价折元。工商业消费以每一经营人员年平均50市斗谷计。对无劳动力之孤儿寡妇人家,每人扣除2富力的免税点。对逃亡户,凡在统一累进税调查后征收前返回边区者,免征点的扣除按实际人口计算。土地产量依估计或根据耕地的当年产量确定;以耕地种植芋叶、蓝靛、棉花、药材或兼种果木,或主要以出卖为目的种植蔬菜、麻等农作物,或种植其他纯商品性的农作物,均按其实际收入计算。经过修订,边区的统一累进税逐渐趋于完善。

至于统一累进税制下农民负担问题,1941年至1943年,是边区对敌斗争最残酷最严重的阶段。在这个阶段里,由于敌人疯狂地"扫荡""清剿""蚕食",边区大部被分割,军事作战频繁,经济战犬牙交错,农村经济破坏严重,财政困难加剧,主要表现在:第一,战争供给的需要迅速增加。1941年边区脱离生产的军政人员占到总人口的5.9%[①],约为59万人,如果按照最低的供给标准——每人每年5石小米匡算,边区需要的军政费用即达295万大石米(约合7.9亿市斤)。而边区1940年的公粮收入,据推算只有160万大石(按照1940年每人平均负担36斤米和1200万人口推算,每大石米按270市斤计算),相差46%。第二,由于农村经济被破坏,人民负担能力下降。农民的负担能力本来就很弱,经过战争毁灭性摧残,有限的民力下降很多。全北岳区每人每年平均收入:1937年为4.26市石谷,1941年为3.81市石谷,1942年为3.06市石谷,1942年比1937年下降29.17%。边区的财政收入主要取之于民,在人民负担能力大大下降的情况下,组织财政收入的矛盾更加突出。第三,根据地缩小,财源减少。1941年下半年开始,边区人口由原来的1200万缩减到800万—900万。冀中基本上变成游击区,1943年年初边区面积增大一些,但管辖的百十县,只阜平一城数年苦战仍在八路军掌控之中,其余县城均为敌所占。本来不多的工商税收随县城减少而更少了。

---

　　① 南汉宸在《晋察冀边区的财经概况》一文中提到1941年边区每人平均负担1.6大斗(即48.2市斤),按1000万人计算,即为160万大石。又据邵式平在《几年来粮食工作之经验教训与今年度的工作布置》一文中提到,"1941年征粮只完成计划的65.5%",据此推得计划数为244万大石(160万大石≈244万大石×65.5%)。

为了克服财政上的困难,1941年政府不得不继续增加人民的负担。边区政府向各地分配的征收任务,推算为244万大石(约合6.6亿斤)[1],比1941年实征数约增加53.7%。从1942年起,边区的公粮征收任务没有再增加。据有关资料推算,1941年边区每人平均负担正税1.6大斗米(折合48.2市斤),比1940年的36市斤米增加20%,每人平均负担村款开支(即附加)6斤,每人平均负担正税及附加合计为49.4市斤米。1942年统一累进税和村款负担合计,每人平均负担约45斤左右。1943年约40斤左右。另据北岳区(巩固区)统计,各年负担(正税)占登记产量的比例分别是:1941年14.98%,1942年13.62%,1943年10.7%。[2] 另据北岳区(巩固区)统计,各年负担(正税)占登记产量的比例分别是:1941年14.98%,1942年13.62%,1943年10.7%。[3] 1941—1943年间农民负担统计如表19-14所示。

表19-14 北岳区农民税赋(正税及其附加)
负担统计(1941—1943年)

项目 年份	征统一累进税(万大石米)		每人平均负担正税及附加(米、市斤)		每分负担统一累进税(米、市斤)	
	实数	指数	实数	指数	实数	指数
1941	124.5	100	49.4	100	20.25	100
1942	103.7	83.3	45.0	91.1	16.87	83.3
1943	74.7	60.0	40.0	81.0	12.15	60.0

资料来源:李成瑞:《中华人民共和国农业税史稿》,中国财政经济出版社1962年版,第92页。

如表19-14所示,1942年、1943年同1941年比较,全年统一累进税

---

[1] 李成瑞:《中华人民共和国农业税史稿》,中国财政经济出版社1962年版,第92页;魏宏运主编:《抗日战争时期晋察冀边区财政经济史资料选编·财政金融编》,南开大学出版社1984年版,第487页。

[2] 南汉宸在《晋察冀边区的财经概况》一文中提到1941年边区每人平均负担1.6大斗(即48.2市斤),按1000万人计算,即为160万大石。又据邵式平在《几年来粮食工作之经验教训与今年度的工作布置》一文中提到,"1941年征粮只完成计划的65.5%",据此推得计划数为244万大石(160万大石≈244万大石×65.5%)。

[3] 李成瑞:《中华人民共和国农业税史稿》,中国财政经济出版社1962年版,第92页。

征收总额、每人平均负担正税及附加税额和每分负担统一累进税额,都逐年下降。这说明到 1942 年,农民已经渡过了税赋负担的繁重顶峰。

(三) 晋冀鲁豫边区财政税收

1939 年 9 月,日本帝国主义实施所谓“囚笼政策”,在晋冀鲁豫边区周围增兵至 10 万以上,在津浦路、陇海路、平汉路、正太路和同蒲路等路段分别向两侧各根据地逐步修筑公路、据点、封锁沟墙。1940 年以后,边区战争形势突变,斗争空前残酷。

1940 年 4 月,中共中央北方局在太行区黎城召开了高级干部会议(通称“黎城会议”)。确定了“建党、建政、建军”三大建设任务,确定了自力更生的财政经济方针。从 1940 年到 1942 年,财粮供给非常紧张,矛盾增多,困难加大。“晋西事变”以后,阎锡山停发了国民党政府给八路军的军饷。边区政府在解决战争供给的问题上,实行了以下三个措施:为保证军政人员吃粮的紧急需要,突击囤积公粮;整理、利用旧的田赋,增加财政收入;适应屯粮任务增加的需要,改进负担办法,使负担逐渐合理。

突击囤积公粮,在 1939 年就已开始,1940 年到 1942 年,由于战争紧迫,军需量增大,成为边区财经工作的中心任务。全边区的粮食收入约占国民总收入的 85％强,粮食之征收,亦占边区岁入的 3/4。因此,完成了屯粮工作即等于完成财政工作的 2/3。[①]

黎城会议提出了量入为出、收支平衡的财政方针。在实际工作中是量入为出与量出为入相结合。1940 年内派了三次借粮:第一次为百团大战借粮;第二次为秋季公粮;第三次为 12 月派借粮。1941 年两次借粮。1942 年提出“不再增加人民负担”的口号,分配的任务数比上年有所减轻。屯粮政策也进行了调整。联办确定负担面要扩大到 80％,人民负担不超过收入的 30％,军政民脱离生产的人员不超过根据地人口的 3％。由于根据地工农业生产下降,商业出现萎缩,1941 年又遭旱灾,太行区收入减少,负担加重。为了克服屯粮工作的困难,边区政府决定由各地区根据

---

① 陈廷煊:《抗日根据地经济史》,社会科学文献出版社 2007 年版,第 251—252 页。

各自的实际情况,规定合理的累进办法,起征点一律减至小米1石,只要维持到80%户口负担,必要时特等富户也可以超过30%,但不能超过40%。[①]

根据有关材料推算,太行区1941年的屯粮数约为67.8万石米,1942年约为58.8万石米;太岳区屯粮数1941年约为31万石米,1942年约为11.2万石米。按照1941年晋东南340万人口计算,1941年每人平均负担小米0.29石(约合78.3市斤),1942年每人平均负担小米0.21石(约合56.7市斤)。[②]比晋察冀边区同期负担要重一些。

边区通过突击屯粮基本保证了战争的供给,财政亦做到了收支平衡。在支出上也贯彻了黎城会议提出"军二政一"的原则。太行区1941年的粮食支出中,军粮占66%,政粮占21%,税捐占4.3%,荣誉退伍军人供给占3.3%,杂项占5.4%。[③]

田赋的整理与征收,一是为了组织财政收入保证战争供给需要。田赋是边区的重要财政收入。1940年太行区的财政总收入(现金部分)为622936元,其中田赋466486元,罚款收入141500元,公产收入6250元,杂项收入8700元。[④]田赋收入占总收入的74.9%。冀南区1941年的田赋征收任务总计有150万元。二是田赋沿用旧办法积弊甚多,需要加以整理与改进。其目的是要"改正一向有粮无地,有地无粮的积弊,剔除书吏中饱,改革征收办法,使之简单"[⑤]。

田赋经过整理,在边区连续征收了2—3年,冀南于1942年取消,晋东南于1943年并入统一累进税。征收田赋的标准,太行区1940年规定每两银子征收3元。1941年边区政府规定,冀南每亩另收建设费0.3元,冀西的耕地不如冀南,酌量减征;漳北、太北、太南、太岳每两银子(上、下忙合计)按4—5元征收,比1940年增加1—2元。[⑥]

---

① 陈廷煊:《抗日根据地经济史》,社会科学文献出版社2007年版,第252页。

② 《129师与晋冀鲁豫边区》,《解放日报》1944年8月17日;《太岳区的环境和工作概况》,《解放日报》1943年6月3日。

③ 《太行区粮食会议总结》,《政报》1942年第73期。

④ 陈廷煊:《抗日根据地经济史》,社会科学文献出版社2007年版,第253页。

⑤ 冀南太行太岳行政联合办事处:《抗日政权各种基本政策》(1941年),第34页。

⑥ 陈廷煊:《抗日根据地经济史》,社会科学文献出版社2007年版,第253页。

　　在合理负担办法的修订与改进方面,合理负担办法,是边区囤积军粮的主要征收制度。1940 年到 1942 年,边区各地根据黎城会议精神,陆续修订和改进了原来的负担办法。1941 年 7 月 1 日,边区政府在总结经验的基础上,研究了晋察冀的统一累进税则,制定和颁布了新的合理负担试行草案。从 1941 年冬季到 1943 年夏季,太行、太岳大多数县都执行了这个草案。

　　新的合理负担草案,比过去老办法更加合理:(1)资产与收入分开,征税范围更明确,资产仍按比例征税,相对收入税有所减轻,征税项目也有所缩小。1942 年将资产免征点由 50 元提高到 100 元。(2)家庭副业负担一律免除。(3)脱离生产的抗日工作人员所得的生活费免除负担,并得在其家庭内计算人口,雇工工人、一般劳动者的工资免除负担。(4)宣布了负担面以 80% 为标准,但可低至 70%,高至 90%。(5)降低了累进率,累进率按各阶层负担能力规定,收入负担的免征点定为小米 7 斗。后来太行区又有修订:雇工消耗每年只扣除 1 石或 2 石;在租佃地上为了减轻佃农负担,对佃方的收入,只按八成计算负担。冀南区在 1941 年重新修正了公平负担办法,以 0.6 为累进率,仍按土地亩数多寡累进。冀鲁豫区也于 1942 年 7 月 13 日颁布了《新合理负担暂行办法》,将土地分为十二级,以六级地产量 1 石 2 斗至 1 石 4 斗为标准亩,其他土地按此折合为负担亩,以 1.5 为累进率,每人平均 70 亩以上则不再累进。

　　鉴于边区农村经济枯竭,人民负担能力减弱,边区政府在 1943 年决定减轻人民的公粮负担、劳动负担,后来灾害严重,又对受灾地区进一步减免了公粮。据报载:太行区 1943 年的公粮,年初任务数就比上年减少16% 强,后不少地方又遭水灾,政府除了动员全区力量进行恢复生产以外,又决定太行区公粮总数再减去 3500 石,总计 1943 年比 1942 年减少将近 1/5。[①] 太行区在 1943 年和 1944 年两年中,政府因灾减免的公粮共有 14.05 万石。冀南区 1942 年的负担,比 1941 年减少 2/3,太岳区 1943

---

① 《解放日报》1943 年 10 月 24 日。

年比 1942 年减征公粮 4 万多石,减少 1/3。[1]

从 1942 年年初到 1943 年,边区实行了三次精兵简政。减少脱离生产的人员,规定政府和群众机关脱离生产的工作人员,不得超过全区人民的 1%。1942 年冀南区减少军政人员 1/2。政府系统三次简政,减少人员 51%。由原来的 548 人的编制,减到只 100 人。[2] 边区财政支出减少,人民的负担减轻,社会积蓄增加。1941 年时,边区每百人养活脱离生产人员 4—5 人,1942 年精兵简政减到 4 人,1943 年减到 3 人。[3]

在精兵简政的同时,部队和机关团体,开展了大生产运动。开荒、种地以及各种手工业生产,收到了非常圆满的效果。1943 年,边区的许多部队已经做到全年蔬菜和三个月的粮食可以自给。食用油盐、肉类,日常的办公、杂支等费用,大部分由生产所得来解决。冀鲁豫的部队也完成了自己供给两个月的粮食任务。[4]

(四) 晋绥边区的财政税收

1940 年 2 月 1 日,晋绥边区召开第一次行政会议,成立晋西北行政公署,制定和颁布了晋西北六大施政纲领。新政权成立最急迫的任务就是解决部队的供给问题。前两年,由于日军的进攻和阎锡山的经济压迫,使部队最低生活都难以维持。同时,一二〇师主力返回晋西北后,部队人马增多,军队达到 64000 人,加上党政机关人员,达到 83500 人,还有 5000 匹马。[5] 然而经济来源十分困难。晋西北本来就较为贫穷,交通闭塞,加上阎锡山长期的剥削压榨和滥发纸票,农业商业萎缩,金融混乱,群众的负担能力锐减。"晋西事变"时,由于叛军的破坏,经济损失奇重。1939 年大旱,沿黄河一带基本无收,食粮匮乏,商业停滞,通货膨胀更加严重,

① 《129 师与晋冀鲁豫边区》,《解放日报》1944 年 8 月 17 日。
② 齐武编著:《一个革命根据地的成长——抗日战争和解放战争时期的晋冀鲁豫边区概况》,人民出版社 1957 年版,第 98 页。
③ 陈廷煊:《抗日根据地经济史》,社会科学文献出版社 2007 年版,第 255 页。
④ 齐武编著:《一个革命根据地的成长——抗日战争和解放战争时期的晋冀鲁豫边区概况》,人民出版社 1957 年版,第 188 页。
⑤ 陈廷煊:《抗日根据地经济史》,社会科学文献出版社 2007 年版,第 256 页。

当时晋西北的通货多到十七八种，膨胀到 3500 余万元，以全晋西北 300 余万人计，平均每人将近 12 元之多。① 原来粮款主要是利用旧政权筹集的，"晋西事变"后，出现了财政经济工作停滞和无人管理的现象。为了保证战争的需要，行署于 1940 年 2 月发动了全区的四大动员，即献金、献粮、献鞋和扩兵。献金（包括现金、现银、银币、金币、法币、省钞等）由各级政府及群众团体、士绅代表组成的献金运动委员会负责办理。动员的对象主要是地主、富农、士绅及工商界人士。献粮的办法是：以现存粮为对象，按户计算，每人平均扣除口粮 1 石，余粮 1 石以下征 10%，2 石以下征 15%，依次每增 1 石增加比例 5%，直到 9 石征 50%。如每户每人平均余粮超过 9 石者，超过部分全部充作抗日公粮。

献金、献粮运动开始时，由于政策规定不具体，干部作风生硬，工作方式简单，曾较普遍地出现了强迫命令等过"左"的偏向，出现了吊打、处罚等偏向。地主有的逃跑，有的因恐惧自杀。据统计，当时全边区因四项动员不当逃到敌占区和阎锡山统治区的富户有 900 户，岚林县自杀的有 21 人。② 1940 年 6 月间，边区召开党的书记会议，纠正四项动员中的过"左"的偏向，要求各地切实按政策办事。各地退还了没收的财产（负担超过存粮 50% 的部分），形势才逐渐稳定下来。

"四大动员"（献金、献粮、献鞋、扩兵）运动从 1940 年 2 月开始，原计划两个月，执行结果，除献粮外，其余三项动员均提前超额完成了任务。其中：献金，分配任务数为 684331 元，完成 1810625 元（银洋、当时银元与西农币比值为 1：4）；献鞋，分配任务数为 87000 双，完成 118441 双；扩兵，分配任务数 6280 名，完成 15885 名；献粮，分配任务数为 107100 石，完成 90426 石。③ 由于献粮没有完成计划，边区政府于 1940 年 6 月、8 月和 10 月，又在兴县、临县、临南、岢岚、岚县、神府 6 个县进行了 3 次代购

①　陈廷煊：《抗日根据地经济史》，社会科学文献出版社 2007 年版，第 256 页。

②　晋绥边区财政经济史编写组、山西省档案馆编：《晋绥边区财政经济史资料选编·财政编》，山西人民出版社 1986 年版，第 494 页。

③　晋绥边区财政经济史编写组、山西省档案馆编：《晋绥边区财政经济史资料选编·总论编》，山西人民出版社 1986 年版，第 320 页。

和 1 次预借,共购到粮食 9432 石,又从晋中调粮 8000 石。维持了军队人吃马喂的最低需要,初步摆脱了缺粮的困境。四大动员后,建立了银行,设立了两个商店,为日后财政工作打下了基础。"虽然在动员中产生了强迫命令等过左的偏向,使人民受了些不应有的损失,但是实践证明,这一运动的发起还是非常必要的。不这样做就不能解决问题(自然在执行中的偏向还是不应该的),而且,其他任何办法都是来不及采用的。"①

1940 年 7 月,边区政府公布了《抗日救国公粮条例(草案)》,规定以全年人均收入折米计算,每人平均 5 斗以下者免征,满 5 斗者征 1%,满 6 斗者征 2%,一直到 1 石,每增 1 斗,增比率 1%;1 石以上到 1 石 5 斗以下者征 8%,直到 5 石,每增加 5 斗,增比率 2%;5 石以上 6 石以下者,征 24%,直到 10 石,每增加 1 石 5 斗,增比率 2%;10 石以上者征 30%,不再累进。执行结果,据 8 个县、9 个村的调查,负担面达到 75%。负担占总收入的比例,平均为 9.5%;地主为 22%,富农为 12%,中农为 8%,贫农为 1%。边区政府又提出以政治动员补救比例征收不足的方针。由于缺乏具体的政策标准,有的地方乱摊乱派,有的地方把未完成任务的部分全部加在地主富农身上。边区政府立即予以纠正,决定对地主富农的负担,凡是超过总收入 50%以上的部分给予减免。据兴县、临县、河曲三县统计,当时按规定减免地主富农的公粮共有 4996.7 石。② 征粮的 24 个县,共完成 212757 石,基本上满足了 1941 年粮食年度军粮的需要。

边区在 1941 年 3 月和 8 月召开两次高级干部会议,9 月召开行政会议,研究了经济建设和财政建设。政府于 1941 年和 1942 年间,对财政、公粮、税收、金融等工作,政策上进行了调整,制度上做了改进。1940 年,边区人民的负担是比较重的。据调查,公粮负担,第一次献粮占收入的比例为 17.52%,第二次征粮占收入的比例为 22.24%。加上田赋、营业税和

---

① 晋绥边区财政经济史编写组、山西省档案馆编:《晋绥边区财政经济史资料选编·总论编》,山西人民出版社 1986 年版,第 737 页。

② 晋绥边区财政经济史编写组、山西省档案馆编:《晋绥边区财政经济史资料选编·财政编》,山西人民出版社 1986 年版,第 237—239 页。

付款摊派,总负担占国民经济收入的比例接近 30%。负担重的原因有二:一是敌人不断地烧杀、抢夺、破坏,致使经济萎缩。1942 年,全区农业劳动力比战前减少 1/3,牛减少 6/10,骡驴减少 8/10 — 9/10,羊减少 6/10,猪减少 8/10 以上;耕地面积仅相当于战前的 84%,山地粮食产量降低 1/3 以上;棉花总产量只有战前的 3%,民间纺织业完全停顿,洋布占入口货总值的 60%。① 二是对赋税限度控制不严。为了减轻人民的负担,恢复和发展农业生产,积蓄民力,支持持久的抗战,边区政府调整了财政政策和负担政策。第一,确定公粮、田赋、营业税、契税、没收汉奸财产、公营事业盈余等为政府收入,由政府统收;军队及各级政府所需的粮食和经费,由财政统一供给。财政收支,坚持量入为出,适当地量出为入。不足部分主要靠各单位自力更生解决。第二,规定公粮的总征收量不得超过总产量的 20%。规定公粮负担比例,最高不得超过其总收入的 30%;负担面不得少于 80%。第三,1942 年明确规定:在敌占区不得任意动用物资,在游击区、近敌区征收公粮,负担要比内地适当减轻。第四,控制脱离生产的人员。晋西北根据地 1941 年八路军控制地区(包括根据地和游击区)157 万人,脱离生产的军政人员 6.8 万余人(预算数为 83700 人),占根据地总人口的 4.35%。② 为了减轻人民的负担,1942 年边区政府规定,扩兵人数与居民的比例控制为 1%;规定军政费用开支比例为 7∶3,军费占全部支出的 7/10,政费占全部支出的 3/10。上述政策的施行,促进了经济的恢复和发展,克服了财粮供给困难。1941 年大部分冬衣都靠自力更生得到解决,1942 年是敌我斗争最残酷的一年,而食粮基本上满足了人民与军队的需要。

1941 年 10 月,政府公布了修订后的《征收抗日救国公粮条例》规定:每人全年收入以折合小米计算,未满 4 斗(26 斤斗)免征;每人全年收入满 4 斗征 1%;4 斗以上到 6.75 斗,每增加 0.25 斗,增征比率 0.5%;6.75斗以上到 9.25 斗,每增加 0.25 斗,增征比率 0.8%;9.25 斗以上到 1.3

---

① 林枫:《坚持敌后抗战的晋西北根据地》,《解放日报》1943 年 7 月 8 日。

② 陈廷煊:《抗日根据地经济史》,社会科学文献出版社 2007 年版,第 260 页。

石,每增 1 斗,增征比率 1%;1.3 石以上,每增加 1 斗,增征比率 0.5%;2 石以上征 30%,不再累进。[①] 边区政府还公布了《公草征收保管支付办法》,规定每石公粮附征 150 斤公草,其中谷草占 80%,杂草占 20%。这次征粮,完成 207604 石小米,比 1940 年的第二次征粮数减少 2.5%。由于起征点降低,负担面扩大到 90%。各阶层的负担,据 9 个县、10 个行政村、28 个自然村统计,负担占收入的比例:地主 27.5%,富农 27.6%,中农 22%,贫农 13.8%,雇农 8%,平均 21%。为了照顾贫苦农民的负担困难,政府发出补充指示,规定对一般工人雇工征收公粮时,其全部收入折半计算,本人还在家庭计算人口。对贫苦农民征收公粮时,将租牛的牛租、借入的种子、夏收以前借入的口粮三项,在全部收入中减除。对肩挑小贩,凡资本额在 500 元以下者,以其全年盈余数的一半计算征收。贫苦农民的负担多数减免了一半。

1942 年 9 月,边区政府颁布了 1942 年度《修正征收救国公粮条例》,对原条例做了以下修改:第一,征收公粮计算收入,对剥削收入和劳动收入规定了不同的折合率:(1)自种地产粮按六成折米;(2)租出地收租与伙出地收益,均按七成折米,佃户偿还的借粮借种,扣除不算收入,收租或分益在一石以下同自种;(3)租入地与伙入地产粮,除交租(地租、牛租、房租)外,均按五成折米。第二,对产杂粮过多的地区,在收入折合率上做了照顾,规定小麦产量占全户总产量 1/5 以上,小麦部分先以一倍半折成粗粮,再按上述折米办法折米征收;若黑豆、黄豆、荞麦、大麦、高粱合计产量占全户总产量 1/3 以上,先以八成折成粗粮,再依上述办法折米征收。第三,扩大了征收范围,规定了非农业收益的折算比例:(1)工资及薪俸以四成折算;(2)纺织业不计收入,工矿事业之纯收益以八成折算;(3)经营商业之纯收益以九成折算,肩挑小贩资本额在 3000 元以下者,其纯收益以四成折算;(4)出贷现金、现粮所得之利息,按半数折算;(5)经行署审定备案的公营商业不征公粮,其他部队机关之商业与一般

---

① 晋绥边区财政经济史编写组、山西省档案馆编:《晋绥边区财政经济史资料选编·财政编》,山西人民出版社 1986 年版,第 200—203 页。

商业均征公粮;(6)公营之煤窑、粉坊、酒坊、油坊、铁匠炉均征公粮,以纯收益八成折算。① 第四,规定副业不超过正产 1/10,或副业(纺织业不在此限)不超过正业 2/10 以上者,不征收公粮,超过者只征收其超过之部分,以促进农村副业的恢复和发展,增加农民收入。第五,为了照顾贫苦农民,提高了起征点。修订后的税率规定,每人平均收入小米未满 5 斗免征,5 斗为起征点,征收 5%;5 斗以上,每增收 1 斗加征 1%,每增收 1 升,加征 1‰,递增至 3 石,征 30%,3 石以上不再累进。

第四次征粮是在残酷的战争中进行的。边区管辖的 23 个县,绝大部分变成游击区,完整县仅有 6 个。征粮任务仍然胜利完成。这次征粮,实际完成 161587 石小米(正税),比 1941 年实征数减少 22.2%,达到减轻民负 1/4 的要求。据典型调查,1942 年负担占总收入的比例,地主为 26.9%,富农为 24.9%,中农为 18.8%,贫农为 10.9%,平均为 17.4%。②

紧随边区政府在调整税率和尽量做到人民合理负担的同时,又整理田赋。

田赋是旧税种,1940 年 8 月行署第二次行政会议决定加以整理。整理的办法是:将所有土地分为水地、平地、旱地三种,以每种土地的地价分为上、中、下三级,共分三等九级。当年各地仍按旧田赋基础征收,每 1 两银征银洋 2.5 元,与 1939 年相同。

1941 年,为了减轻人民负担,边区政府豁免了上、下忙全部田赋。1942 年继续征收田赋,并再次规定了整理田赋的办法。其主要内容是:在有粮册的地区,有粮无地者免征,有地无粮者增派;在遗失粮册的地区,调查登记地亩,按旧标准重派新粮;对旧粮制中的各种中间剥削,一概取消。整理之后,仍按旧粮银征收,每两银征银洋 1.8 元,按银行牌价折收"西农钞"(即西北农民银行发行的纸币)。这一年,共收田赋 406 万元(西农钞),占当时全部财政收入的 19.7%。

---

① 晋绥边区财政经济史编写组、山西省档案馆编:《晋绥边区财政经济史资料选编·财政编》,山西人民出版社 1986 年版,第 204—206 页。
② 晋绥边区财政经济史编写组、山西省档案馆编:《晋绥边区财政经济史资料选编·总论编》,山西人民出版社 1986 年版,第 741 页。

在整理田赋的过程中,还建立了统一救国公粮制度。1940—1942年,晋绥边区除了征收公粮、田赋、村款粮、公草以外,还开征了营业税、出入境税、烟酒牌照税等。营业税是向工商业者征收的。1940—1941年,按资本额计征的税率为0.1%,按营业额计征的税率为0.02%—0.5%。1942年取消营业税,改为征收公粮。1942年10月《边区临时参议会施政纲领》第八条规定:"实行合理的财政税收制度,统筹收支,确立一般预决算,非经参议会通过,政府不能任意增加人民负担。居民中80%以上的人民,按土地财产所得之多寡,负担抗日经费,切实整理村摊款,准备实行统一累进税。"政府决定停止田赋、村款、村粮、营业税的征收,把人民负担统一到公粮(还保留出入境税),把抗日救国公粮改名为"统一救国公粮"。

1943年秋,政府公布了《晋绥边区统一救国公粮征收条例》。对1942年的征收办法做了如下修改:第一,增加财产税。规定土地林木计征财产税,存粮、存款、投资、放债、证券、畜养、矿山、住宅、铺房、用具、肥料,均不计财产税。土地财产计征时依其生产量计算。财产以5斗米为1"富力"。自种地的产量每人平均在1石米以下,免征财产税。第二,修订农业收入折米的折合率。租入地与伙种地产粮除交租外,按粗粮四成折米计算;自种地产粮以粗粮五成折米计算;租出地收租与伙出地分益,均按粗粮六成折米计算。第三,调整了非农业收益征免范围和计算标准,非农业收益按规定折米后,再按当地市价折米征收。第四,增加了扶持中农贫农经济发展的规定:(1)贫苦农民春耕前所借口粮及种子,为生产而借贷所付的利息、地租,计征时一律扣除。(2)全家只有1人,以2口计,贫苦无依的老幼寄居户,作寄居户之人口计算。第五,修订了税率。统一救国公粮的税率,以"富力"作为计征标准,以"分数"作为税率。规定收入以1斗米为1"富力",财产以5斗米为1"富力"。全家收入富力与财产富力合计为该户之"总富力",总富力除以该户人口数,得出该户每人平均富力,作为征收比例之计算标准。每人平均富力未满6个富力,征收比例为1%;5个至7个富力中间,每增加1个富力,加征1%;7个至11个富力中间,每增加1个富力,加征2%;11个富力以上每增加1个富力,即增加比例 1%。递增至 35 个富力征收 35%，35 个富力以上不再累进。① 条例的贯彻执行，使地主富农的负担较前两年加重，地主加得多，中贫农的负担均有所减轻，贫农减得多，实现了"削弱封建经济、扶持生产、照顾贫苦农民利益"的政策导向。

（五）山东抗日根据地的财政税收

山东抗日根据地分散为渤海、鲁南、滨海、胶东、鲁中等互不相连的五个小区，1940 年 8 月后，直接隶属于山东最高抗日政权机关"山东战时推行委员会"（1943 年改为"战时行政委员会"）统一管辖，在 1940—1942 年，实行财政税制调整、改革，建立新的财粮统筹与粮赋制度，扩大税赋负担面，既尽可能做到各阶层合理负担，又满足抗日救国的财政需求，调动了广大民众的抗日积极性，渡过了抗日战争的艰难时段。

1940 年 8 月 1 日，"联合大会"②选举了山东最高政权机关——"山东战时推行委员会"（1943 年改为"战时行政委员会"）。确定 1941 年的任务是：克服时局危机，开拓抗战新局面。贯彻民主制度，实行公平负担，统一财粮筹支，建立金库，整顿田赋税收。战时财经工作委员会（以下简称"战工会"）先后制定和颁布了关于财粮方面的条例和法令，使财粮工作逐步走上了正轨。

统一粮食筹支，是当时财经工作中最急迫的一项措施，其目的有三：一是在歉收的情况下，有计划地解决军需民食，战胜粮荒；二是为了克服原来筹粮工作中存在的多头要粮、平均摊派、随吃随筹等混乱现象；三是向敌人的粮食统制、劫夺作斗争，粉碎敌人"以战养战"的阴谋。统一筹划粮食，包括统一征收救国公粮，建立粮票制，统一支付给养，在地区之间调剂余缺三个方面的内容。

救国公粮于 1941 年夏季开征。4 月 27 日省"战工会"《关于征收救

---

①　晋绥边区财政经济史编写组、山西省档案馆编：《晋绥边区财政经济史资料选编·财政编》，山西人民出版社 1986 年版，第 214—218 页。

②　"联合大会"，即山东省"国大"代表复选大会，山东省总动员委员会成立大会，山东省参议会成立大会，山东省工、农、青、妇文化界代表大会，山东各界救国联合总会成立大会的简称。

国公粮的决定》及 5 月 6 日省粮食会议《关于粮食与征收救国公粮的决议》规定：救国公粮以行政主任区为单位，按照全区各抗日主力军、地方武装、政府机关、抗日政党、群众团体之领导机关应对脱离生产吃公粮的人数及牲口头数编造预算，确定应征救国公粮的数量。人的吃粮标准，每人每日按 2.5 斤编列；牲口的饲料标准，以每头每天 6 斤编列。另加 30% 的预备粮食。按照各县的生产、土地、人口情况分配征收任务。对根据地与游击区、敌占区的分配比例分别以 85% 与 15% 为原则。在公粮之外，每亩地多征一斤粮，作为优待抗属及救济灾民之用。征收救国公粮的办法，按照山东省战时工作委员会颁发的甲、乙、丙三种公平负担暂行办法执行。在新开辟地区，实行最简便的甲种办法；在较有基础的地区，使用乙种办法；乙种办法行之有成效后，逐渐实行丙种办法。坚决反对按银两地亩摊派的不合理做法。

山东省"战工会"规定：无论执行哪种征收办法，都要在有粮出粮的原则下，使人民得到真正的公平负担。全年征收公粮数以不超过该地区粮食总收入的 30% 为原则。秋季征收公粮，以不超过人民实际秋收粮食的 30% 为原则，个别大地主因累进关系，需要超过此原则者，亦不得超过其实际收入的 70%。在征收公粮时要求负担面一般要达到 80% 以上，对贫佃农也应给予适当的负担，以免富有者负担过重。对于遥远偏僻地区或靠近公路敌人据点的地方，因筹办及运输的困难，必要时可收取给养代金，作为需粮较多的中心地区购买粮食之用。这样彼此调剂，可以使人民负担更加公平。[1] 1941 年 10 月 20 日，山东省"战工会"拟定了《山东省清查土地登记人口暂行办法草案》；同时制定粮食保管、储藏和粮票使用等制度。

田赋是山东根据地财政收入中的主要项目，整理田赋及其征收制度，是保障财政供给的关键之举。1941 年 9 月，山东省"战工会"颁发了《整理及征收田赋暂行办法》，要求各地尽量搜集旧粮册，访问旧粮政人员，切实把粮银数搞清楚，以增加财政收入。必要时，政府可组织力量清丈地

---

① 艾楚南：《怎样征收救国公粮》，《大众日报》1941 年 4 月 28 日。

亩,重新规定粮银数量。各地征收田赋并存三种做法:第一种是按旧银两征收;第二种是按银两计征,按地亩摊收;第三种是在清查地亩基础上,按亩征收。旧田赋制度中的积弊以及征收过程中的中间剥削,均已铲除。各根据地的情况和做法是,胶东区:1938 年每亩平均收 0.3 元,合每两银子 6 元;1939 年每亩平均收 0.4 元,合每两银子 8 元;1940 年每亩平均收 1.8 元,合每两银子 20 元;1942 年每亩平均收 2.6 元,合每两银子 52 元。清河区:1941 年每亩平均收 1.2 元,合每两银子 14.5 元;1942 年每亩平均收 2.7 元,合每两银子 58 元。滨海区:1940 年每亩平均收 0.2 元,合每两银子 7.5 元;1941 年每亩平均收 1 元,合每两银子 55 元;1942 年每亩平均收 5.2 元,合每两银子 234 元。鲁中区:1941 年每亩平均收 1.15 元,合每两银子 36.8 元;1942 年每亩平均收 5.3 元,合每两银子 159.6 元。鲁南区:1942 年每亩平均收 6 元,合每两银子 240 元。照上述标准征收结果,1940 年全省根据地田赋收入占财政收入 32.48%,1941 年占 54.51%,1942 年占 51.71%。[1]

为了使各阶层人民的田赋负担相对公平,1940 年 11 月,山东省"战工会"公布了甲、乙、丙三种公平负担办法。

甲种公平负担办法:自上而下逐级分配任务、评议征收的办法,它适用于新开辟的地区或工作基础较差的地区。主要有以下几点:第一,逐级分配救国公粮的征收任务。第二,各村分别确定各纳税户的负担分数,算出应征的公粮数。公平负担以户为负担单位,以村为实行单位。各村除特别穷户不负担、特别富户应有特别捐助以外,其余各户,按照农田、园地、商业、工业、利息等总收入的多寡、有无负债、人口多寡等情况分为 10 等。各等户的负担,按分数计算,称为"负担分":一等户负担 15 分;二等户负担 12 分;三等户负担 9.5 分;四等户负担 7.5 分;五等户负担 6 分;六等户负担 4.5 分;七等户负担 3 分;八等户负担 2 分;九等户负担 1 分;十等户负担 0.5 分。第三,减免优待。凡贫寒之抗日军人家属,依照优待

---

① 山东省财政科学研究所、山东省档案馆合编:《山东革命根据地财政史料选编》第 2 辑,山东省档案馆 1985 年刊本,第 106—109 页。

抗日军人家属条例之规定,免其负担。开垦的荒地,一律免负担三年,以示优待。

山东省"战工会"1940 年 11 月颁布的乙种公平负担办法,在 1941 年 4 月和 10 月又做了两次修订,1941 年度实际执行的是 10 月修订的办法。乙种公平负担办法适用于工作有基础的抗日民主政权辖区。这种负担办法,以户为纳税单位,以土地为课税对象,按每人平均土地多少划分等级,累进计征。属于土地收益税,其主要内容如下:

第一,关于土地的计算标准。除规定免税的以外,都是课税的对象。负担按当时土地的实际支配权划分:自耕土地由耕者负担,租佃土地由租佃双方分别负担,典当土地由承典人负担。计税的土地,按清丈土地折合之标准亩计算。具体做法是:把全部土地划分为上、中、下三等,每等又划分为上、中、下三级,计三等九级。按照普通收获年成,分别确定各个等级土地(每一官亩)的产量,然后以中等中级土地(每一官亩)的产量为标准折合。折算出来的产量面积,即为"标准亩"。

第二,免税亩的扣除与人口的计算。纳税人的土地折合成标准亩以后,再扣除免税亩,扣除免税亩以后的标准地作为各户课税的依据。免税亩的扣除,按人口计算。年满 50 岁以上的男女,现役抗日军人,按照规定脱离生产之政府、群众团体工作人员、行政村长及农救会主任,满 7 岁到未满 16 岁之在学儿童,抗日小学教员,不能劳动之残废人员,每人扣除标准地 1 亩。7—16 岁之不上学儿童,16—50 岁之妇女,每人扣除标准地半亩。

第三,负担亩与税额的计算。纳税人的土地扣除免税亩以后,以户为单位按人口平均,按每人平均标准亩多少累进计征。累进计征的标准,是"负担亩"。"负担亩"是超额累进的,共分十级累进。纳税人应纳的税额,按照全家应计"负担亩"和负担亩应征的粮食计算。每负担亩应征的粮食数,以村为单位,按照上级分配的征粮总数和全村总负担亩计算。

第四,免税优待。乙种公平负担办法规定:开垦荒地、旷地,其耕种期限在三年以上,按实际收入折合标准亩计算,耕种不到三年免其负担,新垦荒地三年以后再计负担。凡因开渠筑堤增加之收获量,三年不增加负担,因打井而增加收获量者永不增加负担。为奖励家庭副业发展,凡有小块之菜园,按普通地计算负担,大块经营以营利为目的者,按其邻近土地的等级增加二级计算负担。

第五,关于征收。每年征收两次,以征收粮食为主。柴草、田赋均按标准亩计算负担。田赋概由地主负担。柴草根据分配情况定,谁分得柴草由谁负担。

丙种公平负担办法适应于民主政权比较巩固的地区。课税对象包括资产和收入两部分。资产部分,包括土地、房屋、工场、商店及其他财产。收入部分,包括地租收入、农作物产量、林木收入、畜养收入、工商业纯收入、租赁收入、工资报酬、利息收入等。各种资产和收入,由户主按照政府印发的负担调查表自行填写上报,经村公平负担评议会审查确定。征收办法:每人每年平均收入不满30元免征;在30元以上,每5元作1厘,50元作1分;从50元到500元,以50元为一级,从500元到1000元,以100元为一级,每级以1.3为累进率计算分数;每人每年平均收入在1000元以上,超过1000元的部分,每百元按80分计算,不足10元之零数一律不计。每人应征之数,最高不能超过本人收入的35%。丙种负担办法是资产税和收入税合并征收,不再单独征收田赋。

三种公平负担办法执行情况:山东省"战工会"颁发的甲、乙、丙三种公平负担办法,1941年实际推行的只是甲、乙两种(胶东区实行甲种办法的村庄占71%),丙种负担办法完全没有实行。有些地方仍然继续执行按银两摊派的制度。

清河区、鲁中区、滨海区推行乙种公平负担。鲁中区半数左右村庄实行了乙种办法,执行结果,人民负担公平合理,团结也得以加强。滨海区这一年已将乙种公平负担办法推行到281个村庄,并试办了土地清丈工作,纠正了地多粮少和地少粮多现象。1941年,各阶层的交粮热情比过去大大提高。①

———————————

① 《省战工会关于鲁中区秋季粮食会议的决议》,《大众日报》1941年10月4日。

据有关资料估计,1941年山东根据地征收的救国公粮和田赋折粮,共约1.96亿斤。[①] 这一年由于敌人的"扫荡"和国民党反共军公开投日事件增多,根据地开始缩小,估计只有1000万人口。照此计算,每人平均负担为19.6斤。这一年每亩平均粮食产量可以达到150斤。如按每人平均耕地三亩计算,则每人平均实产量为450斤,负担占实产量的比例为4.4%。另从军政人员占总人口的比例看,1941年军政人员仍在15万人左右,占根据地人口1000万人的1.5%。

1941年,日伪加强了对根据地的围剿、扫荡。1942年敌伪在山东根据地周围的据点增至3700处(1940年年底为1100多处),挖封锁墙沟8400多公里,控制公路7000公里(1940年年底为5000公里)。到1942年年底1943年年初,敌伪对付山东根据地的总兵力达到22.5万人(其中日本侵略军为3.7万人)。敌人抽出1万以上的兵力对山东各战略分区实行了前所未有的频繁"扫荡"。敌伪连续的"扫荡"和国民党军队的夹击,使山东根据地的形势迅速逆转:基本区缩小了;战略区被割成几块;军队和干部遭受了损失,群众组织遭受严重的摧残。1942年山东根据地面积缩小1/3,部队减员1/4。[②]

敌人的"扫荡"使农村经济遭受很大的破坏,增加了根据地财粮供给困难。山东分局在四年工作总结中谈到,1942年4月,山东根据地的军队人员为10万人(其中山东纵队6万人,八路军一一五师4万人),加上政府人员,合计吃公粮人数在17万人以上。当时根据地人口为800万人(以后还有所减少),吃公粮人数占到总人口的2%以上。太平洋战争爆发以后,日军从上海等地攫到几十亿元法币,以此从敌后抗日根据地攫取大量物资。同时大量发行伪币来代替法币。1942年从四周流入山东根据地的法币有几亿元,与此同时有相当数量的物资流出境外,被敌伪掠

---

① 根据山东省财政厅收集的资料估算,田赋折粮按公粮的4%计算约为5600万斤,公粮按1941年征收统计数为1.4亿斤(鲁南区夏征数是估计补入的)。其中鲁中区为3570万斤,清河区为1711万斤,鲁南区为1324万斤,滨海区为3232万斤,胶东区估计为4163万斤。

② 魏宏运主编:《中国现代史资料选编》(4),黑龙江人民出版社1981年版,第574页。

夺。这比几次大扫荡所造成的损失还要大。①

1942年4月,正当山东战场处于最艰苦最困难的关头,刘少奇代表中共中央到了山东,帮助中共山东分局总结了山东抗战四年来的斗争经验,提出了以后的斗争方针和任务,并且对山东的军事、政治斗争,群众工作,统一战线工作,党的工作和根据地建设等各项政策,做了指示。对于山东根据地胜利地渡过最艰苦阶段及以后的发展,具有深远的意义。中共山东分局在总结经验的基础上,加强了对经济工作的领导,调整了政策,有针对性地采取了相应的措施,主要有:深入开展减租减息运动,调动群众对敌斗争的积极性;开展以农业为主的大生产运动,恢复和发展生产;改进救国公粮征收办法,照顾各阶层的利益,使负担进一步公平合理;开展货币斗争,反对敌伪掠夺根据地内的物资。

1942年8月25日,山东省"战工会"发出《关于修正征粮办法的决定》。指出:从本年秋季开始,改按产量征收救国公粮(田赋仍单独征收,由地主负担),废除甲、乙两种公平负担办法,并绝对禁止按地亩摊派。改进后的救国公粮办法,以户为单位,按各户全年的收获量计算征收。收获量由户主登记,村评议会审核确定。莲池、苇塘、果园、菜园、竹园面积较大、有一定的收益者,按实收入折成粮食计算。

按产量征收的标准,以户为单位,按人口计算,每人平均全年产量不足100斤者不负担,每人平均全年产量在101斤以上的,全额累进计征,累进率规定如表19-15所示。

表19-15　山东抗日根据地累进税率规定(1942年)

税级　项目	每人平均产量(市斤)	税率(%)	税级　项目	每人平均产量(市斤)	税率(%)
一	100 以下	免税	9	501—550	15
1	101—150	1	10	551—600	18
2	151—200	2	11	601—650	21

① 薛暮桥:《抗日战争时期和解放战争时期山东解放区的经济工作》,人民出版社1979年版,第88页。

税级＼项目	每人平均产量(市斤)	税率(%)	税级＼项目	每人平均产量(市斤)	税率(%)
3	201—250	3	12	651—700	24
4	251—300	5	13	701—750	27
5	301—350	7	14	751—800	31
6	351—400	9	15	801—1000	35
7	401—450	11	16	1000 以上	35
8	451—500	13			

公草、公柴的征收,按公粮比例计算,一般以缴纳 1 斤公粮者应缴纳 2 斤公草、公柴为原则。

1943 年,山东省"战工会"对按产量征收的办法又有改进:对自耕农的产量,一律扣除 20%的农本费计算;逐块评定产量改为划地段评定产量。累进分级的标准:胶东区以每人平均收入多少为累进分级标准。鲁南区以每人平均地亩多少为累进分级标准。滨海区分级办法与胶东区大致相同。清河区按产量与阶级两个标准分级累进,如每人平均产量 300 斤,贫农征 3%,中农征 13%,富农征 21%,地主征 30%。关于出租地及租种地的计算方法,滨海区规定,凡自耕或雇工经营的土地,从产量中扣除生产成本 20%后计算公粮;佃农按同样方法扣除生产成本后,再扣除地租计算公粮;出租地按地租收入征收,不扣除生产成本。鲁南区规定,出租地及租种地 2 亩折 1 亩计算负担,自种地 1 亩算 1 亩负担。胶东区的办法与滨海区近似,但在计算公粮以后再打八折,而不是先扣除 20%的农本。鲁中区规定,出租地 3 亩折 2 亩计算,租种地 3 亩折 1 亩计算。

关于累进率,胶东区规定:每人平均产量 150 斤,征 1%,200 斤征 2%,250 斤征 3%,300 斤征 4%,350 斤征 6%,400 斤征 8%,450 斤征 10%,500 斤征 12%,550 斤征 14%,600 斤征 17%,650 斤征 20%,700 斤征 23%,750 斤征 26%,800 斤征 29%,850 斤征 32%,900 斤以上征 35%。清河区分四等(四个阶层)分别规定累进率。

1942 年到 1943 年,山东根据地最困难最艰苦,由于党政军民齐心协力,加强了对敌斗争,开展了根据地的经济建设,两年的财粮收入完成得很好,保证了战争供给的最低需要,人民的负担相对有所减轻。据有关资料统计,山东根据地征收的救国公粮和田赋折粮两项,1942年为16376.0万斤,1943年为20955.5万斤。其中,救国公粮占70%左右,田赋折粮占30%左右。具体征收数字如表19-16所示。

表19-16 山东根据地公粮、田赋征收统计(1942—1943年)

(单位:万斤)

年份	地区/项目	渤海区	鲁南区	滨海区	胶东区	鲁中区	总计
1942	公粮	1407.6	748.4	2997.8	5112.5	1778.0	12044.3
	田赋	422.2	296.8	899.3	2180.1	533.3	4331.7
	小计	1829.8	1045.2	3897.1	7292.6	2311.3	16375.0
1943	公粮	2010.8	989.4	3600.0	6915.2	2308.8	15824.2
	田赋	603.2	296.8	1080.0	2458.7	692.6	5131.3
	小计	2614.0	1286.2	4680.0	9373.9	3001.4	20955.5

资料来源:据山东省财政厅自山东省档案馆抄录的资料整理编制。

表19-16中统计数据,除滨海区1943年为估计数外,其余均为统计数。各年田赋数,除胶东区为统计数外,其余均为推算数(按公粮数的30%推算)。

按照当时根据地人口800万人计算,则每人平均负担:1942年为20.5斤,1943年为26.2斤。每人平均负担虽比1941年度增加了,但负担进一步公平了。这主要反映在两个方面:第一,负担面扩大了。1941年的负担面一般在70%左右,有些地方还不到70%。1942—1943年,负担面一般扩大到80%左右。广大人民(包括贫农的多数)都有粮赋负担,中农、富农和地主的负担也有所降低。各阶层的实际负担比例比较公平合理了。以滨海区为例,1943年秋各阶层的负担情况是:地主平均负担占收获量的30%(低于原规定的35%),富农19%,中农10%,贫农3%,总平均为11%。[①] 负担的进一步公平合理,调动了各阶层的抗日积极性。

---

① 谢辉:《山东滨海区的民主建设》,《解放日报》1944年8月4日。

广大农民节衣缩食,把自己的劳动成果,热情地献给了自己的政府,献给了自己的子弟兵。沂南一个模范村,收公粮田赋时,在动员的第二天,就完成了3万斤公粮和2700元田赋。①

(六) 华中抗日根据地的财政

华中抗日根据地包括苏中、盐阜、淮海、苏南、鄂豫、淮北、淮南、皖江8个边区或地区,涵盖的范围广阔,地域跨度特别是东西跨度很大,自然和物产条件差异悬殊,根据地民主政权建立时间先后不同,民主政权的财政收支和军队补给,差异亦大,其中财政状况较好的皖江根据地,财政收入除满足当地军政给养外,尚有相当数额上交新四军军部。基于这种情况,各边区的财政政策、措施,筹款办法和人民负担情况也各有差异。各边区政府在极其艰难的条件下,采取多种改革、调整措施,开源节流,尽量做到公平负担,在保障各阶层人民的基本生活需求和抗日军政的补给之间取得平衡,克服了困难,推进了抗日斗争的开展。

1. 苏中区的财政

苏中区的财政筹集方式是收税。开征的税种有:公粮、田赋、产销税、盐税、屠宰税、牙税、契税等数种。1941年12月13日,中共苏中区党委发出《关于征募救国公粮的指示》,计划征收6万石。征募救国公粮主要采取政治动员方式,政府组织了征募委员会,各群众组织亦成立了调查组、宣传队、征募队、运输队,掀起群众性的征募运动。

1942年中共华中局第一次扩大会议后,为了统一筹集军粮,建立正规的制度,苏中行政公署于9月1日颁布《三十一年度秋季征收粮赋条例》。规定:(1)公粮、田赋合并征收,统一征收粮食;(2)除征粮赋以外,不征任何附加;(3)根据当时的租佃关系,分别规定了业佃双方的负担标准。各种作物征收的具体标准如表19-17所示。

---

① 《山东抗日军民根据地的缩影——沂蒙区沂南一个村的调查材料》,《晋察冀日报》1943年4月24日。

表 19-17 苏中区粮田每亩征收标准（1942 年） （单位：斤/亩）

项目 农地类别	一等田	二等田	三等田	四等田
水稻田	12	9	6	4
玉米地	14	11	8	6
黄豆地	9	6	4	2
小麦地	12	9	6	4

军粮征收原则是，土地生产什么征收什么。水稻田征稻谷，玉米地征玉米，黄豆地征黄豆，小麦地征小麦。表 19-17 中所列每亩征收数均为各种粮食的原粮数。

草田、棉田的征收标准如表 19-18 所示。

表 19-18 苏中区草田、棉田征收标准（1942 年） （单位：斤/亩）

项目 农地类别	计税标准	税率（%）	备注
草田	土地实产量	8	征公草
棉田	土地实产量	6	征公棉

对出租地、佃耕地的征收标准。苏中的土地集中程度较高。1942 年开始实行"二五减租"，但减租不彻底，租率仍很高。租佃土地的征收标准，田赋由出租人负担，公粮由业佃双方负担，粮赋加在一起，征收标准与自耕土地相同。业佃双方的征收标准，又按粮租制分别确定。实行粮租制的，粮赋按数计征的粮食，业主负担 3/4，佃户负担 1/4；单是公粮部分，业主负担 60%—65%，佃户负担 40%—35%。条例规定：凡出租或承租土地在 100 亩以上的户，除按上述标准计征外，超过部分的土地，按累进率加征粮赋。实行银租制的，对业主按银租额征 10% 的公粮和田赋，其中田赋征 3%，公粮征 7%；对佃户按照自耕土地的公粮征收标准减一半征收。出租土地在 100 亩以上的户，其超过 100 亩的土地，按累进率加征。如兼有银租及粮租，则按照其田亩总数累进征收，粮租田征粮，银租田征银。

苏中区筹集粮款的具体办法,前后有所不同,人民的负担也相应有所变化。1942年以前,苏中区处于敌、伪、顽夹攻之地,斗争激烈、尖锐。敌伪的汽艇穿梭般往来于水网区,公路被截断,部队只能以营或连排活动。区乡政权尚未得到改造,部队的物资供应很困难。军政人员所需的粮食和款项,来源有三:一是人民主动支前。主动出粮出钱支援新四军作战。黄桥决战时,镇上60多家烧饼店日夜不断地赶做烧饼支前。"黄桥烧饼黄又黄哎,黄黄烧饼慰劳忙。烧饼要用热火烤哎,军队要靠百姓帮"这首流传至今的"黄桥烧饼歌",就是当时人民积极支前的生动写照。[①] 二是抗日民主政府劝募救国公粮。1941年冬计划征募6万担,实际完成7万担;1942年夏季原定征募杂粮31万担,实际完成23.6万担,代金825906元,公银23785元。三是征募田赋、自卫捐和寒衣捐。仅寒衣捐一项,在学校和农抗会的支持下,即完成了77万元。[②] 粮赋负担主要落在地主和工商富户身上。

1943年,苏中区普遍执行了统一的粮赋条例,农民负担比较轻。东台县是苏中区经济情况中等类型的县,这个县约有100万亩土地,55万人口,1943年全县征收粮赋共141393担,约合2120万斤(每担150斤)。[③] 每人平均负担38.5市斤,每亩地平均负担21.2市斤。东台县粮食产量每亩400斤左右,负担占产量的比例为5.3%。1943年民主政府只征公粮田赋,每亩征麦4斤半,稻19斤,而佃户仅负担1/3。[④]

1943年度苏中区的财政情况比较好。一部分主力部队转到地方武装部队,地方党政机关实行了精简,粮食和现金的收支相抵,略有结余。东台县1943年共征收粮赋141393担,支出132764担,结余8629担。[⑤]

2. 盐阜区的财政

抗日政权建立后,行政公署就宣布废除国民党政府和军阀的一切苛

---

① 《黄桥烧饼歌》,《新华日报》1980年10月4日。

② 江苏省财政厅、江苏省档案馆、财政经济史编写组编:《华中抗日根据地财政经济史料选编(江苏部分)》第1卷,档案出版社1984年版,第157页。

③ 董希白:《东台县一年来行政工作》(系1944年5月30日在东台县临时参议会上的报告)。

④ 陈廷煊:《抗日根据地经济史》,社会科学文献出版社2007年版,第278页。

⑤ 董希白:《东台县一年来行政工作》(系1944年5月30日在东台县临时参议会上的报告)。

捐杂税,逐步开征了救国公粮、公草、土地税、进口货物税、牙税、营业税、屠宰税、契税等税种。沿海各县还征收了渔业税。救国公粮和土地税均收粮食,公草征麦秸稻草。盐阜区的农业生产条件较差,产量也较低。在正常年景下每亩粮田的收获量:旱田在 160 斤左右,水田在 250 斤左右。①农民收入水平低(每人全年平均收获量不足 150 斤的约占全部人口的20%),生活较差。据中共华中局向中共中央报告,1943 年各阶层缴纳公粮、土地税占总收入的比例大致是:贫农 4%,中农 6%,富农 8%,小地主8%—10%,中地主 15%,大地主 20%。②

　　1941 年 6 月,阜宁县民主政府公布了分六级累进的征粮办法。要点是:1—9 亩以下无力负担,不交公粮;10—30 亩每亩交公粮 2.5 斤;31—50亩每亩交公粮 3 斤;51—100 亩每亩交公粮 4 斤;101—300 亩每亩交公粮4.5 斤;301—1000 亩每亩交公粮 5 斤;1001 亩以上每亩交公粮 6 斤。佃户每亩分担地主公粮 1.5 斤,直接交政府,其数额在地主应交公粮内扣除。敌伪区内佃户分担地主应交公粮,由地主代收并交公粮。实行货币地租形式的,佃户仍分担地主应交公粮 1.5 斤,地主依照下述比例,以货币折交公粮:10—30 亩每 100 元交公粮 2.5 元;31—50 亩每 100 元交公粮 3 元;51—100亩每 100 元交公粮 6.25 元;101—300 亩每 100 元交公粮 7.5 元;301—1000亩每 100 元交公粮 8.75 元;1001 亩以上每 100 元交公粮 10.25 元。柳田、柴田每 2 亩折 1 亩,草田每 4 亩折 1 亩,碱田、法垦田按实收数量交公粮 3%。

　　1942 年,行署公布了《盐阜区清查田亩暂行办法》。1942 年 2 月,各地普遍开展土地清查。全区增加了田亩 200 多万亩③,阜宁县一区增加土地 43.9%,二区增加土地 32.6%④,扩大了负担面积,增加了财粮收入,为进一步实行合理负担奠定了基础。行署随后颁布了《土地税征收章程》和《公粮公草征收条例》。《土地税征收章程》规定:田赋以及临时带

①　骆耕漠:《关于征收粮税的新办法》(1944 年),江苏省档案馆资料。
②　《华中区关于十个问题的答复》(1944 年 8 月 27 日),湖北省档案馆资料。
③　曹荻秋:《两年来财经工作总结及今后工作方针》(1943 年),盐城地区财政局资料,1980 年 1 月 25 日。
④　陈廷煊:《抗日根据地经济史》,社会科学文献出版社 2007 年版,第 279 页。

征一律废除,统称土地税。土地税一律由业主缴纳,按清查田亩结果分为水田、稻麦田、旱田、棉田、洼田、草滩、花碱、荒地等九类征收。租佃土地,由业佃双方分担。夏季,佃农每亩负担3斤,其余由地主负担;秋季,佃农缴纳公粮为:旱田每亩2斤,稻麦田每亩2斤,水田每亩4斤(大米)。公草按田亩征收。条例规定,开垦公荒自领垦之日起5年内免除赋税,开垦生荒3年内承垦人不纳租税。参加主力部队的军人家属有田不足3亩者免征,在3亩以上不足60亩者减征1/2,在60亩以上者仍按级征收;参加地方部队的军人家属有田在2亩以下者免征,在2亩以上不足60亩者减征1/4,在60亩以上者仍按级征收。

1943年对征收标准和租佃分担比例做了修订,降低了起征点的税率,提高了稻麦田的最高税率。旱田的税率,1942年5斤为起征点,1943年改为3.5斤为起征点;水田的税率,1942年9斤为起征点,1943年改为7斤为起征点。关于租佃关系负担的修订,主要是降低了佃农分担的比例。夏季公粮负担,1942年规定佃户每亩3斤,1943年改为每亩2斤半。秋季公粮负担,1942年规定佃户每亩2—4斤,1943年按分租田、包租田分别做了规定。对分租田的公粮,佃户应分担之数额规定为:承租田如为旱田,其公粮累进等级属于不足10亩或不足25亩,由主佃双方各半负担,属于25亩以上各级,佃户每亩分担2斤半;承佃之田如为稻麦田,其公粮累进等级属于不足10亩或25亩者,由主佃双方各半负担,属于25亩以上各级,佃户每亩分担大米2斤;承佃之田如为水田,不分等级,佃户每亩分担大米3斤半;承佃之田如为棉田,不分等级,佃户每亩分担皮棉4两[①]。这样修订有利于扶持贫农经济的发展。

3. 淮海区的财政

1941年,淮海区实行合理负担,征收盐税、田赋、公粮,解决了部队的粮食、军需,援助了主力部队的南下。1942年,由于敌人进攻和封锁,货

---

① 江苏省财政厅、江苏省档案馆、财政经济史编写组合编:《华中抗日根据地财政经济史料选料选编(江苏部分)》第1卷,档案出版社1984年版,第400—403页;江苏省财政厅、江苏省档案馆、财政经济史编写组合编:《华中抗日根据地财政经济史料选编(江苏部分)》第2卷,档案出版社1984年版,第370—373页。

物流通阻滞,主要的税收——盐税几乎断绝。1942年6月7日,行署颁布了《淮海区田赋改征粮食暂行条例》。该条例规定:每亩全年收获在120斤以上为一等田,每年每亩征收小麦2斤。每亩全年收获在80斤以上不足120斤为二等田,八折征收。每亩全年收获在50斤以上不足80斤为三等田,六折征收。每亩全年收获在20斤以上不足50斤为四等田,四折征收。每亩全年收获在20斤以下为五等田,二折征收。田赋由土地所有权人负担,与公粮同时征收。①

1942年6月7日,行署同时颁发了《淮海区救国公粮公草征集条例》。条例规定,救国公粮公草的征集,以地亩多少划分征粮等级,以收获量大小决定土地等级,公平分配,合理负担。500亩以上为一等户,每季每亩征公粮12斤,全年24斤。250亩以上不足500亩为二等户,每季每亩征公粮10斤,全年20斤。100亩以上不足250亩为三等户,每季每亩征公粮8斤,全年16斤。50亩以上不足100亩为四等户,每季每亩征公粮6斤,全年12斤。20亩以上不足50亩为五等户,每季每亩征公粮4斤,全年8斤。5亩以上不足20亩为六等户,每季每亩征公粮2斤,全年4斤。5亩以下为贫户,免征粮草。公草依公粮征收等级加倍征收(即公粮1斤征公草2斤)②。1942年全区预计征收公粮5000万斤,由于敌人收买粮食,奸商偷运粮食出口,公粮征收受到很大的影响。

1943年颁发《淮海区重订征收救国公粮公草暂行条例(草案)》和《淮海区清查田亩实施纲要》。规定:凡是有收益的土地,不论是自耕、出租、承佃、典出、典入,其业主、承佃者和承典者均要按照规定缴纳公粮公草。应征救国公粮户的田亩,按照土质及生产量厘定等级,以亩为计算单位。行署把全区土地统一划分为壤土、黄土、黏土、砾土、劣土、碱土六类。各类土地的产量均以1943年的收获量为主确定。各户的田亩数量、土质和收获量,均由户主按照上述要求自报,由区、乡田亩等级审查委员会审

① 江苏省财政厅、江苏省档案馆、财政经济史编写组合编:《华中抗日根据地财政经济史料选编(江苏部分)》第1卷,档案出版社1984年版,第387—388页。

② 江苏省财政厅、江苏省档案馆、财政经济史编写组合编:《华中抗日根据地财政经济史料选编(江苏部分)》第1卷,档案出版社1984年版,第389—392页。

定。区、乡审定以后,即作为征收公粮公草的依据。

救国公粮的征收,按每人平均田亩多少计算,根据户主占有或经营土地的不同情况分别确定。自耕田计算时先将田亩打九折而后以人口平均。出租田按田亩数打四折后以人口平均。佃耕田按田亩数打六折后再打九折,然后以人口平均。1943 年,淮海区虽已开展了"二五减租",但减租还不彻底,减后的租率一般仍在 40% 左右,所以租佃地的负担确定按业四佃六分担,即出租田按打四折计算,佃耕田按打六折计算。由于出租田的收入是纯收入,不包括农本,自耕田、佃耕田的收入为毛收入,包括农本在内,所以确定出租 1 亩按 1 亩计算,自耕田、佃耕田 1 亩按 9 分计算(即打九折,佃耕田打六折后再打九折),以平衡各阶级的负担。按照上述规定计算后,再按每人平均田亩多少分成 16 组,全户每人平均田亩在 1 亩以下为第一组,100 亩以上为第十六组。田亩等级按照每亩全年的收获量划分为 16 级。每级产量相差 20 斤。每亩全年收获量在 20 斤以下者为第一级,301 斤以上者为第十六级。征收率按照每人平均田亩多少(16 组)和田亩等级(16 级)分别确定,贯彻累进的原则。每人平均田亩多,每亩收获量高的,征收率(每亩征收粮食数)高一些;反之,征收率低一些,或者免征。公草依每户应交公粮数的 2 倍带征,即交 1 斤公粮带征 2 斤公草(包租田业主免交公草)。

《重订征收救国公粮公草暂行条例》规定,有下列情况之一者,由业主陈报经县政府查明属实后,免征当季公粮:(1)因水旱灾害使收获量降至 20 斤以下者;(2)鳏、寡、孤、独有田 2 亩以下而缺乏生产能力者;(3)因人口死亡无人耕种而招致荒芜者;(4)土地被政府、部队临时占用,致未能播种者。[①]

4. 苏南区的财政

苏南为鱼米之乡,地处敌伪的心腹地带,斗争复杂,环境恶劣,粮款的筹集相当困难。从 1941 年起,日军为强化汪伪政权的统治,确保长

---

① 江苏省财政厅、江苏省档案馆、财政经济史编写组合编:《华中抗日根据地财政经济史料选编(江苏部分)》第 2 卷,档案出版社 1984 年版,第 308—312 页。

江下游的"治安",集中兵力在沪宁路西进行"清剿""扫荡"。在经济上,伪中央储备银行大量发行"储备券",强迫使用。在"清乡"区,用"储备券"收买粮食、猪、蛋,进行经济掠夺。1942年春,敌伪又在沪宁西路的新四军中心地区搞"清乡",在经济上实行封锁,掠夺民财。当时茅山"清乡"区内,敌伪收捐税不下二三十种,田赋补征,每亩5斗,平均每亩田负担伪储备券200元以上(一石大米约合伪储备券200元),占农民收获量的50%以上。各种税收限期缴纳,违者加倍处罚,使广大农民破产。

苏南根据地筹集粮款的方式主要有以下三种:

第一种是征收工商税和田赋。新四军茅山地区从1939年就开始征税,利用国民党江苏省政府的办法征过营业税和田亩捐。田亩捐规定在5亩以上的业主每亩抽0.15元,一年收一季。① 工商税方面,主要是征货物税、营业税。货物税是反对敌伪封锁和统治的一个斗争工具,进口的货物,除部分日用品和烟酒糖征税外,必需品和军用品均免税;出口或过境的货物则一律征税。

第二种是公粮。茅山地区从1939年开始征收。根据各个不同地区的情况,规定合理的比例征收。除极贫苦者免税外,大多数人民都要负担,规定禁止乡保私行派款。

第三种是群众的捐募与慰劳。捐募主要依靠群众团体进行,应募者主要是工商业者或社会上的上层爱国人士。慰劳则是群众性的,是农民对新四军自动的物资支持。

1943年,茅山地区每人平均负担41元,路南地区每人平均负担11元。②

5.鄂豫区的财政

鄂豫区军政办事处成立后,设立贸易统制局,颁发了边区各项税捐暂

---

① 新四军和华中抗日根据地研究会编:《新四军和华中抗日根据地史料选》第二辑(1937—1940),上海人民出版社1984年版,第442页。

② 新四军和华中抗日根据地研究会编:见《新四军和华中抗日根据地史料选》第七辑(1943),上海人民出版社1984年版,第113页。

行条例。1941 年 7、8 月,边区成立税务总局,加强了税收的统一领导和管理;鄂东、鄂中、襄南、豫南等地亦成立了税务分局。统一征收的税种有关税、棉花税、坐商税(营业税)、屠宰税、卷烟税、田契税等数种。其中,关税为边区的主要税源,1943 年关税收入每月可得 20 万元(银元)。[①]

1940 年 8 月,边区财政经济会议决定征收田赋、公粮。并决定调查田亩,提高田赋征收标准(每亩增为 1 元),同时征收公粮。为了解决财政经济困难,1942 年边区政府决定紧急动员,借募军粮 2 万石大米。由党、政、军、士绅组成借粮委员会,向有余粮的户(主要是地主富农)借粮。借粮可以抵作本年田赋,部分作为补征上年的田赋和救国公粮。同时确定,公粮田赋均征实物累进税,全区全年征收 50 万石稻谷。当年,边区政府提出了深征广征和整理地方捐税的号召,贯彻负担公平合理的政策,增加了财政收入。

1941—1943 年间,边区为解决财经困难,发行了两次公债。第一次是 1941 年为创办边区银行筹集资本,发行救国建设公债 50 万元(以应城膏盐救国捐作担保),年息六厘,分 10 年偿还。第二次是 1942 年 4 月,发行额为 500 万元,第一期发行 100 万元。第二期建设公债,全部用于农业投资。为解决财政困难,还发行边币 100 万元,救国公债 20 万元。

上述措施使边区财经状况有所好转。财政从主要依靠工商税收转到主要依靠田赋、公粮以后,收入大大增加。

边区的田赋制度,是在旧田赋基础上建立的。边区政府在 1942 年重新对户口、田亩进行了登记。田赋按田亩分等级征收。田地分上、中、下三等,每亩全年实收粮 3 石以上者为上等田,每亩实收粮 2 石至 3 石者为中等田,每亩实收粮 2 石以下者为下等田。1942 年规定:上等田每亩征收田赋谷 8 升,中等田每亩收 6 升,下等田每亩收 3 升。田赋一律由业主负担,分上、下忙两次征收。

救国公粮亦按田亩分上、中、下三等征收。每亩征收标准与田赋征收量相同。自耕地由耕者负担,租佃地由地主与佃户各半负担。公粮除按

---

① 华中抗日根据地和解放区工商税收史编写组编:《华中抗日根据地和解放区工商税收史料选编》(上),安徽人民出版社 1986 年版,第 47 页。

田亩征收外,还要对占有田较多的户另行加征。加征也分级累进,占有中等田在 10 亩以上的户(即交公粮在 6 斗以上的户)开始累进,下等田在 16 亩以上的户开始累进。由于各户占有的田地既有上等,又有中等和下等,为便于计算,统一规定按缴纳公粮数的多少(实际是统一折合成中等田计算)累进加征。各地具体的征收标准则有所差别。例如,襄南县 1943 年规定:每亩收谷 3 石(樊斗:1 樊斗 = 1.04 斗 = 16.2 市斤)以上的为好田,每亩征田赋谷 9 升,征公粮 1 斗 5 升,合计 2 斗 4 升;每亩收谷不到 3 石的为普通田,每亩征田赋谷 6 升,征公粮 1 斗,合计 1 斗 6 升。① 公粮只按田亩征收,不另加征。

黄冈县 1943 年规定:征收田赋先把田分成五等,即特上等、上等、中等、下等、特下等,各按不同税率征收。特上等田每亩收谷 1.2 斗,上等收 9 升,中等收 6 升,下等收 3 升,特下等收 1 升。公粮的征收标准与田赋相同,1 石谷 = 10 斗 = 156 市斤谷。收获量不满 5 斗者不征税。

公粮除按亩计征外,另按田的多少划分等级,以交公粮多少确定累进加征数字。全户交公粮 2—3 石的不加征,3—3.5 石的加征 6%,3.5—4.5 石的加征 8%,4.5—5 石的加征 14%,5—6 石的加征 18%,6—7 石的加征 22%,8—9 石的加征 25%,最高加征不超过 50%。②

边区人民负担的抗战捐税主要是田赋税,1941 年每亩每年出 1 元钱。比敌占区人民负担少 80% 以上,比大后方人民少 60% 以上。③ 除粮赋负担外,农民的劳力负担也是很轻的。在新四军五师活动范围内,群众负担的劳役,最多没有超过总劳动力的 5%,而且军队让农民服劳役时,一律发饭给钱。

6. 淮北区的财政

淮北的田赋于 1941 年开征,一次征收三个年度(1939—1941 年度)

---

① 《襄南县在秋收工作中进行田亩调查及征收田赋公粮的宣传解释工作纲要》,湖北省博物馆藏资料。

② 武汉大学历史系编:《黄冈县革命史料汇编》(初稿)(1959 年 5 月),武汉大学历史系资料室藏打印稿。

③ 新四军和华中抗日根据地研究会编:《新四军和华中抗日根据地史料选》第三辑(1941),上海人民出版社 1986 年版,第 369 页。

的赋额。开征之前，政府对旧田亩册籍做了整理。征收办法有两种：淮宝地区征收实物，按照土地平均年收获量，划分等级，按等计征，平均计征率为 2%；其余地区征收法币，按田亩等级，每亩分别征收 8 分、1 角、1 角 2 分（当时每石粮价约为 250 元）。1943 年秋，田赋与公粮分别计算，全部征收实物。

从 1940 年夏征到 1942 年夏征，公粮征收均采取分配任务，民主评议，无固定标准。政府只原则规定：上等户（有钱有地的殷实富户，包括地主、富农、商人），平均出粮占收获量的 12%；中等户（自耕农、小康之家），平均出粮占收获量的 8%；下等户（即半自耕农），平均出粮占收获量的 5%；赤贫户（收粮极少或根本收不到粮食，无力缴纳公粮者）免征公粮。从 1942 年秋季起，改行累进税。1942 年秋计征的累进税率分 10 级，每人平均收获量 5 斗以下的免征，5 斗的征 3%，10 斗以上的征 15%。1943 年夏征，邳睢铜灵联防办事处规定：每人平均收获量不满 60 斤免征，60 斤以上不满 100 斤征 5%，100 斤以上不满 200 斤征 7%，200 斤以上不满 300 斤征 9%，300 斤以上不满 400 斤征 11%，400 斤以上不满 500 斤征 13%，500 斤以上征 15%。

7. 淮南区的财政

淮南区地处江淮之间，1940 年 4 月 18 日，津浦路东各县与新四军驻军联合建立抗日民主政权——路东联防办事处。津浦路西各县亦与新四军驻军联合建立了路西联防办事处。1943 年，路东路西统一成立淮南行政公署。行署成立后，全区设路东、路西两个专署。抗日民主政权建立后，部队供给的主要来源为公粮、田赋、进出口货物检查税、营业税等收入，其中公粮、田赋收入约占财粮收入总数的 2/3。

田赋于 1940 年夏季开征，基本上沿用原安徽省的征收办法。1941 年春，民主政府开始进行土地查登。以乡为单位进行，先"依户求田"，按田的好坏分成甲、乙、丙、丁四等，经复查修正后由政府发给田主营业执照。1943 年"改赋征粮"，分夏秋两季征收。夏季征收小麦，秋季征收大芦秫、稻、绿豆、黄豆四种。征收率不超过其总收获量的 2%，并按土地等级分别确定固定的征收额。

救国公粮征收办法经历了几次改革。1940 年夏季,淮北区第一次征救国公粮。征收办法有两种:一种是按各户自报收获量征收 3%,租佃地负担主二佃一;另一种是依各户自报产量,按累进税率征收,粮多者税率高,粮少者税率低,5 担以下者免收。1940 年秋季,统一了征收办法,按照实际收获量征收 3%,将各户自报收获量改为由乡保评议委员会按户评估收获量。1942 年夏季公粮征收率仍为 3%,对租佃地改按"东三佃七"(即按分租比例)负担,同时加征公草,每一斤公粮征一斤公草。当年淮南普遍干旱减产,政府为照顾人民的生活,对灾区减征了公粮,同时在收成较好的地区另行征收救灾公粮,用于灾区人民。公粮减免的办法是:凡收获量在二成以下的粮赋全免;收获量在三成以上的征"一九"(即减免81%),四成征"二八",五成征"三七",六成以上全征。救灾公粮是一种临时性的措施,征收率为 2%,另按户累进加征:总收获量在 30—50 石的增加 5%,300 石以上的增加 10%,贫农不征救国公粮。1943 年夏季征粮实行"划一估租"的办法,秋季废除地区划一,田地分四等,依等级征收3% 的公粮。路西专署秋季公粮征收 6%。

开征货物检查税,主要是同敌人的经济侵略作斗争,保护根据地内工商业的发展。过境通行的货物亦须抽税。输出的货物凡政府许可的给予免税或减税优待,以便换来外来的工业品。抗战初期,货物检查税是边区财政收入的主要来源。

从 1943 年起,淮南区还普遍征收营业税、牙帖税、契税、牲畜税、屠宰税等。营业税按经营类别分别计征,杂货摊贩按资本额征 2%;菜馆按营业额征 0.5%;油坊,每榨月征 5 斤油价之税;糟坊,月征 30 斤酒价之税。牙帖税,每季照其收入总额征 5%。契税,分卖契、当契、补卖契、宰当契四类征收,卖契税率最高,1943 年照契价征收 12%。牲畜税,牛驴征1.5%,骡马征 2%,猪羊征 3%。屠宰税,照每头征 3%。

8. 皖江区的财政

皖江抗日根据地建于 1940 年,1942 年冬成立皖江行政公署,辖皖中、皖南两个专员公署。根据地处于皖江平原,物产丰富,交通便利,财源充足。根据地的财政收入除满足当地军政给养的需要外,尚有相当数额上交新四军军部。

皖江区的财政收入基本上是赋税收入。开征的税种有:检查税、田赋、公粮、营业税、屠宰税、牙帖税、契税等数种。征收货物检查税,是根据地初创时期财政收入的主要形式。检查税按货物价格征收,急需品,如洋布等征收 5%;日需品,如肥皂、洋油等,征收 15%;消耗品,如烟、酒等,征收 15%;奢侈品征收 20%。

田赋、公粮是筹集粮食的主要形式。行署成立前,田赋、公粮用突击方式征收,收到的粮食仍分散保存在农民家里。敌人大"扫荡"后,依靠区、乡政府分夏、秋两期征收。田赋和公粮征收,均利用旧政权田赋册籍。营业税在很长一段时间内均按旧税法征收。

七、抗日根据地的金融业

由于国民党政府停止对八路军、新四军的补给,切断了抗日根据地的一切经济来源,根据地抗日部队和民主政权的财政、金融遇到了空前的困难。解决的唯一办法是自力更生、独立自主。因此,1939 年后,抗日根据地各边区政府在自力更生发展经济、精兵简政减轻人民负担的基础上,逐渐建立独立统一的金融制度、体系和秩序,各边区政府相继建立自己的银行,发行自己的货币,全面开展各项银行业务,包括存储款、发放农贷、投资工商业、办理汇款、代理金库、经理公债、买卖金银等。边区政府在建立独立统一的金融体系的过程中,并同敌伪、顽固派进行艰巨、复杂的货币斗争,驱逐伪币、杂币,保证边币对货币市场的占领,对法币则根据不同条件、情况,采取相应对策:或允许流通,或禁止流通,以保障边区健康的金融秩序和市场交易。同时,实施严格的外汇管理,在一定时期内,将伪币视同"外汇",加以利用和管理,主动掌控汇价,加强出口贸易管理,积极组织出口,采取灵活多样的交易方式,除了政府直接掌握的物资集中出口,又鼓励民众零星出口,又有"以货易货",或"尽量做到以货易货"。形式灵活多样,争取进出口交易平衡,保持汇价和物价的平稳;又设置"外汇"交易所,扩大"外汇"来源,以进口军民急需物资。经过顽强努力和坚决斗争,根据地自有的金融、银行、货币,从无到有、从小到大、从弱到强,形成了一个独立自主的完整体系,有力地支持、推动了商业贸易、工农业经济的运行与发展,抗日根据地出现了物价稳定、市场繁荣、生产发展、人民丰衣足食的局面。

（一）陕甘宁边区的金融业

1939 年,中共中央提出"自己动手、自力更生"的号召,决定停止法币流通,建立边区统一的本位制货币——边币。1941 年 1 月 30 日,边区政府颁发布告,停止使用法币;2 月 18 日颁发布告,授权边区银行发行边币。边币是边区的本位币,面额分为 1 元、5 元、10 元三种。边币进入流通后,逐步收回光华券。

边币的发行,标志着边区金融业的发展进入了一个新的阶段。

边币的发行有力地支援了边区军民发展生产的需要。发行边币获得货币购买力,组织生产和收购土产品,进行边区外的商品交换、纳税、认购公债等。边币取代法币承担了这一职能。国民党区域物价上涨,法币贬值,发行和使用边币可以避免法币贬值损失,保护边区人民的利益。

边币作为流通手段,一切交易价格,以边币为准;一切支付手段,以边币作为工具;禁止不法分子利用边币、法币比价差进行货币投机,取缔黑市,禁止私贩法币出境。

在边币流通过程中大体上经历了币值平稳、急剧下降、再平稳的三个阶段。光华券,因为是辅助性纸币(兑换券性质),发行量不大,与法币同时流通,无比价问题,那时是"平稳"的;在"皖南事变"后,曾一度发行量过多,边币贬值,黑市猖獗,物价上涨,处于不稳定状态。随着边区经济的发展,边币日益趋于稳定。

1942 年 1 月 5 日,中央财政经济部发出《关于法币贬值各根据地应采取的对策的指示》,指出:"今后各根据地金融上的总方针应当是:(1)建立独立的与统一的金融制度,以维护根据地的资源,财政上应努力发展私人经济特别是农业,以其税收收入来解决财政问题,不要依靠发行钞票为主要来源;(2)对外贸易应实行相当管理,要尽量做到以货易货,有计划管理主要贸易,以剩余生产品,换进缺少的或不足的必需品;(3)要向着自给自足的路上发展。"①

1942年10月,西北局召开高级干部会议,毛泽东在《经济问题与财政问题》报告中,提出了"发展经济,保障供给"的总方针。根据地经济建设遵循这个方针,广泛深入地开展大生产运动,取得了重大成绩,积累了丰富的经验。

1943年,中共中央和西北局决定,成立西北财经办事处统一领导陕甘宁边区和晋绥边区的财经工作。西北财经办事处确定边区银行的主要任务是:发展公私营经济和国民经济;支持财政预算;调剂货币和金融。西北财经办事处拟定边区银行的发行投放比例为:财政周转占30%、经济周转占50%、金融周转占20%,防止了把银行附属于财政只当"出纳",又使银行适应边区的财政经济的需要,不能因怕发行货币而束缚生产。

关于边区银行的任务,《陕甘宁边区银行条例(草案)》规定:"陕甘宁边区银行,为发展新民主主义经济之枢纽,担负如下任务:(1)维护法币、巩固边钞与敌伪货币斗争。(2)发展国民经济,特别是农村经济,以支持抗日战争。(3)稳定社会金融,平抑战时物价。"但在不同历史阶段,边区银行的中心任务又有所不同。1941年的中心任务是"稳定边币,实现边区政府'稳定金融,稳定物价,争取对敌斗争的主动权'";1942年的基本任务是"发展边币,巩固边币";1943年的基本任务是:"(1)发展国有及国民经济;(2)支持财政预算;(3)发行并调剂货币"。从以上各年任务可以看出,边区银行的核心任务概括起来是:发展经济,支持财政,稳定金融。

《陕甘宁边区银行条例(草案)》规定银行业务如下:"(1)经收各种存款和储蓄。(2)办理下列各种贷款:甲、农贷,如耕牛、农具、植棉、青苗等贷款;乙、合作事业,尤其是生产合作社;丙、公私工业,如长期投资放款,短期借款;丁、公私商业,如小本商人贷款,出入口抵押放款。(3)办理边区及其他有通汇条约之各种汇兑。(4)办理期票汇票等之买卖贴

---

① 晋冀鲁豫边区财政经济史编辑组,山西、河北、山东、河南省档案馆编:《抗日战争时期晋冀鲁豫边区财政经济史资料选编》第2辑,中国财政经济出版社1990年版,第717页。

现。(5)办理票据交换及划汇。"边区银行主要开展了以下六项业务。

1. 吸收存款

边区银行按存款的性质分有六种:(1)定期存款;(2)往来存款——即甲种活期存款,主要是机关、工厂的存款,或无资金时银行的投资转存;(3)特别往来存款(是不能透支的);(4)储蓄存款(主要是学生存款);(5)暂时存款(一种临时性质的存款);(6)票据存款(是无利打票的活期存款之一)。定期与储蓄存款方面,存款者主要是机关、部队、学校;往来存款主要是公营商店、工厂、机关、个别商人。在各项存款中,往来存款所占比重最大,定期存款比重最小,如1941年6月底,银行存款总额为1334000元,其中,定期存款2000元,占0.15%;往来存款1130000元,占84.7%;特别往来存款160000元,占12%;储蓄存款18000元,占1.4%;暂时存款12000元,占0.9%;票据存款12000元,占0.9%。① 存款中大部分是机关公款,流动的多,而固定的长期利用的不多。如1940年10月以前银行存入22022115.55元,取出21303904.54元,余额718211.01元。② 银行存款利息一般是1分2厘,有的较高。但政府规定最大存款利率不得超过1分5厘。③ 由于金融波动,物价上涨,吸收定期存款很困难,银行存款业务主要是:(1)信托存款——存款以500元起码,以三个月或半年为一期,到期自由提取,保证红利起码每月10%,按月支付;(2)实物存款——以某种物价为标准,存时照价折成实物,到期仍照实物价格折成现款付还。④

2. 开展汇兑

汇兑是调剂各地筹码、平稳物价、促进物资交流的重要手段。"皖南

---

① 陕甘宁边区财政经济史编写组等编:《抗日战争时期陕甘宁边区财政经济史料摘编·第五编·金融》,陕西人民出版社1981年版,第371页。

② 陕甘宁边区财政经济史编写组等编:《抗日战争时期陕甘宁边区财政经济史料摘编·第五编·金融》,陕西人民出版社1981年版,第370页。

③ 陕甘宁边区财政经济史编写组等编:《抗日战争时期陕甘宁边区财政经济史料摘编·第五编·金融》,陕西人民出版社1981年版,第372页。

④ 陕甘宁边区财政经济史编写组等编:《抗日战争时期陕甘宁边区财政经济史料摘编·第五编·金融》,陕西人民出版社1981年版,第368页。

事变"前,西安与延安之间的汇款业务是边区银行的主要汇兑业务。1940年以前,共计汇出588笔,计330余万元,汇入有700笔左右,计270余万元;总计汇出汇入1200多笔,计600余万元,占全部汇款笔数的80%以上,款额占总数的90%以上。①

当时由西安八路军办事处会计科代理拨兑公款,与边区银行建立汇兑往来。奔赴延安学生的汇款,大多是从西安办事处转汇的。1940年绥德、陇东成立分行,与延安的汇兑业务亦开办,延安与边区各分行全部通汇。1942年,延安与晋西北农民银行建立了通汇关系。"皖南事变"后,延安与西安汇通关系断绝,边区内部汇兑成为主要业务。1941—1942年间,延安汇出403笔,到西安的只有5笔,占1.2%;汇出金额14016583.70元,到西安的只有9800元,占0.07%;外地汇入529笔,均为边区境内汇入,金额为24828727.62元。②

3. 代理金库

《陕甘宁边区财政厅金库条例》规定:"金库概委托边区银行代理之。"银行代理金库,是执行财政上的统筹统支制度,是实现财政统一的关键。1939年7月至1941年6月底为银行存款制,会计不独立,附属在银行会计内;1941年7月又实行委托金库制。银行设金库处,单独实行会计制度,各金库的组织系统建立起来。1941年3月10日,边区财政厅颁布《关于各县建立金库组织的训令》后,各地基层金库也建立起来。分库有陇东、关中、三边、靖边、绥德五处,支库有神府、志丹、安塞、安定、延川、延长、固临、甘泉、延安、延市、清涧、吴堡、米脂、曲子、盐池15个。③

银行代理金库,使财政上的税收、罚没款及其他一切政府收入,均交金库管理。《陕甘宁边区政府训令》指出:"今后政府一切收款,均必须随时交到金库,不得擅自压下不交金库,在未得上级金库支付命令之前,一

---

① 陕甘宁边区财政经济史编写组等编:《抗日战争时期陕甘宁边区财政经济史料摘编·第五编·金融》,陕西人民出版社1981年版,第491页。

② 陕甘宁边区财政经济史编写组等编:《抗日战争时期陕甘宁边区财政经济史料摘编·第五编·金融》,陕西人民出版社1981年版,第495页。

③ 陕甘宁边区财政经济史编写组等编:《抗日战争时期陕甘宁边区财政经济史料摘编·第五编·金融》,陕西人民出版社1981年版,第507—508页。

概不得动用金库存款。"①

金库制度保证了边区政府的财政支配。边区金库在资金收付和调动上发挥了重要作用,使有限的财政资源得到了有效的发挥。

4.管理外汇和金银

1941年2月禁止法币流通后,边币不能直接到国统区购物,这样法币就被当作外汇来使用。边区在各贸易口岸设有货币交换所,兑换外汇。开始对外汇管理不严格,采取自由兑换制。因金融波动,物价上涨,1943年3月底,银行实行严格的外汇管理制度。边区颁布了《陕甘宁边区银行管理外汇办法》,规定:"凡拟带法币在边区境内通行……满二千元及二千元以上者,必须向政府指定的检察机关登记,并领取通行证,违者以破坏金融论罪"。"凡拟向外地采购物资,规定物品之交换所及统购机关等,准按订购的实际需要,兑给法币或外币百分之四十至百分之八十。但必须填具交换所规定之保单,保证于限定时期内将货运到"。"凡运售物资局规定之物品,请求兑换法币或外币之外商,须先呈验进口货物登记证,交易所成交证或存货单,经审查后,得按该外商所售货物额,兑给一部或全部"。"凡携带法币或外汇出境者,必须将货币交换单随身携带,遇检查时呈单受验"。② 同时建立了严格的审批制度。在实行外汇管理的同时,边区银行还实行了对生金统一收购的政策,防止生金生银外流。1942年2月,边区银行颁布了《禁止私人收售质押及私运现金出境惩罚条例(草案)》,规定:"本条例所称现金包括金块、金条、元宝、银条以及一切金银器具,首饰和硬币";各地货币交换所"收进之现金应按期交给边区银行";"现金所有人,如不愿出售而又急需抵押者,可以到边区银行请示抵押贷款";如违反本条例,而"私运现金出境,沿途军警哨卡均可立即将其现金全部没收,并将私运人扭送当地政府"。③

---

① 陕甘宁边区财政经济史编写组等编:《抗日战争时期陕甘宁边区财政经济史料摘编·第五编·金融》,陕西人民出版社1981年版,第521页。

② 《陕甘宁边区政府档案》第348卷,庆阳地区档案馆藏。

③ 陕甘宁边区财政经济史编写组等编:《抗日战争时期陕甘宁边区财政经济史料摘编·第五编·金融》,陕西人民出版社1981年版,第572页。

5. 建立信用合作社

边区银行建立信用合作社始于 1943 年 3 月的延安南区信用社。信用社是银行帮助建立起来的,帮助银行开展业务是信用社的任务,帮助银行收回边币,兑换破旧票子,发放农贷。在银行的指导下从事吸收存款和放款业务。信用社在边区金融业中发挥了打击高利贷;互助互济,组织新型借贷关系;扶助生产,发展农村经济;奖励储蓄,推动节约的作用。

6. 贷款业务

边区银行全部资金的运作,主要在贷款,以支持生产和财政开支。边区的贷款可分为:生产建设贷款(包括农业、工业、盐业、运输业、合作社、机关生产等放款);财政性贷款(包括财政借款、机关借款);商业贷款;物资局投资;其他贷款(包括短期的暂欠与私人借款)。边区银行贷款以 1942 年的高干会议为界,分为两个时期。1942 年 10 月以前为第一个时期,又分为两个阶段。第一阶段,1941 年"皖南事变"以前:边区财政依赖于外援,银行处于发展阶段,贷款业务很少,贷款的种类主要是财政机关贷款、生产建设贷款(主要是对公营工厂)和商业贸易贷款。在各种贷款中,生产建设贷款所占比重较低。1939 年总额为 108278101 元,生产建设只有 13514472 元,仅占 12.48%;1940 年总额为 403699811 元,生产建设只有 10478258 元,仅占 2.59%。[①] 第二阶段,从 1941 年至 1942 年 10 月高干会议前。当时财政困难,发展生产需要资金,银行贷款总的投向是解决财政困难和发展生产。由于财政由完全依赖走向自力更生,各机关、部队、学校经费转为生产自给,银行贷款任务转为投向机关、部队、学校的生产资金,调剂出入口贸易和弥补财政赤字。1941 年贷款总额为 26814316 元,其中:财政机关贷款为 12394347 元,占总额的 46.22%;生产建设贷款为 10896752 元,占 40.63%;商业贸易贷款为 3523217 元,占 13.14%。1942 年贷款总额为 78947232 元,其中:财政机关贷款为 27752515 元,占

---

① 陕甘宁边区财政经济史编写组等编:《抗日战争时期陕甘宁边区财政经济史料摘编·第五编·金融》,陕西人民出版社 1981 年版,第 392 页。

35.15%；生产建设贷款 15075400 元，占 19.10%；商业贸易贷款为
36119317 元，占 45.75%。[①] 在生产建设贷款上由单一的公营工业投资转
向多方位投资，如农业、纺织、合作社、运输业等。

1942 年 10 月，高干会议确定了"发展经济，保障供给"的总方针，纠
正了财政经济问题上的保守观点，银行放款方针彻底改变。对农业和其
他生产建设：盐业、手工业、私营工商业的贷款力度加大。把贷款重点转
移到工农业生产上，为 1943 年的经济建设发挥了重要作用。银行贷款利
息因行业不同、资金周转期长短的不同而有所差异。农业的资金周转期
长，一般为一年，利息最低为 1 分。工业投资周转期为 3—6 个月，利息 1
分 2 厘。商业资金周转最快，为 1—3 个月，利息高达 1 分 5 厘。[②] 因吸收
存款业务成效不大，银行放款资金是靠货币发行。1938 年 7 月—1943 年
8 月的放款与货币发行比较如表 19-19 所示。

表 19-19　陕甘宁边区银行放款统计（1938 年 7 月—1943 年 8 月）

（单位：千元）

年月 项目	1938. 7—12	1939. 1—12	1940. 1—10	1940.10 —1941. 3.15	1941.3.15 —12	1942. 1—5	1942. 10— 1943.8
发行额	99	218	704	4340	22012	30327	475775
放款总额	120	209	653	5777	17668	2512	489418
放款占发 行额(%)	121.2	95.9	92.8	133.1	80.3	8.3	102.9

资料来源：陕甘宁边区财政经济史编写组等编：《抗日战争时期陕甘宁边区财政经济史料摘编·第五
编·金融》，陕西人民出版社 1981 年版，第 396 页。

从表 19-19 可以看出，边区银行业务的开展始终坚持发展经济、保
障供给的总方针，在支持财政、发展经济、稳定金融、保持出入口平衡和反
封锁斗争等方面作出了成绩。

---

① 陕甘宁边区财政经济史编写组等编：《抗日战争时期陕甘宁边区财政经济史料摘编·
第五编·金融》，陕西人民出版社 1981 年版，第 392 页。
② 陕甘宁边区财政经济史编写组等编：《抗日战争时期陕甘宁边区财政经济史料摘编·
第五编·金融》，陕西人民出版社 1981 年版，第 395 页。

边区银行的上述业务,都是在边区银行独立发行和流通边币的前提下开展起来的。

"皖南事变"前,边区银行以积累的法币作为资本,作为 1941 年 2 月边币的发行基金。1939 年 10 月边区银行成立时资本只有 10 万元。到 1940 年 10 月,边区银行资本包括:"10 万元财产资本;两年半所得 782000 元;发票子 1020000 元;财产垫款 137000 元;实际归银行支配的 1465000 元,流动资金 1165000 元;建立三个支行,每支行资本 100000 元,光华商店 50 万元,工业投资 32 万元"①,总计资本 6089000 元,比初建行时增加了 61 倍。边币的发行以盐税、货物税、营业税等作保证。这三种税的历年收入:1941 年 16094894 元;1942 年 36391490 元;1943 年 1110278939 元(以上均以当年小米市价折成边币计算)。② 还有牲畜买卖税和斗佣、羊子税、烟酒税等。税收制度的健全,为边钞的发行提供了保障。特产也是边钞发行的保证之一。1942 年 10 月,边区颁布了《陕甘宁边区银行条例(草案)》,对边钞发行准备基金做了规定:"(1)总的准备金为百分之百;(2)其中百分之四十为生金银、硬币、法币及银行经过物资局及光华商店所储存之商品;(3)其他百分之六十为保证准备,如生产事业投资及放款合同,各种有抵押之借据。"③1941 年 1 月 30 日,边区政府颁布了《关于停止法币行使的布告》。④ 1941 年 2 月 18 日,边区政府宣布,边区银行发行面额 1 元、5 元、10 元的边币。⑤ 1941 年 2 月 22 日,又发布《废止法币实行边币的训令》。⑥ "皖南事变"后,边区经济发生严重困难,中央主张增发边币 1000 万元,并指定了专门用途:(1)财政借款

---

① 陕甘宁边区财政经济史编写组等编:《抗日战争时期陕甘宁边区财政经济史料摘编·第五编·金融》,陕西人民出版社 1981 年版,第 85 页。
② 陕甘宁边区财政经济史编写组等编:《抗日战争时期陕甘宁边区财政经济史料摘编·第六编·财政》,陕西人民出版社 1981 年版,第 237 页。
③ 陕甘宁边区财政经济史编写组等编:《抗日战争时期陕甘宁边区财政经济史料摘编·第五编·金融》,陕西人民出版社 1981 年版,第 96 页。
④ 西北五省区编纂领导小组、中央档案馆编:《陕甘宁边区抗日民主根据地·文献卷·下》,中共党史资料出版社 1990 年版,第 341 页。
⑤ 《发行边区钞票的布告》,陕甘宁边区政府档案,第 211 卷,庆阳地区档案馆藏。
⑥ 《发行边区钞票的布告》,陕甘宁边区政府档案,第 211 卷,庆阳地区档案馆藏。

250万元;(2)买粮食300万元;(3)盐业投资300万元;(4)银行活动资金100万元。① 1942年9月,李富春就金融贸易政策提出了以下三条原则:(1)以事实上的物物交换,求得出入口收支平衡;(2)以实物保障,求得金融稳定;(3)统一集中自己的力量,进行对外斗争。强调"发行不是用财政消耗,而是解决经济流通,估计明年要发行一万万元,交财政厅使之周转,要按时支付,况边区只有一家,如银行不支,财厅将无路可走,要主动发行,使之周转。"②边币在1941年2月至1943年间,发行的币种有1角、2角、5元、10元、50元、100元、200元、500元、1000元、5000元10种,另有本票500元、1万元、5万元三种。③

边币的发行可分为两个时期、六个阶段。1941年2月至1942年12月为第一时期,1943年1月至12月15日为第二时期。第一时期划分为四个发行阶段。第一阶段:1941年2月至6月发行情况。"皖南事变"后,中央指示发行1000万元,实际发行11052110元。④ 第二阶段:1941年7月至12月,尽管出现了通货膨胀,财政困难仍亟待解决,经济建设,特别是民间手工业、农业和盐业生产需要大量贷款。边区政府决定继续有限制的货币发行,月平均递增率不超过10%。⑤ 第三阶段:1942年1月至6月边区的经济形势有了好转,国统区开始限价,大批货物流入边区,使法币趋于稳定。边区政府建立了货币交换所,边币的流通范围扩大。银行发行货币1000万元发展生产。⑥ 第四阶段:1942年6月以后,由于

---

① 陕甘宁边区财政经济史编写组等编:《抗日战争时期陕甘宁边区财政经济史料摘编·第五编·金融》,陕西人民出版社1981年版,第127页。

② 陕甘宁边区财政经济史编写组等编:《抗日战争时期陕甘宁边区财政经济史料摘编·第五编·金融》,陕西人民出版社1981年版,第104—106页。

③ 中国人民银行金融研究所、财政部财政科学研究所编:《中国革命根据地货币》上册,文物出版社1982年版,第189页。

④ 陕甘宁边区财政经济史编写组等编:《抗日战争时期陕甘宁边区财政经济史料摘编·第五编·金融》,陕西人民出版社1981年版,第122页。1941年1月为光华券,2月发行额中有42600元边币,其余为光华券。

⑤ 陕甘宁边区财政经济史编写组等编:《抗日战争时期陕甘宁边区财政经济史料摘编·第五编·金融》,陕西人民出版社1981年版,第122页。

⑥ 陕甘宁边区财政经济史编写组等编:《抗日战争时期陕甘宁边区财政经济史料摘编·第五编·金融》,陕西人民出版社1981年版,第122页。

沦陷区贬低法币价格，使法币流入大后方，造成法币下跌，物价上涨。国民党政府动员边区附近大量存盐，要求每户至少存盐一斗，刺激了边区食盐出口。这时边币价格有所回升，边币法币之比由 7 月的 3.25∶1 上升到 10 月的 2.1∶1，使边币由中心区域流向边界。① 边区政府在 1942 年 7—12 月共发行边币 7345 万元，比第三阶段每月平均递增率高出 9.2 个百分点。② 货币发行量大增，物价并未波动，边币与法币的比价反而有所提高。③ 1943 年 1 月—12 月 15 日为边币发行第二时期。1942 年 10 月至 1943 年 1 月 14 日，中共中央西北局召开高级干部会议，毛泽东在会上做了《经济问题与财政问题》的报告，提出了"发展经济，保障供给，是我们的经济工作和财政工作的总方针"。④ 第一阶段：1943 年 1—6 月，主要按照西北财经办事处的指示：及时解决农业贷款、资金周转和解决财政困难，同时也照顾到金融波动，如 4 月金融波动时，就紧缩发行，逐月递增率由 4 月的 20% 下降到 5 月的 6.5%。⑤ 第二阶段：1943 年 6 月后边区政治经济形势发生了变化：一是时局紧张，影响到金融波动，陇东西华池黑市 7 月中旬边币比价跌至 11∶1；二是食盐和特产走私严重，换回的物资和外汇不能集中支配；三是财政困难，7 月预算需 1 亿元，除税收 1000 万元，物资局转账 3000 万元外，其余尚无着落；四是准备物资备战，9 月 2 日财经办事处决定购粮 6 万石及被服材料，预计需 15 亿元。⑥ 巨额的财政开支迫使边区只有增加发行量以救急。1943 年 7—12 月间发行货币（折合流通券）69376175 万元，还原成边币 1387523500 万元，平均每月递

① 陕甘宁边区财政经济史编写组等编：《抗日战争时期陕甘宁边区财政经济史料摘编·第五编·金融》，陕西人民出版社 1981 年版，第 133 页。

② 陕甘宁边区财政经济史编写组等编：《抗日战争时期陕甘宁边区财政经济史料摘编·第五编·金融》，陕西人民出版社 1981 年版，第 122 页。

③ 陕甘宁边区财政经济史编写组等编：《抗日战争时期陕甘宁边区财政经济史料摘编·第五编·金融》，陕西人民出版社 1981 年版，第 134 页。

④ 《毛泽东选集》第三卷，人民出版社 1991 年版，第 891 页。

⑤ 陕甘宁边区财政经济史编写组等编：《抗日战争时期陕甘宁边区财政经济史料摘编·第五编·金融》，陕西人民出版社 1981 年版，第 142 页。

⑥ 陕甘宁边区财政经济史编写组等编：《抗日战争时期陕甘宁边区财政经济史料摘编·第五编·金融》，陕西人民出版社 1981 年版，第 138 页。

增率达 30.4%。由于发行速度过快,导致边币下跌,物价飞涨。1943 年 7 月中旬陇东西华池黑市边、法币的比价跌到 11∶1,12 月 8 日跌到 18∶1。西华池的码子布 1943 年 6 月底为每百丈 21000 元,7 月 13 日涨到 8 万元。[①] 1943 年 1—12 月间,延安市食物、衣着、燃料、土产、杂项五类物价总指数的变化,如以 1 月为 100,2 月上升为 126,3 月为 169,4 月为 252,6 月为 359,7 月为 454,8 月为 627,9 月为 1053,10 月为 1385,11 月为 1522,12 月为 1950。为平抑物价,稳定金融,中共中央西北局作出以下决定:迅速出售 12500 斤特产;停发边币;三个月不发经费;不准机关、部队、学校兑换法币。所有法币要兑给银行;公营商店统一管理,各分区公营商店统一组织起来,支持边币;防止财经机关的坏分子捣乱,负责同志审查财经干部。[②]

边币的发行起了重大的历史作用:第一,解决了边区的财政困难。1941 年共发行边钞 24261625 元,其中财政机关借款 12394347 元,占总发行额的 51.1%;1942 年共发行边钞 91076835 元,其中财政机关借款 27752515 元,占总发行额的 30.5%。[③] 第二,为边区建立独立自主的经济体系发挥了重要作用:(1)促进了边区公营经济的发展。(2)支持边区手工业及私营经济的发展。(3)扶持农业,促进农业生产发展。银行贷款帮助贫苦农民部分解决了耕牛、农具和种子的困难。第三,边币发行,排除了法币,保护了边区人民的利益,安定了人民生活。使边区经济摆脱了国民党对边区经济的控制和封锁,有力地支持了抗日战争。

（二）晋察冀边区的金融业

在金融方面,摆在边区政府面前的突出任务,就是同敌伪和国民党顽固派开展货币斗争,调剂金融,促进工农业生产。1940 年 9 月,彭德怀在

---

① 陕甘宁边区财政经济史编写组等编:《抗日战争时期陕甘宁边区财政经济史料摘编·第五编·金融》,陕西人民出版社 1981 年版,第 138—140 页。

② 陕甘宁边区财政经济史编写组等编:《抗日战争时期陕甘宁边区财政经济史料摘编·第五编·金融》,陕西人民出版社 1981 年版,第 141 页。

③ 陕甘宁边区财政经济史编写组等编:《抗日战争时期陕甘宁边区财政经济史料摘编·第五编·金融》,陕西人民出版社 1981 年版,第 135、392 页。

中共中央北方局高级干部会上的报告中指出:敌后抗日根据地的货币政策的基本原则是"保护法币信用,使法币不为敌人吸收;抵制敌伪币,破坏敌之经济掠夺;调剂金融,活跃市场;刺激生产,发展工农商业及低利借贷"。具体做法是:"发行单一的地方本位币";"严禁法币流通,使敌不易吸收。法币兑换本位币后方能行使,但私人保存法币,不加干涉。向敌区购买有利抗战之必需品或到其他抗日区域去者,经证实后,可用本位币向银行兑换该区通行之货币";"严禁敌伪币之流通及保存,如人民已有伪币,政府限期贬价收缴。军队缴获之敌伪币,兑换本区地方票后,方准使用";"取缔一切杂钞";"发行钞票,必须有一定之基金并发行一定量之辅币整币,以适合当地经济条件为原则。一般的在根据地内流通货币数目不得超过全人口每人3元。"①

这个时期边币的发行量逐年增加:以1938年为100,1939年为396.34,1940年为835.75,1941年为844.53,1942年为1229.95。② 发行量逐年增加反映出边区经济的发展;边区的金融业在不断地巩固和扩大。这样的发行量,仍不能满足边区市场需要。公营企业、公私合办的企业贸易局、合作社以及财政税收机关,都能自觉地遵守政府的货币政策,边币的信用逐渐树立起来。在边币发行量不断增加的同时,肃清边区内流行的各种杂钞。1939年年底至1940年年初,边区境内的各种土票被肃清;1940年年初,基本上肃清了晋钞;1940年2月底,宣布停止法币在边区市场上流通。边币的基础巩固,信誉提高,在边区市场上成为唯一的本位币。

巩固边币,稳定边区金融的基础是发展边区经济。边币的发行额是以生产与商业的发展为基础的。掌握大量商品,才能自如地调剂金融,稳定物价,不断扩大边币的流通范围。边区银行大力办理生产贷款和投资业务,发展生产,繁荣经济,改善民生,以优惠利率扶植农业和工业。对工农矿业贷款,利率月息5厘,商业为8厘。1939年,冀中地区发生数十年

---

① 魏宏运主编:《抗日战争时期晋察冀边区财政经济史资料选编·总论编》,南开大学出版社1984年版,第331—332页。

② 魏宏运主编:《抗日战争时期晋察冀边区财政经济史资料选编·总论编》,南开大学出版社1984年版,第526页。

以来未有的大水灾,被毁农田 17 万亩,淹没村庄 1 万多个。为帮助农民生产救灾,扶植合作社的发展,1940 年春,发放合作贷款 300 万元,利率为月息 4 厘。1941 年日军对边区残酷"扫荡",牲畜、农具被掠夺一空,人民无力生产。在这种情况下,边区银行又举办了生产贷款,扶植农业、工业和商业的恢复与发展。农业贷款的对象,首先是有劳动力而缺乏耕畜、农具的贫农,其次是生产资料不足、基础较差的中农以及其他阶层的生活困难户。银行实行"公私兼顾"的原则,促进广大群众的生产积极性,使政府的信贷资金在繁荣经济上发挥了重要作用。边区银行开展的存放款业务,是对高利贷剥削的否定,是发展边区经济,增强抗战实力的重要措施,也是巩固边币,稳定边区金融,使边区货币得以占领广大市场的关键所在。

由于采取了上述措施,边币的基础日益巩固,信誉日益提高。"边区广大群众把边区银行看成是自己的银行,有些群众还把过去埋存地下的金银首饰挖出来,送到边区银行,换成边币,边区银行储蓄保证金也就日益增多起来"。[1] 到 1940 年夏,"边区货币完全统一,金融稳定,人民称便"。[2] 这样,边币取代了法币的主币地位,成为边区境内统一的本位货币,在边区内实现了本币一元化的独立自主的货币制度。

为了加强对边区金融工作的领导,使银行与各级政府密切联系起来,在边委会统一灵活的指挥调度之下,在全边区建立起完整的金融网。同时,充分发挥信用合作社的作用,由银行协助建立起信用合作社,在银行大力支持与指导下,使其在普遍经常地发放生产贷款、扶植分散的农业、手工业生产,调剂城乡金融工作中发挥桥梁作用。

1940 年 4 月,晋察冀边区政府制定《晋察冀边区银行办理边区各级金库暂行章程》。[3] 1941 年 1 月经修订后,正式颁布了《晋察冀边区金库

---

① 《聂荣臻回忆录》(中),解放军出版社 1984 年版,第 476—477 页。

② 河北省社会科学院历史研究所、《河北学刊》编辑部编:《晋察冀抗日根据地史料专辑》,《河北学刊》杂志社 1985 年刊本,第 63 页。

③ 魏宏运主编:《抗日战争时期晋察冀边区财政经济史资料选编·财政金融编》,南开大学出版社 1984 年版,第 684—685 页。

章程》。明确了金库设在边区银行内,由边区银行负责代办,银行的分行、办事处、营业所为公款收付转汇的机关。规定了边区银行办理边区金库的守则,要求专立金库账簿,记载公款的实存与收付,公款的数额,必须按边币计算。边区金库库存款项的付出权,属于边区行政委员会。边区金库,必须按月向边委会编送月报表,以掌握边区财政收支情况。更好地发挥边区银行的监督作用,使边区的财务收支更加制度化,财政金融制度日臻完善。

1941年6月,边区行政委员会在《关于政府与银行关系的决定》中明确指出,银行的分行、办事处、营业所除上级银行的领导外,受同级政府领导。加强了边区政府对边区银行的领导,使边区银行在对日伪的经济斗争中、在支援边区生产中,发挥金融堡垒的作用。边币币值的相对稳定,使边币的信誉不断提高。正如宋劭文所指出的:"边区银行,是边区人民自己的银行,它为边区一切抗日的人民服务。放款、存款、汇兑等业务的开展,对于边区经济的活跃,人民生活的调剂与改善上起着极伟大的作用。"[1]

为了维护金融秩序,保证边区本币在市场的独占地位,必须坚决开展对敌货币斗争。

边区政府在1940年5月的布告中规定,"白银绝对禁止流通,公然行使,私相授受者,一经查获,全部没收,其欲自行保存或向银行政府机关兑换者听便";白银"绝对禁止出境,携往敌区或敌据点者,一经查获,全部没收,并以汉奸治罪"。[2] 在对敌经济斗争上掌握白银,是一个掌握物资、争夺市场的斗争,也是对日伪货币斗争的重要内容。日伪对白银的政策是倾销商品,掌握白银,吸收边区粮食及其他主要物资。因此,边区政府采取了严禁粮食等主要物资出口,以白银去换回需要的物资。

1940年6月至1942年5月期间,晋察冀边币独占边区市场,边区与敌占区贸易之间的中间货币基本上被消灭,边币与日伪货币之间的斗争,

---

① 魏宏运主编:《抗日战争时期晋察冀边区财政经济史资料选编·总论编》,南开大学出版社1984年版,第526页。

② 《边政导报》1940年第2卷第16、17、18期合刊。

进入了更加激化的程度。主要是肃清河北省伪钞。1939 年 5 月，边区境内禁用了日伪新发行的河北省钞票——"新冀钞"，同年 8 月"新冀钞"全部从边区境内清除。但对"七七事变"以前河北省银行发行的钞票——"旧冀钞"，仍然允许继续使用，与边币按市价兑换，当时"旧冀钞"，实际上起着边区与敌占区贸易的交换媒介作用。日军为了从经济上封锁边区，准备禁止使用河北省"旧冀钞"，切断边区与敌占区贸易的渠道。边区采取先发制人的策略，决定驱逐河北省"旧冀钞"。敌占区流通着的六七千万元"旧冀钞"，会相继排泄到边区掠夺物资。边区采取的具体措施是坡度贬值兑换，以边区政府为中心，逐渐坡度贬值，推到敌占区，如在阜平 1 元旧冀钞值边币 5 角，再远则值 6 角，更远则 7 角、8 角、9 角。这是借助商人把"旧冀钞"输运到敌占区。当时所有公私机关，特别是合作社、贸易局等，都开展贬值"旧冀钞"活动。始终保持着比敌占区低二成的市价。"结果使许多商人都不愿带河北钞票进边区，反而从边区内部把河北钞票带了大批到敌区去"。① "旧冀钞"被驱入敌占区，日伪不得不继续维持"旧冀钞"，放弃停止使用的企图。

日军停使"旧冀钞"的阴谋破产后，又采取了伪造边币和法币的恶毒手段，以假乱真，打击破坏边币，侵占边币市场，掠夺边区物资。1940 年 7 月，发现建屏、石家庄沿平汉线一带，日军伪造边币、法币，边区行政委员会"为严防假法、本币流行"，于 1940 年 8 月 3 日发布通令，并附发真假法、本币鉴别表及其说明。通令内容是：(1)晋察冀边区银行边币真假鉴别表——1938 年印 5 元券、1939 年印 5 元券、1939 年印 2 元券、1938 年印 1 元券、1939 年印 1 元券、1938 年印 5 角券共六种；(2)法币真假鉴别表——中国银行 1926 年印上海字 5 元券、中国银行 1918 年印天津字 5 元券、中央银行 1936 年印 10 元券、中央银行 1928 年印 10 元券、交通银行 1918 年印天津字 5 元券、中国银行 1935 年印 5 元券、中国银行 1928 年印上海字 1 元券、中央银行 1936 年印 5 元券、中国银行 1930 年印 5 元券

---

① 魏宏运主编：《抗日战争时期晋察冀边区财政经济史资料选编·财政金融编》，南开大学出版社 1984 年版，第 110 页。

共九种。以上各表列举了假币与真币,在纸料及正反面的花纹、花边、风景、字迹、冠字、号码、图章、颜色等方面的特点,供各机关和税收部门鉴别真假法币、边币时使用。在收受款项时,有疑难之处不能确认时,立即持币到边区银行鉴别,切忌以真当假,或以假当真,影响边区银行的信用。在通令的说明中,号召各机关团体,对日军伪造的边币、法币严加防范,杜绝流行。边区政府注意对日军伪造边币、法币情况宣传的尺度,防止草木皆兵,使群众不敢行使边币,从而影响边币的信誉。通令说明中还规定,凡是滥用假币的,如是无知受骗者,将假币没收,有意破坏者,严加治罪。边区政府在每县、每区内部,设立边币对照所。除了兑换破烂的法币及损坏了的边币外,还担负辨别真假法币、边币,打击伪币的任务。日军汉奸制造伪钞,以假乱真的货币阴谋,再次破产,边币的信用提高,金融阵地得到巩固。

日本侵略者以伪钞掠夺根据地物资的诡计未能得逞,以杂钞套取必需品的阴谋也遭到严重打击后,又以汇票形式代替伪币偷偷流入边区,"它是伪钞的化身,是敌人货币侵略的又一套把戏"。[①] 边区政府立即采取紧急处置,在统制对外贸易的同时统制汇兑,要求把敌占区来的汇票,交给统一的机关,有计划地打入敌区,换回必需的商品物资。

对敌货币斗争是与市场、物资争夺战紧密结合进行的。根据1941年8月边区第二次经济会议的决定,边区脱离法币,建立起独立、单一的本位币制,使边币价值免受法币贬值的影响,完全建立在边区经济发展和边区银行金库所存有价物的基础上。

《关于法币贬值各根据地应采取的对策的指示》强调,要在不同地区针对不同情况,作出相应部署:在"华北各根据地——如晋察冀、晋冀鲁豫等处,在政治上经济上都有比较巩固的基础,边币的信用相当高,法币的信用反而逐渐下降,法币不但在境内不能流通,并且也极少储蓄,在对外支付上,由于完全处于敌后方,贸易的对象是敌占区,可使边币与伪币暗中联系,采取以货易货办法进行之,完全不用法币是没有问题的(晋东

---

① 魏宏运主编:《抗日战争时期晋察冀边区财政经济史资料选编·总论编》,南开大学出版社1984年版,第16页。

南与晋察冀边区已这样做了,并无问题发生)。不过在这些地区内,可能发生的问题是敌人可能用政治上的宣传,经济上的利诱,特别是配合军事扫荡以大量法币(战前华北保有法币6亿元到8亿元)向我根据地特别是不大巩固的区域驱入,吸收我资源,扰乱我金融,我们的对策,除了与法币断绝联系外,并应(1)在经济上实行必要的反封锁,发展生产,利用代用品(如晋东南以核桃油代替煤油、以火镰代替火柴),减少输入;(2)在政治上宣传法币跌价的必然性,并在各主要地区附近压低其价格,以边币换吸一部分,乘机使边币流通范围向外扩展;(3)如法币已经挤入我区时,应相机贬值收回,以免侵犯我边币之流通。"已进入根据地的法币,一部分设法于短期内迅速送往顽区,另一部分通过私商抛出境外,换回货物。[①] 在华中各根据地,如鄂豫、苏北等地,因军事变动性大,政权基础不甚稳固,金融制度尚未建立,边区发行的流通券,还只是一种临时性货币,为数很小,信用又在法币之下,还不可能阻止敌占区法币的流入,只能从减轻法币跌价所造成的损失方面想办法:(1)急速成立银行、发行边币,并可允许成立钱庄发行地方辅币;(2)以边币或地方辅币吸收境内法币以扩大边币或地方辅币流通范围;(3)在相当巩固的一定地区,有可能动员党政军民、公营商店、合作社,将所得之法币随时随地交给贸易局向境外换回物资,不得再用于境内,更不应囤积,以减少法币在境内停留所遭受的损失。

1942年5月以后,边区政府规定边区银行及税收机关停止接收法币,银行只能抛出法币,绝对不收法币,持有边币者可以无限制地到银行兑换法币,而持法币到银行换取边币者,坚决拒兑。此办法使法币即刻贬值二成至三成,使边币脱离了法币的控制,摆脱了对法币的依附,成为根据地内独立自主的一元化本币。边币的价值随着边区财政经济的恢复和发展及对敌粮食、市场和物资争夺战的胜利而逐步提高,边币市场也随着边区政治军事斗争的胜利及与敌争夺市场斗争的胜利而不断扩大,最终

---

① 晋冀鲁豫边区财政经济史编辑组,山西、河北、山东、河南省档案馆编:《抗日战争时期晋冀鲁豫边区财政经济史资料选编》第2辑,中国财政经济出版社1990年版,第717—718页。

取得了对伪钞的压倒性优势。

（三） 晋冀鲁豫边区的金融业

晋冀鲁豫边区在金融业方面的首要任务是成立边区银行、发行边区货币、驱逐伪币、扶持生产、保护人民利益。

1939 年 10 月 10 日,冀南行政主任公署发布《冀南银行开始营业,所发本币及辅币与中、中、交、农四行法币同值流通的命令》。[1] 1939 年 10 月 15 日,冀南银行成立,发行冀南银行币,作为冀南行署和太行区两区的法定本位币。最初冀南银行的职责任务是:整理抗日根据地货币经济,调剂农村金融,同敌伪钞作斗争,排挤和肃清敌伪货币,扶持生产,发展贸易,繁荣市场,增强抗日力量,巩固抗日实力,为人民利益服务。

1940 年 7 月,太北专区召开财经扩大会议,根据当年 4 月中共中央北方局召开的黎城高干会议决定,确定冀钞为冀南、太行、太岳三大战略区的法定本位币。同年 8 月,冀南、太行、太岳行政联合办事处(以下简称"冀太联办")正式成立。1940 年 9 月确定货币政策——抵制伪币,保护法币,调剂金融,增加生产,繁荣农村。[2] 1941 年 2 月 3 日,"冀太联办"颁发布告,冀钞流通范围扩大到太岳行署区。同年 5 月 10 日,"冀太联办"颁发《晋冀豫区禁止敌伪钞暂行办法》。提出"保护冀钞、打击敌伪钞","敌伪钞与敌汇票绝对禁止在本区域内行使与保存"。[3] 7 月 5 日,边区颁发《晋冀豫区保护法币暂行办法》,提出"保护法币之流通,防止敌伪吸收、套换及奸商之走私操纵"。[4]

1941 年 9 月,晋冀鲁豫边区临时参议会后,鲁西行政专员公署所辖

---

① 晋冀鲁豫边区财政经济史编辑组,山西、河北、山东、河南省档案馆编:《抗日战争时期晋冀鲁豫边区财政经济史资料选编》第 2 辑,中国财政经济出版社 1990 年版,第 701 页。

② 晋冀鲁豫边区财政经济史编辑组,山西、河北、山东、河南省档案馆编:《抗日战争时期晋冀鲁豫边区财政经济史资料选编》第 2 辑,中国财政经济出版社 1990 年版,第 710 页。

③ 晋冀鲁豫边区财政经济史编辑组,山西、河北、山东、河南省档案馆编:《抗日战争时期晋冀鲁豫边区财政经济史资料选编》第 2 辑,中国财政经济出版社 1990 年版,第 713 页。

④ 晋冀鲁豫边区财政经济史编辑组,山西、河北、山东、河南省档案馆编:《抗日战争时期晋冀鲁豫边区财政经济史资料选编》第 2 辑,中国财政经济出版社 1990 年版,第 714 页。

33 个县划归晋冀豫区,冀太联办改称晋冀鲁豫边区政府。但冀鲁豫区的鲁西银行仍然存在,该区仍流通鲁西银行币(以下简称"鲁西钞")。

根据 1942 年 1 月 5 日《中央财政经济部关于法币贬值各根据地应采取的对策的指示》,边区政府于 1942 年 9 月 1 日公布《本区保护法币暂行办法》,规定"本区一切交易、往来、收支公款,均以冀南银行钞票(以下简称"冀钞")为本位,行使法币时须向冀南银行分行或其委托之代办机关兑换冀钞后,始得行使"。① 同日还颁布了《本区禁止敌伪钞票暂行办法》。②

晋冀鲁豫边区为了控制各行政区的货币流通数量,稳定各区的物价、币值,经边区财经会议决定,从 1943 年 2 月 22 日开始,冀钞实行分行署区发行管理的办法。除普通版外,另发行加盖"太行""太岳"或"平原"等地区名称的冀钞,分别在各该行署区行使流通。

冀南银行的货币发行,在 1943 年以前,主要弥补战时财政不足。后来随着财政经济政策的贯彻执行,大生产运动的深入开展,社会物资财富的增加,冀南银行的货币发行,用于经济建设、生产投资方面的比重逐渐增大。据统计,从 1940 年到 1943 年,生产投资逐年所占比重情况如表19-20 所示。

表 19-20　冀南银行货币生产投资的比重(1940—1943 年)

(单位:%)

年份　＼　项目	军政费用透支比重	生产投资比重
1940	81.20	18.80
1941	57.20	42.80
1942	50.05	49.95
1943	25.10	74.90

资料来源:前冀南银行研究室主任:《晋冀鲁豫边区货币金融工作》,山西省档案馆藏资料。

---

① 晋冀鲁豫边区财政经济史编辑组,山西、河北、山东、河南省档案馆编:《抗日战争时期晋冀鲁豫边区财政经济史资料选编》第 2 辑,中国财政经济出版社 1990 年版,第 719 页。

② 晋冀鲁豫边区财政经济史编辑组,山西、河北、山东、河南省档案馆编:《抗日战争时期晋冀鲁豫边区财政经济史资料选编》第 2 辑,中国财政经济出版社 1990 年版,第 718 页。

1943 年 3 月 1 日,冀钞 1 元相当于晋察冀边区银行币 1 元 2 角 5 分,相当于晋西北农民银行币 5 元。

冀钞币值保持相对稳定的主要标志是:随着根据地不断扩大、生产的逐步发展、经济建设的日臻巩固,货币发行量虽不断增加,但物价指数仍然低于货币发行增长指数。据统计,1940—1943 年间冀钞发行指数、物价指数和货币购买力统计如表 19-21 所示。

表 19-21　冀南银行冀钞发行概况统计(1940—1943 年)

年份＼项目	发行指数	物价指数	货币购买力
1940	100	100	1.000
1941	307	153	0.630
1942	523	383	0.260
1943	1756	5435	0.018

资料来源:前冀南银行研究室主任:《晋冀鲁豫边区货币金融工作》,山西省档案馆馆藏资料。

冀南银行历年来发行货币主要是用于支持生产和贸易的发展,通过生产、贸易,支持财政,保障战时供应。

冀南银行币在战争年代之所以能够保持币值相对稳定,主要因为以下三个方面。

货币流通地区范围的大小。货币流通地区范围扩大,使用货币人口增多,需要货币量大,货币发行额应该增加;反之,货币流通范围缩小,使用货币人口减少,需要货币量小,货币发行额应该收缩。

工农业生产总值的大小。工农业生产总值增加,货币需要量大,货币发行额应该增加;反之,工农业生产总值减少,货币需要量小,货币发行额应该减少。市场贸易零售额的大小。市场贸易零售额扩大,货币需要量大,货币发行额应该增加;反之,市场贸易零售额缩小,货币需要量小,货币发行额应该收缩。在投放货币时,注意到地区上、时间上不过于集中;票券面额大小应该适合市场客观需要。

市场货币量不足,会形成实物交换,于民不便;敌伪币、杂钞、金银等进入货币市场,市场货币量过多,会导致物价上涨,币值下跌,于民不利。

根据市场变化情况,视货币流通量的余缺,主动增加货币投放或紧缩货币,可以防止物价暴涨或暴跌。

根据实践经验,当军事形势有利、地区扩大、农业丰收、秋冬农副产品上市旺季或对外贸易出超时,可以争取时机多收购一些物资,多发放一些货币。相反,如果军事形势不利、地区缩小、农业受灾、春夏淡季或对外贸易入超时,应该主动减少货币投放量,或抛售物资回笼一些货币。实际工作中注意掌握:(1)货币投放与财政征收相结合。即在筹划货币投放时,要考虑财政征收、出售商品等回笼货币的渠道、方式、方法;在筹划货币回笼时,适当照顾必要财政支出、收购商品等的货币需要。(2)财政支出与贸易周转相结合。在财政上大量支出时,商业贸易要尽量多出售商品、物资,回笼货币。在财政收入有余时,商业贸易尽量多收购物资,适当增加投放一些货币。(3)掌握军事大宗货币支出与地方大宗货币回笼相结合。军队开辟新的地区、定期或不定期地支出大宗军费时,一方面及时供给必要的货币投放市场;另一方面要注意研究掌握回笼货币的渠道和数量。

(四)山东抗日根据地的金融业

山东抗日根据地金融业的核心任务也是建立独立的银行独立系统,自己发行货币并使其独占市场。

1939 年 9 月,北海银行重新开业。山东省军政领导机关的财经工作,最初由山东纵队统一筹划。山东北海银行设立山东纵队供给部,总行兼办鲁中区业务。1940 年春开始发行"北海币"。由于印刷钞票材料缺乏,北海币发行赶不上抗日根据地扩大的需要。有些地方曾发行过地方流通券。如鲁南区发行"临、郯、费、峄边区流通券"。鲁中区莱芜县发行"农民合作流通券"。益都、寿光、临淄、广饶四县民主政府,联合发行"益寿临广四县边区流通辅券"。1940 年 7 月,省战工会成立后,在鲁中设立了"山东北海银行总行"。胶东区的北海银行改为分行。这时北海银行发行北海币,主要是解决战时财经困难。总行和分行各自独立经营。1941 年和 1942 年又建立了滨海区分行和鲁南区支行。1941 年在全省财经文教大会上,决定加强北海银行工作,扩大北海币的发行,推行北海票,加强货币斗争。1941年7月,中共山东分局提出"建立独立的银行业务,使银行成为调剂金融、巩固法币、投资生产的经济命脉的中心系统"。[1]山东省战工会也作出决定,"立即建立独立的北海银行组织系统,直接受战工会财政处领导,印发一定数量北海票作为本位币,维持市面流通。保存法币,防阻法币外流,并将印发纸币全部投资生产建设事业。保证一定的基金,发展银行业务,如储蓄、汇兑、借贷、投资等工作,并在各地建立北海银行分行办事处与银行网,便利于金融流通"。[2]此后,独立的北海银行系统逐步建立起来。

从1942年夏开始,为了统一进行货币斗争,控制货币发行量,根据地政府给总行和各分行下达发行数额,要求各区将发行数额向总行报告。逐步健全银行制度。1943年6月,山东省战工会制定《北海银行组织章程》,对银行的组织领导及业务范围做了统一规定,依据统一银行工作的准则,北海银行系统建立起来。

日军加紧对敌后抗日根据地的军事进攻和经济掠夺的同时,在华北开始大量印发伪"联合准备银行"纸币,以武力胁迫群众使用,以此窃取根据地的物资。在太平洋战争爆发以前,日军还利用推行伪钞,贬价吸收法币,套取外汇,购买军用物资,支持侵略战争。针对敌人这一阴谋,山东抗日根据地政府及时采取了保护法币、严禁使用伪钞、部分地发行本币以及限制法币出境的办法,与敌人展开坚决的货币斗争。

首先,严厉打击伪钞。抗日民主政府严厉查禁伪币。针对1941年冬敌伪接管山东平市官钱局及民生银行,山东省战工会于1942年1月发出通知,禁止民生银行钞票和伪平市官钱局纸币的流通使用。

其次,取缔土钞、杂钞。当时各地商民大量发行土钞、杂钞,1941年仅滨海地区即有土钞、杂钞300余种。国民党山东地方政府和军队发行

---

[1] 山东省财政科学研究所、山东省档案馆合编:《山东革命根据地财政史料选编》第1辑,山东省档案馆1985年刊本,第101页。

[2] 山东省财政科学研究所、山东省档案馆合编:《山东革命根据地财政史料选编》第1辑,山东省档案馆1985年刊本,第112页。

的货币达二三十种。各地分别不同情况,采取不同办法进行清除。对地方商会、商号、士绅发的钱帖子,由政府通知发票人进行登记,限期清理,或由发票人交出发行基金代为收回,或发动民众持票向发票人兑现;对汉奸或逃亡者,则以其财产变价进行收兑;对国民党地方武装政权发行的杂钞,概不承认,严禁流入根据地;对投降派或顽固派的票子,采取没收其财产予以适当收兑,尽量减少人民的损失。以上措施得到群众拥护,使土钞、杂钞迅速绝迹。

货币斗争中最艰巨的任务是排挤法币,建立独立自主的本币市场。1942 年之前北海币发行量尚少,在根据地内不能发挥本位币的作用。1939 年胶东区发行北海币 32.41 万元;1940 年扩大到鲁中、清河区共发行 290.54 万元;1941 年发行北海币 1455.79 万元。三年累计发行量 1778.74 万元。发行量逐年有较大幅度增加,但因抗日根据地扩大和物价上涨了近三倍,这一发行量当时仍只能作为辅币和财政来源的补充,不许实行依靠法币、保护法币的政策。太平洋战争爆发后,上海、天津等大城市的英美租界相继沦陷敌手,而滞存于租界的大批法币,随即为敌人所得。由于国际关系的新变化,法币对日军已失去当作外汇使用的作用,便限制法币在其占领区流通。与此同时,他们还大量印发汪伪"南京政府"的伪法币进而向抗日根据地渗透,企图扩大伪钞的流通范围。日军还企图将大量伪法币压缩于抗日根据地,以掠夺物资,实现其在经济上"困死"抗日根据地军民的阴谋。本来物资输出、贸易出超,对根据地人民是有利的,但敌人这种以货币作为其掠夺手段,给根据地带来了灾难。大批法币流入、物资输出的结果,造成恶性通货膨胀,物价飞涨,人民生活十分困难。当时山东解放区以法币计算粮食、棉花、布、花生油等人民生活必需品价格指数,以 1937 年为 100,1938 年为 135,1939 年为 275,1940 年为 903,1941 年为 2327,1942 年为 8595,1943 年为 47656。这就是说,6 年中涨了 470 多倍。其中上涨最快的是 1942 年、1943 年两年。面对这一严重局势,如果继续使北海币与法币保持联系,并在市场上流通,北海币势必成为法币的附庸,无法战胜敌人的进攻,摆脱经济困境。为此根据地政府先后采取了法币贬值和停用的政策,开展了排挤法币的斗争。

1942年1月,山东省战工会指示各地,为提高北海票信用,各地应迅速确定以北海票及民主政权发行的纸币为本位币,对法币实行七折、八折、九折等使用。同年4月,中共山东分局财委会和省战工会又先后发出指示,实行法币贬值或降价政策,要求各巩固区,逐渐做到禁止法币流通,扩大北海票的流通范围,提高其信用。同时增加发行北海票,并增加本币面值种类,如规定5角、2角5分、2角、1角应占总数的1/3,1元以上占2/3,10元票尽量少印,以便流通。

从1942年4月1日起,南京汪伪政权采取压低法币价格的手段,5月又停止"中央""中农"两行法币在沦陷区流通。同时,限沦陷区人民自6月8日起于半月内将法币以1∶2的比例兑换伪中央票。这样就将有80亿法币失去市场,而流入抗日根据地。为了粉碎敌人倾销法币,掠夺根据地物资的阴谋,1942年5月29日,中共山东分局财委会发出《中共山东分局财委会关于法币问题的指示》,要求各地实行贸易统一管制,严格实行"以货易货",阻止法币内流及物资外流。宣布以北海银行票为山东抗日根据地的本位币。自1942年7月1日起,所有军政民间来往账目,借约契据,一律以北海币计算。[①] 7月中旬,山东省战工会财经处召开扩大金融会议,提出北海银行的中心任务是以北海币为山东各抗日根据地的唯一本位币,预先要做好废除法币的准备工作;建立各个根据地向外的汇兑;加强银行业务,和群众利益联系起来。各地先后展开了"排法"斗争。滨海专署布告:自1942年8月1日起,以北海银行票为本位币,凡一切财政开支,市面交易一律以北海币为标准,并作为公共和企业会计计算单位。自1942年8月15日起,法币一律五折使用,并逐渐达到停止法币在市面上流通。凡敌占区商人带法币100元以下者,须按五折向当地政府机关或银行兑换北海票使用;在100元以上者,须交当地政府贸易局代为封存保管,限期带回。8月15日起,凡由敌占区带法币入境在500元以上者,禁止入境,一经查获,即予没收。奖励以货易货办法,一切出入货

物,须向贸易局或县政府领取运销证,始得起运。违者依法论处。胶东区行政公署于1942年9月公布了《关于停止法币流通的布告》。这次"排法"斗争除胶东成功,沂蒙中心地区部分成功外,其他地区几乎都失败了。胶东区的成功在于停止法币流通。而失败的原因,主要是当时仍维持法币在根据地市场上流通,本币(北海币)发行量很小,仍与法币保持着密切的联系,市场上的货币流通量仍无法控制,本币币值随着法币的流入和贬值而难以稳定提高,市场物价亦随着法币的恶性通货膨胀而继续暴涨。同时只用行政办法,由政府出布告限制法币流入,规定本币与法币的比价,没有采取经济办法,集中必要的物资力量作后盾,难以达到预期的效果。而本币币值也就随着法币的贬值而贬值,政府布告规定的比价几乎不起什么作用。最重要的启示是必须执行独立自主的货币政策,使本币与法币完全脱钩。事实上,必须以经济办法为主,辅之以必要的行政手段,才能收到对敌货币斗争的胜利。胶东区1943年上半年停止使用法币建立本位币的斗争取得成功,不仅停用了法币,肃清了土钞,而且打击了伪币,提高了本币,降低了物价。中共山东分局总结胶东的经验,1943年6月30日发出《中共山东分局关于对敌货币斗争的指示》。[1] 滨海区也作出停用法币的决定,通知各地,"自布告之日起,粮食交易一律不准使用法币,自7月21日起,停止市面流通,自7月21日至8月10日为兑换期,7月31日以前,法币1元换本币1元,8月1日以后,法币2元换本币1元。自8月11日起查出行使法币者概予没收"。[2] 当时有些地主、商人不相信民主政府能够停用法币,不相信北海币的币值能够高于法币,便乘机秘密收藏法币,结果吃了大亏。1943年7月开始停用法币时,1元法币兑换北海币7角,到当年年底,6元法币才能换到1元北海币,即1元法币只能换到1角5分北海币。这时他们也不得不忍痛抛出法币了。

货币斗争的胜利,使北海币完全占领了山东抗日根据地市场,保持了币值的稳定。停用法币,使本币最终脱离了法币的影响。市场上的货币

---

[1]　山东省财政科学研究所、山东省档案馆合编:《山东革命根据地财政史料选编》第1辑,山东省档案馆1985年刊本,第285页。

[2]　《大众日报》1943年7月9日。

流通量根据地可以完全控制,根据地各种物价也稳定了下来。如滨海区1943 年 7 月停用法币以后,到当年 12 月的半年中,物价指数平均下降了一半。由于几亿元法币被排挤出根据地市场,换回了大量物资,这就有力地支持了抗币,基本上保持了币值和物价的稳定,从而有力地支持了抗日战争。对敌货币斗争的这一巨大胜利,大大增强了抗币在人民中的信用。

北海银行在进行货币斗争的同时,逐步扩大业务范围,开展了储蓄、汇兑、借贷、投资业务,扶持了根据地工农业生产及商业的发展,增加了税收,扩大了财政来源。

储蓄借贷业务方面,山东省战工会成立时,就提出"举办低利贷款",各地成立贷款所,初期贷款主要是农业贷款,对象多为贫农和抗日家属,其用途有生产性的,也有救济性的。1940 年胶东北海银行的贷款直接扶持了农业生产,促进了商业的发展。1941 年年初,泰山区成立低利贷款所 5 处,贷款 44556 元,扶持了 167 户贫苦农民和抗属发展生产。鲁西银行贷款 40% 投资于工业,30% 投资于商业,活跃了农村市场。1942 年以后,农村贷款数量增多,范围扩大。1942 年北海银行向鲁中、鲁南、胶东、清河地区,发放贷款总数 938 万元。其中,农业贷款 483 万元,占总数的51.5%;工业贷款 441 万元,占总数的 47%。1943 年北海银行发行春耕贷款 580 万元。工业贷款主要是扶持手工纺织业,滨海区发放纺织贷款,土机每张 500—1000 元,洋机每张 2000—4000 元,纺车每架 50—80 元。促使纺织业空前发展。1942 年 11 月到 1943 年 2 月,滨海区共生产土布总值 420 万元,群众获利 223.5 万元,增加私人资本 109.5 万元。[1] 1943 年第二季度共贷款 354993 元,使各地纺织业得到迅速发展。

1943 年北海银行已在根据地建立起本币市场。1943 年本币用途:农业贷款占 25.41%,工业贷款占 12.25%,合作贸易贷款占 10.43%,信用贷款占6.52%,政府往来经费占 14.39%,基金占 12.52%,材料费占 4.45%,损失费占 2.25%,存款占 11.78%。[2] 银行业务的开展促进了根据地经济的发展。

---

① 朱玉湘主编:《山东革命根据地财政史稿》,山东人民出版社 1989 年版,第 158 页。
② 朱玉湘主编:《山东革命根据地财政史稿》,山东人民出版社 1989 年版,第 159—160 页。

第四节 抗日根据地全面发展新时期的经济
（1943 年 10 月—1945 年 8 月）

　　1943 年 10 月中共中央总结了前一时期抗日根据地减租减息运动和经济建设的经验,由毛泽东起草了《开展根据地的减租、生产和拥政爱民运动》的党内指示。主要内容包括:（1）今（1943 年）秋"实行彻底减租",以"发扬农民群众的积极性,加强明年的对敌斗争,推动明年的生产运动"。（2）"必须于今年秋冬准备好明年在全根据地内实行自己动手、克服困难（除陕甘宁边区外,暂不提丰衣足食口号）的大规模生产运动,包括公私农业、工业、手工业、运输业、畜牧业和商业,而以农业为主体"。"实行按家计划,劳动互助","奖励劳动英雄,举行生产竞赛,发展为群众服务的合作社"。"在财政经济问题上,应以 90% 的精力帮助农民增加生产,然后以 10% 的精力从农民取得税收。对前者用了苦功,对后者便轻而易举"。"在一切党政军机关中讲究节省,反对浪费,禁止贪污。各级党政军机关学校一切领导人员都须学会领导群众生产的一全套本领。凡不注重研究生产的人,不算好的领导者。一切军民人等凡不注意生产反而好吃懒做的,不算好军人、好公民。一切未脱离生产的农村党员,应以发展生产为自己充当群众模范的条件之一"。与此同时,党内指示批评了下述错误观点:"不注重发展经济,只片面地在开支问题上打算盘的保守的单纯的财政观点";"不知用全力帮助群众发展生产,只知向群众要粮要款的观点（国民党观点）";"不注意全面地发动群众生产运动,只注意片面地以少数经济机关组织少数人从事生产的观点";"把共产党员为着供给家庭生活（农村党员）和改善自己生活（机关学校党员）以利革命事业,而从事家庭生产和个人业余生产,认为不光荣不道德的观点";"不提倡发展生产并在发展生产的条件下为改善物质生活而斗争,只是片面地提倡艰苦奋斗的观点";"不把合作社看作为群众服务的经济团体,而把合作社看作为少数工作人员赚钱牟利,或看作政府公营商店的观点";"不把陕甘宁边区一些农业劳动英雄的模范劳动方法(劳动互助,多犁多锄多上粪)推行于各地,而说这些方法不能在某些根据地推行的观点";"不在生产运动中实行首长负责,自己动手,领导骨干和广大群众相结合,一般号召和个别指导相结合,调查研究,分别缓急轻重,争取男女老幼和游民分子一律参加生产,培养干部,教育群众,只知把生产任务推给建设厅长、供给部长、总务处长的观点"。(3)"为了使党政军和人民打成一片,以利于开展明年的对敌斗争和生产运动,各根据地党委和军政领导机关,应准备于明年阴历正月普遍地、无例外地举行一次拥政爱民和拥军优抗的广大规模的群众运动"。

这个指示是在抗日根据地抗日武装斗争开始进入局部反攻,经济建设进入全面发展的新时期发出的,具有极其重要的意义。以这一指示为标志,抗日根据地的减租减息运动和经济建设进入了新的发展阶段。

一、减租减息运动的全面深入

由于普遍地开展了减租减息运动,调动了广大农民的积极性,抗日根据地依靠农民群众的力量,进行了英勇的反"扫荡"、反蚕食、反清乡的对敌斗争,战胜了严重的困难,度过了最艰难的岁月。抗日根据地1943年进入了恢复和发展时期,1944年开始了局部反攻。在对敌局部反攻、抗日根据地不断扩大的形势下要求减租减息运动更加普遍、更加深入地发展。而随着中国共产党的整风运动的深入,各级党政领导机关和广大干部大力克服主观主义和官僚主义,大兴调查研究之风并实行群众路线的工作方法,也为减租减息运动的深入准备了条件。

实施减租减息政策,不仅需要正确的政策和策略,还要有正确的工作方法,即群众路线的工作方法。1942年以后,减租减息的政策和策略趋于完善,但是各抗日根据地都不同程度地存在着干部通过行政命令,包办代替,实行减租减息的错误做法,即恩赐减租。

包办代替的恩赐减租,违反了相信群众、依靠群众、放手发动群众这个基本原则,具体表现为:不是通过启发教育提高农民的觉悟,调动农民的积极性,经过农民群众的斗争实行减租减息,而采取行政命令的办法,由少数干部出面,包办代替群众与地主进行斗争;或者由少数干部出面去笼络"开明"对象,而不管是真开明,还是假开明,都给予"开明"称号。包办代替容易使农民产生依赖思想,使他们抱着观望甚至敷衍的态度参加斗争。这样的斗争也能热闹一时,但是,斗争以后效果不能持久;这样的斗争也能为农民争得暂时的经济利益,但是农民群众看到的只是政府、农会或干部的"恩赐",甚至是"开明东家"的"恩赐"。群众看不见自己的力量,也就不懂得用团结战斗的力量去保卫已取得的经济利益。这样,一旦干部离村,地主的反攻倒算就容易得逞,农民得到的经济利益便会丧失。总之,包办代替的恩赐减租,不利于在思想上提高农民的阶级觉悟,调动农民的积极性;不利于在政治上打破地主的优势,建立农民群众的优势;不利于在经济上巩固农民减租减息的既得利益,这些都是发生明减暗不减的重要原因。包办代替的恩赐减租还是一些地区发生少数干部"左"倾蛮干错误的原因之一。由于他们不相信群众能够经过实际斗争提高觉悟,消除疑虑,起来斗争,往往以救世主的面目出现,打抱不平,采取过火行动,妄图以此压下地主的威风,提高农民的斗争勇气;或者从恩赐观点出发,为农民多争得一些经济利益,而违背党的政策,如对地主减租退租过多,处罚过重,打击富农生产等。

为了纠正恩赐减租,推动减租减息运动的深入发展,1943 年 10 月 1 日,发出《中共中央政治局关于减租、生产、拥政爱民及宣传十大政策的指示》(以下简称《十一指示》),指出:"减租是农民的群众斗争,党的指示和政府的法令是领导和帮助这个群众斗争,而不是给群众以恩赐。凡不发动群众积极性的恩赐减租,是不正确的,其结果是不巩固的。"为了发动农民群众,杜绝包办代替,"在减租斗争中应当成立农民团体,或改造农民团体"。《十一指示》要求各级领导"检查减租政策的实行情况","亲手检查几个乡村,发现模范,推动他处"。[①]

---

① 《中国的土地改革》编辑部、中国社会科学院经济研究所现代经济史组编:《中国土地改革史料选编》,国防大学出版社 1988 年版,第 153 页。

各根据地党组织和政府根据《十一指示》，采取整风的办法，检查纠正减租减息运动中的包办代替、恩赐观点。各地印发了毛泽东1927年3月写的《湖南农民运动考察报告》，以这篇文章阐述的正确对待农民运动、放手发动群众、组织农民、依靠农民的马克思主义观点，作为整风的思想武器。各级领导的广大干部，反省检查了在过去工作中，自以为比群众高明，看不起群众、轻视群众力量、不相信群众的自觉性和创造性以及害怕群众起来，害怕群众不懂政策和策略，害怕群众起来得罪地主等错误思想。树立一切为了群众、相信和依靠群众的自觉性与创造性、群众自己解放自己的观点。为了深入发现工作中的问题，各地检查减租减息政策实施程度，不仅看各项政策是否贯彻执行，还要看群众的生活是否得到真正的改善，减租减息政策的实施是否经过群众斗争，群众的阶级觉悟是否提高，群众的积极性是否已经调动起来，是否组织了群众的大多数？通过检查工作，进一步认识了包办代替的危害，各地在减租减息运动中提出了大胆放手发动群众，反对包办代替的方针和"组织群众大多数，树立基本群众优势"的口号。

各根据地的各级领导机关还按中央《十一指示》和1943年6月1日中共中央通过的《关于领导方法的决定》，检查过去工作中的主观主义和官僚主义的领导方法，大力提倡从群众中来，到群众中去，一般的号召与个别的指导相结合，领导骨干与广大群众相结合的领导方法。提倡干部深入基层，实行典型试验突破一点，取得经验，指导一般，推动全局以及相信和依靠群众自己解放自己，放手发动群众的群众路线的工作方法。

各抗日根据地由于纠正了恩赐减租的偏向，1943年冬季以后，在减租减息运动中，普遍采取了群众路线的工作方法。各根据地贯彻群众路线的主要经验有以下几点。

(1)从思想教育入手，唤起群众的阶级觉悟。

干部和积极分子深入农民群众，从调查顽固地主反对和破坏减租减息政策的违法行为入手，启发农民起来揭发地主残酷剥削和压迫农民的种种行径，激发农民对地主的阶级仇恨；用农民终年劳累不得温饱的切身困苦,对比地主阶级不劳而获的寄生腐朽生活,开展算账、控诉活动,使农民认识到减租减息是合理合情而又合法的正义要求,从而能够理直气壮地起来要求减租减息。

农民有了初步的阶级觉悟,还不一定敢于斗争。长期的封建剥削和压迫养成了农民严重的自卑心理,他们有着各种各样的担心和顾虑:八路军、新四军会不会走? 敌人会不会来? 来了怎么办? 地主报复怎么办? 等。为了解除上述疑虑,不仅要进行抗日时局的教育,更主要的是要启发农民认识团结组织起来的力量。让农民亲自看到他们组织起来的力量,以鼓舞士气、增强信心。

(2)在斗争中发现和培养农民积极分子,建立农民群众团体的领导核心。

中国共产党的群众路线也就是阶级路线。调动农民群众的积极性,首先要调动贫农雇农的积极性。中共平原分局 1944 年 4 月在减租减息运动中,明确提出"以贫农雇农为运动的核心,和切实照顾贫农的方向"。在检查老区的减租减息斗争中,普遍开展佃户、雇农独立自主的运动,首先建立起贫苦佃户小组和雇农小组,并注意在斗争中发现和培养佃户、雇农小组中的积极分子,采取个别的或集中训练的方式,对他们进行阶级教育和政策教育;其次再通过这些积极分子去团结教育组织广大的农民群众。积极分子是中国共产党密切联系农民群众的桥梁,是中国共产党的政策和策略能够正确贯彻执行的保证。保持领导骨干和核心的先进性和纯洁性,农民群众团体就能够在斗争中克服某些农民的落后、散漫、迷信以及狭隘的报复情绪,持久地保持农民群众的积极性。

(3)依靠农民群众贯彻执行中国共产党的政策,把政策变为农民群众的行动。

放手发动群众,相信和依靠群众的工作方法的普遍运用,极大地推动了抗日根据地减租减息运动的深入发展。

减租减息虽然没有彻底消灭封建剥削制度,但是其中也贯穿着农民和地主的斗争。除了少数开明士绅以外,大部分地主总是千方百计逃避和反对减租减息。据各根据地调查，其主要做法如下。

改变租佃形式。其中包括：改定租制为活租制，以陕甘宁边区发生最多。因为改定租为活租，地租可以随农作物产量的增长而增长；改租种制（包括定租与活租）为"伙种制"（有的地方又称"伴种制"）。伙种时，地主提供的部分牲畜、农具、种子、肥料可多可少，比较容易投机取巧，变相提高租率，同时，伙种制期限短，多为当年说合当年伙，明年不合，秋后分[①]，便于地主抽回土地报复农民；改正常的租佃形式为特殊的租佃形式，主要有："认差种地"，即佃户负担地主农业税及一切公差又称"租地带差"或"认粮种地"，认6亩种4亩，佃户种4亩地，为地主负担6亩农业税及公差。"推差推地"，即谁种地谁负担赋税公差，佃户另为地主负担部分劳役。地主以这种特殊租佃形式，将其繁重的负担转嫁到佃户身上。[②] 同时，将地租与负担混在一起，产量和负担常有变动，地主便于从中投机取巧。

地主还假典假卖租地维持原租额。这种情况多发生在与地主关系密切的佃户，即依附于地主的所谓可靠佃户或其亲属之间，因而不易发现。假典有以下四种：（1）假立典约，地主不要典价，减少租额，佃户代交公粮；（2）地主立典约，佃户立借约，以利息代替地租，形式上由租佃关系变成借贷关系；（3）佃户用粮食按年交纳典价，数额仍与原租额不相上下；（4）佃户出少数典价，讲明几年以后，"价烂产回"，实际等于预付几年地租。假卖租地多发生在两面负担地区，即将地主出租地改为佃户自耕地，晋察冀边区平西各县均发生地主威胁利诱佃户将租地改为佃户自耕地，佃户替地主交纳累进税。按统一累进税法，收入越多税率越高，一般佃户均大低于地主，税率更低于地主。甚至少数佃户收入低于免征点的（每人平均收入在两个富力，即20市斗谷以下）可以免税。将地主出租土地改为佃户自耕地，地主可以得到佃户减免税课的利益，使政府税收

---

① 柴树藩、于光远、彭平：《绥德、米脂土地问题初步研究》，人民出版社1979年版，第59页。

② 陈廷煊：《抗日根据地经济史》，社会科学文献出版社2007年版，第343页。

减少。①

有的地主风闻减租,先将原租额提高,或者在减租后变相增租,以抵消减租。地主在减租前事先提高租额的事件,各地均有发生。晋察冀平西地区许多地主在减租前,以夺佃威胁佃户将原租额提高25%,减租后仍维持原租额。地主在减租以后变相增租的花样很多,最主要的是增加租地亩数,减租前,地主为少交农业税,大多隐瞒耕地亩数。减租后,地主为报复佃户,提出重新丈量土地,增加租地亩数,达到增租的目的。陕甘宁边区庆阳一大地主重新丈量出租土地,由原来的710亩增加到829亩,增加119亩。减租后增加对佃户的额外剥削,各地减租减息条例,均规定取消额外剥削,但不少地区在减租以后常常发生对佃户的额外剥削的情况,如要佃户送工、挑水、打柴、打场、碾米、出公差、运公粮,甚至白(无报酬)种地等。实际上是将减掉的实物地租变成了劳役地租。减租后地主向佃户索要土地副产物,如柴、草、瓜、果、蔬菜等。减租后地主改用大斗向佃户收租。减租后地主向佃户索要过去的欠租,使佃户得不到减租的实际利益。

明减暗不减也是地主对抗减租的普遍手法。地主威胁利诱佃户隐瞒实情,本来没有减租,干部来问,都说减了租;或者干部在村时减了租,干部走后,佃户又将减掉的租粮送回地主。还有把地租分为虚租和实租,虚租减了,实租未减。据太行区15个县1944年调查统计,1943年发生的12525件租佃纠纷中,有7680件为明减暗不减,占租佃纠纷的61.3%。

撤佃收地是减租后地主报复佃农的惯用手段。减租法令虽有保障佃权的规定,但夺佃事件在各地仍层出不穷。地主片面引用有关"保障土地所有权""契约自由"等条款,或借口生活困难,收地自耕,或典卖租地,甚至有的地主诬告佃户"不履行契约""荒芜耕地"等,达到撤佃的目的。少数地主趁敌人扫荡蚕食之机,凭借敌伪势力收回租地。据太行区15个县的调查,夺佃事件占全部租佃纠纷的30.2%。另据晋察冀边区六专区昌宛房第四区统计,1942年有17户地主夺走了21户佃户的租地127亩,

---

① 陈廷煊:《抗日根据地经济史》,社会科学文献出版社2007年版,第343页。

1943 年有 35 户地主夺走了 45 户佃户的租地 279 亩。还有少数刁顽地主,挑动没有觉悟的佃户相互"争租夺佃",报复原佃户。地主还利用在政权中的地位,曲解法令,欺骗农民。如绥德某地主利用农民不识字,随便拿一封信对农民说:"今年上头有公事,租子一定要交足"。晋冀鲁豫边区,许多偏僻山区,土地贫瘠,历来租率低于 37.5%,地主故意曲解政府有关最高租额不得超过 37.5% 的规定,说成是地租一律向 37.5% 看齐,从而提高了地租。

少数顽固地主在减租减息之后,对政府减租减息法令断章取义,强词夺理,编造法律根据,控告农民。有的利用他们在各级政府和参议会中的合法地位,肆意夸大农民某些过火行动,攻击一点,不及其余,批评农会支持农民的合法权益是什么"违背政府法令",抨击政府偏袒农民。1943 年春夏各抗日根据地均发生许多地主控告农民的案件。晋察冀边区平山县政府当时受理的"2000 多个案件中,差不多就有 80% 是地主控诉农民"的。[1] 地主精于强词夺理,伪造证据,掩盖事实真相,在诉讼中处于明显的优势。而经济贫穷、文化落后的农民在诉讼中往往处于不利的地位。这样,农民在减租减息中获得的经济权益,就会丧失殆尽,从而导致有的"农民陷于无地可种,失业,贫困无法维持生活的景况"。[2]

有些地主宣扬封建伦理(比如说"佃户靠地主生活""佃户减租没良心"等)来影响部分落后保守的农民,使他们不敢理直气壮地起来要求减租减息;通过收买干部、操纵甚至控制乡村政权和农会的办法,以阻挠减租减息;还有少数顽固地主造谣惑众,以"变天"恐吓农民,汉奸地主勾结敌伪,捕捉干部,威胁佃户,破坏减租减息等。

地主不甘心减少租息,千方百计逃避和反对减租减息。这说明减租减息运动始终充满了地主和农民的反复较量。为了完成抗日救国的大业,切实减租减息,就必须按照《十一指示》,"检查减租政策的实行情况"

---

① 魏宏运主编:《抗日战争时期晋察冀边区财政经济史资料选编·农业编》,南开大学出版社 1984 年版,第 183—185 页。

② 《中共北岳区四分区地委关于当前执行土地政策初步检查纠正右的偏向的决定》,《战线》1943 年第 13 期。

（以下简称"查减"），将那些由于地主对抗造成"明减暗不减"或"漏减"的问题予以解决。因此，各个抗日根据地在1943年冬至1944年春和1944年冬至1945年春连续两个冬春开展了"查减"运动。

"查减"的任务是检查减租减息政策执行的程度，揭露地主所采取的明减暗不减，减租以后的变相增租，夺佃转租、"上打租"（即预收地租）、额外剥削、高利贷剥削等违法行为，深入贯彻减租减息政策，保护农民的减租减息的既得成果。各地提出的"查减"内容和标准可归纳如下：减租率是否达到25%？减租以后的最高租额是否不超过375‰？多年欠租是否废除？农民的旧债是否得到清理？减租减息后是否废除了旧约，订立了新的租佃债息契约？佃户的佃权是否确实有了保障？农民生活是否真正改善？农民生产积极性是否提高？生产是否增长？减租减息是否经过了群众斗争？是否发动和组织了农民群众的大多数？农民群众是否在农村基层政权和自卫武装力量中占了优势？等等。

在"查减"中，各地采用深入细致的方法逐村逐户地检查；重新发动和组织农民群众，特别着重发动和组织佃农和雇农。冀鲁豫地区普遍开展雇佃运动，即首先把贫苦佃户、雇工发动起来，发动他们检举揭发地主抵制和逃避减租减息、向农民反攻倒算的违法行为。同时对干部进行深入细致的思想教育，克服"问题不大"和"差不多"的错误思想，克服包办代替和恩赐观点，树立一切为了群众、相信和依靠群众的观点。少数干部过去对地主抵制和逃避减租减息听之任之，甚至自觉或不自觉地为地主所利用。群众对他们不信任。这时一般采取整风的方法，启发教育干部检查自己翻了身，当了干部，而脱离了群众，不关心群众疾苦以及在工作中依靠群众不够等缺点错误；并让干部到群众中检查，取得群众的谅解和信任，从而密切干群关系，团结起来，与违法地主开展说理斗争。

在"查减"中，各级政府机关，特别是司法机关，检查了过去工作中的官僚主义、文牍主义以及旧的法制观点；提倡从实际出发、实事求是和群众路线的工作方法，树立减轻封建剥削，兼顾佃户与地主、债户与债主双方利益的新的法制观点。

针对"查减"中检查出来的问题，各根据地政府按照以往规定的减租减息条例提出了处置办法。其中有些做法比之原条例规定又有所发展。如对过去应减而未减的租额,这次查出来以后分别情况区别对待。对少数情节恶劣的顽固地主,责令其全部退出,以示惩罚。华中淮北地区对个别情节恶劣的顽固地主,除依法减租退租以外,还处以三天至一个月的拘役处分;对一般地主则酌情少退,或既往不咎,侧重于今后严格按法令减租,重新订立租佃契约。

又如"查减"中调查和处理的重要内容——额外剥削问题,山东根据地政府对山东各地比较普遍的份子粮、带种地、拨工、送礼四种额外剥削,分别规定了处置办法。份子粮在伙种制条件下,大多数为佃户春季吃地主一斗粮食,秋季还三斗或四斗,不吃也要一还二,政府规定这种份子粮应按"二五减租"和减租后租额不超过375‰处理;非伙种制中的份子粮一律取消。"带种地"或"白带地"即佃户无代价替地主种一定数量的土地,实际上是一种劳役地租,政府规定,带种地一律改为正常的租佃关系,另立新租约。"拨工"即佃户为地主服各种劳役,地主不给工资。政府规定,拨工制一律取消,佃户的一切服役,地主均应按普通工价发给工资。对于送礼,政府规定一律取缔。这些规定比以往笼统说"取消额外剥削"更加具体化了,也就更加便于落实了。

晋察冀边区政府在"查减"中,对复杂的典地纠纷提出了具体的处理办法:如出租人因逃避负担典出土地,在典期内因灾荒及土地变质,承典人未获应得收益者,典当期应延长 1/3—1/2;如出典人生活困难必须回赎时,除按契约执行赎地手续外,得再给予承典人原典价额 1/3—1/2 的补偿;承典人原是该典地的佃户者,在典地期满后得继续享有租佃权,出典人不得在赎回典地后借故夺佃;典地原为租佃地,出典人为抗拒减租而出典他人者,原佃户有继续租佃权,新承典人的损失,由出典人予以补偿。这些办法有利于解决地主为抗拒减租或逃避负担而典出土地或假典土地造成的典地纠纷。

为了维护抗日民主政府减租减息法令的严肃性,各根据地发动农民去要求地主将过去应减而未减的租额,应废除而未废除的地租以外的额外剥削退还佃户,于是普遍开展了退租运动。

各地退租的年限规定不完全相同。如山东根据地政府规定从各地颁布减租减息条例时算起；晋冀鲁豫边区政府则规定从当地抗日民主政府建立，政府法令实际能够执行时算起；华中苏中地区规定从实际发动减租减息运动时算起；晋察冀边区从 1941 年 3 月 31 日边区政府颁布减租减息布告时算起；等等。

在退租运动的高潮中，许多地区曾发生退租年限过长的问题。如晋冀鲁豫太行区有退租五年的。又如陕甘宁边区有的地区从 1940 年算起；有的地方对所有地主无区别地一律要求退租若干年，有的地区还要加计利息，甚至附加罚款，以致发生退租数量过多，处罚过重的情况。部分中小地主无力退租，不得不打欠条，或者变卖田产，有的因此而破产。有一些解放较晚的地区，也与老区一样规定退租若干年。

针对上述偏差，中共中央在 1944 年 2 月 8 日批转《西北局关于减租的指示》中指出："应防止对地主采取过左的政策，如不看具体对象一律退回三四年长收的租子，及对地主过多的罚款等"。"如已发生应适当纠正（但不能损害群众积极性）"。① 各地根据中央指示，及时总结经验，按各地实际情况，重新规定了退租年限和办法。如山东省和晋绥边区规定，只退 1942 年及以后应减而未减的租额；晋冀鲁豫边区政府规定自 1942 年 11 月 28 日政府发布土地使用条例细则半年以后，即 1943 年 5 月 28 日以后算起；一般只退一年；华中苏中地区政府规定，四年八熟未减租者，退租不超过三熟，三年未减租，退租不超过二熟，二年未减，退租不超过一熟，一年或四季未减者，退租少于一熟。为了纠正陕北某些地区退租过多的偏向，中共中央西北局 1944 年 10 月 10 日发出指示，对因退租而生活困难的地主，由政府减少其公粮负担；对尚未减租已打了欠条的地主按其经济状况，说服农民酌情取消或少退。各地对不同的地主区别对待，如晋冀鲁豫边区对少数勾结敌、顽势力推翻减租成果的汉奸恶霸地主，退租年限从严，并给予经济上的惩罚；对一般地主只退一年，免予处罚；小地主和

---

① 《中国的土地改革》编辑部、中国社会科学院经济研究所现代经济史组编：《中国土地改革史料选编》，国防大学出版社 1988 年版，第 169—170 页。

富农还可以酌情少退;中农以下小土地出租者不退。一般地主一次退不出,可以分期退,或在下年租额中扣除。晋察冀边区政府规定,根据地主与佃户双方的经济情况、生活条件,分别实行全部退或少退或不退;还规定佃户替地主已交的统一累进税"二五减租"后租额仍超过法令规定的最高租额的超过部分,或因灾应减而未减多收的地租,一般均不退,佃户生活特别穷苦的可酌情退一部分或全部。山东抗日根据地规定对地租以外的额外剥削,如承租人要求算账,一般可以从1942年5月租佃暂行条例颁布时算起,对汉奸恶霸地主可以追索到1942年以前,至抗战爆发时为止。

在退租运动中,农民获得的利益,缺乏全面的统计资料,据华中盐阜区1944年统计,全区退租佃户7021户,共退租粮628万斤,平均每佃户得退租粮895斤。[①] 另据晋察冀边区北岳区八个县调查,在1461宗租佃关系中,共退租粮1508.57石,平均每佃户退租粮1.03石。其中最多的有高达16石的。山东滨海区在大店调查,在"查减"中得到退租的佃户202户,退回租粮78430斤,柴草76500斤,平均每佃户得到粮食388斤、柴草378斤。山东胶东地区牟平等七个县截至1945年上半年统计,共减租退租1013063斤。[②]

老区"查减"的最大障碍是少数恶霸地主。过去,恶霸地主勾结官府,横行乡里,称霸一方。他们强夺田产、霸人妻女、欺压农民、无恶不作,农民对其恨之入骨。抗日根据地建立以后,恶霸地主仍在暗中作威作福,威胁挟制农民,阻碍抗日民主政府减租减息法令的贯彻执行,更有少数恶霸地主暗中勾结敌伪,充当汉奸,破坏抗日斗争。农民在恶霸地主的欺压下,敢怒不敢言,不推翻恶霸地主的统治,农民不敢减租减息,不能真正翻身。1943年以后,各根据地在实行大胆放手发动群众的方针以后,明确以贫农和雇农为运动的核心,开展雇、佃、贫农的独立自主的斗争,群众的斗争矛头直指恶霸地主。老区农民在"查减"中从揭露和控诉恶霸地主

---

① 陈廷煊:《抗日根据地经济史》,社会科学文献出版社2007年版,第352页。
② 陈廷煊:《抗日根据地经济史》,社会科学文献出版社2007年版,第352页。

抗拒和破坏减租减息向农民反攻倒算的罪行入手,进一步要求清算恶霸地主过去杀人害命、霸占田产、欺压农民的种种罪行。特别是占农村人口10%—30%的赤贫阶层,其中有许多既不是佃户,又不是雇农,减租减息和改善雇工待遇、增加工资的斗争,均不能改善他们的经济地位,而他们中有许多人是恶霸地主巧取豪夺的受害者。他们过去忍气吞声,不敢申辩,现在则扬眉吐气地起来与恶霸地主开展说理斗争了;他们过去含冤负屈,不敢控告的,现在则向抗日民主政府上诉,要求昭雪冤案、报仇雪恨了。觉悟了的农民还要求清算恶霸地主与地主阶级的当权分子(伪乡长、保长),贪污公款、公物、公粮和勒索霸占农民钱财的种种罪行;要求清查恶霸地主和其他地主分子隐瞒土地,向农民转嫁田赋公粮的行径。于是,在华北、华中各抗日根据地开展了反恶霸、反贪污、算旧账、清查"黑地"(即隐瞒不缴纳田赋公粮的土地)的农民群众斗争。这场斗争的兴起,势如破竹,汹涌澎湃,给予地主阶级的封建统治以沉重打击。斗争果实大部分都分配给贫苦农民,特别是那些既不是佃户,又不是雇工的赤贫户,使他们从长期的赤贫地位中解脱出来,激发了他们的革命热情。山东胶东地区栖东县 7 个区、295 个村,经过反恶霸斗争夺回现金 20700 元,土地 3315 亩及油房一处;反贪污索回 22900 元,粮食 11300 斤,反资敌、资匪索回 24630 元,查出国民党土顽部队匿藏物资近百万元。[1] 贫苦农民在反恶霸、算旧账斗争中,还通过下述方式获得了一部分土地:政府根据群众揭露控诉,出布告宣布恶霸汉奸的罪状,没收其土地财产,分配给受害的贫苦农民;恶霸地主过去巧取豪夺农民的土地,经过说理斗争,退还农民;恶霸地主过去贪污公款、公物及农民钱财,以土地作价偿还农民;清查出恶霸地主隐瞒不缴纳赋税的"黑地",经政府没收分给贫苦农民。据晋绥边区 14 个县不完全统计,1944 年农民在斗争中,共获得土地6455235 亩;1945 年上半年山东文登县农民在斗争中共获得土地 5 万亩,占全部土地总面积的 10%。[2]

---

① 陈廷煊:《抗日根据地经济史》,社会科学文献出版社 2007 年版,第 352 页。
② 陈廷煊:《抗日根据地经济史》,社会科学文献出版社 2007 年版,第 352 页。

在反恶霸、算旧账斗争中,涌现出一大批贫、雇农积极分子,许多优秀分子被农民推选担任了农会和农村基层政权干部,使贫农、雇农在农会和政权中的领导地位进一步加强。

但是,少数地区在强调了"大胆放手反对包办代替"之后,忽视和放松了中国共产党的政策指导,忽视和放松了政府法令的教育和约束。少数干部把相信和依靠群众的自觉性和主动性,变成放任甚至崇拜群众的自发行动,他们迷信群众能够创造一切,以群众团体的决议,代替政府法令,甚至错误地认为,群众团体的决议就是法令,迷信群众能够懂得政策、能够自己教育自己、能够自己约束自己;同时有些地区对反恶霸、算旧账斗争中出现的新经验、新问题,未能及时总结,悉心研究,并制定新的政策和策略,进行正确的指导;加上这些干部在思想上过急地解决贫农特别是赤贫农民的生产资金,特别是土地问题,以致发生了一些超越中国共产党的土地政策的"左"倾错误。主要表现在以下三个方面。

第一,严重扩大打击面,普遍打击地主,打击富农,侵犯中农利益。在发生"左"倾错误的地区,把反对和清算极少数恶霸地主的斗争,变成了普遍清算地主封建剥削的斗争。少数地区把"削弱封建"的口号,变成了"斗好户"的口号,不区别封建剥削与资本主义剥削,发生普遍打击富农的错误。在"斗好户"的口号下,侵犯了中农的利益。特别是在有些地主富农少,中农占农户比重大的地区或中农当权的村庄,斗争中农比较普遍。

第二,算旧账、清查"黑地"处罚过重。少数地区算旧账没有一定的限制,不分阶级,不区别对象,多年历史旧账一律清算。如华中淮北地区算旧账从民国元年算起,并以分半计息,被占土地以每年土地收益计算利息清偿,本人死后,儿子负责。在清查"黑地"斗争中也有重罚倾向。许多地区规定,"黑地"期限自报,不报者一经查出,除追交过去欠交赋税之外,处以数倍的罚款。少数地区清查"黑地"变为没收分配"黑地"。

第三,斗争方式简单生硬、不注重说理,不依据法令,乱斗乱罚。过火的斗争方式,增加了地主不必要的仇恨,丧失社会同情,不利于孤立少数恶霸地主。

上述"左"倾错误,造成了极为不良的后果:少数清算所有地主的地区,地主破产实际上消灭了地主经济,妨害了团结地主共同抗日,使守法的开明地主无所适从,感到没有出路,而少数恶霸地主不孤立。少数发生"左"倾错误的边远地区,出现大批地主逃往敌占区,甚至个别地区发生地主叛变投敌,勾结敌伪军杀害干部和农民积极分子的事件。在"斗好户"、打击富农、侵犯中农利益的地区,不仅把富农推向地主一边,增加地主反攻的力量,而且助长了农民中均产主义思想的滋长,妨碍了生产运动的开展。农民们认为,"斗好户"就是"共产",不仅富农不敢雇工发展生产,中农也不敢冒尖,贫农也不积极生产。在极少数侵犯中农利益严重的地区,造成贫雇农与中农之间的对立,给少数顽固地主,汉奸特务以挑拨离间、策动反攻复辟的机会。

中共中央对各地反恶霸、算旧账的斗争十分关注,针对出现的问题及时向各地发出指示,给予正确的政策指导。1944 年 2 月 8 日中共中央在转发《西北局关于减租的指示》时指出:"凡已发动群众起来彻底减租减息的地区,应即注意对地主的团结,在彻底实行减租后,对地主一般的不是继续斗争,而是注意团结他们,稳定他们,使他们不但不离开我们,且不得不靠近我们"。"在减租斗争中,应防止对地主采取过左的政策。"[1]

针对华中睢、邳、铜地区反恶霸的群众运动和淮北行署发动的反贪污斗争,1944 年 5 月 31 日中共中央给华中局的指示中,明确指出:"反恶霸和算旧账只能限于个别的顽固家伙",期限亦不能那样长。对个别的恶霸和贪污案件,应"发动群众经由政府或法院依具体情况公允处理,要犯主给苦主以适当的赔偿,要吞没者吐出一部分,只要不超过可能,达到双方关系的调整和正气的伸张"。而对地主阶级的大多数,"不是无限度的对他们进攻,要真心保护其合法权益"。"普遍的反恶霸算旧账,必致造成过分震动,某些方面人人自危,给予特工和二流子等以活动机会,甚至'逼上梁山',破坏根据地的抗日秩序,而妨害大规模的生产运动,并影响

---

　　[1] 《中国的土地改革》编辑部、中国社会科学院经济研究所现代经济史组编:《中国土地改革史料选编》,国防大学出版社 1988 年版,第 169—170 页。

各阶级间的抗日团结"。应正确地彻底执行"从减租减息到发展生产的群众运动方针"。号召各阶级参加生产运动,一方面可以提高和保护基本群众的利益;另一方面可以使地主阶级认识中国共产党的建设能力,缓和农民与地主的阶级矛盾。①

各地党委和政府,根据中央上述指示,切实纠正少数地区发生的"左"倾错误,对反恶霸算旧账斗争出现的新问题,制定了具体的政策和处理办法。

首先,严格区别恶霸地主与一般地主,对不同的地主实行区别对待。冀鲁豫边区拟定的政策是:对中小地主减租减息以后,要团结他们稳定他们,其中有违法行为的,如明减暗不减、夺佃等,亦应从轻处理,对勾结敌人实行反攻倒算或有人命案的恶霸地主,群众痛恨,应从重处罚,实行清算斗争,直至使其破产不再成其为地主;大地主中的反共反人民顽固分子,与上述汉奸恶霸地主应有所区别,对欺压勒索农民严重者,可以算旧账,给予处罚,但应注意保持其地主成分,使其降为中、小地主。大地主中比较守法,参加抗战,减租减息以后对农民态度较好者,过去对农民的压迫勒索,应说服农民谅解,从宽处理,不斗不罚。

其次,区别对待富农,重申中共中央决定对富农的政策,减租减息以后,鼓励富农发展生产;切实保护中农,凡损害中农利益的,赔偿其损失。为了团结中农,大量吸收中农参加农会,吸收中农积极分子参加农会领导和基层政权的工作,调动中农发展生产的积极性。

反贪污斗争应缩小打击面,主要打击那些依仗敌伪势力贪污勒索的恶霸地主或贪污致富的分子,算旧账时间不要追索太长,同时考察其对抗日的态度以及是否有悔改表现,区别对待。

最后,查"黑地"斗争,应尽量争取隐瞒者自报。隐瞒不报查出后亦应区别对待:对贫农、中农不处罚,根据生活情形,补交一部分或大部分漏交的公粮;对富农及中小地主,应如数追交公粮,一般不给处罚,只是对于

---

① 《中国的土地改革》编辑部、中国社会科学院经济研究所现代经济史组:《中国土地改革史料选编》,国防大学出版社1988年版,第174—175页。

少数主持隐瞒土地的顽固地主才给予适当的处罚。

此外,对地权纠纷,严格区别正常的"公平交易"、趁人困难廉价购买以及凭借权势掠夺土地三类不同情况,制定了不同的处理原则,以孤立打击少数恶霸地主。

这样,在放手发动群众之后,及时地加强了中国共产党的政策指导,使群众运动与中国共产党的政策指导密切结合,使反恶霸、算旧账斗争沿着中国共产党所规定的正确轨道前进。

在纠正"左"倾错误时,各地实行较为妥善的步骤和办法,加强政策教育,提高群众认识,着重克服农民的均产主义思想,使干部和群众自觉认识并主动去纠正错误,避免单纯的行政命令和组织处分,收到较好的效果;既纠正了错误,又保护了群众的既得利益。

在老区普遍开展"查减"运动的同时,游击区和新区也开展了减租减息运动。游击区是指根据地与日伪占领的点线之间,抗日武装力量经常进出开展隐蔽或半公开的对敌斗争的广大中间地带。在八路军、新四军对敌局部反攻取得胜利和老区"查减"退租斗争的鼓舞下,游击区农民在反对敌伪敲诈勒索,减轻或废除对敌伪负担斗争取得胜利以后,提出了减租减息要求。游击区减租减息具有以下几个特点:(1)减租减息标准低于根据地,并且因各地具体环境和条件不同,标准各异:有的减15%,有的减20%不等。(2)在斗争策略上和方式上,具有更大的机动性和灵活性。一般均采取和平协商的方式,实行互助互让的原则。如华中提出"让租"的口号,动员地主少收地租。其方法是一件一件地解决,力求避免过分的社会震动和妨碍抗日人民内部的团结。(3)与打击汉奸的斗争密切结合。游击区少数地主投靠敌人充当汉奸,凭借敌伪势力强化对农民的剥削和压迫,或者原是实行过减租减息的根据地,因敌人扫荡蚕食变为游击区,汉奸地主凭借敌伪势力,推翻减租减息成果。因此,实行减租减息前,一般是先发动群众惩办汉奸地主,制止地主阶级的妥协投降,并把二者结合起来。(4)与反对敌伪勒索,减轻或废除对敌负担相结合。减轻和废除对敌负担是农民和地主的共同要求,有利于加强一切抗日阶层的团结。同时,地主对敌负担减轻或免除之后,也容易接受农民的减租减息要求。晋察冀边区北岳区和冀中区的游击区,减租密切联系对敌负担,在减租后的新的租佃契约中列入对敌负担办法。因地而异地实行"有差无租"(佃户只出负担不交地租)、"有租无差"(佃户只出地租不出负担)、"有租有差"等多种办法。

各游击区在减租减息中,特别注意改善赤贫农民的生活。晋冀鲁豫边区政府规定:"游击区之公社土地,应租给赤贫农户,租额可低至百分之十到百分之十五""游击区逃亡户之荒芜土地,由政府代管,租给贫苦农户耕种或由合作社集体耕种,租额可低至百分之十"。[①]

游击区农民减租减息斗争还与敌后武工队的军事斗争密切结合,相互促进。武工队军事政治斗争的胜利,为减租减息创造稳定的军事政治环境,提高农民的斗争信心;而减租减息激发了农民的抗日积极性,为武工队的军事政治斗争创造了良好的群众基础。在军事上占优势的游击区,经过减租减息发动农民,改造政权,逐步发展为游击根据地或新的根据地。

随着对敌局部军事反攻的进行,陆续从日军占领下收复大片国土,建立了许多新的抗日根据地。如1944年冀鲁豫新区根据地人口达到将近2000万人;山东根据地一年内扩大新根据地4万平方公里,包括2万个村庄、1000万人口。为了巩固这些新区,各地根据中共中央指示,从老区抽调大批具有领导减租减息斗争经验的干部,集中训练,掌握政策,然后分赴新区,发动以清算汉奸罪行和减租减息为主要内容的群众运动。1944年,冀鲁豫新区成为敌后最大的抗日根据地。1945年1月,中共中央指示北方局即时进至冀鲁豫根据地,并从太行、太岳等老区抽调一批有领导减租减息经验、作风又好的干部到冀鲁豫新区,发动群众,实行减租减息,以进一步巩固抗日根据地。

新区因过去敌伪长期统治,伪乡长、伪村长、伪保长和其他汉奸,凭借权势,趁国家危难,以廉价取得农民土地,甚至少数汉奸恶霸采用欺骗敲

---

① 河南省财政厅、河南省档案馆编:《晋冀鲁豫抗日根据地财经史料选编(河南部分)》第1册,档案出版社1985年版,第341页。

诈等手段强取豪夺农民的土地,因此收回这些被掠夺的土地,成为新区农民的迫切要求。而这类土地问题又往往同民间的土地纠纷交织在一起。如汉奸将掠夺的土地转卖给其他人,或者业主无力缴纳苛重赋税,被迫以廉价卖给有微薄积蓄的农民,还有少数地主将土地廉价卖给或典给佃户的。各地政府在保障地权,反对强买强典,侵占掠夺和奖励发展生产,照顾贫苦农民生活的原则下,制定了新区土地纠纷的处理办法。山东根据地政府制定了以下处理办法:(1)业主无力缴纳苛重赋税,放弃土地逃亡,伪乡长、伪保长或其亲友依靠敌伪势力,将欠赋税的土地没收,迫立契约占为己有,应无条件退还原主;(2)业主弃地逃亡,伪乡长、伪保长或其亲友未经业主许可将土地出卖或典与他人,原则上应归还原主,但买主可收回其一部分或全部;(3)业主无力缴纳赋税,伪乡长、伪保长劝其卖地,得原主同意将地卖给佃户或贫民,承买人自己耕种所立契约应属有效,不应再索回土地。新区减租减息的普遍开展,调动了广大农民的抗日与生产积极性,建立起农民群众的政治优势,巩固了新区的抗日民主政权。

抗日根据地的减租减息运动,对农业生产、社会经济和抗日斗争都有重大而深远的历史作用,在未经土地革命的地区,尤为明显。

各抗日根据地实行减租减息政策的村庄占70%以上。晋察冀边区和陕甘宁边区未经土地革命的地区,实施减租减息政策最为普遍。晋冀鲁豫边区的太行区,是比较普遍深入地实行减租减息的地区,据该区12个县调查,有91.8%的村庄实行了减租减息。据山东根据地1945年9月统计,在23417个村庄中,实行了减租减息的村庄有14963个,占64%,未实行的村庄主要是新解放区。晋绥边区兴县减租减息的村庄占全县村庄的83%。华中根据地1945年对4个分区30个县373个区2391个乡的调查,实行减租减息的区327个,占87.7%;实行减租减息的乡1779个,占74.4%。另据盐阜区统计,1944年共有56433户佃户,减租粮2234万斤,平均每户396斤,退租粮食638万斤。全区雇工15889人,共增加工资粮514万斤。① 减租减息减轻了地主对农民的封建剥削,改

---

① 陈廷煊:《抗日根据地经济史》,社会科学文献出版社2007年版,第360—361页。

善了农民的生活,调动了农民发展生产和参加抗日斗争的积极性,对抗日根据地的生产建设、政权建设和抗日武装斗争,起到了重大的历史作用。

减轻了地主的封建剥削,实现了土地制度初步改革。减租后的地租率降低,封建剥削有所减轻。据 1944 年对晋绥边区 6 个县的调查,实际减租率,最低为 26%,最高为 52.3%。具体情况如表 19-22 所示。

表 19-22　晋绥边区 6 县地租率核减情况统计　　　　(单位:%)

县别　　　　　项目	战前平均租率	减租后平均租率	实际核减租率
兴县	40.0	20.0	50.0
偏关	31.3	15.6	26.0
五寨	34.0	14.4	40.0
临县	39.3	22.4	43.2
交西	21.7	12.2	43.7
静乐	26.0	12.4	52.3

注:偏关平均租率由 23000 垧租地计算得出;五寨由 5460 垧租地计算得出;临县由 9532 垧租地计算得出;交西由 101 佃户租地计算得出;静乐由 1126 佃户租地计算得出。

资料来源:陈廷煊:《抗日根据地经济史》,社会科学文献出版社 2007 年版,第 362 页表 9-1。

另据陕甘宁边区绥德地区调查,四十里铺艾家沟 108 垧定租地原租额 270 石,1943 年减租后租额 132.5 石,减少 50.9%,活租地 246 垧,原租 53 石,减租后租额 30 石,减少 43.4%,伙种地 17.5 垧,减租 40%,安庄稼 34 垧,减租 49%。[①] 这说明不同租佃形式的租地,减租的程度是不同的。

减租减息使租佃关系发生了一些实质性的变化:废除了超经济强制和地租以外的剥削;佃户的佃权也有了切实保障。通过减租减息,使地主阶级占有的土地减少,农民占有的土地增加。据晋察冀边区北岳区 39 个村,晋冀鲁豫边区的太行区 12 个县 15 个村,晋绥边区兴县、临县 5 个村,山东滨海县沭水、临沭、莒南 11 个村 3124 户以及华中盐阜区阜东 5 个县

---

① 陕甘宁边区财政经济史编写组等编:《抗日战争时期陕甘宁边区财政经济史料摘编·第二编·农业》,陕西人民出版社 1981 年版,第 244—245 页。

431 个乡的调查,减租前后各阶级占有土地百分比变化如表 19-23 所示。

表 19-23　晋察冀边区北岳区等 5 个地区减租
减息前后土地分配变化　　　　　（单位:%）

时间 ＼ 项目	地主	富农	中农	贫农	雇农
减租前	35. 2	18. 3	28. 5	17. 2	0. 75
减租后	16. 4	15. 6	45. 2	20. 67	0. 51

资料来源:据陈廷煊:《抗日根据地经济史》,社会科学文献出版社 2007 年版,第 365 页表 9-4 摘要改制。

　　如表 19-23 所示,减租减息前后比较,地主、富农的占地比重从53.5%降至 32%,降幅逾 40%;中农、贫农的占地比重从 45.7%升至65.87%,升幅超过 44%。值得注意的是,在地主、富农的占地比重降幅中,地主的降幅远大于富农。地主的占地比重降幅为 53.41%,而富农的占地比重下降轻微,只有 14.76%。这是党和民主政府减租减息的政策导向决定的,是党和民主政府的政策导向所预期的。而在中农、贫农的占地比重升幅中,中农的升幅又远大于贫农。中农的占地比重升幅达 58.6%,而贫农的占地比重升幅仅有 20.17%。雇农的占地比重更是只降不升。这是因为相当一部分贫农和绝大部分雇农,自己没有土地,又租不到土地,因此无法从减租减息这种改良措施中获利。

　　减租减息所引起的土地占有关系的变化,又进而导致农村阶级结构的变化。据上述 5 个地区的调查资料,各阶级占农村总户数的比重变化如表 19-24 所示。

表 19-24　晋察冀边区北岳区等 5 个地区减租
减息前后阶级结构变化　　　　　（单位:%）

时间 ＼ 项目	地主	富农	中农	贫农	雇农
减租前	4. 31	7. 7	29. 0	52. 34	5. 65
减租后	2. 9	6. 5	41. 6	44. 68	2. 51

资料来源:据陈廷煊:《抗日根据地经济史》,社会科学文献出版社 2007 年版,第 367 页表 9-6 摘要改制。

减租减息前后,农户阶级结构变化的基本态势是两头缩小,中间扩大,即地主、富农和贫农、雇农全部下降,而中农比重大幅上升。虽然整体形状仍是宝塔型,并未变成擀面杖型,但作为贫穷一极的宝塔底座,明显缩小了。

减租减息改善了农民的生活,提高了农民的阶级觉悟,使他们认识到自身阶级利益与民族利益的一致性,踊跃参军参战,抗日积极性空前高涨。1945年抗日根据地民兵发展到220多万人,自卫军近千万人。正如八路军总司令朱德所指出的:"改善人民的经济生活,首先的和主要的,就是实行减租减息,而另外,又规定交租交息,这是保证农民占人口百分之八十到九十的解放区在经济上坚持抗战的基础。"[1]

减租减息发动和组织了农民,打破了地主阶级的专制统治,建立了农民群众的政治优势。经过斗争,涌现了一大批农民积极分子,培养锻炼造就了一大批农村基层干部,为改造农村基层政权,创造了条件,从根本上巩固了抗日民主政权。

二、农业生产发展

在农业生产方面,根据地政府认真总结前期经验,特别强调农民组织起来,发挥集体协作智慧和力量。

1943年10月,毛泽东起草的《关于根据地的减租、生产和拥政爱民运动》通知中,明确提出,在目前条件下,发展生产的中心环节是组织劳动力。每一根据地,组织几万党政军的劳动力和几十万人民的劳动力(取按家计划、变工队、运输队、互助社、合作社等形式,在自愿和等价的原则下,把劳动力和半劳动力组织起来)以从事生产,即在现时战争情况下,都是可能的和完全必要的。共产党员必须学会组织劳动力的全部方针和方法。1943年10月,毛泽东在中共中央西北局召开的陕甘宁边区高级干部会议上做了《论合作社》的讲话,指出:"过去束缚边区

---

① 《朱德选集》,人民出版社1983年版,第151页。

生产力使之不能发展的是边区的封建剥削关系,一半地区经过土地革命把这种封建束缚打破了,一半地区经过减租减息之后,封建束缚减弱了,这样合起来整个边区就破坏了封建剥削关系的一大半,这是第一个革命"。"但是如果不从个体劳动转移到集体劳动的生产关系,即生产方式的改革,则生产力还不能获得进一步的发展。因此建设在以个体经济为基础(不破坏个体的私有财产基础)的劳动互助组织,即农民的农业生产合作社,就是非常需要了,只有这样,生产力才可以大大提高。现在陕甘宁边区的经验:一般的变工、扎工的劳动是二人可抵三人,模范的变工扎工劳动,是一人可抵二人,甚至二人以上。如果全体农民的劳动力都组织在集体互助劳动之中,那末,现有全边区的生产力就要以提高百分之五十到百分之一百。这办法,可以行之于各抗日根据地,将来可以行之于全国,这在中国经济史上是要大书特书的。这样的改革,生产工具根本没有变化,生产的成果也不是归公而归私的,但人与人的生产关系变化了,这就是生产制度上的革命,这是第二个革命"。① 同年11月29日,毛泽东在陕甘宁边区劳动英雄大会上做了题为《组织起来》的讲话,进一步从理论上和实际经验的总结中,阐述了建立在个体经济基础上的集体劳动对新民主主义经济的重大意义。主要内容:"高级干部会议方针的主要点,就是把群众组织起来,把一切老百姓的力量、一切部队机关学校的力量、一切男女老少的全劳动力半劳动力,只要是可能的,就要毫无例外地动员起来,组织起来,成为一支劳动大军"。"把群众力量组织起来,这是一种方针。还有什么与此相反的方针没有呢? 有的。那就是缺乏群众观点,不依靠群众,不组织群众,不注意把农村、部队、机关、学校、工厂的广大群众组织起来,而只注意组织财政机关、供给机关、贸易机关的一小部分人;不把经济工作看作是一个广大的运动,一个广大的战线,而只看作是一个用以补救财政不足的临时手段。这就是另外一种方针,这就是错误的方针"。"在农民群众方面,几千年来都是个体经济,一家一户就是一个生产单位,这种分散的个体生

---

① 毛泽东:《经济问题与财政问题》,苏北新华书店1949年印本,第161—162页。

产,就是封建统治的经济基础,而使农民自己陷于永远的穷苦。克服这种状况的唯一办法,就是逐渐地集体化;而达到集体化的唯一道路,依据列宁所说,就是经过合作社"。"我们的经济是新民主主义的,我们的合作社目前还是建立在个体经济基础上(私有财产基础上)的集体劳动组织。这又有几种样式。一种是'变工队'、'扎工队'这一类的农业劳动互助组织,从前江西红色区域叫做劳动互助社,又叫耕田队,现在前方有些地方也叫互助社"。"除了这种集体互助的农业生产合作社以外,还有三种形式的合作社,这就是延安南区合作社式的包括生产合作、消费合作、运输合作(运盐)、信用合作的综合性合作社,运输合作社(运盐队)以及手工业合作社"。"我们有了人民群众的这四种合作社,和部队机关学校集体劳动的合作社,我们就可以把群众的力量组织成为一支劳动大军。这是人民群众得到解放的必由之路,由穷苦变富裕的必由之路,也是抗战胜利的必由之路。每一个共产党员,必须学会组织群众的劳动。知识分子出身的党员,也必须学会;只要有决心,半年一年工夫就可以学好的。他们可以帮助群众组织生产,帮助群众总结经验。我们的同志学会了组织群众的劳动,学会了帮助农民做按家生产计划,组织变工队,组织运盐队,组织综合性合作社,组织军队的生产,组织机关学校的生产,组织工厂的生产,组织生产竞赛,奖励劳动英雄,组织生产展览会,发动群众的创造力和积极性,加上旁的各项本领,我们就一定可以把日本帝国主义打出去,一定可以协同全国人民,把一个新国家建立起来。"①

1944年4月任弼时在陕甘宁边区高干会议上指出:"在发展生产与把分散的个体经济组织起来走向合作化运动中,我们用表扬劳动英雄和模范生产工作者的方法(去年产生了大批劳动英雄和模范工作者),用提倡革命竞赛的方法,用实行按户计划的方法,使广大农民群众从合作互助运动中体验到组织起来的好处。去年劳动英雄大会总结了合作劳动的经验,今年经过党的领导和各地劳动英雄们的推动,可能有百分之六七十

① 《毛泽东选集》第三卷,人民出版社1991年版,第928—933页。

的劳动力组织起来。据说安塞百分之九十以上已经组织起来了。这样就使边区散漫的个体农民经济,逐渐成为在私有基础上比较有组织的合作经济"。①

中共中央西北局调查研究室 1944 年调查总结了陕甘宁边区的劳动互助的经验,劳动互助具有以下的优越性:(1)劳动互助可以提高劳动效率。"实行劳动互助的时候有许多人、牲口同时在一个地点劳动,能提高劳动效率,例如十个人集体劳动,在同样长的劳动时间内就能作出十三、四个人的活来,就是说提高百分之三、四十的劳动效率"。(2)"实行劳动互助可以把人力和畜力都用在有效的劳动上,节省了许多不必要的浪费的时间,也就是实际延长了有效的劳动时间"。(3)"实行劳动互助的结果可以造成真正群众的普遍的劳动热潮,不但能把全体农业劳动力吸收与组织到生产中来,而且能推动许多半劳动力和迄今还站在生产战线之外的劳动力,把他们也吸收与组织到农业生产中来"。凡是成立了劳动互助的农村,"农民更容易相互学习生产技术和交换生产经验。分散劳动的农民有很深固的保守观念,不肯采用新的农作方法和新的技术,但是在组织起来之后,就能打破这种陈旧的保守观念,使他们接受新的农作方法和新的技术"。(4)"在荒地缺乏的地区,提高收获量主要的方法也是更好地组织劳动力使农民有更多的时间来改良农作方法"。②

陕甘宁边区组织劳动互助的主要经验是:组织劳动互助"要坚持群众自愿,典型示范";"及时解决困难","当群众已认识变工的好处后,能否发现与解决他们的困难,就是能否组成变工队的关键"。综合许多模范变工队的经验提高的主要途径如下述:第一,采取记工法,提高劳动效率;第二,采取分工合作提高生产力;第三,农业与副业分工;第四,提倡技术互助,提高技术;第五,减少误工,延长有效劳动时间;第六,提倡节约;

---

① 中共中央文献研究室、中央档案馆编:《建党以来重要文献选编(1921—1949)》第 21 册,中央文献出版社 2011 年版,第 154—155 页。

② 陕甘宁边区财政经济史编写组等编:《抗日战争时期陕甘宁边区财政经济史料摘编·第二编·农业》,陕西人民出版社 1981 年版,第 490—507 页。

第七,加强计划性;第八,组织读报识字组,既提高文化政治认识,又可交流生产与变工的经验,提高变工队与生产。①

陕甘宁边区一方面利用、改造旧有的互助组织形式,另一方面新建各种变工的互助组织,使农业互助合作由自发走向自觉。旧有的劳动互助组织,如陕北的变工队、扎工队等,经过改造和充实,从临时调剂到全年固定,从几户扩展到数十户,甚至全村。新的劳动互助组织,如陕甘宁边区白原村组织,以行政村为单位,把所有男女老幼和畜力都组织起来,在全年各种生产活动上实行大变工。1944年陕甘宁边区组织起来的农民,占农业劳动力总数的45%。

在敌后抗日根据地,把农民组织起来,显得更为重要。为适应战争环境,出现了劳力与武力相结合的变工互助组织。在大生产运动中,组织起来的农民越来越多。响应毛泽东的"组织起来"的号召,1944年在北岳区,1945年在整个边区开展的大生产运动中,劳动互助运动逐渐走向自觉的发展阶段,劳动互助组织在边区的广大地区迅速发展起来。由于日军的掠夺与破坏,劳动力、畜力严重不足,农具缺乏,荒地增多,产量下降,农民的生产和生活都遇到严重困难。据北岳区农会1943年春季调查,北岳区劳动力比日本全面侵华战争前减少7.43%,有的地方减少16%以上,平均每个劳动力所经营的土地增加到15—25亩;耕畜减少情况更为严重,有的地区竟减少到战前的40%—70%。② 据北岳区四专区1944年春耕时的调查统计:阜平每头牲口平均耕作土地100亩以上,完县平均耕作120亩以上,唐县则更达到180亩土地。③ 由于敌人到处修筑工事,建据点,挖封锁沟、筑封锁墙,修公路,占去了大量良田,据边区行政委员会统计,到1942年12月,日军在北岳、冀中、平北、冀东各地,共修据点和碉堡3336个,修公路26905里,挖封锁沟7885里,筑封锁墙897里。仅公路、封锁沟、封锁墙三项即占土地358.54平方里,折合良田193600

① 参见詹武、云天:《劳动互助的一些经验》,《解放日报》1945年3月7日、9日。
② 北岳区党委会:《北岳区农村经济关系和阶级关系变化的调查资料》(1943年5月),《南开史学》1985年第1期(由晋察冀边区行政经济史编写组提供)。
③ 陈廷煊:《抗日根据地经济史》,社会科学文献出版社2007年版,第383页。

多亩。①

由于战争环境,农民无力耕作,使土地荒芜。每逢春耕夏收季节,日军进行"扫荡"已成定律。边区政府在发动军民度荒救灾,发放贷款帮助农民解决耕畜、农具困难的同时,组织农民在战斗中生产。根据"劳力与武力相结合""战斗与生产相结合"的方针,组织农民"一手拿锄,一手拿枪""敌来则打,敌退则耕""快收、快打、快藏、随收、随抢、随藏"。每逢春耕夏收、夏种秋收大忙季节,在反"扫荡"的战斗中,男女老少一齐动员,同日军展开"寸土必争""粒米必得"的顽强斗争。在残酷的战斗环境中,边区农民创造了各种形式的既便于生产,又便于对敌斗争的"劳力与武力相结合"的组织形式。主要有以下四种。

第一种,抢收抢种包工队。每逢麦收、秋收抢收、抢种大忙季节,有组织有领导地形成了大规模的自愿抢收抢种包工队。包工的报酬,一般比平时要多,特别是在劳力缺乏、环境残酷的时期,报酬就更多一些。有的地方,"规定割一亩谷挣五升小米,抢稻中规定三七、四六、对成、三一等分批办法"。② 这种包工队,自愿参加,报酬合理,机动灵活,干活迅速,是当时实行抢收抢种的最好形式。

第二种,抢收抢种大拨工。这是在农活紧张时实行的一种集体劳动的劳动互助。在区村干部的组织与计划下,把全村的男劳动力和畜力,按体力、技术、经验等分成游击、收割、耕地、播种等不同的小组,在游击小组的警戒之下,根据距敌人远近,庄稼成熟先后,由远而近、先熟先割、先收先种的原则,实行分工合作,轮流收割耕种。在报酬上,实行"各组满打满算,求得每亩使用工数,再从事变工,若欠工则还工,或还钱"。③ 这种劳动组织形式,规模大,人数多,有较严密的组织性,便于完成抢种抢收的突击任务。

---

① 魏宏运主编:《抗日战争时期晋察冀边区财政经济史资料选编·总论编》,南开大学出版社 1984 年版,第 482—483 页。

② 魏宏运主编:《抗日战争时期晋察冀边区财政经济史资料选编·农业编》,南开大学出版社 1984 年版,第 605—606、614 页。

③ 《晋察冀的大生产运动》,《晋察冀日报》1944 年 8 月 3 日。

第三种,劳力与武力相结合的小拨工。形式各种各样:有的是游击组负责警戒敌人,拨工组给游击组成员种地;有的是在拨工组里抽出两三个人,轮流放哨警戒,其他人负责种地;还有的游击组本身就是拨工组,平时坚持生产,战时则站岗放哨,并抽空在哨位附近生产。小拨工,人数少,便于组织,行动方便,能长期坚持,是当时最流行的一种"劳力与武力相结合"的组织形式。

第四种,封锁沟、封锁墙两边的拨换工。敌人的沟墙分割封锁,使不少地区甲村被圈在沟墙以里,而土地却被圈在沟墙之外,而乙村则被圈在沟墙以外,土地被圈在沟墙以里,也有的村庄,土地被分成沟墙里外两片,因此生产遇到了困难。在实践中产生了换种地和拨工的生产方法。所谓沟墙两边换种地,其方法主要是换地、换种、换肥、换劳动力等。换地的办法,"不是按地的亩数,而是按地的产量交换",实际上是一种自愿的变工,既方便,又省工,双方都有利。换种的办法,主要是"换劳动力",互助代种代收,但各人地的收获,仍归各人所有,只是人力的换工。换肥的办法,是随着土地、人力的换工而产生的,因为沟墙封锁,送粪困难,于是沟墙两边两家交换肥料上地。换劳动力的办法,是以全劳动力换半劳动力,因为青壮年给敌人当夫不保险,所以就和老头小孩子拨换,半劳动力出工可以"磨洋工",整劳动力在家干活也一顶一,双方都有利。另外,是沟墙两边的拨工。就是"按土地关系,沟墙内外耕地面积,及劳动力大小等具体情形,以自愿为原则组织了拨工队"。[①] 拨工队按规定的集体劳动的时间,在无法出沟墙时集中突击墙里的土地,一有机会就出沟墙到外边合力耕种沟外的土地,解决了单家独户无法耕种的困难。

根据 1944 年大生产运动总结中,北岳区 4 个专区 26 个县的不完全统计,共有人口 2523000 人,劳动力 789600 个,组织拨工组 38500 个,计230000 人,参加拨工人数占总人口的 9.1%,占劳动力的 29.1%。[②] 随着

---

① 魏宏运主编:《抗日战争时期晋察冀边区财政经济史资料选编·农业编》,南开大学出版社 1984 年版,第 632—634 页。

② 魏宏运主编:《抗日战争时期晋察冀边区财政经济史资料选编·农业编》,南开大学出版社 1984 年版,第 418 页。

大生产运动的普遍开展,劳动互助组织也得到了空前的发展。根据冀晋区 1945 年生产总结,据 4 个专区的 24 个县统计,总人口 2934243 人,劳动人口 1613831 人,整劳动力 909619 个,组织起来的人数为 327365 人,占总人口的 11.2%,占劳动人口的 20.5%,占整劳动力的 36.0%。在畜力组织方面,据 1 个县的不完全统计,共有牲口 89172 头,组织起来 42331 头,占总计头数的 47.5%。在新解放区、游击根据地和游击区,劳动互助组织也相继建立起来,如盂寿县组织起来的人数占总人口的 8.8%,寿榆县组织起来的人数占总人口的 9.8%。① 各根据地农民参加劳动互助组织的人数统计如表 19-25 所示。

表 19-25 各根据地农民参加劳动互助组织的人数统计

项目 地区	劳动人口 总数(人)	组织起来的 人数(人)	组织起来的人数 占劳动人口总数 的比例(%)
陕甘宁	338760	81128	23.9
晋绥	391845	146550	37.4
晋察冀	5676940	562704	9.9
其中:北岳	1000000	200000	20.0
晋冀鲁豫(太岳)	700000	70000	10.0
山东	—	—	—
华中(盐阜区)	—	177000	—

资料来源:《林伯渠同志边区政府工作报告》,《解放日报》1944 年 2 月 8 日;《敌后解放区的农业生产》,《解放日报》1945 年 1 月 18 日;晋察冀边区行政委员会农业处编:《1945 年大生产运动总结材料》。

在劳动互助合作的发展中,出现了个别的土地入股、统一经营为特征的农业生产合作组。晋察冀边区的冀中区饶阳县五公村处于日军施行的惨绝人寰的"五一大扫荡"最后合击圈里,受害惨重。1943—1944 年间,全村 320 户,有 110 户卖地,218 户卖衣物家具,饿病 57 人,饿死 15 人。

---

① 魏宏运主编:《抗日战争时期晋察冀边区财政经济史资料选编·总论编》,南开大学出版社 1984 年版,第 614 页。

1944年,在互助组的基础上,组成"土地合伙组",实行土地、资金入股,农业副业统一经营。《土地合伙组章程》规定:将全组所有土地合起来共同使用,地权仍归原主所有;总产数提10%为公积金,其余按劳动和土地对半分。在副业生产方面,所得红利,提10%为公积金外,按资四劳六分配。当年农副业生产收入108万元(旧币),户均252元,人均58万元,超过当地中农水平。1944年秋后合伙组由4户发展到17户88人,228亩耕地,改名为"农业合伙组"。重新修订了《农业合伙组章程》,将原来的农业分红劳动土地对半改为劳六地四分配;副业分红由原来的劳六资四分配改为劳七资三分配。同时规定因劳致病,合伙组帮药费一部分或全部(久病者合伙组不负责);因公负伤,药费由合伙组负责照常记工三年,如家无劳动力,可长期记工,直至后辈成为主要劳动力时为止。1945年5月,耿长锁被选为大组组长,此后被称为"耿长锁农业合伙组"。①

为了树立榜样,奖励先进,加速农业集体化和农业生产的发展,1943年10月,边区政府公布《陕甘宁边区劳动英雄与模范生产工作大会及其代表的选举办法》,筹备召开全边区的劳动英雄和模范工作者大会。与此同时,专区、边区先后举行生产展览会,展出边区军民的劳动成果。劳动英雄大会上,交流生产经验,奖励劳动模范和科学工作者的同时,展览农业生产的成绩和普及农业科学技术知识。大会号召大家"组织起来"!"第一,普遍发展变工、扎工";"第二,实行移民政策,增加新的劳动力";"第三,明年要把全边区的二流子都改造成好人";"第四,发动能劳动的妇女参加农业生产";"第五,多开荒地,深耕细作,增修水利,发展副业";"第六,多种棉花,发动妇女纺线";"第七,办好合作社";"第八,组织运输队,多运盐出口"。大会之后,《解放日报》在1944年1—2月间,登载了《吴满有和吴家枣园》(1944年1月1日),《刘玉厚与郝家桥》(1944年2月21日),《模范党员和劳动英雄申长林同志》(1944年1月28日),《植棉英雄郭秉仁》(1944年1月15日),《农业畜牧英雄贺保元》(1944年1

_____

① 杜润生主编:《当代中国的农业合作制》(上),当代中国出版社2002年版,第67—69页。

月 25 日),《水利英雄马海旺》(1944 年 1 月 18 日),《张清益创办义仓》(1944 年 1 月 14 日),《妇女农业劳动英雄郭凤英》(1944 年 1 月 6 日),《难民劳动英雄陈长安》(1944 年 1 月 5 日)等,介绍了这些劳动英雄们的英雄模范事迹。

在敌后各抗日根据地也召开奖励劳动英雄大会。1944 年 2 月,晋察冀边区召开第一届群英大会。1944 年 12 月 20 日至 1945 年 1 月 30 日,又举行了第二届群英大会。大会总结了 1944 年的大生产运动,具体布置了 1945 年的大生产运动,会议提出了"组织起来""精耕细作",争取做到"耕三余一"号召。通过英雄模范人物事迹的介绍和创造性的工作方法的交流,使边区多年来未解决的问题,如优待抗属、安置荣誉军人、民兵战粮等,都得到了妥善的解决,促进了各项工作的开展。群众中大批英雄模范的涌现,体现了敌后军民高昂的革命斗志。群英大会期间,晋察冀边区举办了首届展览会,于 1945 年元旦开幕,展示边区各项工作取得的成绩。1944 年 12 月,晋冀鲁豫边区太行区召开了第一届杀敌英雄劳动英雄大会。这次大会在宣言中列举了边区生产一年来所取得的成绩:"打了 820 万石细粮,安置了 3 万余灾难民,组织了两万个互助组(拨工队),参加的有 14 万多人,在秋耕中又发展到 20 万人,收成比往年增加了,日子过得也有劲气了。"1944 年 12 月 5 日,邓小平在大会上的讲话中指出:"吴满有方向问题,过去有些人认为他是发展新式富农的方向,或者把他解释成很玄妙、很深奥的东西,这是不对的。我以为吴满有方向就是中共中央土地政策的具体表现。他的环节有三个:第一个就是扶助贫农、中农上升,第二是奖励富农经济,第三是削弱封建,忽视任何一面都不正确,奖励富农经济只是其中的一个内容。我们实行彻底减租、扶助贫农生产、组织起来、劳动互助、公私兼顾、精耕细作、多耕多锄、多上粪,就是实行吴满有方向,就是实行贫的变富,富的更富的方向。……吴满有方向的普遍发展,根据地新民主主义经济建设的进步是不成问题的。"[①]这是对吴满有方向

---

① 晋冀鲁豫边区财政经济史编辑组,山西、河北、山东、河南省档案馆编:《抗日战争时期晋冀鲁豫边区财政经济史资料选编》第 2 辑,中国财政经济出版社 1990 年版,第 35 页。

本质的最全面最精辟的阐述。

陕甘宁边区除了实行以上主要政策,还实行奖励开荒,扩大耕地面积;推广植棉;奖励移民,安置难民;提高农业生产技术等政策措施,在农业生产上取得了显著的成就。在 1943 年以前连年增产的基础上,又有了新的发展。边区耕地面积在 1943 年前逐年增加,从 1937 年的 8626006 亩扩大到 1944 年的 12205553 亩,1945 年更达到 14265144 亩。① 边区粮食生产量据边区政府主席林伯渠在第三届边区参议会第一次政府工作会议政府工作报告中提供的数据:1937 年为 110 万石,增加到 1941 年的 163 万余石,1942 年的 168 万石,1943 年的 184 万余石,1944 年的 200 万石,1945 年"因天旱,有些地方歉收,产量当受影响。但人民负担却逐年减轻了,以救国公粮为例",1941 年征收 20 万担,1941 年 16 万担,1943 年 18 万担,1944 年 16 万担,1945 年"为照顾部分歉收情况,减为 12 万担"。政府采取各种措施,使棉花种植面积迅速扩大。1942 年达到 94405 亩。1944 年达到 315000 亩,1945 年更达到 350000 亩;棉花自给率,1943 年达到 50%,1944 年上升为 70%。畜牧业牛、驴、羊的繁殖很快,到 1945 年,牛、驴已达 403920 头,较日本全面侵华战争前增长百分之二三百,羊 1954756 只,较战前增长 300%左右。② 另据南汉宸在《陕甘宁边区的财经工作》中提供的数据,牲畜增长情况如表 19-26 所示。

表 19-26　陕甘宁边区家畜增长情况(1939—1944 年)(1939 年 = 100)

项目 年份	牛(头)		驴(头)		羊(只)	
	实数	指数	实数	指数	实数	指数
1939	150892	100.0	124935	100.0	1171366	100.0
1940	193238	128.1	125054	100.1	1723037	147.1

① 陕甘宁边区财政经济史编写组等编:《抗日战争时期陕甘宁边区财政经济史料摘编·第二编·农业》,陕西人民出版社 1981 年版,第 86 页。另据陕甘宁边区政府主席林伯渠在第三届边区参议会第一次政府工作会议政府工作报告中说:陕甘宁边区至 1945 年耕地面积扩大至 15205553 亩,较日本全面侵华战争前增长 79.4%;植棉扩大至 35 万亩,较 1943 年增长 270.6%。

② 中国社会科学院经济研究所中国现代经济史组编:《革命根据地经济史料选编》下册,江西人民出版社 1986 年版,第 39—40 页。

续表

项目 年份	牛(头)		驴(头)		羊(只)	
	实数	指数	实数	指数	实数	指数
1941	202914	134.5	137001	109.7	1714205	146.3
1942	209684	139.0	169966	136.0	1873120	159.9
1943	214683	142.3	169404	135.6	1923163	164.2
1944	223058	147.9	180862	144.8	1954756	166.9

资料来源:南汉宸:《陕甘宁边区的财经工作》(1947年),见陕甘宁边区财政经济史编写组等编:《抗日战争时期陕甘宁边区财政经济史料摘编·第二编·农业》,陕西人民出版社1981年版,第98页。

在十分困难的条件下,牛、驴、羊的数量稳步增长,1939—1944年的6年间,增加了将近半倍或半倍以上。虽因地区贫穷,基础薄弱,总的来说,在畜牧业中,"牛、驴、骡、马等数目不多,大多数是供翻地、运输使用,而羊子及皮毛,则为边区主要出口货物之一,仅就四四年统计,全年羊出口约87533只,羊毛出口约88066斤,羊皮出口约29000张,羔皮出口69000张,总共牲畜皮毛出口价值约在十一万万元(边币)以上"。①

各敌后抗日根据地的农业生产也都有不同程度的恢复和发展。

晋察冀边区北岳区1944年总计扩大耕地面积近54万亩,其中开生荒23万余亩(包括机关、部队开生荒39334.95亩),消灭熟荒20万余亩,平毁沟路堡垒2万余亩,修滩近8万亩(包括机关部队修滩1893亩)。②在水利建设方面,北岳区旱地多水地少,水地只占全部耕地的15%。在生产运动中,各地开展了变旱田为水田运动。全北岳区总计开渠460道,凿井成滩达46930.6亩。全区,1944年变旱田为水田117065.7亩(包括机关部队1893亩)。1944年风雨比较调顺,北岳区的农业生产取得了十年来未有的大丰收。据42个英雄模范村的统计,比1943年增加43%(一般村没有那么多,但都比1943年增加了)。总的产量增加的情况是,"估

① 陕甘宁边区财政经济史编写组编:《抗日战争时期陕甘宁边区财政经济史料摘编·第二编·农业》,陕西人民出版社1981年版,第93页。

② 魏宏运主编:《抗日战争时期晋察冀边区财政经济史资料选编·农业编》,南开大学出版社1984年版,第412页统计表。

计一亩生荒地平均产谷 3 大斗，一亩熟荒地平均产谷 4 大斗，一亩滩地、一亩旱田变水田平均产谷 5 大斗，总计可增产谷 25 万大石"。① 只是由于日军对农业生产的破坏，产量没有能够恢复到日本全面侵华战争前水平。但有些地方，如定唐、曲阳、定县的某些村庄，因水利的兴修，生产量超过了日本全面侵华战争前水平。群众生活得到初步改善，据 38 个村庄的统计，1943 年有许多户不够吃，1944 年，不够吃的户减少了 58%。许多村庄"秋后粮食仓满囤流，丰裕的景象，掩盖了战争的残破"。② 如边区最贫瘠的阜平县，"开始消灭了从长期以来存在的吃糠，吃树叶的现象"③，"全县拿瓢要饭吃的没有了，到处飘扬着歌声，讲述着国内外大事，许多人穿上了新棉衣，个个都是红光满面，'穷山恶水一片沙'的阜平，现在开始改头换面了"。④ 1945 年在边区二届群英会上把"耕三余一"作为当年大生产运动的奋斗目标，提出全边区增产粮（包括植棉折粮）160 万大石的任务。其各区分配数额为：冀晋区 60 万大石；冀中区 60 万大石；冀察区 40 万大石；冀热辽区，要求不低于 1944 年的生产水平。⑤ 晋察冀边区，抗战八年间，扩大耕地面积共 1823933 亩。到 1944 年耕畜增加 22097 头，农具增加 257492 件，压青草肥 1872692 担，平均比 1943 年增加肥料 20%。仅因兴修水利而每年增产粮食就约有百万担以上。⑥

晋绥边区 1944 年军民共开荒 748000 亩，共计增产粮食 16 万担。植棉面积也有很大发展，晋西北 1941 年植棉 32000 亩，1942 年增至 56000 亩，1943 年更增至 71000 亩；1944 年晋绥全区植棉面积达到 18 万亩。

晋冀鲁豫边区在开展大生产运动后，1944 年农业生产得到恢复和发

① 魏宏运主编：《抗日战争时期晋察冀边区财政经济史资料选编·农业编》，南开大学出版社 1984 年版，第 411、413、414 页。
② 史敬棠等编：《中国农业合作化运动史料》上册，生活·读书·新知三联书店 1957 年版，第 348—349 页。
③ 《晋察冀的大生产运动》，《解放日报》1944 年 8 月 3 日。
④ 《今年阜平的大生产运动》，《晋察冀日报》1944 年 12 月 7 日。
⑤ 魏宏运主编：《抗日战争时期晋察冀边区财政经济史资料选编·农业编》，南开大学出版社 1984 年版，第 478 页。
⑥ 史敬棠等编：《中国农业合作化运动史料》上册，生活·读书·新知三联书店 1957 年版，第 357 页。

展。太行区 6 个分区军民共开荒 335886 亩,相当于原有耕地面积的 13%,全区 8 个分区共增产粮食 30 万石。晋、冀、鲁、豫四省是我国重要产棉区,日军入侵后,棉田面积大幅度下降。[1] 在开展大生产运动以后,上述四省抗日根据地的植棉面积迅速得到恢复,到 1946 年全区植棉面积已达 850 万亩,年产棉花达 2.5 亿斤[2],保证了全区棉、布自给。

随着农业生产的恢复和发展,农民生活也得到一定程度的改善。陕甘宁边区许多地方都达到了"耕三余一",农民收入增加,生活好转。就是在敌后抗日根据地,农民收入也有所增加。据太行区一分区(包括晋东和晋西)和(顺)东、昔(阳)东、平(定)东、内丘、临城、赞皇、井陉 7 个县 7 个典型村 4414 户的调查:1942 年总收入折米 38832.32 石,每人平均 2.21 石;1943 年为 47325.33 石,每人平均 2.9 石;1944 年为 56344.28 石,每人平均增加到 3.37 石,1944 年的总收入比 1942 年提高了 52.5%。[3] 到 1945 年,晋察冀和晋冀鲁豫边区都有许多村子达到了"耕三余一"。涞水县皮罗村 44 户中,除 3 户外,均可有一年余粮。[4]

三、工业生产发展

在农牧业有所恢复、发展的基础上,党中央和根据地政府提出了发展工业,实现工业化,打倒日本帝国主义、保障和巩固民族独立的任务。1944 年 5 月,毛泽东发出号召,"要打倒日本帝国主义,必须工业化;要中国的民族独立有巩固保障,就必须工业化"。中国共产党"是要努力于中国的工业化的"。[5] 接着,中共中央西北局提出了"争取工业品全部自给"的决定,强调"只有工业发展,才能改造社会面貌,才能建立在经济上不依

---

① 　1937 年四省棉田面积:山西 2482 千亩,河北 15031 千亩,山东 6049 千亩,河南 7012 千亩;1938 年分别下降为 457 千亩,6082 千亩,2878 千亩,2585 千亩。见汤心仪等:《战时上海经济》第一辑,上海经济研究所 1945 年版,第 195 页。

② 　陈廷煊:《抗日根据地经济史》,社会科学文献出版社 2007 年版,第 395 页。

③ 　陈廷煊:《抗日根据地经济史》,社会科学文献出版社 2007 年版,第 395 页。

④ 　陈廷煊:《抗日根据地经济史》,社会科学文献出版社 2007 年版,第 395 页。

⑤ 　《毛泽东同志号召发展工业打倒日寇》,《解放日报》1944 年 5 月 26 日。

靠外力而独立自主的边区"。为此,必须继续发展公营工业和民营工业。各级工业领导部门"应责成机器制造工厂及化学工厂,帮助解决炼铁、火柴、纺织、印刷的某些机器设备,及技术改造。首先做到布匹、铁、火柴的全部自给";同时"必须有计划地发展合作和民营纺织、造纸、煤矿、瓷器等工业"。并明确提出,"奖励边区内地主商人创立工业,并欢迎边区以外的工商业家来边区发展工业"。凡私人资本经营工业,只要他不违反政府法令及劳动政策,政府应予以协助,并对其企业的发展予以法律上的保障。为了解决民营工业资金的困难,"集合民资民力",首先应该"采取合作社形式",政府得借予工业资金。为了解决技术上的困难,各工业机关及各工厂应对合作社给予帮助,并"派出一定技术人员指导民营工业的发展"。①

(一) 陕甘宁边区工业生产发展

陕甘宁边区政府响应毛泽东的号召,执行中共中央西北局关于"争取工业品全部自给"的决定,着力发展工业。包括公营工业、合作手工业与个体手工业,并鼓励私营工业的发展。

首先着力发展公营工业,增加对公营工业的投资。1944 年,对工业的投资大大增加,财政和银行两方面的投资总计 20 亿元,重点解决军民衣被和布匹自给的问题。当时边区布匹不能自给,1943 年的自给率只有 69%。决定 1944 年扩大植棉,估计可收棉 400 万斤。炼铁工业方面,1944 年计划产铁 470 万斤。所有炼铁工业和棉纺织工业都需要从财政上给予资本支持,即妇纺投资就有 48000 万元。②

为了加快工业发展,必须学习和加强对工业的管理。1944 年 5 月 20 日刘少奇在工厂代表大会上的讲话中指出,必须好好学习、研究,把办工厂当作一门学问,用严肃的态度对待它。例如怎样组织劳动,怎样管理工厂,怎样改良技术,怎样规定工资等,都要用心去研究。

---

① 陕甘宁边区财政经济史编写组等编:《抗日战争时期陕甘宁边区财政经济史料摘编·第一编·总论》,陕西人民出版社 1981 年版,第 250—252 页。

② 陕甘宁边区财政经济史编写组等编:《抗日战争时期陕甘宁边区财政经济史料摘编·第三编·工业交通》,陕西人民出版社 1981 年版,第 81 页。

边区政府对公营工业管理的基本方针,是"集中领导,分散经营"。中央直属机关经济问题学习班在《边区公营工业的发展》一文中,对工业发展中出现的各种情况和问题,进行了深入调查和研究,特别就"如何实现分散经营基础上的集中领导"问题,分别就各种不同情况,给出答案或建议。该文提出:所有权和经营的过分分散,常使生产与消费脱节,消费同资金脱节,全边区的生产种类与生产数量发生盲目性等。这对于统一地解决全边区工业自给是不利的。然而,由于生产方法与管理经验的限制,又不能将所有权归于某一机关。因此,只能采用统一计划分配的办法。这不同程度地表现于历次工厂联席会上。如今年(1944年)的大会上定出总的任务:两年内做到全面自给,做到年产31万匹大布、470万斤生铁、两万令纸等,尤以布与铁为主要任务。大会并提出以提高质量为主要努力的目标。这样,公营工厂虽然分属11个系统,但有此总任务、总目标,据以拟订各自的生产计划,当能如臂使指,一致行动。不过,由于分散经营,采办机关各自为政,以致原料的集中、分散与调剂,都不合理,以及产品销路的不畅,在比较重要的部门,就必须采取"联合与统一供销"。同时,随着生产力的发展,工业部门和产品日益多样,各厂间的生产衔接和废物利用也愈加重要,但这是分散经营难以解决的。如皮革厂利用牛蹄废物胶,对于火柴厂是一宝贵原料;火柴厂研马牙石时太细太粗所不能利用的废物,对于玻璃厂又是很好的原料;而该厂制匣片的废片很多(每天200多斤),如果由纸厂研究利用,可充当上等纸用原料。玻璃厂与化学厂间也有类似的情况。但是,均未好好地组织起来,以致马牙石屑丢掉,废木片烧掉,而火柴厂常常得不到满意的胶。为了克服这个弱点,就必须建立各厂间的联系,尤其要在他们中间倡导、树立互相帮助、照顾全局的作风。还有统一劳动待遇问题。由于生产部门的多样化,工资制度的复杂,在分散经营的状态下,发生了在轻重工业间及轻工业不同工厂之间,程度不一的高低差异现象。虽然这次工代会上由政府统一规定是较合适的方式,但这里必须注意:各厂实行的制度有半供给制、全面工资制、合作制的不同,还有计件、计时的算法不同。不同制度下发扬的积极性与创造性也就不同。实行全面工资制的最高工资(或平均工资)不能超过同厂同劳动或者重工业的计时工资。因此,在原则上必须肯定在办法上向好的看齐,必须辅之以计时的按件计算或者奖励制度等,使之在勤惰与技术高低的差别性上合理地统一起来。不然,统一反成障碍,失其原意,而且也无法持久。

这是在分散经营基础上的集中领导在现阶段上的各种形式与办法。新民主主义公营工业的重要特征之一,是它的组织性与计划性,它与旧的资本主义工业无政府的盲目的生产是不同的。但在当时落后的生产条件下,它的具体形式,只能是"集中领导,分散经营",必须在集中领导下去分散经营,又必须在分散基础上强调集中领导,将集中领导与分散经营合理地配合起来。因此,"集中领导,分散经营"是落后生产条件下发展民主主义公营工业唯一正确的方针。①

为了提高公营工业企业的经营效果,边区政府提出,对工厂要在实行统一管理的基础上,实行工厂领导"一元化",建立厂长负责制。实行统一领导与群众路线相结合。工业企业要实行经济核算。工业管理机构要企业化。克服工厂机关化与纪律松懈状态。同时要精简机构,建立切实可行的规章制度,但制度的内容必须是"群众性的"。工业企业要贯彻公私兼顾的原则,不断改革工资制度,不断克服平均主义等。②

为了加快工业的发展,1944年全边区所有公营工厂都开展和参加了学习赵占魁的运动,提高了生产效率与劳动热忱,增加了生产量,降低了成本,提高了职工的阶级觉悟,劳动积极性空前高涨。又提出团结知识分子、发展科学技术的号召,动员一切工业技术人员回到工业生产战线上来。1944年5月,交际处举行技术人员座谈会,希望边区一切有工业技术和学习过工业的同志,回到工业部门中来,发起工业战线的"归队"运动。在现有基础上,提高技术,增强效率,"保证两年边区工业品的全面自给"。为此规定机器、化学等工业部门主管机关,与纺织、火柴等工业部门主管机关,在原料、技术的供给与配备上,要"实行互助,尤其在原料

---

① 陕甘宁边区财政经济史编写组等编:《抗日战争时期陕甘宁边区财政经济史料摘编·第三编·工业交通》,陕西人民出版社1981年版,第365—369页。

② 陕甘宁边区财政经济史编写组等编:《抗日战争时期陕甘宁边区财政经济史料摘编·第三编·工业交通》,陕西人民出版社1981年版,第371—394页。

上要互相提出保证,确定时间,准时交货"。① 边区政府表彰了边区模范
科技人员,在报刊上介绍其先进事迹。

在加速发展公营工业的同时,又大力发展合作手工业与个体手工业。

公营工厂产品主要供给边区部队和党政机关需要。生产合作社、私
营工厂及家庭手工业产品主要供给人民需要。1944 年年初,陕甘宁边区
的各类合作社,不计部队、机关、学校、工厂等单位的合作社,已有 634 个,
其中生产合作社 114 个。到 1945 年 7 月,合作社增至 882 个,社员达到
265777 人。② 这些合作社,绝大多数是综合性的,抗日战争结束前 591 个
合作社的生产概况如表 19-27 所示。

表 19-27 陕甘宁边区主要合作社生产概况统计(1945 年)

项目 行业	合作 社数 (个)	职工数(人)			计划股 金(边币 万元)	实收股 金(边币 万元)	借款 (边币 万元)	月产量 (边币 万元)
		工人	职员	小计				
化学业	11	608	21	629	36500	112560	14000	39055
水泥木工匠	10	72	8	80	2500	2000	500	—
食品业	48	308	46	354	5000	5875	1500	4564
矿业	2	492	4	496	2200	25000	1000	43500
铁铺修理所	6	61	—	61	1000	1267	1900	
缝衣业	68	859	90	949	1500	3200	0	1565
纺织业	90	2926	111	3037	43500	45000	13500	43750
运输业	317	1584	285	1869	85000	12500	17516	189775
供销栈	6	135	15	150	20000	25000	0	—
农业	9	165	—	165	5000	12500	1798	—
医药卫生	24	144	41	185	4000	50000	3759	
总计	591	7354	621	7975	206200	294902	55473	322209

注:根据 1945 年 7 月之统计与全年数字有所不同;消费社和信用社未列在内;边币与法币比率为边
　币 10 元折法币 1 元。

资料来源:陕甘宁边区财政经济史编写组等编:《抗日战争时期陕甘宁边区财政经济史料摘编·第三
　编·工业交通》,陕西人民出版社 1981 年版,第 486 页统计表。

---

① 《号召一切工业技术人员回到工业战线上来》,《解放日报》1944 年 6 月 4 日。

② 陕甘宁边区财政经济史编写组等编:《抗日战争时期陕甘宁边区财政经济史料摘编·
第三编·工业交通》,陕西人民出版社 1981 年版,第 484—485 页。

表 19-27 中的合作社,除了消费社和信用社,全部包括在内,行业类别较杂,主要包括生产、运输、农业、医药四个方面。生产方面,真正意义上的工业、手工业,只占少数。据 1944 年统计,合作社经营的小工厂、作坊,总计共有 235 家,工人、学徒估计为 500 人。[①]

推动私人和个体手工业的发展,也是陕甘宁边区发展工业、实现工业品自给的一项重要措施。个体手工业在自给工业中起着重要的作用。小手工作坊是旧有的经营方式,大部分为私营,一小部分为公营或合营。家庭手工业也是旧有的,但它是在"新条件下充分发展了的一种形式,完全为私营"。工厂、手工业作坊、家庭手工业三者比较,就其发展之广、与人民生活关联之深而言,作为家庭手工业主体的家庭纺织业,虽然生产技术落后,但由于它是农家一种主要副业,在国民经济中的价值仅次于农业生产。其次,大量存在的各种小手工作坊中,也有一部分是作为农业的副业或与城镇小商业相联系而存在,其人数虽不很多,但分布极广,其作用不可小觑。

私人小手工业作坊只就"三边"(定边、安边、靖边)、陇东、绥德三地统计,包括毡坊、口袋、皮坊、油坊、油篓匠(编织油篓)、铁木匠、银匠、铜匠、裁缝、鞋匠、绳匠、笋匠(编织笋筐)、染坊、粉匠、磨坊、酒坊、马掌铺、纸烟作坊、毛合子作坊等在内,共有 1425 家,工徒 2907 人,若将全边区公私手工作坊加以估计,工徒当在 5000 人上下。[②]

家庭手工业的普遍发展,主要是纺织业。据 1944 年及 1945 年统计,全边区有纺妇 20 万人上下(包括织妇的纺妇在内),织妇 6 万人上下(包括纺妇的织妇在内),可纺纱 200 万斤上下,可织布 50 万小匹上下,"这些家庭纺织业极大部分是抗战期间发展起来的"。[③]

此外,在机关、学校也发起了纺织运动。1944 年 2 月,边区建设厅公

---

① 陕甘宁边区财政经济史编写组等编:《抗日战争时期陕甘宁边区财政经济史料摘编·第三编·工业交通》,陕西人民出版社 1981 年版,第 529—530 页。

② 陕甘宁边区财政经济史编写组等编:《抗日战争时期陕甘宁边区财政经济史料摘编·第三编·工业交通》,陕西人民出版社 1981 年版,第 597—598 页。

③ 陕甘宁边区财政经济史编写组等编:《抗日战争时期陕甘宁边区财政经济史料摘编·第一编·总论》,陕西人民出版社 1981 年版,第 287—288 页。

布机关、学校纺纱办法。边区生产自给委员会制定纺纱劳动规则,使边区植棉纺织业得到较快的发展。1944年中,边区政府直属机关、学校共有13个单位,11个单位经营的工业包括17种行业,共44家工厂、作坊,资本达3747万余元,人员达197名。各作坊以供给本单位需要者最多,也有专门营业的,也有一种为主而兼另一种者。作坊的经营,大多数机关都能贯彻公私兼顾的合作方针。①

边区政府还鼓励私营工业的发展,并直接投资。1944年,边区政府对私营工业投资贷款230万元,投资130担小米,1万斤羊毛。② 同时鼓励地主商人投资工业,并有成效:如庆阳市商会副会长张守安,投资举办纺织厂;庆阳县城有由地主商人开办的小型纺织厂——民生纺织厂及庆兴纺织厂。民生厂经理梁鸿桂,过去是来往西安、庆阳间的纱布商人,1944年他带300多万元货物通过国民党封锁线时,全部被胡宗南部队"没收"。1945年春天他找木匠制造工具,做成一架"七七"纺纱机及两架织布机,"工厂现已开工";庆兴纺织厂是由庆阳县过去"八大家"之一的地主刘宪庭等五个私人股东和三个机关股东合资创办的。③ 整个边区,私营工厂、作坊数量明显增加,规模扩大。私营工厂包括纺织、造纸、炭工、盐工在内,共有工人4258人。④ 其中纺织厂50个,310人;造纸125人,炭工1891人,盐工1932人。⑤

这样,经过短短两年时间,陕甘宁边区的轻重工业,有了长足的发展。

重工业与化学工业获得了显著成绩:机器制造业方面,为印刷、造纸、皮革、玻璃、肥皂及一部分纺织业制造或改造了工厂设备,石油产量增加了3倍;军火生产完成任务,通讯器材有优良成绩。特别值得指出的,是

---

① 陕甘宁边区财政经济史编写组等编:《抗日战争时期陕甘宁边区财政经济史料摘编·第三编·工业交通》,陕西人民出版社1981年版,第626页。

② 陕甘宁边区财政经济史编写组等编:《抗日战争时期陕甘宁边区财政经济史料摘编·第三编·工业交通》,陕西人民出版社1981年版,第644页。

③ 《庆阳绅商转向工业办纺织厂》,《解放日报》1945年6月2日。

④ 陕甘宁边区财政经济史编写组等编:《抗日战争时期陕甘宁边区财政经济史料摘编·第一编·总论》,陕西人民出版社1981年版,第287页。

⑤ 陕甘宁边区财政经济史编写组等编:《抗日战争时期陕甘宁边区财政经济史料摘编·第三编·工业交通》,陕西人民出版社1981年版,第647页。

边区第一铁厂的创立，基本化学工业的成功，玻璃与陶瓷业的初步成就。这些成绩与成就，"给边区工业的发展建立了自给的初步基础"；"轻工业也有新的成就与进步"。[①] 截至 1945 年 8 月日本投降前，重工业与化学工业能炼铁、炼油、修造机器、配制军需品、制造三酸、玻璃和陶瓷；轻工业能年产布 15 万大匹以上，造纸一万至二万令，并创立火柴厂。全部职工增至万余人。民间纺织业已有纺妇 15 万人以上，织妇四五万人，各种织布机二三万架。[②]

综合陕甘宁边区工业、手工业作坊和个体手工业、家庭手工业的发展变化，1943—1945 年间，各行业无论厂（或作坊）数、工人或从业（参与）人数、产品数量，除个别行业外，都有了大幅度的增加。

从厂数和职工人数看，据统计，1944 年全边区有公营工厂 101 家，职工 6354 人，其中计纺织 21 厂，1375 人；被服 17 厂，795 人；造纸 11 厂，394 人；印刷 4 厂，297 人；木工及大车业 10 厂，290 人；各种化学工业 9 厂，594 人；石油业 1 厂，126 人；煤及炼铁 11 厂，1360 人；机械及军火 10 厂，973 人；纸烟 7 厂，150 人。私营工厂方面，计纺织 50 厂，310 人；造纸 126 人，炭工 1891 人，盐工 1932 人。私营工业工人共计 4258 人。私营的小手工作坊也有很大发展，据三边、陇东、绥德三个分区的统计，有各种作坊 1425 家，工徒 2857 人。若将全边区的公私手工作坊加以估计，工人当在 4000 人以上。手工业合作社方面，据 1944 年合作社联席会议时统计，共 235 家，他们大多数属小工厂和作坊性质，工人学徒估计约 500 人。除上述厂（坊）社以外，对边区工业自给具有很重要作用的还有家庭手工业。1944 年全边区有家庭纺妇 15 万人，织布的 6 万余人，机关部队亦从事纺织。农村的家庭纺纱，不但供给了人民的需要，而且和公私营纺织厂相结合，供给后者原料。

从产品的角度看，也反映出工业的增长幅度和速度：公营纺织厂 1943 年产布 32969 大匹，1944 年估计为 4 万大匹，增长 21%；家庭织布，

---

① 高自立：《为工业品的全面自给而奋斗》，《解放日报》1944 年 8 月 22 日。

② 陕甘宁边区财政经济史编写组等编：《抗日战争时期陕甘宁边区财政经济史料摘编·第一编·总论》，陕西人民出版社 1981 年版，第 285—286 页。

1943 年是 4.4 万匹,1944 年约产 11 万匹,增长 150%;造纸业产品,1943
年 8000 余令,1944 年 15000 令,增长 87%;新的工业如炼铁,1944 年建立
起来正式出品。当然,也有的工业由于某种原因,1944 年比 1943 年减少
了,如石油产品只及 1943 年的 40%,因为 1944 年打井 5 口皆未出旺油
(1943 年只打一口井);盐的产量也比 1943 年减低。总的来说,边区工业
是在不断迅速增长着,许多工业品如布、纸、铁、火柴等,再经数年努力,就
可以完全达到自给的要求。① 事实上,经过边区军民的努力,到 1944 年
年底,作为重要生活日用品的毛巾、肥皂、火柴、袜子、纸张、陶瓷、纸烟、铁
等,已能全部或部分自给。②

　　边区工业生产的发展,不仅充分利用本地原料,冲破了敌人封锁,独
立自主地发展了经济,奠定了以后工业发展的基础,同时"还起了平衡稳
定金融的作用":一是保障供给的作用。就 1943—1945 年间的统计,1943
年公私产大布 104000 匹,纸 8139 令,1944 年大布约 140000 匹,纸 10766
令等,全部供给了边区军民。肥皂则生产自给有余,1939—1945 年共产
2111292 条,历年输出达 600000 条;火柴生产,1944—1945 年共产 2003
箱,1946 年可达 15000 箱,能保证整个边区自给;公用印刷纸也已够用,
1944 年交财政厅 5902 令,1945 年可交 7000 令;土纸逐年产量提高,印刷
厂用外来纸逐年减少。中央印刷厂用外米纸,1941 年占 82.5%,1942 年
下降到 50%,1943 年为 18.5%,1944 年为 10.4%,1945 年更下降到
0.2%。二是"发展经济的作用"。建设厅所属 7 个工厂,历年资金累计
44988581 元,折合米 42527.35 石。净增加资产达 3 倍之多,折米 32583.16
石。不仅如此,还在资金上、技术上、工具上辅助或建立了许多小工厂。
如新华化学厂 1943—1944 年派技术工人带工具去三边、陇东,建立肥皂
与粉笔的生产;1943—1944 年公私产大布约 24 万匹,合纱 280 万斤,以
每斤纺纱工资 420 元计,农村妇纺收入共 117600 万元之多,这是把农村
中闲余劳动力变成财富的一种突出表现;再如马兰草,原为野生,荒弃而

---

① 　陕甘宁边区财政经济史编写组等编:《抗日战争时期陕甘宁边区财政经济史料摘编·
第三编·工业交通》,陕西人民出版社 1981 年版,第 117—119 页。
② 　赵棣生:《边区财政经济的新面貌》,《解放日报》1945 年 1 月 4 日。

无用,自采割用来造纸后,每年收割之数在 50 万斤左右,以 1943—1945 年计算农村收入(驮运在内)可达 750 万元。三是在财政金融上的作用。历年产布将近 40 万匹,减少近 40 万匹价值的外汇,同样历年产纸 4.4 万令,肥皂 200 万余条,火柴 2000 余箱,以及铁等也减少了外汇,增强了平衡金融的作用。[1]

(二) 晋察冀边区工业

晋察冀边区工业明显分为军用工业和民用工业两个部分。

1944 年抗日战争进入战略反攻阶段后,晋察冀军区于同年 9 月建立二级军区,即组成冀晋、冀中、冀察、冀热辽四个二级军区。为适应战争需要,军区决定"每个军区有一个生产管理处",军区司令部设置直属兵工生产管理处,下有 4 个工厂,即子弹厂、化学厂、手榴弹厂、机器厂。其他军区生产管理处,有 3 个工厂,即子弹厂、化学厂、机器厂。此外,各分区有一个修械所、制弹厂。[2] 军工生产可分散各地,不仅产量大增,而且在日军"扫荡"边区某一地区时,其他军区生产管理处各厂仍可进行生产,这样又可起到互相支援的作用,使武器能源源不断地供给部队。此谓"'扫荡'东方有西方,'扫荡'南方有北方"。[3] 边区军事工业的布局得到进一步的发展。各兵工生产管理处所属兵工厂均于 1944 年 1 月至 3 月投产,全军区军工人员 5000 余人。工农大众帮助政府与军队在各个根据地及某些重要战略地区内建立修械所、枪炮制造厂、手榴弹厂,"数量上逐年增加,质量上逐年提高",制造出各种近代化的武器,不仅供应了前线部队必需的装备,而且满足了数量日益庞大、参战日益频繁的边区民兵的武装需要。[4] 军工生产开创了在敌后就地取材,"土法上马",自力更生发展军事工业的道路。"就地取材",包括边区出产的硝、磺、煤、铁矿、棉

---

① 陕甘宁边区财政经济史编写组等编:《抗日战争时期陕甘宁边区财政经济史料摘编·第三编·工业交通》,陕西人民出版社 1981 年版,第 133—136 页。

② 魏宏运主编:《抗日战争时期晋察冀边区财政经济史资料选编·工商合作编》,南开大学出版社 1984 年版,第 103—104 页。

③ 何振廉:《回忆抗日战争时期晋察冀边区工矿局、军工部所属厂矿》,1982 年 9 月 24 日。

④ 陈廷煊:《抗日根据地经济史》,社会科学文献出版社 2007 年版,第 410 页。

花、动植物油等物产和杂铜、生铁、钢轨等材料的利用。"土法上马"就是根据科学原理,利用土设备和自己设计的工艺流程来制造武器产品。经过努力,边区的军事工业由只会锻打刺刀、修理枪支和制造黑火药,发展到能成批地制造各类枪支和各种弹药。军工生产所需的原材料,有不少种类,边区均可达到自给。据1945年2月的统计,边区所需兵工材料,除常用的水银、肥田粉、卫生球、碱面等还需要从敌占区购买外,其余如火硝、硫磺、生铁、黄蜡、棉花、铁轨、大铜元、制钱、碎铜、锡、铅、银、石炭、石灰和动植物油,以及进行土法生产所需要的各种大缸、筛子之类均可自给。自给品价值达162751130元。军工产品品种增多,质量也有很大提高。据1944年9月的统计,军工部各生产连的各种军工产品月产量为:捷克式马步枪100支,掷弹筒65个,枪榴弹筒223个,枪220支,硝酸铔(特别炸药)1340斤,无烟药500斤,黑色无烟药180斤,黄药手榴弹10000枚,复装七九子弹(完全自造)11000发,复装六五弹30000发,捷克弹10000发。① 1944年元旦在边区举办的"检阅战斗生产胜利成果"的首届展览会上,专设"军工陈列室",展出了军工部各连自制的各种武器。当时的《晋察冀日报》报道说,"在敌后战争环境,技术这样落后,军需原料又如此缺乏,工厂设备简陋,而制造出来的枪支弹药却达到这样优异的程度,所有参观的英雄、战士、老乡,对军火工人这种积极创造和自我牺牲精神,均给予最大的崇敬"。② 时势造英雄。在这场抗敌军工生产中,涌现了一大批先进英雄、模范典型。如军工技师韦彬,是在敌后解放区研究与创造无烟火药成功的第一人。在两年中,他主作与副作化学药品、工具和方法达42种。他曾在大雪没胫的冬天实验炸弹爆炸片数,在狂风中实验自制炮弹的射程,他曾培养出许多技术工人。③ 技师胡大佛,曾参加留法勤工俭学,学习机械制造。边区军工生产所需要的机械,大部分是由他

---

① 魏宏运主编:《抗日战争时期晋察冀边区财政经济史资料选编·工商合作编》,南开大学出版社1984年版,第104页。

② 特讯:《检阅战斗生产胜利成果边区举行首届展览会》,《晋察冀日报》1945年2月17日。

③ 《晋察冀日报》社论:《今年"五一"我们需要做的事情》,《晋察冀日报》1944年5月1日。

承担设计的。在 1945 年 1 月边区政府召开的地区二届群英大会上，被授予军事工业部头等奖状和资金大洋 8 万元。

民用工业生产也发展迅速。1944 年至 1945 年上半年，晋察冀边区的纺织业在大生产运动中有了进一步的发展，北岳区所属各县县区级合作社办的纺织厂增加 32 处。村级合作社纺织业的增加数量更多。各地出现了一批张瑞合作社式的综合性合作社。其中大都有纺织生产合作社，使边区的纺织业走向稳定发展的阶段。在冀中区，1943 年后，轻纺织业也有所恢复和发展，根据河间、肃宁、饶阳、高阳、无极、定县、安国、安平、深泽、博野、晋县、束鹿、蠡县、建国、交河、容城、任丘等 20 个县的调查，1944 年的土布产量共 9075750 匹[①]。北岳区第一专区（1945 年改为冀晋区第二专区）到 1945 年也有发展，根据这年上半年的不完全统计：盂县纺妇由 779 人增到 1736 人，织布技术工人 23 人，毛纺车 61 辆，棉纺车由 734 辆增到 1603 辆，织布机由 12 架增到 18 架。忻定纺妇共 6102 人，纺车由 5024 辆增到 5247 辆，织布机 1569 架未增，1944 年织布 4880 斤，1945 年上半年织布 6830 斤（仅包括县联社的产量）。代县纺妇由 494 人增到 912 人，纺车由 494 辆增至 818 辆，织布机增至 15 架。盂阳纺妇由 236 人增至 1617 人，纺车由四五百辆增到 1128 辆，毛纺车增至 19 架。边区政府 1945 年提出"争取工业品生产逐渐自给自足"的号召，各地普遍掀起了开展手工业、副业、举办合作社的热潮。冀晋第二专区地处山岳地带，以农业生产为主，素无纺织基础，1944 年大生产后出现了工业品价高、粮食价低，谷贱伤农的情况。1945 年政府号召广泛植棉，发展纺织业，共种植棉花 11000 余亩，产棉 80 万斤，开动纺车 8356 辆，织布机 1640架，纺织品严重缺乏的情况有所缓解，对于改善人民生活，起着极其重要的作用。[②] 1945 年，边区合作社本着"民办公助，生产第一"的方针，使农

---

① 魏宏运主编：《抗日战争时期晋察冀边区财政经济史资料选编·工商合作编》，南开大学出版社 1984 年版，第 210—211 页。

② 魏宏运主编：《抗日战争时期晋察冀边区财政经济史资料选编·工商合作编》，南开大学出版社 1984 年版，第 296—304 页；魏宏运主编：《抗日战争时期晋察冀边区财政经济史资料选编·农业编》，南开大学出版社 1984 年版，第 524 页。

业拨工与副业拨工结合,利用群众的剩余劳动力、资金、原料、技术,开展群众性的多种多样的生产事业,不少合作社经营业务由单纯供销转向供销与生产更好地结合起来,与群众的切身利益联系更为密切,出现了更多的民办社和生产社。据不完全统计,边区合作社经营的生产业务有纺织、榨油、造纸、农具、医药、面粉、煤炭、熬盐、毛织等20余种。据冀晋区1945年9月统计,全区县、区合作社经营的各种生产作坊即有461个,其中大部分是1945年新建的。① 手工业、副业和合作社生产事业的广泛开展,使群众的生活必需品得到了自给自足,增加了群众收入,为"耕三余一"打下了基础,对打破敌人经济封锁,开展边区对敌经济攻势,具有重要意义。

(三)晋绥边区、晋冀鲁豫边区和山东根据地的工业生产

1943—1945年间,晋绥边区、晋冀鲁豫边区和山东根据地的工业生产,也都有不同程度的发展。

煤铁生产在晋绥边区工业中占有重要地位。1944年,晋绥边区生铁生产有24炉、产量511920斤,1945年增至47炉、计划生产2568000斤,分别增加95.8%和4倍;熟铁生产,1944年6炉、生产熟铁64000斤,1945年计划增加1炉、计划生产产量250000斤,分别增加16.7%和2.9倍。煤矿业1944年有煤井336个、生产煤487976600斤,1945年计划增加煤井29个,生产煤增至697655000斤,分别增加8.6%和43%。榨油、造纸、硫磺、火硝等生产,均有较大幅度的增长。榨油业1944年产量2562760斤,1945年计划发展到4334446斤;造纸业1944年生产纸张383402刀,1945年计划发展到558900刀;硫磺1944年生产150000斤,1945年计划生产555000斤;火硝1944年生产135000斤,1945年计划生产197000斤,依次增长69.1%、45.8%、2.7倍和45.9%。②

在晋冀鲁豫边区,棉纺织手工业采用的是边区政府放棉收布、给予加

① 魏宏运主编:《抗日战争时期晋察冀边区财政经济史资料选编·工商合作编》,南开大学出版社1984年版,第878页。

② 晋绥边区财政经济史编写组、山西省档案馆编:《晋绥边区财政经济史资料选编·总论编》,山西人民出版社1986年版,第607页。

工费的办法。1944 年上半年,太行区参加纺织的妇女 101394 人,边区政府发放棉花 600901 斤,收布 247280.6 斤,发出粮食 553314.75 斤。① 造纸业 1944 年共有 429 个池子造纸,产纸 44474 块。开采的煤矿共计 56 座,由于煤的销路不畅,还有一些煤矿尚未开采。铁业有所恢复,硫磺矿每月可产硫磺 1 万斤。毛纺、毡房、织袜、织毛巾均有所发展。② 为了加快纺织业的发展,太行区 1945 年春成立大华纺织股份有限公司,以扶植群众纺织合作社与妇女纺织组为工作基础,并颁布公司章程:资金总额为 500 万元,每小股 50 元,大股 500 元;股息订为年息 1 分,半年一付息,半年一分红。③ 以此促进了边区纺织业的发展。1944 年太岳区发动妇女纺织,至 6 月底,全区已有 7 万多人开始纺纱,工商局贷出棉花达 10 万斤以上。工具亦有革新,宋福田制造的纺纱机,工作效率大幅度提高,每天可纺纱斤半至 2 斤。此机全系木制,一般乡村木铁匠均可制造。农村妇女有三五天即可学会使用;沁源阴子荣又发明拐线车,比手工拐线快 10 倍;屯留劳动英雄张庆怀还发明了缠穗子车和络线车。造纸业方面,全区有纸池子 50 个,每日可产纸 64800 张。纺织业及土纸业到 1944 年年底均可做到"自给自足"。挖煤业的发展也十分迅速,1944 年春季绵上有烟煤窑 168 洞,可产煤 25 万—30 万斤。此外,小型纺织车、手巾厂、皮革、肥皂、纸烟等业均有发展。④ 晋冀鲁豫边区为了促进工业的发展,工商总局颁布了《关于工厂管理规程的决定》,对工厂的组织领导,实行"大家统一领导的经理负责制",对职工工资、技术干部保健及分红制度做了相应的规定。边区政府还颁布《太行区采矿暂行条例》,对采矿权、采矿用地、矿山保护、矿工保护做了相应的规定。太岳经济总局颁布《关于公营工厂

---

① 晋冀鲁豫边区财政经济史编辑组,山西、河北、山东、河南省档案馆编:《抗日战争时期晋冀鲁豫边区财政经济史资料选编》第 2 辑,中国财政经济出版社 1990 年版,第 275 页。
② 晋冀鲁豫边区财政经济史编辑组,山西、河北、山东、河南省档案馆编:《抗日战争时期晋冀鲁豫边区财政经济史资料选编》第 2 辑,中国财政经济出版社 1990 年版,第 318—323 页。
③ 晋冀鲁豫边区财政经济史编辑组,山西、河北、山东、河南省档案馆编:《抗日战争时期晋冀鲁豫边区财政经济史资料选编》第 2 辑,中国财政经济出版社 1990 年版,第 229—230 页。
④ 晋冀鲁豫边区财政经济史编辑组,山西、河北、山东、河南省档案馆编:《抗日战争时期晋冀鲁豫边区财政经济史资料选编》第 2 辑,中国财政经济出版社 1990 年版,第 145—146 页。

吸收群众资本办法》,为发展私人资本,扩大根据地生产建设事业做了具体规定。[1]

在山东根据地,山东省战时行政委员会也对发展工业作出部署,采取了多项措施。纺织业方面,1944 年 1 月提出"普遍纺纱织布,号召快纺快织,精纺精织"的要求,实现根据地内"军民衣服能够自给"的目标。并创立农具、肥皂、纸张及其他日用品的制造厂","大量发展手工业,减少外货,增加土产货,以求首先在 1944 年度达到"冻不着、饿不着"的目的。[2] 1944 年公营工业发展很快,"新工厂增多了,旧工厂扩大了"。公营工业稍有基础的胶东、滨海、鲁中,一年中工厂数、资金数、工人数均增加两倍以上。渤海、鲁南也已开始建立公营工业。1945 年各区工厂及职工人数统计如表 19-28 所示。

表 19-28　山东根据地各区工厂及职工人数统计(1945 年)

项目 地区	工厂数(个)	职员数(人)	工人数(人)	资金数 (万元)
胶东	55	340	1985	1783
滨海	10	130	531	691
鲁中	14	149	299	306
鲁南	4	5	90	154
渤海	5	5	56	68
总计	88	629	2961	3002

资料来源:山东省财政科学研究所、山东省档案馆合编:《山东革命根据地财政史料选编》第 2 辑,山东省档案馆 1985 年刊本,第 279 页。

表 19-28 中 88 个工厂中,有 17 个染织厂、9 个丝织厂、7 个肥皂厂、7 个造纸厂、9 个工具厂,胶东还有 8 个化学工厂(制造酸、碱、硫磺)。1944 年共织布 24000 余匹,织毛巾 1 万余打(缺胶东数据)、制肥皂 60 余万条

---

① 晋冀鲁豫边区财政经济史编辑组,山西、河北、山东、河南省档案馆编:《抗日战争时期晋冀鲁豫边区财政经济史资料选编》第 2 辑,中国财政经济出版社 1990 年版,第 232、236、239 页。

② 山东省财政科学研究所、山东省档案馆合编:《山东革命根据地财政史料选编》第 2 辑,山东省档案馆 1985 年刊本,第 3—4 页。

（缺胶东数据）。此外，还有金矿（胶东、鲁中）、煤矿（滨海、鲁中、鲁南），大多数是民营，公家投资 135 万元（缺胶东），矿工 1 万余人（金矿 8000 余人，煤矿 3000 余人），1944 年产金 1000 余两，产煤 1800 万斤。1945 年春估计，山东全省已经有纺车 50 万辆，大小织机 8 万张，平均每 30 人有一辆纺车，每 200 人有一张织机。1944 年总共生产土布折合 140 万大匹（长宽与洋布同），纺织等项工资以每匹 400 元计，可得 56000 万元，估计 1945 年土布产量可达 180 万至 200 万大匹。除鲁南外可全部自给，渤海则可大量输出。矿业方面，由于金价上涨，估计 1945 年产金可以大大增加，胶东可以产金 1 万余两，鲁中产量也可比 1944 年增加一倍以上。煤矿估计 1945 年可产 4000 万斤至 5000 万斤，解决部分地区军民燃料困难，鲁南产煤且可输往华中帮助邻区。[①]

四、根据地的商业发展

由于边区工农业生产进入较快发展时期，进入市场交换的工农业生产的原料、产品大幅度增加，商品交换和作为商品交换主体的商人队伍同时扩大。为了更好地促进根据地商业的发展和加强对敌经济贸易斗争，党中央和根据地政府制定了指导性的方针、政策和相关条例、措施，通过公营商店、合作社和个体商铺、商贩等多种方式和渠道，开展区内商业和境外贸易，团结了绝大多数的商人，充分调动了他们的积极性，粉碎了日本帝国主义和国民党顽固派对根据地的经济封锁。商业贸易的开展、扩大，是以工农业生产的全面发展、繁荣为前提的。商业贸易的开展、扩大，反过来促进边区工农业生产的更大发展，从而全面保证了抗日部队军事需要和后勤补给，提高了根据地民主政权的财政税收，强化了民主政权，充分满足了各阶层人民生产、生活所需，改善了人民生活，最后有力地推进了全民族抗战的伟大事业。

---

① 山东省财政科学研究所、山东省档案馆合编：《山东革命根据地财政史料选编》第 2 辑，山东省档案馆 1985 年刊本，第 279—280 页。

（一）陕甘宁边区商业

工农业生产和商业贸易的发展与繁荣,一方面改变了陕甘宁边区的经济面貌,改善了人民的生活;另一方面,在经济和社会前进过程中,也出现了新的问题:"公私商及合作社的大量发展,由于局部利益与全体利益的矛盾,今天利益与明天利益的矛盾,形成大公家和小公家,合作社与私商的矛盾。"面对边区工农业生产、商业贸易快速发展的新情况、新问题,党中央和边区政府及时调整了有关商业管理的方针、政策。1944—1945年间陕甘宁边区政府对商业经营管理的方针政策调整,主要可以归纳为以下几方面。

一是调剂物资与调整物价。

调剂物资与调整物价主要是针对"一方面在战时及封锁条件下输出土产不易,争取物资困难,必须依靠对外贸易的发展来解决;另一方面边区工业生产无计划性,表现为市场的盲目性,常使物资失调,物价金融波动"。调剂物资与调整物价的具体办法是:(1)国家商店与合作社结合:国家商店有左右市场的经济力量,而且是"主导力量",合作社则是它的主要助手。在分工上国家商店数量有限,仅在主导市场才有据点。而合作社则很普遍。国家商店利用合作社,作为"与广大群众结合的桥梁"。合作社必须在国家商店指导下进行收购土产,供给日用品,以调剂物资,调整物价。(2)反对垄断,扶助中小商人:私人商业资本在内部市场上的囤积垄断行为,是用过高的商业利润来加重对中小商人及群众的剥削。反对这种垄断囤积行为,也就是帮助了中小商人,有利于广大群众。而办法是管理出口物资,管理外汇,并"以囤积去反囤积"。(3)区别市场,注意演变:边区市场可分为对外市场和对内市场、主要市场和次要市场。而在内部市场中,主要市场与次要市场是随着对外贸易情况及内部需要的变化而变化的。(4)对内自由与个别管理:内部市场一般是自由的。但个别与国计民生关系密切的物资,在个别地区也需加以管理,如东三县棉花管制,也是必要的。(5)掌握物资,调剂市场:国家商店与合作社要掌握必要数量的物资才能调剂市场,没有物资,便不能掌握市场。(6)调剂运输力的季节性:边区经济分散,交通落后,牲口是主要交通工具。牲口必须人赶,人有忙有闲,农忙时,运输力不足,农闲时运输力过剩。因此如何调剂运输力之季节性,成为内部市场的重要问题。(7)提倡副业性与多样性:边区市场小,经济分散,不适于大规模的和集中的工业生产。大规模的生产和市场的盲目性势必造成工业危机,边区纸烟业及肥皂业可作借鉴。"今后要防止这种危机,商品生产要成为副业性与多样性,以适应边区的经济条件"。(8)防止"探买探卖",加强信用合作:"探买探卖"在边区各地很普遍,实际是高利贷剥削。要基本取消"探买探卖",必须加强农村信用贷款,在农村信用社未普遍建立以前,有利于农村交换的公平探买,还应继续存在。①

二是扶助与依靠中小商人,繁荣市场、稳定物价。

在内部市场上要反对垄断,扶助中小商人。在陕甘宁边区已无大商人了,例如延安的十大家,因为社会上失掉他们销货的顾主(上中层人物的消费)加上边区的货币政策对外汇的限制,贸易上出入口的管理,旧的带封建性的大商业资本在新社会的市场上不好活动,只有搬走。现在剩下的只是中小商人。繁荣内部市场,就是要依靠他们。对他们的扶助办法:负担上较轻,银行进行贷款的帮助。在稳定物价方面,过去不通过南昌公司(机关生产的联合商店)去调剂,主要是贸易公司支持中小商人去做。例如,1943年延安市举行骡马大会,有些比较大的商店,想在会上抬高物价,结果贸易公司把货供给中小商人,抛售很多,使想垄断的商人吃了大亏。②

三是国家资本在内地商业中必须占主导地位。

要使国家商业资本与私人商业资本共同发展,必须使国家资本占主导地位。这是商业政策的总方针。"要帮助并支持那些向外推销土产,向内输入必需品的任何商人,尽量予以各方面的便利。如批以外汇,帮

---

① 陕甘宁边区财政经济史编写组等编:《抗日战争时期陕甘宁边区财政经济史料摘编·第四编·商业贸易》,陕西人民出版社1981年版,第122—124页。

② 陕甘宁边区财政经济史编写组等编:《抗日战争时期陕甘宁边区财政经济史料摘编·第四编·商业贸易》,陕西人民出版社1981年版,第124—125页。

助其资本,保证其利润等"。同时,"限制那些在边区内地贩来卖去的商业"。因为"过多则容易波动物价"。反对贩卖消耗品的任何商人,必须对他们进行取缔。如破坏法令捣乱物价金融者,"必须给予严格制裁"。①

四是注意边区内部市场的特点,灵活调整业务方针。

内部市场的特点:(1)公营商店的繁荣。从延安及各分区的几个主导市场看,所有较大的商店、过载行,绝大多数是机关部队的,差不多是经营正常业务的资金不大,而是渗入市场投机和走私的资金大,所以公营商店繁荣特点之下的另一方面,又是游资的特别庞大。(2)货币市场不统一。大部分地区是边币、白洋、法币三分天下。警区等东部地区是白洋占优势。关陇等西部地区是法币占优势。延属等中心区是边币占优势。在此特点之下,金融投机极为严重。(3)广大农村是极端分散的小农经济环境,商品经济形态极少,集市都不能建立。

内部市场的业务方针:内地市场的任务,在上述三大特点之下,应该是稳定几个主要市场物价,打击投机商业的游资活动,繁荣中小工商业,缩小与口岸差价,以缩小工农业产品"剪刀差",调剂与繁荣农村商品市场,使广大农村少受超额利润的剥削,生产才有出路。为此,内地市场的业务方针应该是:(1)调剂市场的比重,加强各地市场并扩大公司门市地区范围,以主导各地市场物价,调剂民间必需品,杜绝投机,减少中间商对广大农村的过分剥削。这样才能繁荣市场,减少工农产品的"剪刀差",有利于推行边币。(2)在游资集中地集中一部分物资,以抵制游资。游资趋向抢购时,以稳价零销、小批发,不囤积,来货让他买,以拖着物价。游资压死市场心理稳定后,"物价回跌我买,使游资就范,市场心理受我主导"。(3)组织经营各地物资土产,调剂供需。属于地方性之供需调剂者,即就地调剂,卖多买少时,公司收买,卖少买多时,公司出售。属于地方供需之剩余部分者,或非地方供需性者,组织此地与彼地之对流,

---

① 陕甘宁边区财政经济史编写组等编:《抗日战争时期陕甘宁边区财政经济史料摘编·第四编·商业贸易》,陕西人民出版社1981年版,第125页。

或购运销往他地及出口,用以繁荣农商业,以发展农村经济。(4)发展农村副业,"在内地市场上调剂原料,收购产品,必须掌握维持利润的原则"。①

五是边区政府成立物资局,实行统销与专卖政策。

为统一管理边区出入口贸易、物资、物价,保证财政、实物的供给及辅助边区国民经济的发展,设立边区物资局。其任务是:(1)管理与加强出入口贸易;(2)稳定金融,平抑物价;(3)协助财政,保证实物供给;(4)加强管理物资与商业;(5)辅助国民经济之发展。物资局分总局、分局、支局三级,总局总揽全局行政与企业事务;分局负责分区或应设分区地区行政与企业事务;支局负责各设支局地区行政与企业事务。②

边区政府物资局1944年在《1943年度工作报告》中指出:"食盐的统销,特产的专卖方针是完全正确的。边区的贸易主要是对敌顽进行斗争,这就须依靠着掌握几种主要出口的物资,并有组织的有计划的向外推销和换进物资和外汇。特产、食盐两种货物的经营便是进行这一斗争的物资基础,掌握了这两种物资很好运用它,我们便能取得斗争的胜利,获得外汇、物资,依此稳定金融物价,保证供给。"③

1944年3月,边区税务总局颁布《烟酒专卖实施方案》,暂不设专卖机关,由税局兼办,公卖营业,则由税局与物资局协同办理,或合组专卖公司。专卖范围:烟——各种纸烟、雪茄、卷烟叶、水烟;酒——各种酒类。烟酒制酿、采运、推销办法:选择适宜土壤有计划地培植烟叶,就地设厂制造纸烟。按地区分布确定数量。凡商办厂坊,一律须经税局登记批准,领取执照,产量由税局规定,不得增多减少,成品一律按定价全部售于专卖品批发处,按成本给予厂坊20%的利润。除边区自制烟酒外,其供销不足之数,由税局委托物资局有计划地输入。商民由外区带进或运进之专

---

① 陕甘宁边区财政经济史编写组等编:《抗日战争时期陕甘宁边区财政经济史料摘编·第四编·商业贸易》,陕西人民出版社1981年版,第125—126页。
② 陕甘宁边区财政经济史编写组等编:《抗日战争时期陕甘宁边区财政经济史料摘编·第四编·商业贸易》,陕西人民出版社1981年版,第179—180页。
③ 陕甘宁边区财政经济史编写组等编:《抗日战争时期陕甘宁边区财政经济史料摘编·第四编·商业贸易》,陕西人民出版社1981年版,第154页。

卖品(自用者外)一律售于边境第一专卖公司,按成本给予商民20%的利润。按地区设立官办专卖公司并委托公营、合作社代办。专营公司可再利用商店组织代销网,给代销网以20%之利润。专卖品第一次由专卖公司售出时,按照成本加征30%的专卖费,归入边区财政收入。凡私制、私售、私运者查出一律将私货充公,并按私货价值处以五倍以下二倍以上之罚金。①

边区政府还颁布《烟酒公卖暂行章则》,决定成立陕甘宁烟酒专卖处。专卖处受边区税务总局领导。专卖工农业产品部门在专卖处直接领导与监督下,分区设烟酒专卖供销部,各县及重要市镇设烟酒专卖营业部。乡镇村设烟酒专卖代卖部。资本的筹集——暂定专卖资本800万元。共分为8000股,每股1000元。由专卖处发行1000元票面股票。资本的1/2由边区财政厅认购,其余1/2向公营企业、合作社或边区群众推销。各供销部及营业部均按其营业范围拨予资本。公股与私股均享有同等待遇与权利。②

在上述方针政策的指引和调节下,陕甘宁边区的公私商业都有明显的发展。

公营商业方面,为了加强对各公营商店的领导,1943年10月新成立南昌公司,将延安市的公营商店组织起来进行营业。加入南昌公司的公营商店和投资数目如表19-29所示。

表19-29　南昌公司(第一期)投资商店及投资金额统计(1944年)

(单位:元)

股东＼项目	投资商店	投资金额(万元)		
		总额	现金	房产
西北局	大生栈	16500000	10000000	6500000
一二〇师办事处	晋绥行	17500000	11000000	6500000

---

① 陕甘宁边区财政经济史编写组等编:《抗日战争时期陕甘宁边区财政经济史料摘编·第四编·商业贸易》,陕西人民出版社1981年版,第150—152页。

② 陕甘宁边区财政经济史编写组等编:《抗日战争时期陕甘宁边区财政经济史料摘编·第四编·商业贸易》,陕西人民出版社1981年版,第153—154页。

续表

项目 股东	投资商店	投资金额(万元)		
		总额	现金	房产
一二〇师 物资局	晋丰行	6200000	1000000	5200000
独一旅	大成永	10150000	4300000	58500000
联勤轻建处	永享	6500000	—	6500000
联方副官处	—	10000000	10000000	—
辎重营	—	2069000	1069000	1000000
医大	(大车队)	2500000	—	2500000
中管局	—	3000000	3000000	—
零股		10000	10000	—
总计	—	74429000	40379000	86700000

资料来源:陕甘宁边区财政经济史编写组等编:《抗日战争时期陕甘宁边区财政经济史料摘编·第四编·商业贸易》,陕西人民出版社1981年版,第227页统计表。

南昌公司第一期股金总额7400余万元,其中现金物资4000万元,房产价值8670万元。房产仍归原主所有,修理建筑仍归原主负担。入股的商店"名称不改组织照旧",结算分红时,南昌总公司所属各单位的盈亏统一计算,按股金总数平均分红。除上述股金外,另由物资局拨给1000万元作为"周转金",不取利息。公司成立时营业不久,值骡马大会开幕。物资局决定经过南昌公司抛出一批棉布以平抑当时正在上涨的物价。南昌公司与土产公司、盐业公司联合成立一个"联合门市部",骡马大会期间,共盈利2861437.50元,全归南昌公司。

第二期(1944年1月22日至6月30日)又有公营商店入股,公司股金大幅增加,1944年二三月间共收到现金、物资14000余万元,房产5475万元,共计达20000万元,比第一期增加了两倍半。[1]

到1943年年底,南昌公司商品总计收益13045506元。特产总计收

---

[1] 陕甘宁边区财政经济史编写组等编:《抗日战争时期陕甘宁边区财政经济史料摘编·第四编·商业贸易》,陕西人民出版社1981年版,第226—228页。

益 4402107 元。各栈收益 1474306 元。自 1943 年 10 月 16 日至 1944 年 1 月 22 日,南昌公司红利总结报告中称:实收纯利 30284458.7 元。[1]

1944 年 6 月底,南昌公司辖有:晋丰过载行、晋绥栈和所属三门市部、大生过载行、天顺长及继兴德过载行和所属大车队、大成永(磨坊)、公义和皮铺、绥德分公司、安塞分公司、甘谷驿支公司、靖边骆驼队、一门市部、二门市部 12 个经营单位,共有职工 248 人。[2]

公营盐业公司、土产公司也均有明显的发展。

食盐作为统销物资,其统销取得了很好的成绩。食盐统销的目的,是大量把食盐运出去换取必需品和外汇,以争取边区出入口的平衡,稳定金融,调剂物资,保障供给,发展国民经济。1944 年上半年,根据不完全统计,经盐业公司出口的食盐为 15584187.5 斤,总值边币金额 3 亿元左右。"在对外贸易上,大大的抵消了外汇,填补了入超的空子,并得到了一些出超"。食盐统销后出口额增加了,并由于有计划管理,赚得了外汇,支持了银行的外汇基金,1944 年上半年公司所收的外汇,主要是就近付给当地银行分行供外汇兑换之用。经过盐业公司出口的数目金额达 3 亿元以上,除极少部分是财政收入外,可以说百分之八十到九十以上落入边区群众手里,也就是说在食盐一项即可增加边区人民二三亿元的收入,使国民经济大大增加,对群众的丰衣足食是有很大帮助的。在食盐统销后边区群众运盐利润可说是空前的,打破了过去在放青前运盐必然赔的先例,消除了赔本的顾虑。这主要是由于盐业公司稳定了盐价及做到了随到随收,并废除了一切封建剥削。上半年运盐赚钱的情形可看延安县上半年运盐总结。只运了九千多驮就得纯利 2930000 元,另赚了工资 263 万元。

"运输问题在食盐统销中是占着头等重要地位,是业务的中心。若不能组织运输,掌握运输,调剂运输,便利运输等,则食盐的有计划运销是不可能的"。"组织运输问题。总公司拟定了四种办法:投资(入股)、合

---

① 陕甘宁边区财政经济史编写组等编:《抗日战争时期陕甘宁边区财政经济史料摘编·第四编·商业贸易》,陕西人民出版社 1981 年版,第 232—233 页。
② 陕甘宁边区财政经济史编写组等编:《抗日战争时期陕甘宁边区财政经济史料摘编·第四编·商业贸易》,陕西人民出版社 1981 年版,第 230 页。

资、包运、租运"。

1944 年 4 月经理联席会议后,物资总局决定盐业公司、光华商店合并为光华盐业公司。合并后,"不管在人力方面,资力方面都有增加。在食盐统销上更推进了一步"。[1] 到 1944 年 9 月有资本 11 亿元、人员 397 人、下属 123 个骡马店。[2] 光华盐业公司的经营情况如表 19-30 所示。

表 19-30　食盐进出统计(1943—1945 年)　　　　（单位:驴驮）

年份＼项目	盐池数量	销售量(驴驮)			公司进盐数	进盐数占盐池数量百分比（％）
		盐区	内地	小计		
1943	329892	205063	—	205063	242248	73
1944	254540	225814	15560	241374	253633	99
1945	90752	92625	9643	102268	74546	82
总计	675184	523502	25203	548705	570427	—

资料来源:陕甘宁边区财政经济史编写组等编:《抗日战争时期陕甘宁边区财政经济史料摘编·第四编·商业贸易》,陕西人民出版社 1981 年版,第 207 页。

土产公司在 1944 年高干会议后,着手改善经营管理和财经制度,改变了单纯用行政手段的办法。在陈云的指导下,公司边整顿边改进,进行全面盘点,建立与健全各种账目和管理制度。同时,注意发挥知识分子干部的作用,提拔重用一批年轻干部,加强了公司的领导。在当时市场物价波动的情况下,如何应对,公司经过实践,摸索到一条行之有效的办法,那就是用三个价格(高价、中价、低价)浮动,保持在中价水平上。当物资紧缺时,采用高价收购以刺激大量物资进口;当大量物资涌现时,则降至中价,进行大量收购;达到饱和时,则降至低价。平衡起来大致可以保持中价。出去的物资也是同样采取三种价格浮动,以稳定市场。并准备了一定数量的物资,在价格上涨时,以稍低于市价的价格抛售;当抢购劲头减

---

① 陕甘宁边区财政经济史编写组等编:《抗日战争时期陕甘宁边区财政经济史料摘编·第四编·商业贸易》,陕西人民出版社 1981 年版,第 196—204 页。

② 陕甘宁边区财政经济史编写组等编:《抗日战争时期陕甘宁边区财政经济史料摘编·第四编·商业贸易》,陕西人民出版社 1981 年版,第 23 页。

弱时,再把价格拉到中价的水平上稳定下来。这样既节省物资,保存实力,又打击、制止了投机商贩的扰乱活动。回笼了货币,还赚了钱,稳定了市场,提高了边币信用。采用经济办法和价格政策来节制物价,不仅统一了内部的经济管理,还把国民党顽固派的军事封锁、经济封锁也冲破了。"价高招远商,货高招远客"。西安、长武、彬州、平凉、西峰镇、宁夏都成了土产公司物资进出的转运站。后来,公司的"业务扩大到晋察冀、晋东南边区。边区的财政经济基本达到物资丰富,仓库充实,金融、市场比较稳定,财政支出减少,利税收入增多,收支平衡,稍有节余"。1944 年真正做到了毛泽东号召的"自己动手,丰衣足食"和"耕三余一"。农村、城镇、机关、部队呈现出一片欣欣向荣的景象。土产公司获得了丰厚的利润。利润上交后,还积累了价值约十万两黄金的家底。物资充实,周转灵活。①　土产的经营及其市场的调剂与合作社结合,辅助国民经济之发展。总公司收购土产,占用资金经营总额的 51%,计 23954.4856 万元(收购土靛的 1667.225 万元不在内),其种类共计有 21 种,达到了"调剂原料,推销成品"的目的,帮助了中央警备团、中央社会部、中央敌工委、保安处、新华化学厂、纬华厂、火柴厂、供销处、中央党校工厂解决了原料的采购和成品的推销。②

　　合作商业方面,虽有长足发展,但曾在一段时间发生偏差,走了弯路。1944 年边区合作社联席会议,总结了前一阶段合作商业迅速发展的经验教训,开始纠正一度产生的"以红利刺激入股","单纯追逐红利",忽视"为群众解决困难"的偏向。当时有的合作社"甚至投机违法",一部分干部存在"投机、取巧、贪污营私"、挪用"信用社存款来凭空分红等"严重问题。经验证明,合作社的业务与群众需要结合,合作社就有发展;反之,合作社业务与群众需要相背驰,脱离了群众,合作社就一定会低落。而目前合作社是害了单纯追求红利,以红利刺激(实质做了商人的尾巴),求得

---

①　西北五省区编纂领导小组、中央档案馆编:《陕甘宁边区抗日民主根据地·回忆录卷》,中共党史资料出版社 1990 年版,第 258—262 页。
②　陕甘宁边区财政经济史编写组等编:《抗日战争时期陕甘宁边区财政经济史料摘编·第四编·商业贸易》,陕西人民出版社 1981 年版,第 215—216 页。

合作社的大量发展及不合乎边区农村实际情况的一揽子铺张等毛病。实质上就是把合作社混同于一般私人商业,没有群众观点的原因。因此挽救合作社的中心关键,就是纠正这种脱离群众的商人思想,转向于针对群众需要,根据自己的力量确定自己的业务方针,经过具体业务和群众结合,在群众中生根这就是今后合作社发展的方向。会议总结了南区合作社等先进单位的成功经验。明确如何与群众结合来取得长期发展,"是合作社经营业务的重要问题"。在这方面南区合作社曾创造一些办法,如合作社和个别村子约定供给农民全年的必需品,先由合作社在农村实行农户自愿登记,统计其全年生产消费各种必需品数量,保证以低于市场的价格供给所登记的必需品。这样,不但使群众少受商人剥削,节省了人工和开支,而合作社也有固定的销路,能有计划地运用资金进行供销,保证社员红利。南区合作社做法是深入农村进行群众工作,了解群众需要,根据需要定出自己的业务方针,满足群众所需,便利社员,同时替群众"留下根子"(如公盐股金,存放款利息入股等),求得合作社"与群众在经济生活中长期结合"。这一经验说明,"合作社业务从解决群众的问题出发,只要有正当的谋虑筹划就能够保证正常的红利"。在上述方针下,合作社必须有一定的范围与服务的对象,确定自己的基本社员,根据基本社员的共同要求来筹划资金,集中力量搞好一件或两件中心业务,然后逐步发展。合作社的基本对象和范围除前面所述与群众需要相结合的业务范围外,在合作社的股金上显得很明显。合作社股金基本可分为四类:第一,为解决某一问题或举办某种事业入股,如运输、医药、信用、包交公盐等入股;第二,以储蓄为目的;第三,依靠红利维持生活;第四,摊派股金(现已废止)。历史的教训很清楚,"合作社必须实行自愿才能发展"。但是,在这三种自愿入股的股金中,第一类加入合作社只求解决问题,其次为分红,在一定条件下最易吸收并能长期合作;第二类每人所入股额不大,并必须合作社有威信深入农村做工作,才能吸收;第三类,每人所入股额较大,主要为追求红利而加入合作社,流动性大,合作社用来举办事业,有时就产生服务与分红的矛盾,难免影响合作社的业务动摇不定。因此合作社吸收股金必须深入农村进行工作,多吸收第一、第二类股金,只有在这种股金的基础上，才能达到为群众服务的目的。至于追求红利的股金，在不影响合作社业务方向的条件下，可以根据需要吸收，但必须严格其入股退股等制度的遵守。只有这样才能使合作社站稳脚跟，搞好一件或两件中心业务，然后逐步发展。为求上述方针的贯彻，"必须加强党政对合作社的领导，做好干部的配备和教育工作"。① 经过经营方针的调整与整顿，合作商业纳入正确发展的轨道，为繁荣边区商品市场作出了自己的贡献。

私人商业也有明显的发展。

由于边区政府在内部市场上推行反对垄断、扶助中小商人的方针，私人商业无论户数、人数还是资本额，都大幅上升。据 1945 年 1 月《延安市商业调查》，延安市私人商业由 1940 年的 280 户，增加到 1941 年的 355 户、1942 年的 370 户、1943 年的 455 户、1944 年的 473 户；经营商业人员 1096 人，其中，掌柜 789 人，学徒店员 307 人。私商资本约 100000 万—160000 万元。在 473 个商户中，大商户 16 户，占 3.4%，拥有资本额占 23.9%；中商户 136 户，占 28.7%，拥有资本额占 49.1%；小商户 321 户，占 67.8%，拥有资本额占 27%。② 另据 1944 年对定边市私人商业的调查，定边市参加商会、缴纳商业税的商户共 185 户。按商业分类：栏柜 61 户，摊子 47 户，脚夫店 28 户，过载行 23 户，流动商人 14 户。油坊、饭馆、皮毛庄 6 户，暂时歇业 6 户。共有资金法币 9641 万元，折合边币 77228 万元。其中从事对内贸易的 114 户，共有资金法币 2514 万元，折合边币 20112 万元。从事对外贸易的 69 户，共有资金法币 6947 万元，折合边币 55676 万元。兼营内外贸易的 2 户，计有资金法币 180 万元，折合边币 1440 万元。③

边区广大农村集市贸易也得到发展，兼业私人商业数量也明显增多。如绥德分区各市镇都建立了经常规律的集市，螅镇逢集有 8000 人之多，

---

① 陕甘宁边区财政经济史编写组等编：《抗日战争时期陕甘宁边区财政经济史料摘编·第四编·商业贸易》，陕西人民出版社 1981 年版，第 290—294 页。
② 陕甘宁边区财政经济史编写组等编：《抗日战争时期陕甘宁边区财政经济史料摘编·第四编·商业贸易》，陕西人民出版社 1981 年版，第 299—302 页。
③ 陕甘宁边区财政经济史编写组等编：《抗日战争时期陕甘宁边区财政经济史料摘编·第四编·商业贸易》，陕西人民出版社 1981 年版，第 379—385 页。

四、九逢集;石岔是二、七、五、十逢集,一个不到30户的小口岸,但"每月进出口货物很多"。① 在关中分区,新建了许多新集市。"马栏镇上,三年前仅有出售粗布、火柴等简单日用必需品的小店铺9家,今则公私商店共18家,街上小摊贩也很多,购货群众往来不绝,集市日渐形成"。② 各地骡马大会,空前繁荣。③

对外贸易是陕甘宁边区商业流通的一个重要组成部分,在1943—1945年间,也有很大的发展。

为了加强对外贸易的管理,边区政府对相关机构和方针政策作出了调整:(1)将原来的"部分管理"提升为"全面管理",将贸易公司"确定为对外贸易管理机关",其"任务是管理对外贸易争取出超,扶助公营商业和合作社商业,发展国民经济,稳定金融,调剂物价"。(2)禁止非必需品和迷信品入口,"坚决执行统销专卖政策,严格缉私"。(3)在贸易体制上,"坚持公私合作,公私兼顾的方针"。贸易公司"与广大合作社建立血肉相连关系,经过它吸收农村土产,调剂人民必需品,使合作社成为贸易公司的群众基础"。(4)"实行保护边区经济发展的税收政策",减轻贸易税。实行上述方针的目的是:争取必需品生产自给,主要是棉花、布匹、染料、铁、药材、纸张等,"减少必需品入口,并根据生产发展程度逐渐做到禁止入口"。组织土产品出口首先是特产、食盐、皮毛、药材、木材等,"在一定条件下粮食部分出口,借以提高农产品价格",增加农民收入。④

对外贸易要达到的目标是,"做到出入口平衡,以至出超"。为此必须"增加必需品生产"。首先是棉花、布匹、铁、药材等的生产,"以减少必需品的输入"。同时"组织土产出口"。首先是大量推销特产、食盐。因

---

① 陕甘宁边区财政经济史编写组等编:《抗日战争时期陕甘宁边区财政经济史料摘编·第四编·商业贸易》,陕西人民出版社1981年版,第401—402页。

② 《关中人民购买力提高,马栏设立集市》,《解放日报》1943年10月21日。

③ 《定边骡马大会盛况空前》,《解放日报》1943年10月28日;《延安骡马大会盛况空前》,《解放日报》1943年11月16日。

④ 陕甘宁边区财政经济史编写组等编:《抗日战争时期陕甘宁边区财政经济史料摘编·第四编·商业贸易》,陕西人民出版社1981年版,第15—16页。

此"必须坚持特产专卖与食盐统销政策,改善统销事业的业务,彻底肃清官办事业的作风。业务应该商业化,并适合群众要求"。这里的中心问题是如何通过群众路线广泛推销。首先,要与合作社建立"血肉相连,休戚与共"的关系,其具体计划是:(1)经过合作社代销特产,以便广为推销。(2)经过合作社大量运销食盐。各地的盐业公司应与运输合作社合股经营食盐运销,"四六入股,对半分红"。(3)与生产合作社订立合同,使之生产外来品的代用品及可以出口的物资。其次,物资局与公营商店也应密切结合,对公营商店进一步调整和精简,物资局同公营商店结合起来,以合作社为基础,而组织的经济战线是边区经济的主要方面。"这将使农业与商业相结合,国家与人民从经济上组织为一体",对发展国民经济,加强对外经济斗争,是非常有利的。"但不是说我们可以垄断一切,或消灭私人资本。相反的,我们许可而且欢迎私商的存在和发展。我们只反对那些投机垄断违犯法令,囤积居奇的奸商"。最后,对边区整个经济,特别是商业上,有重大影响的是交通运输问题。边区交通落后,运输困难,这对加强出口贸易,稳定金融物价,发展生产等,各方面是一个很大的障碍。因此,应该在各交通要道上组织一种兼有兵站、草料店、商店三种作风的"站口",对党政军来往人员和运输队是供给性质。只要一定的收条,按期清理账目就可以。对人民是营业性质,保证较低的利润,便利人民客商。这种组织网应是物资局联系各地公营商店与合作社的脉络。用这根线把无数点结合起来,形成一个整体。这种组织形式,应从整顿骡马店入手,改造其组织,改善其业务,整顿计划如下:第一,在运输集中地点,建立中心骡马店,以公营骡马店为主。无公营骡马店的地方,则以入股订合同办法,改进私营骡马店。中心骡马店的业务,除经营草料、饭食、住宿调剂与保证沿途其他骡马店所需草料外,还要:(1)准备运盐户的回头脚。(2)日用品的贩卖。(3)各种土产收购转运。第二,骡马店所贩卖的物资,应由物资局廉价供给。私营骡马店,在加入骡马店联合会,遵守政策法令,响应平抑物价的条件下,得受同等待遇。第三,以分区为单位组织骡马店管理委员会,直接领导检查该分区内的骡马店,使之成为便利运输,稳定草料价格的工具。第四,严格禁止非必需品及迷信品的入口,可能禁用的禁用,不能完全禁用的,则以土产品代替外来品。第五,按需要采购,有计划地分配物资。第六,争取出入口贸易平衡,不仅要求数目上的平衡,而且应该要求入口物资确实合乎边区的需要。[①]

为了发展对外贸易,边区政府实行减轻营业税负担的政策。1943—1945 年营业税负担统计:1943 年金额 194861432 元,折粮 25279 石;1944 年金额 573071688 元,折粮 19453 石;1945 年金额 794231540 元,折粮 7775 石。货物税也在逐年下降。货物税平均税率 1943 年 18.8%、1944 年 16.8%、1945 年 15.7%;入境税平均税率 1943 年 24%、1944 年 17.9%、1945 年 17.5%。各年货物税实收及占总收入比例如表 19-31 所示。

表 19-31　货物税占总收入的比例统计(1941—1945 年)

年份 项目	1941	1942	1943	1944	1945
货物税额(元)	6991000	57885000	2868229000	1745284000	5948668000
占总收入 百分比(%)	81	86	60	75	88

资料来源:陕甘宁边区财政经济史编写组等编:《抗日战争时期陕甘宁边区财政经济史料摘编·第四编·商业贸易》,陕西人民出版社 1981 年版,第 33—34 页。

由于加强了管理,对外贸易的主动性明显增强,1944 年边区的进口货物是大大减少了。若以 1943 年进口为 100,1944 年几种主要物资的进口减少的情形是:袜子减少 87%,火柴减少 64%,肥皂减少 100%,毛口袋减少 100%,棉花减少 27%,棉纱减少 38%,毛巾减少 82%,为边区节省了近 300 亿元的输入。同时边区的输出可以更加主动,为增强边区经济,准备对日军反攻,造成了更有利的条件。[②]

1944—1945 年间,进出口贸易有所发展,进出口贸易增长如表 19-32 所示。

---

① 陕甘宁边区财政经济史编写组等编:《抗日战争时期陕甘宁边区财政经济史料摘编·第四编·商业贸易》,陕西人民出版社 1981 年版,第 81—85 页。

② 赵棣生:《边区财政经济的新面貌》,《解放日报》1945 年 1 月 4 日。

表 19-32　进出口贸易总额统计（1943—1945 年）

项目 年份	1943	1944	1945
进口	647264（万元边币）	15960163959（元边币）	2027318453（元券币）
出口	252485（万元边币）	9170389985（元边币）	1066552739（元券币）

资料来源:陕甘宁边区财政经济史编写组等编:《抗日战争时期陕甘宁边区财政经济史料摘编·第四编·商业贸易》,陕西人民出版社 1981 年版,第 64—67 页。

表 19-32 所列出口总值不包括特产。各年特产的出口总值（包括晋绥特产入口付款在内）如下:1943 年 207164 元（边币）,1944 年 22421065704 元（边币）,1945 年 3991368484 元（券币）。加上历年特产出口总值,则 1943 年仍然入超,原因是该年开始管理贸易,实行两统掌握政策上有缺点,外销特产量少,入口布类多,故仍入超。1944 年则出超 15631291730 元。只特产一项出口值就超过进口总值的 40.01%,加上其他各项出口总值,则超过入口总值的 98.1%。1945 年出超 2993078784 元,特产一项出口值超过进口总值的 94.8%,加上其他各项出口总值则超过入口总值的 149.04%。

减去商品转出口晋绥及从晋绥入口特产,其出入超数字则为:（1）进口中转去晋绥部分,因税局无统计,故只能将公司付晋绥商品总值数作为转出境数。1943 年总入超 3947790000 元,减去公司转出口晋绥 341913849 元,陕北入超为 3605874151 元边币。1944 年总入超 789773974 元,减去公司转出口晋绥 1961665376 元,陕北入超为 4828108439 元边币。1945 年总入超 998289702 元,减去公司转出口晋绥 150700000 元,陕北入超为 847589707 元券币。（2）特产出口中,1943 年一部分为陕北者外,均从晋绥入口,应从入口中减去支付晋绥特产款,才是陕北的出口,但付晋绥货款数据,因战争烧毁,无法计算,为了说明大概,只得将陕北财政借垫支付,作为特产出口总额中的陕边出口部分,此本极不科学的算法,亦是极不正确的数字,只能聊胜于无。1943 年入超 3605876151 元,减去出口中加特产支付财政借款 1156207432 元,入超 2449668723 元。1944 年出口加特产中支付财政垫款 6750332448 元,减去入超 4828108639 元,出超 1922223809 元。1945 年出口加特产中支付财政垫款 989204424 元,减去入超 847589707 元,出超 141614717 元。

严格管理商品,即使烟酒、油类、皮毛、丝麻制品、迷信品等全不进口,以 1943 年才能减少进口比例 6.68%,1944 年减少 3.48%,1945 年减少 3.7%。纸张、颜料、杂货类再减少进口一部分,为数亦很小。

从出口方面看,在 1944 年以前的税目上禁止母羊出口,此种禁止办法是起了牲畜业的减缩作用。1944 年准许出口后,在出口比重上大为上升,1943 年为 4.63%,1944 年为 8.74%,1945 年为 21.37%,占出口的第三位。据陇东调查,自从不禁止羊子出口后,羊的数量是增加的,现约上升为 30 万只。毛织品类,1943 年为 2.54%,1944 年为 3.26%,1945 年为 15.14%,占出口的第四位。[①]

(二) 晋察冀边区商业

晋察冀边区人民虽然取得了 1943 年秋季反"扫荡"的胜利,但也付出了很大的代价。人民群众的人力、畜力、农具损失严重。边区政府在提出开展大生产运动的同时,还要求"打通对敌占区对友区的贸易路线,商店工作伸向游击区,掌握游击区物资,占领游击区经济阵地,有力地对敌进行经济斗争,活跃边区运销生产事业,增加人民收入",强调当前公营商业的工作重点是用大力打开新的贸易路线,冲破敌伪的封锁,掌握游击区、敌占区的物资。公营商店的任务(不是指每个商店的任务)是掌握出入口贸易,调剂人民生活,统一采购,掌握物价与金融。为此,要"调整与加强公营商店"。[②]

晋察冀边区的商店多分布在各条贸易路线上。公营商店的类型、设置均与边区贸易路线有关。

---

① 陕甘宁边区财政经济史编写组等编:《抗日战争时期陕甘宁边区财政经济史料摘编·第四编·商业贸易》,陕西人民出版社 1981 年版,第 64—70 页。

② 魏宏运主编:《抗日战争时期晋察冀边区财政经济史资料选编·工商合作编》,南开大学出版社 1984 年版,第 442—449 页。

以北岳区为例,主要贸易路线大致分三条:一是由雁北下关经铁岭口、史家寨、阜平、王快、曲阳至定县通冀中,这条贸易路线主要是沟通北岳山区二专区与四专区的物资交流,二专区的粮、盐与四专区的布、棉相交换,互通有无,或由阜平往东下关、龙泉关至五台山,这条贸易路线也畅通了冀中区与晋绥边区的贸易。二是以平山回舍、洪子店、小觉为通道,西至定襄、忻县、五台、崞县、代县,东至灵寿、行唐、新乐、正定,这条路线主要是沟通北岳山区一专区与五专区的商业贸易,一专区的花椒、核桃等山货土特产运下来,五专区的布、粮运上去。三是以完县北神南为中心,分三条线汇此再北通满城、徐水、定兴、涞源、易县,这三条线分别是:一是由定县经燕赵、壮窠、邓家店、齐家佐至北神南东;二是由唐县王京经砖路、马庄、百合、齐家佐至北神南;三是由望都经东郭村、垃山、东毛口、北大悲至北神南,这条路线主要是沟通北岳区三专区与四专区的南北交易。

商店的类型:根据地各贸易路线所经过的地区不同,以及分布在各贸易路线上的商店任务的不同,公营商店可分为以下几种类型。

过货店,这是运输线上的转运站,其主要任务与业务就是进行贸易路线上的货物的收发转运,即过秤、过斗、记账与运输,对转运站所在地区的合作社供给货物并吸收合作社的货物,但不向市场与商贩或人民进行买卖,如由雁北下关到阜平城,中途经过铁岭凹与史家寨,在史家寨设置的转运站就是属于这一类型。

双重任务店,主要任务是从集市商贩手中吸收商品抛售货物,以平抑物价、调剂市场,此外并兼营第一类型商店——过货店的任务。如在转运各种要点上设置的阜平、王快、洪子店等商店都是属于这一类型。这一类型的商店业务要比前一类型复杂许多。

专卖采购店,设在靠近游击区的巩固区的边缘上,主要业务是掌握游击区、敌占区物资,掌握出入口贸易,办理采购专卖,并执行货币斗争的任务。

为完成第三类型商店的任务而设置了下列三种形式的商店或商业小组:第一种形式是经由敌占区通到巩固区的贸易路线上的过货店,这一形式可由二三人组织,深入到游击区、敌占区或友区与商店商人定买定卖,收货发货并进行买卖货币的业务,起着交易的作用;第二种形式是由第三类型的商店派出两三个人员,到敌占区或游击区办理推销采购,将工作伸展出去;第三种形式是利用敌占区或友区的商店或商人,办理出入口贸易,使其变成出入口贸易的起点或终点。[①]

公营商业经营原则问题,也就是公营商店盈利的问题,边区政府认为应根据不同的交易对象而有所不同,概括说来,可分三类:第一类,对外包括对敌和对友两方面,对敌贸易是以看利越大赚钱越多越好(例如办理专卖),对友以买卖成交而不吃亏或两方都有利为原则。第二类,对内又分为三种:一是对合作社以不赚钱为原则;二是调剂市场以能平衡物价为原则(估计市场供求、主观力量),一般需要赚钱,有时也需要赔钱,究竟按什么标准去进行调剂,由当地政府和商店协同掌握;三是对小商贩要按市价交易。第三类,对公家(军队、政府),公营商店当然不需要赚公家的钱,但为了补偿货物的耗损,可收受百分之一以下的手续费。[②]

商店的设置是根据贸易路线,同时尽可能地照顾行政区,在各个贸易干线上分段设总店。总店的设置一般以专署为单位,如专员公署所在地设一商店总店,各县设分店,有的还设有支店、购销站。总店均设在根据地,分店设在根据地或根据地与游击区的边缘地带有集市的地方。1945年4月1日,晋察冀边区行政委员会发出的《关于商店设置资金问题的通知》中指出:各战略地区按贸易路线设置商店,结合部以合营商店密切联系起来;在冀晋区按东西三条干线设置商店,南线于洪子店设总店,中线于阜平设总店,并将四专区行唐、二专区五台商店合并为总店领导,北线于邓家店设总店,各干线总店下可设分店;在冀察区南部东西两条干线于大良岗、南城司分设两个总店,平西联系平北可设一个总店,总店之下也设分店,在冀中区也设数个总店,至于各战略地区接合部商店的设置——白洋淀设一总店,由冀晋、冀察、冀中共同合营,交由冀中行署领导;其他于七星寺、化皮、郭庄、大辛庄、燕赵、石井设分店,七星寺分店由邓家店总

① 魏宏运主编:《抗日战争时期晋察冀边区财政经济史资料选编·工商合作编》,南开大学出版社1984年版,第449—451页。
② 魏宏运主编:《抗日战争时期晋察冀边区财政经济史资料选编·工商合作编》,南开大学出版社1984年版,第453页。

店与七专区合营,归十三专区领导,化皮分店由洪子店总店与七专区合营,郭庄分店由阜平总店与七专区合营,大辛庄分店由邓家店总店与七专区合营,燕赵分店归邓家店领导,石井分店业务上归白洋淀领导,行政上归满城县政府领导。①

在着力部署和发展公营商业的同时,也加强了对私人商业的管理,促进其发展。

边区农业、工业生产的恢复、发展,使商业流通日渐繁荣,私商小贩相当活跃,其表现:一是活动范围较以前扩大,敌占区和游击区的小商小贩也深入根据地,进行商品交易;二是商品交换的路线长,有的商贩从东线向西线的深处,西线商贩向东,伸到平汉铁路沿线大集市,有的还到路东去,促进了东西贸易路线的畅通。1944 年 2 月 24 日边区政府颁布的《集市管理委员会组织简章草案》确定,集市管理委员会"以执行边府贸易政策,保证境内正当贸易自由,严防物资资敌,巩固繁荣市场并团结内部商人为宗旨"。其任务是:管理牙纪,团结内外商人,帮助商人解决各种困难;调解市场纠纷;稽征、维持市场秩序,取缔奸商操纵居奇。同时还公布《集市管理办法草案》,规定了牙纪管理办法:各行牙纪,由集委会提出名单,交由区公所审查,合于下列标准:略有牙纪技术、商贩拥护、品行端正能遵守政府法令。边区集市管理简章的公布,促进了边区内农村市场商品流通的繁荣。②

为了加强对进出口贸易的管理,边区政府对进出口贸易政策进行了重大调整,以冲破敌人封锁,对进出口贸易加以规范,促进其发展。

1944 年 4 月 21 日,边区政府发布《晋察冀边区关于变更出入口贸易办法的决定》,对冀西(平汉线方面)出入口贸易进行了如下变更:(1)出口方面,金属原料、金属器材、硝磺、羊毛、植物油与油类作物禁止出口,大米、小麦、羊等实行"专卖出口",其余货物一律准予免税自由出口;(2)对

① 魏宏运主编:《抗日战争时期晋察冀边区财政经济史资料选编·工商合作编》,南开大学出版社 1984 年版,第 462—463 页。
② 魏宏运主编:《抗日战争时期晋察冀边区财政经济史资料选编·工商合作编》,南开大学出版社 1984 年版,第 513—516 页。

一专区、二专区及六专区内西线,除粮食禁止出口外,其余与冀西地区相同;(3)凡出入口货物,除纸烟、酒、香皂、烧纸、锡箔禁止入口及在市场买卖外,其余一律准予免税入口、自由买卖;(4)对所列禁止入口之货物,机关部队如有必需,得详述理由,请县以上政府开具证明文件,批准特许入口。这是出入口贸易上的重大变革,使稽征工作减少,稽征线与稽征卡均予撤销,对出入口货物的检查由各级政府直接负责。对违禁走私案犯处以罚金,原则上送县政府处理。决定实行后,除硝磺采购办法仍有效外,所有前颁出入口稽征暂行条例及历次所发关于出入口货物规定一律废止,与此决定不抵触者则仍旧适用。[①]

在对敌经济斗争中,敌人虽占相对优势,但边区经济发展,敌占区经济衰落,经济力量的消长已相当明显。同时,敌占区的恶性通货膨胀影响边区物价的暴涨与波动;在对敌贸易斗争中还缺乏具体办法,出现重要物资走私,对外采购上争相购买,带有很大的盲目性,出现对敌占区贸易的不等价交换。为了克服盲目性,加强领导和管理,除了掌握对敌占区所需要的物资(如小米、公羊)实行专卖,换回边区所最需要的指定物资(如纸、军需品等)外,1945年2月24日,边区政府发布《关于建立各级贸易管理局的决定》:从边区到县逐级设置贸易管理局,为政府组成部分,具体掌握与组织实施边区贸易政策。在当地政府统一领导下,"进一步发展境内贸易,加强管理对敌贸易,猛烈开展对敌经济攻势"。[②] 同年二三月间,边区还召开贸易金融会议,研究、总结1944年的金融贸易工作,讨论确定当前任务,提出打击、驱逐伪钞;管理对敌贸易,实行保护征税,"造成群众的缉私运动";加强集市管理,大的集镇设"市公所"掌管,小的集市建立与加强"集市管理委员会";分区以上部队、机关、学校可设立商店;开展对友邻区(晋绥、陕甘宁)的贸易;加强公营商店。"在1945年,应围绕扩大解放区、大生产、城市工作三项中心任务开展业务"。各级政

---

① 魏宏运主编:《抗日战争时期晋察冀边区财政经济史资料选编·工商合作编》,南开大学出版社1984年版,第369—370页。

② 魏宏运主编:《抗日战争时期晋察冀边区财政经济史资料选编·工商合作编》,南开大学出版社1984年版,第459页。

府应该大大加强对贸易金融工作、对公营商店的领导。"政府人员要学会作买卖"。①

1944 年后,由于上述政策、决定的执行,大生产的开展和根据地的扩大,商业流通明显发展,物资交流较前活跃,人民的收入增加(只公营商店去年开支运费就在 1 亿元以上);军民生活用品(牲口、盐、布、棉、粮等)得到了适当的解决;公营商店,基本上执行了贸易政策,扩大了业务范围,总销货额超过以往各年,纯利比 1943 年扩大近 14 倍,业务向外延伸,沟通了冀西冀中贸易,打通了晋绥贸易路线,公营商店在与群众的结合、与合作社的结合上也有所进步,因而开始表现了它的力量,创造了新的范例:如某些商店以贸易工作(组织人民运销运输,使人民得到便宜的布、盐)与各种工作结合扩大解放区;三专区利民总店,整理土布,制定商标,提高质量;济民药厂以收买山药为主换取川广药材;某些商店团结商人进行采购,组织小贩冲破敌人封锁,卓有成效。公营商店最主要的收获,则是初步找到边区贸易的规律,锻炼了一批贸易干部,为进一步开展对敌贸易斗争准备了基干力量。②

(三) 晋冀鲁豫边区商业

抗日战争进入反攻阶段后,晋冀鲁豫边区的工农业经济和商业流通形势发生了重大变化,敌人因经济困难增加,加紧了对根据地的经济封锁,对游击区实行经济掠夺,导致边区物价上涨,通货膨胀加剧。据记载,自 1943 年 11 月 25 日以后,各地粮价开始暴涨,12 月 1—10 日之间各种物价平均都上涨一倍,外汇亦同时狂跌,一反往年冬季市场平稳之规律,全区市场情况极为紊乱,具体表现在:物价继续上涨但极不平衡;粮食隐匿,市场上粮食显著减少;人民惊慌失措,投机囤积、买空卖空现象频现;军政生产机关、人民、商人囤积货物,"已成普遍现象"。军政机关并提前购买明年服装;出入口贸易入超数目巨大,外汇形势亦趋不利;敌人在沦

---

① 《边区开贸易金融会议充分展开讨论确定当前任务》,《晋察冀日报》1945 年 4 月 22 日。
② 《边区开贸易金融会议充分展开讨论确定当前任务》,《晋察冀日报》1945 年 4 月 22 日。

陷区、边沿区及游击区大规模抢粮,造成边沿区粮食恐慌。

面对这种突发情况,边区政府召开财经会议,并于 1943 年 12 月 14 日作出决定,挽转局势:(1)军政机关生产、银行和公营商店所存之各种土产、山货立刻全部出口,以稳定外汇。(2)银行停止一切商业活动(机关生产在内),撤回与私商经营之资本,紧缩商业放款。(3)银行现存粮食悉数交工商管理局分区代卖,政府调拨公粮,以平稳粮价。银行现存布匹、棉花等亦一律出卖。(4)军政机关生产,严禁进行投机、囤积。如有违法行为者,送交司法机关依法处理。(5)所有军用布匹、棉花,由政府负责按计划供给,由工商局统一采购。各分区已发之购布款,一律交银行转交总行,并不再向市场抛出。(6)政府公营商店及银行,必须尽一切力量收回或兑换本票。(7)粮食调剂和手工业生产、赤贫人民的需要相结合,防止将调剂粮卖给投机商。并强化粮食管理所的职能,以取缔买空卖空、低进贵出、早买晚卖等投机及囤积行为,但不得实行“粮食买卖证”制度,不得规定售价,不得干涉根据地内粮食之运输、流通,不得实行没收或类似没收之处分。(8)军政机关生产须遵守各分区决定之市场管理办法,加强各边沿区的粮食斗争,团结一切中国人,反对敌寇抢粮。(9)立刻以现存棉花开展纺织运动,注意根据地军用民需各种物资的调剂、掌握与供给工作,取消工商局公营收入部分之财政任务,工商局行政经营两部分均自力更生,但必须再行简政缩小机构。①

边区财经会议闭幕后,工商管理局的紧急任务,就是采取切实措施,贯彻执行会议决定。主要有以下两个方面。

一是纠正公营商业的囤积居奇,刺激生产增长。根据边区财经会议的上述决定,1943 年 12 月 24 日召开边区工商总局和分局长、商店经理联席会议。会议认为:“秋收后物价上涨,至 11 月 25 日以后物价暴涨,市场紊乱,冀钞贬值,外汇飞涨,一反往年冬季市场粮价、物价、外汇下降之规律。此种形势有利于囤积居奇者和贷款经营者,对群众、冀钞,对根据地

---

① 晋冀鲁豫边区财政经济史编辑组,山西、河北、山东、河南省档案馆编:《抗日战争时期晋冀鲁豫边区财政经济史资料选编》第 2 辑,中国财政经济出版社 1990 年版,第 808—809 页。

都是有害的。"产生的原因是对同年 6 月财经扩大会议提出的"掌握物资、发展生产"方针，认识不明确，在实际执行过程中，掌握物资与发展生产脱节，成为囤积居奇，有害于根据地的经济建设。掌握物资绝不是囤积居奇，而是频繁地抛出和吸收的调剂与供给，解决军用民需的困难，刺激群众生产情绪，促进生产发展，使物资增量，财产增值，从注意发展生产观点上，物资增多、物价稳定上来衡量工作成绩，而不单纯从盈余多少货币来计算工作的胜负。因此，边区财委会决定工商局的工作任务，是掌握对敌贸易斗争、调剂内地市场、完成军用民需之物资的调剂、掌握及供给工作，必须管理出入口、管理外汇，以及采购重要公用物品。工商局的实际工作就应该是团结与组织帮助群众进行生产及贸易的经济机构，而公营商店便是直接进行经济斗争的单位，是扩大群众贸易生产的核心，在工农业上应该供给、调剂原料种子，帮助农业生产，组织发展手工业、家庭副业生产，提高生产力，在商业上领导对敌贸易斗争。公营商店应把内地业务尽量移让给联合社，而面向铁路线，成为经济战线上的"野战军"，向联合社投资，派干部参加联合社为联合社服务，帮助联合社发展业务。①

二是紧缩通货，刺激生产，禁止公营商店买空卖空行为。根据目前冀钞形成严重通货膨胀，物价飞涨，群众推出票子，争购物资，造成投机囤积心理。必须紧缩通货，刺激生产，转变投机行为。在市场抛出物资，并在全区普遍进行，使物价平稳下降，在清漳河沿岸集中力量突击，利用目前时机，发展生产掌握原料，"必须通过货币，优待生产者"。各线按财经会议决定，除代银行出售粮食、山货及其他物资外，商店本身亦须按市场情形有计划地向外放出物资收回大票，使物价平稳下降。现存山货，尽量出口，采购棉花，限制不必要的入口货。现有棉花卖给群众，或放给群众纺织收回土布，其他一切物品，均投向市场。"河南店、索堡两市场，集中力量平衡。由各地配合供给支援，各商店在市场抛出粮食"。②

---

① 晋冀豫边区财政经济史编辑组，山西、河北、山东、河南省档案馆编：《抗日战争时期晋冀鲁豫边区财政经济史资料选编》第 2 辑，中国财政经济出版社 1990 年版，第 1078—1079 页。

② 晋冀鲁豫边区财政经济史编辑组，山西、河北、山东、河南省档案馆编：《抗日战争时期晋冀鲁豫边区财政经济史资料选编》第 2 辑，中国财政经济出版社 1990 年版，第 1080 页。

晋冀鲁豫边区工商总局于 1944 年 1 月 31 日发布《晋冀鲁豫边区工商总局禁止公营商店买空卖空活动的通令》,指出:现在物价上涨已失去正常规律,商店为了当时在资金周转上有一些依靠,与人订立合同只依当时物价为准,不照顾物价上涨这种片面、不久远、狭隘的不从发展上看的观点,已经经历很多的惨痛经验教训。"由即日起一概不准作空买空卖业务活动"。①

太岳区工商管理局在 1944 年的工作方针中提出:通过商场及正确的贸易政策,扶持农工业的发展,组织根据地非必需品的点滴输出,组织根据地的物资交流,平稳物价,繁荣根据地的市场。②

出入口贸易方面,1944 年 10 月,《太行区工商局银行扩大干部会议决议》:推行"加强组织出入口贸易,发展有利的物资对换,精确地掌握汇价,争取出超"的方针,提出"要组织一切力量,去作出入口贸易"。强调"管理统制是对敌的,是管制出入口的,凡敌人统制的物资,我们在出入口上也实行统制(事实上敌区商人也不能自由贩运),内地则仍保持自由买卖"③。特许出口物品只限于敌人统制的军工原料(如麻、毛、桃仁等),为争取有利交换,只准在某些出入口地点由个别商号或组织对外贸易所负责谈判,防止多项被敌人各个击破;对内组织大家力量,在统一的兑换标准下共同兑换,公营商店与私商相同。要争取有利的物资交换——尽可能采取直接以物兑物的办法,特别注意做到有利,这就需要多打听外边行市,多利用各方关系,利大时快出多出,达不到兑换标准时慢出少出,或转移兑换,不要断绝对外的贸易关系。麻、毛出口要尽可能收取冀钞,逼使伪钞折冀钞,压低伪钞价值,扩大冀钞流通范围。"从组织点滴输出及限制输入两方面争取出超"。"经营不怕碎",把零零星星的山货土产,依靠合作社组织出口,如药材、鸡子之类。近来敌人因物资缺乏需要许多替

---

① 晋冀鲁豫边区财政经济史编辑组,山西、河北、山东、河南省档案馆编:《抗日战争时期晋冀鲁豫边区财政经济史资料选编》第 2 辑,中国财政经济出版社 1990 年版,第 1102 页。

② 晋冀鲁豫边区财政经济史编辑组,山西、河北、山东、河南省档案馆编:《抗日战争时期晋冀鲁豫边区财政经济史资料选编》第 2 辑,中国财政经济出版社 1990 年版,第 1104 页。

③ 晋冀鲁豫边区财政经济史编辑组,山西、河北、山东、河南省档案馆编:《抗日战争时期晋冀鲁豫边区财政经济史资料选编》第 2 辑,中国财政经济出版社 1990 年版,第 1119、1121 页。

代原料,如大麻籽、药材、毛、麻、铁、石棉等,而这些原料还是边区可以生产的。"点滴的东西积累起来是一个相当大的数目"。限制输入一方面减少了不必要的消耗,节省了外汇;另一方面可以发展内地生产增加财富,如棉花、纸张、火柴,可以逐渐限制输入。"有许多东西可以少进来甚至可以不进来,如火柴、染料之类,我们能够少依赖,或不依赖外来品时,出入口贸易主动权就能掌握在我手,有了主动才能争取有利"。会议确定,今后进口东西主要是食盐、棉花、颜料、火柴,其他(军工、西药、印刷原料除外)则尽量使之不进或极少数的进来。①

(四) 发展合作社商业,繁荣内地市场、平稳物价

太行区工商局银行扩大干部会议还指出,要大力发展合作社商业,今后银行在贷款上,应尽量依靠合作社商店、工厂,在物资的收买保管上、推销上,也必须依靠合作社。"扶植合作社是使它在生产运输推销业务上的发展,如果合作社能在生产、运输、消费三方面适当有机的结合市场,方能繁荣,因此我们扶植合作社与繁荣市场的工作也必须适当结合起来,同时应了解到繁荣市场与发展合作社的工作不是矛盾的,正是必须密切结合进行的"。② 内地近年来虽然建立了一些市场,但颇不普遍,尤其不够繁荣。除阳邑、任村、西营、洪水、桐峪、索堡等集市较好外,其他集市是相当差的。除了合作社,私商小贩的发展也是很重要的,"今天根据地的坐商还不多,我们不应怕私商发展,而应帮助发展"。"繁荣市场必需加强商联会的工作,既可团结商人,也可以教育商人,使他不违犯政策法令"。

物价也是边区商业发展中的一个重要问题,是"今后最主要的工作。如果能做到物价标准化合理化,则其他工作一定也是做好了,反之物价搞不好,也就是我们对其他工作未做好,物价与货币工作、贸易工作、生产工

---

① 晋冀鲁豫边区财政经济史编辑组,山西、河北、山东、河南省档案馆编:《抗日战争时期晋冀鲁豫边区财政经济史资料选编》第 2 辑,中国财政经济出版社 1990 年版,第 1121—1122 页。

② 晋冀鲁豫边区财政经济史编辑组,山西、河北、山东、河南省档案馆编:《抗日战争时期晋冀鲁豫边区财政经济史资料选编》第 2 辑,中国财政经济出版社 1990 年版,第 1118—1123 页。

作等都有密切关系,这需要我们深刻认识与今后严加注意"。今后物价的标准,主要是粮食、棉花、食盐的对比合理,以及不过分的暴涨暴跌。以索堡为标准,今后要求做到:10斤米兑1斤棉花;1斗米兑4斤盐。要达到这一要求,就必须很好地掌握出入口贸易,使物资兑换上,能够得到更多的物资。①

边区政府通过以上各项措施,掌控了出入口贸易,促进了边区经济的继续发展,出现了物价平稳下降的趋势。

边区物价从总的指数看,下降幅度是很大的,若以1936年物价指数为100,则1944年的物价,任村:物价总平均指数在1月为47900,3月为78000,12月为20800;索堡:物价总平均指数在1月为48600,3月为56000,12月为18900;阳邑:物价总平均指数在1月为66700,3月为78100,12月为36800。如果分为粮食、外来必需品、山货特产三类来看,则:(1)粮食是1月至3月逐渐高涨,3月以后一直下降,而且降幅在5倍以上;(2)外来必需品是1月逐渐上涨,直至8月为最高点,到12月底则又相当于1月之价,有的还低于1月之价;(3)山货特产也是由1月起至3月为顶点,以后又逐渐下降,9月、10月又稍上升,但到12月回跌很大,较1月下跌4倍左右。在出入口贸易、发展生产和货币政策方面,也都取得了可喜的成绩,其中最主要的有以下几点:(1)根据地大规模生产获得丰收,物资力量增加,不同于1942年、1943年之灾荒情况;(2)在出入口贸易方面,努力增加点滴输出,咬紧牙关减少输入,在出入口平衡掌握上有了大的改进;(3)吸取过去对敌区贸易之不等价交换教训,争取有利的物资交换,压低伪钞价格,进而平稳内地物价;(4)在货币政策上,不仅采取稳健和经常紧缩的政策,而且实行了不同地区发行版别不同的冀钞的办法,使太行区不受其他地区物价波动的影响。②

---

① 晋冀鲁豫边区财政经济史编辑组,山西、河北、山东、河南省档案馆编:《抗日战争时期晋冀鲁豫边区财政经济史资料选编》第2辑,中国财政经济出版社1990年版,第1118—1123页。

② 晋冀鲁豫边区财政经济史编辑组,山西、河北、山东、河南省档案馆编:《抗日战争时期晋冀鲁豫边区财政经济史资料选编》第2辑,中国财政经济出版社1990年版,第1152—1153页。

五、抗日根据地的财政税收

抗日战争进入反攻阶段后,为了适应形势的变化,党中央和根据地政府对财政税收的方针政策和税赋征收原则、办法,有步骤地进行了调整、改革,并取得良好的效果。既拓宽了税基,增加了财政税入,满足了军政需要,又调整、平衡了纳税人的负担,使城乡各阶层之间税赋负担更加公平合理。

1944 年 4 月,陕甘宁边区召开高级干部会议,任弼时代表中共中央做了财政经济方针政策的报告,论述了财政政策的三个基本方针:一是"发展生产,增加财富,达到完全自给"。强调当前摆在全党面前"最中心的紧迫任务,就是更进一步地努力生产",必须使边区的农业、手工业、合作社、公营企业 1944 年都能够获得充分的发展,使边区经济力量大大地增强一步,"以保障我们明年能够达到经济上的完全自给"。二是"公私兼顾,互助合作,一致对外"。主要目的在于:对内求得互助合作,发展经济;对外求得统一步骤,集中力量。公私兼顾,互助合作,而不是只照顾公家不照顾群众,只照顾自己不照顾别人,或损人利己以求自己的发展。如采取分散经营的方式,而领导上则须绝对服从统一的方针,反对不照顾全体的本位主义现象。士兵及一切工作人员、杂务人员劳动的结果,不应全部归公,应以一部分归私,才能更好地提高他们对生产的积极性。另为了实行严格的保护政策来保障经济更顺利地继续向前发展,就必须正确地从管理对外贸易中来进行对外经济斗争,"团结内部力量,一致对外"。三是"厉行节约,建立家务,备战备荒"。积蓄力量的办法有两个,就是生产和节约。生产使公私财富逐年增加;节约使财富能够积累,不浪费,更多地用之于发展生产。节约的方针不是要减少必需的消费,而是在于节省根本不需要的开支,以便建立公私雄厚的家务,能在坚固的基础上保持长期的丰衣足食的生活。节约对于发展边区经济,调整生产与消费,节省政府财政开支,保障出入口贸易平衡,稳定金融物价,建立家务,积蓄力量等方面,具有重要的意义和作用。而"贯彻公私兼顾的原则是促进生产节约运动的好办法"。①

1943—1945年间,抗日根据地各边区民主政府,从修订救国公粮征收办法入手,进而实施统一累进税制度,建立和完善规范的税收制度。1944年,根据地的大部分边区,税收制度进入完善阶段。从1944年开始,无论是实行统一累进税的地区,还是实行多种税的地区,都在总结经验的基础上对原有税制做了进一步修订,使之能有力地贯彻中共中央提出的土地政策、工商业政策,有效地组织财粮收入,保障战争的供给。各地按照1942年毛泽东提出"依一定土地量按质分等计算税率"的办法,普遍采用常年产量作为计算土地资产与收入的标准,大大调动了农民的生产积极性,使税收制度更趋于完善。

在不取消地主的土地所有权,又鼓励资本主义(农村即富农)发展的条件下,相对而言,累进税制有利于平衡各阶级、阶层的利益,贯彻合理负担的原则,1944年后,各边区相继由原来的合理负担改为统一累进税制。新解放区在老区实行统一累进税的基础上,也都颁布了与统一累进税相适应的负担办法的政策。

累进税制分为两种:一种是有起征点的累进税制,就是按人均产量(或收入)或占有的土地面积规定一个最低的标准,达不到这个最低标准的,不予征税;另一种是扣除免征点的累进税制,就是按产量(或收入)规定一个免征额,先从纳税户的计征产量(或收入)中扣除(每人扣除一份,有几个人扣除几份),然后再计算税额。这两种办法,都是从照顾贫苦农民的利益出发,考虑到农民的最低生活需要。起征点和免征点的具体标准,都是根据当时的财政经济情况确定的。

统一累进税使边区政府的财政收入更为合理和稳定,使人民负担更为公平合理,而且从总体上减轻了人民负担,因而受到人民的欢迎。

(一) 陕甘宁边区财政税收

从1943年10月到1945年间,陕甘宁边区政府为了促进大生产运动

---

① 《任弼时选集》,人民出版社1987年版,第306—348页。

和减租减息运动的深入开展,发展边区经济,实行"合理负担、削弱封建、促进生产、保证供给及简便易行"的负担政策,实行大幅度的财政税制改革,相继修订、改革了救国公粮公草征收办法;颁布和试行统一累进税暂行办法;修订营业税条例。

首先,修订、调整了救国公粮公草征收办法。

1943年10月23日,陕甘宁边区政府公布《1944年度征收救国公粮公草的命令》及《1944年度救国公粮公草征收条例》。同原有条例相比,新的命令、条例有以下四点变动。

第一,缩小了农村副业的征收范围。边区的农村副业收益,在农民的收入中占有较大的比重。如三边盐池县农村副业收益占农民总收益的40%以上,绥德几个村子的副业收入占30%左右,其他地区至少也占10%以上。在此以前,鉴于农村副业普遍发展和财政困难严重,边区政府明确把副业收入列入救国公粮的征收范围。但如何计征,没有具体标准,只是笼统规定:凡"未纳其他税收之副业所得之纯收益",均要征收。而在执行过程中,许多地方为了完成征收任务,把副业当成了调剂负担的工具。如公粮征收任务无法完成时,就把副业收益多算一些,某农户负担重了就少算一点副业。这种做法,曾造成某些农户负担过重,影响了农副业的发展。

为了促进农村经济的发展,增加农民收入,改善农民生活,新"条例"提出对副业从轻征收,并在征粮条例中具体规定了农村副业收益征税和免税的范围。规定征税的两个项目:(1)小手工业——只征收其除去原料成本及生产耗费以外之净利部分;(2)畜牧业——只征收其繁殖及出卖皮毛收入部分(以市价六折折粮),羊繁殖10只以下者免税,10只以上者,就其超过数计征。规定免税的有五项:(1)移住难民3年内各种农产品及副业之收入;(2)长脚或短脚运盐部分收入;(3)新种棉花3年以内的收入;(4)纺织业收入;(5)农户养猪收入。后来的实践证明,缩小农村副业征收范围,对于大生产运动的开展,对于奖励农民劳动发家致富(包括富农发家致富),均起了好的作用。

第二,分地区规定起征点,提高最高税率。1942年"条例"规定:各县征收救国公粮之起征点每口人以细粮6斗计征,起征率为6%,超过者每递增1斗,即依次累进1%,递增至3石,再不累进,最高征收率为30%。执行结果,上层下层负担较轻,中层负担较重,仍不合理。为了配合减租运动的开展,调节各阶层的利益,刺激生产,新"条例"改按地区分别确定起征点和起征率,绥德分区以5斗起征,起征率为3%,直属三分区及陇东、关中一部分征米地区均以6斗起征,起征率为4%,陇东、关中两分区的征麦地区,均以8斗起征,起征率为6%。同时,把最高累进率提高为35%,中间各级的税率,按照各阶层的收入情况,跳跃式地分别确定,使负担大体趋于公平合理。

第三,改进公草征收办法。自1943年起,救国公粮及公草合并征收。为避免公草损耗与浪费,规定需草地区凡所征之草能满足需要者,实行征草,不需草地区或交通困难不能供给需要者,折征粮食。

第四,发扬民主,合理组织征收。历年来边区征粮有两种不同的工作方法:一种是按"条例"征收与民主评议相结合的正确方法;另一种是采取简单的层层摊派的方法。为了切实有效地纠正后一种做法,边区政府在颁发的"条例"或指示中,再三强调征粮工作必须发扬民主,真正做到公平合理。1944年的征粮"条例"规定,乡政府或行政村之评议会,"应由人民推选公正无私、熟悉地方情形之党政干部,劳动英雄及能照顾各阶层利益的人民代表组成";各户公粮负担数目经评议会决定后,"须经各村村民大会或乡参议会通过实行"。1944年的征粮工作指示又强调指出,应征公粮数目,根据具体情况,"分配到乡为止,乡以下须经过调查研究和民主评议的方式分配"。各村接到具体任务后,可召开村民会议,按调查与条例计算结果,将各户应征数目公布,并可发动群众自报收获量和负担数目,但不做最后确定,同时向群众说明这只是初步决定,还要依据确实材料增加或减少,并给以三天到五天的时间,"以启发会后的酝酿";会上并选出公正的评议员,组成评议会。然后再开第二次村民会议,由评议会根据材料,提出各户负担的修正意见,"启发群众再提意见,如有争执的问题,由大家讨论解决"。

接着,在改进和调整救国公粮公草征收办法的基础上,进一步深入税制改革,颁布和试行统一累进税暂行办法。

1943 年 9 月 11 日,陕甘宁边区政府制定颁布了《陕甘宁边区统一累进税暂行办法》及《陕甘宁边区农业统一累进税暂行办法施行细则》,并决定在绥德、延安、庆阳三县先期试行。一年之后,边区政府在财政厅所拟修正试行草案的基础上,1944 年又公布了《陕甘宁边区农业统一累进税试行条例》,宣布在延安、绥德、庆阳、赤水、靖边五县试行"且:本条例公布后民国三十二年农业统一累进税试行条例即行作废"。① 1945 年继续在上述五县试行。农业统一累进税是从征收救国公粮演进而来的,是带临时性的救国公粮的发展和提高,"是一个新的伟大的创造,是一个正规的税制"。②

农业统一累进税同原来的税制比较,其改革的主要内容有以下几点。

一是由原来的农业收益课税,改为增征土地财产税。救国公粮只是就农业收益课税,农业统一累进税则改为:对土地所有者不仅征农业收益税,还要征缴土地财产税。增征土地财产税的目的,是要把农民的所得与地主所获的地租区别对待,以逐渐削弱封建剥削,促进食租地主转化为工商业资本家,调动农民(包括富农)的劳动生产积极性。

土地财产税以土地为征收对象,以土地常年产量为计征标准。凡出租土地依边区租佃条例执行减租者,其定租、活租、伙种地、安庄稼等土地,财产税本为常年产量的 15%,定租、活租土地税之计算最高不得超过租额的 50%,凡自耕地以其常年产量 15% 为土地税本。为什么规定计算定租、活租土地税时最高不得超过租额的 50% 呢? 这是因为当时边区各地的租率悬殊较大。定租、活租的税率,未分配过土地的地区,一般为 40%—50%,有的高于 50%;已分配过土地的地区则普遍较低,例如警备区一般租率为 21%—26%,直属县约在 10%,延安县有的租率在 5% 以下。③

---

① 陕甘宁边区财政经济史编写组等编:《抗日战争时期陕甘宁边区财政经济史料摘编·第六编·财政》,陕西人民出版社 1981 年版,第 205—219 页。

② 南汉宸:《关于农业统累税的试行》,《解放日报》1943 年 10 月 10 日。

③ 西北行政委员会财政局编:《陕甘宁边区农业税资料汇编》,西北行政委员会财政局 1954 年刊本。

1942年12月29日公布的《陕甘宁边区土地租佃条例草案》规定,减租后定租、活租的租率最高不得超过30%,当租率为30%时,15%的土地税本恰为租额的一半,如租率低于30%时,15%的土地税本将超过租额的一半,租率特低的可能出现全部租额尚不足以缴纳土地财产税的情况。为了使地主与地主之间出租地的土地税本一致,有利于团结各阶层抗日救国,所以在计算土地税本时规定了最高额度。

伙种地、安庄稼这两种租佃形式则有所不同。根据绥德和延安的调查材料,伙种地在经过土地革命区域为中农与中农或中农与贫农之间的租佃关系,在未经过土地革命区域则为小地主与农民之间的租佃关系。凡伙种出租土地者多为无劳动力的农户或抗属、工属及小地主。安庄稼与伙种地的区别不大,因为它有另外的附带条件。对这两种土地出租形式,在减租运动中都有所照顾,政府明确规定:伙种地按原租额减10%—20%,减租后出租人所得最多不超过收获量的40%;安庄稼按原租额减10%—20%,减租后出租人所得最多不超过收获量的45%。由于伙种地、安庄稼原租率较高(一般是对半),减租后的租率仍高于定租、活租制的租率,所以在计算土地税本时不需要另行照顾。

自耕地的土地税本也规定按常年产量的15%计算,因为自耕农既是土地所有者,又是土地经营者。土地财产税是对土地所有者征收的,在计算税本时自耕地与出租地应保持一致。但这只是表面上的一致,实际上自耕农加上15%的土地税本,同时又减去15%的生产消耗,等于不出土地税。

二是改变了计税标准。救国公粮课征的各项收入——地租及畜租,耕种土地所获的农产品、农村副业收益,均以当年实际所得数作计税标准。试行农业统一累进税的,计税标准改为:土地财产税及土地收益税均按土地常年产量计税;农业收益部分,自耕农按常年产量的15%扣除生产消耗,佃耕地除扣除生产消耗外,并扣除缴纳的地租后计税;地租收入按减租后实得租额计税,农村副业及运输业以纯利八折、牧畜业以市价六折折粮计税。

这个改变,解决了三个问题:第一是解决了努力生产的勤苦农民所得与不劳而获的地租等量齐观的不合理问题;第二是解决了每年征收多少不一,影响农民生产积极性的问题;第三是解决了按实际产量计税年年评议带来的手续烦琐问题。

以土地常年产量作为土地财产税和土地收益税的计税标准,是税制上一项主要改革。做好这项改革,关键在于土地登记是否确实,常年产量评定是否恰当。

三是调整了累进税率。农业统一累进税率采取"分计合累"的税制,就是把收益税与土地财产税分别算出税本之后,合并累进征收。起征点、累进率与最高率的规定,基本上与救国公粮征收"条例"的规定相同,只是对级差和分级税率做了一些调整。

这次税制改革贯彻了以下原则:第一,由公粮的临时分配税,提高为正规的定率税,克服分配税的弊端;第二,由公粮按实际收获量征收,改为以土地的常年产量作征收标准,克服按实产征收不能刺激农民生产的弊端;第三,由单纯的收益税,改为既征收益税,又征土地财产税,对农民的农业生产收入,又扣除一定的生产消耗;第四,降低下层税率,提高上层税率,使各阶层负担更趋于合理。

农业统一累进税的试行,得到了广大农民的拥护。但因干部文化水平较低以及税制本身尚欠简便,未能普遍实行,以致1943年后主要仍以公粮形式征收。

最后,1944年对营业税制进行了修订。

随着陕甘宁边区商业的发展,政府征收的营业税也不断增加,但在剔除物价上涨的因素后,商人的负担不但没有增加,反而相对地有所减轻。这样,反映在人民负担上商轻农重的现象非常严重(商人负担一般不及农民负担的1/3)。为了便民利商,使税收负担更加合理,边区政府于1944年7月对营业税条例做了进一步的修订。

这次修订主要有三点:(1)根据物价上涨情况重新调整了起征点和累进级差。起征点由原来的2500元调高到5000元。(2)提高了累进税率。为了合理解决农商负担不合理问题,最高累进率由30%提高到35%,与农业累进率持平。(3)改变了临时营业税征收办法。为了从各方面配合,争取必需物资的入口,将临时营业税率大为降低,同时根据过去累进率经验,商人化整为零,所以由累进税率改为固定税率,由原来最高税率30%改为必需品 8%,非必需品 10%,边产边销者 8%。①

农商负担是否合理问题,是陕甘宁边区提出的一个实际问题,但究竟如何求得平衡合理,两者之间如何比较,一直有不同看法,争论较大。

由于大生产运动的开展,农民收入增加,粮草征收任务调减,边区农民的负担是逐年下降的。同时,由于救国公粮征收办法的修订和农业统一累进税的试行,各阶层的负担也进一步公平合理。

1944 年边区农业大丰收。随着生产的发展和减租运动的深入,各阶层的经济地位变化较大:地主经济普遍下降,富农经济得到发展,中农经济比重增大,部分贫农已上升为中农。同时,这一年边区政府的征收任务又有所减少。因此,各阶层的负担比例一般都下降,特别是富农的负担比例下降得多,负担后的剩余也多。

1945 年边区遭受严重旱灾,农业减产较多,各阶层的负担能力减弱。由于边区政府及时调减了征收任务,帮助农民抗旱抢种,减轻灾害损失,负担比例比 1944 年又有所降低。各阶层间的负担情况,与 1944 年的趋势基本相同。

1943 年到 1945 年各阶层的负担是逐年减轻的。具体的负担比例大体是:贫农 3%—5%,中农 6%—8%,富裕中农 7%—10%,富农 9%—13%,地主 20%—30%。至于雇农和移住难民,则基本上没有负担。边区政府确定的"削弱封建、奖励生产、公平合理、保障供给"的负担政策得到落实。

(二) 晋察冀边区财政税收

晋察冀边区是较早实行统一累进税的地区。为了蓄养民力,坚持抗战,促进和支持农村经济的恢复和农业生产的发展,1944 年 5 月 6 日边

---

① 陕甘宁边区财政经济史编写组等编:《抗日战争时期陕甘宁边区财政经济史料摘编·第六编·财政》,陕西人民出版社 1981 年版,第 152—156 页。

区政府发出了减轻公粮征收的布告,确定北岳区 1944 年度统一累进税每分负担最高不超过 8.5 市升;冀中、平北及冀热边各地区,除加强对敌战斗减轻敌伪勒索外,亦厉行精简政策,适当减轻征收数量。与此同时,政府举办了 2000 万元的牲畜贷款和 16000 小石的贷粮,900 大石的赈粮,用于恢复灾民、贫民的生产力。

1944 年是边区收成较好的一年,1945 年收成也不错,农业生产的改善,不仅支持了边区的对敌反攻,而且也增加了农民的收入,改善了农民的生活。据晋察冀巩固区 7 个村的调查,1943 年每人平均总收入折米为639 斤,1944 年为 658 斤,1945 年为 759 斤。1945 年比 1943 年增加 18%,其中农业收入增加 22.4%,工商业和副业收入增加 5.1%。

在农村经济恢复和发展过程中,以中农经济和工商业者恢复最快。到 1945 年,中农不仅在人数上,占有土地上超过了总数的一半,而且成为农村中收入水平较高的一个阶层,工商业者的收入也大大超过了地主、富农的收入水平,成为最高的收入者。中农和工商业者经济的迅速上升,这反映了减租减息运动的深入和工商业及家庭副业在税收上实行优待政策的效果。对于发展边区的工农业生产,解决财政困难,起到了很好的作用。

随着农村经济的恢复和财政政策的实施,边区人民的负担也有较大的变化:一是负担比例下降;二是各阶级之间的负担进一步合理;三是中农成为出粮最多的一个阶层。抗日战争反攻以前,边区处于对敌斗争尖锐复杂而财政又最困难的阶段。人民的负担都是比较重的。进入反攻以后,随着军事形势和农村经济的变化,负担有所减轻。1945 年全边区(不包括冀东区)征收的统一累进税为 115 万大石米,加上村款负担,每人平均总负担为 36.2 市斤米,比 1941 年的 49.4 斤减少 27%;负担占收入的比例由 15%左右下降为 9%;军政人员占总人口的比例由 5.9%下降为 1.5%。

1945 年由于对日反攻作战的需要,边区军队人数增加较多,加之部队忙于作战,攻占县城,参加大生产的时间减少,自给的比例下降,边区政府在这一年征收的税额又有所增加。上面谈到的数字,是在征收额稍有增加情况下的数字。如果从 1944 年征收额减少的情况看,负担比例下降的幅度还要大一些。为了便于比较,下面根据有关材料推算,几年来的负担统计如表 19-33 所示。

表 19-33 统一累进税制下人均负担统计(1941—1945 年)

项目 年份	征收统一累进税 (万大石米)	人均负担正税及 附加(市斤米)	每人负担统一累 进税(市斤米)
1941	124.5	49.4	20.25
1942	103.74.7	45.0	16.87
1943	74.7	40.0	12.15
1944	70.6	37.4	11.47
1945	115.9	36.2	18.63

资料来源:陈廷煊:《抗日根据地经济史》,社会科学文献出版社 2007 年版,第 467 页表 13-1。

各阶层之间的负担分配,原来大部分集中在地主、富农身上,1941 年前后,北岳区的地主负担平均占到总收入的 60% 以上。到了反攻阶段,地主富农经济均下降,地主经济下降更厉害,负担比例也相应下降;相反,贫农、中农随着经济收入的增加和负担面的扩大,负担比例虽然低但较前略有增加,贫农原来没有负担的后来也多少负担了一点,总之,各阶层之间的负担比以前更加合理了。

因在农村经济恢复过程中,中农经济恢复较快,收入增加幅度也大,这一特点,在负担上也能反映出来。在晋察冀边区,中农一直是一个人数不少的阶层,但是在抗日战争前期,中农交纳的粮食和钱的比重还不大,一般只占征收总额的 20% 左右。随着减租减息运动的深入,地主、富农的土地逐渐分散到中农手里,中农逐渐成为农村的主要阶级成分,负担量也就相应集中到了中农身上,使中农成为既出力又出粮的主要阶层。据北岳区巩固区调查,中农缴纳税款占征收总额的比例,1942 年为40.39%,1943 年为 47.79%,1944 年为 53.54%,1945 年为 51.78%。1945年由于工商业发展,负担了一部分税款,使中农交款的比重有所下降;在工商业恢复较慢的地区,中农缴纳的税款估计达到 60% 左右。

(三) 晋绥边区财政税收

同陕甘宁、晋察冀边区一样,晋绥边区的税制变革,也是以修订统一救国公粮条例作为过渡,不过最后没有发展到实施统一累进税制。

1944 年,晋绥边区政府根据形势的发展和农村阶级关系的变化,对统一救国公粮条例又进行了修订。修订的要点、办法如下。

(1)为照顾各阶层利益,在"条例"中特别增补了以下内容:自 1943 年秋以来,为扩大生产而买入之土地,其财产暂免征税。1943 年秋季新买地的贫苦农民,其全部自种地产粮每人平均在一石米以下者,"其新买地之收入暂以五成折米计算"。同时,对荒地财产税的征收范围缩小。

(2)为奖励农工业生产及农村副业发展,提高了免征点,如对摊挑小贩及作坊,原"条例"规定,摊挑小资本额折米 1 石 5 斗米以下者,其纯收益以 4 成计算,在 3 石米以下者,以 5 成计算,超过 3 石米以上者"同商业";作坊的纯收益,以 7 成计算。新"条例"修正为:农村之摊挑小贩、作坊,无论专营或兼营,其计算办法如下:资本额在 2 石米以下者不计收入;2 石零 1 升至 4 石米以下者,其纯收益以 5 成计收入;4 石零 1 升至 6 石米以下者,以 7 成计收入;6 石米以上者"依营业税计征"。对农村副业,原"条例"规定,畜养免征,其他副业不超过 1 石米者免征,超过者其超过部分以 7 折计征。新"条例"修正为,畜养、蚕蜂免征,其余副业收入全家在 1 石米以下者免征,超过者依下列折合征收其超过部分:1 石零 1 升至 2 石米以下者以 5 折计;2 石零 1 升米以上者以 7 折计。还把奖励劳动英雄明文列出:"行政村以上之劳动英雄所种地之产量,应以同等地一般产量计算。"

1943 年取消工农业税改为统一征收公粮后,商人负担大大增加。如兴县一个中等商人 1942 年出公粮 12 石多,到 1943 年增加到 25 石多,以致商人纷纷转业。为了刺激商业发展,1944 年又改为单独征收营业税,以纯利的 7 成计征(营业税限于城镇工商户,农村兼营工商户仍按统一征收公粮)。

(3)为了保证军火供应,打击敌人,规定凡属一切炼铁、熬硝、挖硫磺、制造火药诸企业及其工人之所得均免征公粮。[①]

———————

① 　晋绥边区财政经济史编写组、山西省档案馆编:《晋绥边区财政经济史资料选编·财政编》,山西人民出版社 1986 年版,第 223—227 页。

　　1944年修订的"条例",执行了一年,到1945年,边区政府根据前两年执行的经验和问题,公布了《晋绥边区修正公布征收条例》。这次公布的"条例",又做了以下三处修订。

　　一是农业收入改按土地通常产量计征。1943—1944年的统一救国公粮征收办法,农业收入都是按照实产计征的,各户的实产是通过调查评议确定的。这种办法,在执行中有高估产、抓大头等偏向,不利于生产发展。从1945年开始,规定农业收入以所种土地平常产量计征。平常产量依土地质量照顾道路远近,亩数大小等条件,并参照五年来一般产量确定。平常产量确定后,依产量多少划分等级,按等计征。对于因生产劳动之努力不同,实际产量超过或不足者,仍按一般标准计算。但贫苦抗属、孤寡、老弱、残疾,无劳动力或劳动力不足之贫苦农民或因生活逼迫未能按时在自己的地内耕作,致使产量特低者,酌减等级。

　　二是计征"资产米"。资产米是对"地主富有者的隐蔽资财进行增征的一种财产税。1943年深入贯彻减租减息政策和实行统一累进税以后,农村经济关系变化很大,有些富有者为了减少负担,纷纷取消或缩小生产规模,负担很轻。相反的,有些贫苦农民由于买进土地,有了收入和财产,负担相对增加,生活仍然困难。为此,边区政府确定另征资产米。资产米按照地主富有者匿积的资财,估计折米征收,通过民主评议的方式确定。征收资产米,对地主富有者"转移财产逃避负担,是一个打击,对他们发掘资财投资生产是一个刺激,对各阶层负担也有调节作用"。这种办法虽然科学合理,但执行起来很易发生毛病。由于调查困难,边区在执行中曾发生过冒犯等偏向。①

　　三是按"产余粮"计征。原来的征收办法,是按全户的富力总数计算,规定一个起征点,不够起征点的免征,在起征点以上的户其全部富力均要按比例计征。修订后改为:全户总粮数内(小米)应扣除其全户必要

---

① 晋绥边区财政经济史编写组、山西省档案馆编:《晋绥边区财政经济史资料选编·总论编》,山西人民出版社1986年版,第740页。

消费粮。此项消费粮不论长幼每口五斗。这样,就变成了有免征额的累进税。这是另一种形式的累进税。

1943—1945 年间,晋绥边区政府对税制连续三次调整、改革,调节了不同阶层的税负负担,使税负负担更加公平合理,调动了农民生产积极性,促进了生产的发展,也增加了政府的财政收入。

1943 年到 1945 年的三次税制改革和粮赋征收,是在农村经济逐渐恢复和财政状况稍有改善的情况下进行的。1944 年晋绥边区的农村经济恢复很快。1940 年边区政府管辖的地区,共有耕地面积 11742082 亩,1944 年耕地面积达到 13387213 亩,增加 14%;粮食总产量,1940 年估算为 93.9 万大石,1944 年达到 184 万大石,增加 95.95%。[①] 棉花种植面积,1940 年为 5 万亩,1944 年扩展到 18 万亩(机关部队所种未计在内),增加 2.6 倍;棉花产量由 1940 年的 25 万斤增加到 1944 年的 130 万斤,增加 4.2 倍。畜牧业也恢复得不错。新政权建立前,牲畜比战前减少 40% 以上,1941 年到 1943 年,仅兴县、临县、河曲、保德四县的牲畜头数,即比新政权建立前增加 50% 以上。[②] 农村经济的恢复与发展,使边区的农产品到 1944 年达到全部自给,粮食还有相当数量的剩余。

财政收支状况也明显改善,主要反映在两个方面:一是银行透支数减少。银行透支占预算支出的比例,1940 年为 30.7%,1941 年为 20%,1942 年为 5.7%,1943 年没有透支,1944 年为 7.1%,1945 年为 14.7%。[③] 二是抗日部队生活水平提高。

边区财政状况的改善,并没有增加农民的负担,而是靠开源节流,增加收入,节约支出的结果。在收入方面,自 1943 年后,工商税收和药品的收入增加很多。上述收入占财政收入的比例,1942 年为 26.5%,1943 年为 85.3%,1944 年为 79.7%,1945 年为 48.7%。[④] 在支出方面,主要是开

---

①　《边区政府一年工作总结》(1944 年),其中 1940 年的粮食总产量是按耕地面积和每亩平均产粮 8 升估算的。

②　《晋绥边区的战斗生产与建设》,《解放日报》1944 年 12 月 28 日。

③　根据晋绥边区移交西北财政收支决算资料计算。

④　根据晋绥边区移交西北财政收支决算资料计算。

展了大生产运动,部队和机关自己解决了部分经费,也就是靠"取之于己"。据晋绥边区财政上的统计,1943—1945 年军队和行署自给经费的比例如表 19-34 所示。

表 19-34 抗日部队和行署自给经费百分比统计(1943—1945 年)

(单位:%)

项目 \ 年份	1943	1944	1945
部队自给部分占全部经费的百分比	14	51	42.8
行署自给部分占全部经费的百分比	36	71	97.0

资料来源:陈廷煊:《抗日根据地经济史》,社会科学文献出版社 2007 年版,第 472 页。

晋绥边区政府考虑到农村经济刚开始恢复,农民收入和生活水平很低,原来的负担较重,在安排统一救国公粮的任务时基本上没有增加,尽可能让农民能够休养生息。1943 年征粮,正税征收任务同 1942 年差不多。1944 年的生产虽然大大增加了,人民生活也有相当的改善,但是政府根据减轻人民负担,发展生产,扶持贫苦农民经济上升的方针,对 1944 年的公粮任务不但未增加,反而减少了 1.4 万大石。[①] 1944 年 8 月,由于抗日战争由防御转入全面反攻,军政人员迅速增加(由原来的 5 万人增到 6.9 万人,到日本投降前增加到 12 万人左右),财政收支困难很大,因此在 1945 年的征粮中,不得已又增加了征收任务。

1943 年征粮完成 219500 市斤米,1944 年征粮完成 205600 市斤米,1945 年征粮完成 324500 市斤米。这三次征粮,从绝对数来讲,比前几次征粮还多一些,这主要是由于地区有所扩大,同时各种税收统一于公粮征收,数字也相应增大。但是,从负担占收入的比例看,则是下降的。就是 1945 年的征粮,负担增加后,负担比例也比 1941 年以前降低。各年征收的具体数字比较如表 19-35 所示。

---

① 陈廷煊:《抗日根据地经济史》,社会科学文献出版社 2007 年版,第 473 页。

表 19-35　实征粮数及占总收入比例统计（1941—1945 年）

年份＼项目	实征粮数（市斤）	负担占总收入比例（%）
1941	204430	24.6
1942	163200	17.4
1943	219500	19.6
1944	205600	19.4
1945	324500	21.0

资料来源：晋绥边区财政经济史编写组、山西省档案馆编：《晋绥边区财政经济史资料选编·总论编》，山西人民出版社 1986 年版，第 741—742 页。

1943 年开始实行统一救国公粮后，各阶层负担的变化，主要表现在地主、富农的负担比例提高，中农的负担比例略有下降，贫农的负担变化不大。地主、富农的负担比例增大，一方面是由于减租减息深入贯彻以后，经济收入减少；另一方面则是累进税率执行以后，负担增加，特别是 1945 年又增征资产米，对地主影响较大。

据兴县 33 个村、保德 13 个村、临县 4 个自然村统计，1943 年各阶层负担占收入比例如表 19-36 所示。

表 19-36　兴县、保德、临县各阶层负担占收入百分比统计（1943 年）

（单位：%）

阶层＼县别	兴县 33 村	保德 13 村	临县 4 村	平均
地主	53.2	37.5	62.8	48.6
富农	38.3	30.1	45.2	33.9
中农	23.9	19.3	24.2	20.2
贫农	7.9	7.9	9.1	8.0
其他	15.6	14.6	—	14.8

资料来源：陈廷煊：《抗日根据地经济史》，社会科学文献出版社 2007 年版，第 474 页表 13-4。

1944 年各阶层负担，根据 8 个县不完全统计，地主负担占收入的 39.3%，富农占 32.7%，中农占 20.3%，贫农占 7.47%，其他阶层占 6.67%，平均为 19.35%。同上年比较，地主的比例下降了，中、贫农则没有多大变化。

1945 年各阶层的负担,兴县、临县、五台、静乐、宁武、神池等县城 8 个自然村的调查统计显示,负担占实际收入的比例,地主为 40%,富农为 33.2%,中农为 18.2%,贫农为 10.66%,其他阶层为 3.44%,平均为 21%。从这个材料看,各阶层负担大体平衡。但由于按通常产量计征没得以贯彻,同时存在乱计资产米的现象,因而实际上负担还是不平衡的,出现了一些偏差。特别是计征资产米,不仅打击地主有些过头,而且还伤害了某些中农和贫农的利益。

总体上说,这三次征粮执行情况是较好的,不仅保证了军事上的粮食供给需要,同时削弱了封建经济,鼓励了资本主义经营,扶持了中贫农经济的向上发展。

(四) 晋冀鲁豫边区财政税收

抗日战争后期,晋冀鲁豫边区进行了重大的税制改革,而且时间比陕甘宁边区更早。1943 年 4 月 25 日,晋冀鲁豫边区政府就公布了《统一累进税暂行税则》,主要内容如下:

(1)边区政府根据各阶层不同的负担能力与保证抗战财粮供给的需要,确定各阶层的负担比例(负担占总收入%)为:地主 48%—60%,富农 28%,中农 13%,贫农 3%—5%。

(2)统一累进税施行细则规定:统一累进税的负担面,负担人口以 80% 为标准,但个别县区可以超过 80%,或者降到 70%,如超过 90% 以上,或降至 70% 以下者,由专署核准报边区政府批准备案;具体到每一个村,负担面可以超过 90% 以上,亦可降至 70% 以下。

(3)晋冀鲁豫边区的统一累进税办法同晋察冀边区的办法比较,征税范围较窄,免税面较宽。在资产方面,只就耕地一项征税,其他各种资产一律免税。

(4)统一累进税,以"富力"为计算单位,以"分数"为征收计算单位。土地与各种收入折合"富力"的办法不同,农业收入与工商业收入折合富力和扣除消耗的办法也不同:土地以亩产 60 市斗谷(约合 750 市斤)折 1 富力;农业收入,以亩收入 10 市斗谷(约合 125 市斤)折 1 富力;农业以外的各种收入,均按纯收入计算。工业性质的纯收入,按当地时价折谷,每15 市斗谷(约合 187.5 市斤)折 1 富力;商业及其他纯收入,按当地实价折谷,每 10 市斗谷(约合 125 市斤)折 1 富力。其收入为实物者,实物以市价折谷计算。

(5)累进税率的设计,是按照边区的财政需要与人民的负担能力综合确定的。当时估算,每人平均土地和各种收入的总富力是:最高户为64.5 富力,地主一般为 31.5 富力,富农一般为 13 富力,中农一般为 5.3富力,贫农一般为 1.1 富力。农业与工商业的税率,是分别规定的。农业部分是把土地和农业收入折合富力,合并累进征税。农业税共分 7 等,税率起码数为 3 厘,最高税率为 2 分 5 厘。工业税等,共分 4 等,税率起码数为 2 厘,最高税率为 2 分 8 厘。

(6)税则规定,免征点为 1.2—1.5 富力。统一累进税则的修订:边区颁布的统一累进税,执行了两年,效果很好。它既保证了财政收入任务的完成,又配合减租减息交租交息政策,削弱了封建地主经济,促进了土地的进一步分散,调动了广大农民的抗日积极性。特别是存粮存款不征税,家族副业和羊群不征税,按平常年景评定产量征收,开荒地定期免税,工业收入从轻征税等政策规定的执行,调动了农民的生产积极性,促进了农村经济的恢复,人民积蓄的增加与生活的改善。边区的生产面貌大为改观,财政困难也大大减少。征收的粮食,除了满足军需以外,还可以拿出一部分作"资本",到敌占区去做生意,换取边区缺乏的物资。

1945 年边区政府对统一累进税暂行税则又做了修订,主要有以下四点。

一是土地不再征收资产税。原来规定,各种资产只就耕地一项征资产税。由于减租减息深入贯彻以后,土地进一步分散,中农、贫农成为土地的主要占有者,继续将土地分别计算资产税和收入税,已失去实际意义。

二是减少了税粮等级,提高了起码税率和最高税率。这主要是从财政需要方面考虑的。1943—1944 年,由于农村经济下降,边区财政曾大幅度地减免了公粮征收任务,部队的供给压到了最低标准。战胜灾荒以后,农村经济有所恢复,农民生活有所改善,为了恢复部队原来的供给标准,边区政府在 1945 年适当增加了公粮征收任务,相应地提高了税率。

减租后中农比重增大,公粮负担主要靠中农来承担,这也需要相应调整原来的税级和累进率。

三是适当降低了免税点。1943年规定免税点为1.2—1.5富力。修订后规定为1—1.5富力,以县为单位统一规定。其扣除办法是:(1)1户1口人,扣2个免税点;1户2口人,扣2个半免税点;1户3口人以上,每口扣除1个免税点。(2)如每人平均不足一个免税点者,概行免税;超过一个免税点者,只就超过部分累进征税。(3)为优待抗战军人及民政工作人员家属,凡抗战在伍军人及脱离生产之民政工作人员、教职员(小学教员在内)、杂务人员、医务人员均在其家庭内扣除一个免税点。(4)凡参加军队之在伍军人,因家无劳力耕作不得不雇用长工者,满9个月时在其家庭内扣除一个免税点,4个月以上者扣除半个免税点。(5)雇工在外佣工4个月以下者扣除一个免税点,7个月以下者扣除半个免税点。

四是为奖励种棉,其土地收入均按土地应产量计算,如植棉因天灾每亩收不到15斤棉花时,不出负担(估计收不到15斤棉花的耕地,不提倡种棉)。①

1943—1944年,统一累进税连续实行了两年。1945年在总结前两年经验的基础上,又进行改进,颁布《新解放区暂行统累税简易办法》,在新解放区统一推行,对各阶层的负担比例进行控制,除贫农、中农与老区的负担比例相当以外,对于富农、地主的负担比例,有所提高。《新解放区暂行统累税简易办法》规定:一般富农的负担比例应在25%以上,地主在40%以上。独立的工商业应不超过25%,比较规模大的工矿业,1945年秋暂不负担,待另定专门负担办法后施行。此外,还规定城市中之自由职业者、以出卖劳力为生的工人、各种苦力等,均不负担。

农业税以"标准亩"为征收的计算单位,根据土地平年产量将土地分为三等,其折合办法是:下地2亩折标准亩1亩,中地1亩折标准亩1亩,上地1亩折标准亩2亩,以每户每人平均标准地之多寡,计算"分数"。

---

① 晋冀鲁豫边区财政经济史编辑组,山西、河北、山东、河南省档案馆编:《抗日战争时期晋冀鲁豫边区财政经济史资料选编》第1辑,第1033—1048页。

"标准亩"的折合,中等地每亩每年平均产量不得低于 1 石 6 斗,不得高于 2 石(以谷计算,16 两秤,13.5 斤为 1 斗)。农业税,凡在家内计算人口者,每人均扣除 1 亩标准地的免税点以后再计算分数,不足 1 亩标准地的概行免税,超过 1 亩标准地者,只就超过部分计算征税。具体税率如表 19-37 所示。

表 19-37　晋冀鲁豫边区税率标准统计(1945 年)

项目 税率等级	扣除免税点每人 平均标准亩	每 1 分地应计分数
1	0—2 亩	1 厘
2	2.1—5 亩	1 厘 2 毫
3	5.1—10 亩	1 厘 8 毫
4	10.1—15 亩	2 厘 5 毫
5	15 亩以上	3 厘 5 毫
6	20 亩以上	3 厘 5 毫

资料来源:陈廷煊:《抗日根据地经济史》,社会科学文献出版社 2007 年版,第 479 页表 13-5。

工商业税按资本之多少征税。工商业户的资本不足 1 万元冀钞者,概行免税,超过 1 万元者,只就超过部分征税。工商业税共分六等,各等计算的标准如表 19-38 所示。

表 19-38　晋冀鲁豫边区工商业税等级计算标准统计(1945 年)

项目 税率等级	扣除资本 1 万元后的 资本额(万元冀钞)	每 100 元分数应计分数
1	0—5	2 毫
2	5.01—10	5 毫
3	10.01—15	1 厘 2 毫
4	15.01—20	2 厘 5 毫
5	20.01—30	4 厘
6	30 以上	4 厘

资料来源:陈廷煊:《抗日根据地经济史》,社会科学文献出版社 2007 年版,第 479 页表 13-6。

农村中半农半商之农户,其商业部分合并于农业中征收。农户之商业部分只就其纯利征税。其征收办法是,先将该村标准亩相当之产量(谷市石)按当时市价折款,然后把商业纯利折算成标准亩,据以计算其负担。

(五) 山东根据地财政税收

同其他边区一样,山东根据地民主政权也对救国公粮及税赋征收办法进行了修订、改进,实施时间和具体办法,大同小异。

1944年3月26日颁布《山东省战时行政委员会对各行政区征粮办法指示》,对救国公粮原有征收办法提出了以下改进意见:(1)累进分级可以地亩多少为标准,也可以收入多少为标准。以地亩多少为标准时,应按照土地的不同情况分别确定产量,并折合成"标准亩"("中中亩")来计算负担。以收入多少为标准时,应按各级土地的平均产量来计算收入,勤劳者多产不多计,懒惰者少产不减计,借以奖励农民增加生产。(2)出租地及租种地的计算方法应当区别对待,不劳而获的收租地主负担应当稍重,勤劳生产的农民及经营地主的负担应当稍轻,佃农收入较少生产成本较大,其负担应比自耕农更轻。(3)累进率的确定,要照顾贫苦农民的负担能力,又不使富农负担太重。(4)雇工参加生产,其工资超过政府之最低标准者可作雇主家人口计算(特殊情况下雇工工资低于规定的最低标准者可作半口计算);寡居、老弱等及贫苦抗属,可酌减若干免负担地或免负担粮。[①]

对田赋征收办法,1944年渤海区和胶东区均做了改进。渤海区原规定每亩征收田赋税20元,1944年改为按每亩产量多少分四等征收:一等地征20元,二等地征16元,三等地征12元,四等地征8元。[②] 胶东区1944年规定:田赋与公粮分别计算,同时征收。田赋按粮食计算后,再一

---

① 山东省财政科学研究所、山东省档案馆合编:《山东革命根据地财政史料选编》第4辑,山东省档案馆1985年刊本,第110—112页。

② 山东省财政科学研究所、山东省档案馆合编:《山东革命根据地财政史料选编》第4辑,山东省档案馆1985年刊本,第168页。

律按当地市价折征北钞(北海银行发行的纸币)。敌占区及八路军占劣势的游击区,仍按习惯办法征收(包括一、二、三等地的办法,按旧地亩或按银两的办法)。行政区及八路军占优势的游击区,上期田赋一律按各级地平均产量的1%征收,下期田赋按平均产量的3%征收。

对基本区征收救国公粮,渤海区和胶东区根据山东省行政委员会提出的改进原则做了若干修订。渤海区废除了按阶级分等计征的办法,改按产量累进征收。产量计算,按土地等级评定。鉴于出租地的租额不高,减租与未减租之地主,均按实收租额计算负担;佃户负担也按实际收入(扣除交纳地租与成本)计算。起征点定为120斤,凡每人平均产量在120斤以下的户,免征救国公粮,每人平均产量在120斤以上的户,累进计征,最低税率为2%,最高税率为40%。新解放区的税户按统一办法计征后,减征1/3。

胶东区主要是增加了对水浇地、棉田、稻田负担的优待规定。1944年用打井或其他方法能经常用水浇地的,浇地一亩者,减该户总产量50斤计算公粮,浇地二亩以上者,减该户总产量100斤计算公粮;新植棉田百斤以上者,减该棉田平均产量50斤计算公粮,种棉一亩产棉百斤以上者,减该棉田平均产量75斤计算公粮;1944年的水稻田,降低一个土地等级计算产量,开荒种水稻者,三年内免征公粮。

游击区征收救国公粮办法的改进:渤海区对游击区单独规定了征粮办法。救国公粮以户为单位,按每人平均秋收面积多少,分别确定每亩负担分数,按全村每负担分应摊公粮任务数算出各户的公粮负担数。

胶东区对游击区的减征照顾进一步做了具体的规定。八路军占优势的游击区,最多可以减征税额的30%(实征70%),八路军占劣势的游击区,可以减征税额的30%—60%。并且规定:八路军占劣势的游击区,凡按一、二、三等地征收者,减征后公粮、田赋合计,一等地每官亩实征1斤8两到1斤12两,二等地每官亩实征1斤到2斤5两,三等地每官亩实征2斤8两到2斤15两;按旧地亩征收者,减征后公粮、田赋合计每官亩实征2斤到2斤5两;按银两征收者,减征后公粮、田赋合计,每两银子实征

85—100斤。[①]

1945年4月21日又公布了《山东省征收公粮条例》,8月20日下达了《关于秋收公粮的决定》,8月30日下达了《关于今年夏忙田赋的征收给滨海鲁中鲁南三地区的指示》,对1945年度田赋、救国公粮、地方粮以及柴草的征收做了若干调整。

第一,田赋的征收。1945年田赋征收办法大体上有三种情况:(1)滨海、鲁中、鲁南三个地区按中中亩征收,夏忙田赋征收每中中亩最多不超过6元。(2)渤海区规定,敌占区、游击区按地亩征收(每人平均一亩地不征收),其余地区按等级地征收,一级地(每亩产量300斤以上)每亩征40元,二级地(每亩产量201—250斤)每亩征35元,三级地(每亩产量151—200斤)每亩征30元,四级地(每亩产量101—150斤)每亩征25元,五级地(每亩产量50—100斤)每亩征20元,六级地(每亩产量50斤以下)每亩征12元。(3)胶东区规定,按平均产量累进计征办法征收公粮的地区,田赋按平均产量每斤征收北海银行币1角;1944年与1945年上半年解放的地区,每亩征收北海币10元;1945年下半年新解放的地区,每亩征收北海币7元;1944年秋与1945年新解放的地区,山地贫苦农民有地半亩以下者,免征田赋。

第二,救国公粮的征收。山东省行政委员会规定,1945年的救国公粮要贯彻累进的原则,最高负担比例,农民不得超过其土地收入的30%,地主不得超过其土地收入的35%,赤贫户免征公粮的户数最多不得超过总户数的20%。

税率按各户每人平均产量多少分成五等确定:每人平均产量1000—1500斤的为一等户,最多征收35%;每人平均产量600—1000斤的为二等户,最多征收30%;每人平均产量300—600斤的为三等户,最多征收20%;每人平均产量100—300斤的为四等户,最多征收10%;每人平均产量100斤以下的为五等户,免征(免征户超过20%的地区可酌量征收,但

---

① 山东省财政科学研究所、山东省档案馆合编:《山东根据地财政史料选编》第4辑,山东省档案馆1985年刊本,第143—145页。

最多征收 5%)。

随同救国公粮征收的地方粮,统一规定为不超过公粮总数的 10%,这对于控制农民负担很有好处。但是,实际执行过程中仍多超过,胶东区 1945 年下半年附征的优救、教育、村长等用粮,达到公粮总数的 30%—35%。

第三,柴草的征收。渤海区规定,1945 年纳 1 斤粮交 2 斤草(马草应占柴草的 1/10),为解决柴草运输调剂的困难,平均征收 1/2 的柴草变价款,或折为粮食。胶东区规定,公粮 1 斤带征木柴 1 斤半(附加部分不征木柴),缺柴地区可按高粱秸 1 斤半折木柴 1 斤,松柴、柞柴等 120 斤折木柴 100 斤征收。①

至于农民总的负担情况,抗日战争进入反攻阶段后,农民负担主要有救国公粮、田赋、地方粮、柴草 4 项。

救国公粮,据有关统计资料和估算,1944 年为 32896 万斤,按 1356 万人口计算,每人平均负担 24.3 市斤;1945 年为 59441 万斤,按 2200 万人口计算,每人平均负担 27 市斤。山东各地区征收救国公粮数统计如表 19-39 所示。

表 19-39 山东各地区征收救国公粮数统计(1944—1945 年)

(单位:万斤)

年份＼地区	胶东区	渤海区	鲁东区	鲁南区	滨海区	总计
1944	9574	2798	7524	5000	8000	32896
1945	15530	15094	10817	8000	10000	59441

资料来源:山东省财政厅从省档案馆抄录,其中鲁南区和滨海区为估计数,其余为统计数。

田赋征收数(折粮数),据有关资料推算,1944 年为 12500 万斤,1945 年为 18350 万斤。按当时根据地人口平均,1944 年每人负担 9.2 斤,1945 年每人负担 8.3 斤。

---

① 山东省财政科学研究所、山东省档案馆合编:《山东革命根据地财政史料选编》第 4 辑,山东省档案馆 1985 年刊本,第 196—199、205—206 页。

地方粮征收数,1944 年按公粮征收的 20% 推算为 6660 万斤,每人平均负担 4.9 市斤;1945 年控制后有所减少,胶东区按公粮征收数的 30% 推算,其他地区按 10% 推算,共为 8900 万斤,每人平均负担 4 市斤。

柴草征收数,按 1 斤公粮 2 斤柴草推算,1944 年征收数为 6.4 亿斤,1945 年为 11 亿斤。

把上述救国公粮、田赋、地方粮加在一起,则 1944 年农民的总负担数为 52056 万斤,每人平均负担 38.5 市斤(按负担人口计算为 48 斤);1945 年总负担数为 86691 万斤,每人平均负担 39.3 市斤(按负担人口计算为 49.2 斤)。同 1943 年比较,每人平均负担增加 47%—50%。

负担增加的主要原因:一是随着反攻的需要,军队人数增多。到 1945 年日本投降时八路军发展到 27 万人,比 1942 年的 10 万人增加一倍多;二是由游击战逐步转为大兵团正规作战后,财政开支加大。随着经济建设的发展,财政收入虽有增加,但 1945 年税收收入也只有 1.5 亿元,加上贸易赢利 0.6 亿元,也只有 2.1 亿元,而这一年的财政开支(包括粮食开支)估计在 8 亿元以上。农民负担虽然增加了,但负担比例尚不算高。据有关调查材料估计,1944 年到 1945 年每人平均农业实产量约为 500 斤,照此计算,则 1944 年的负担率为 7.7%,1945 年的负担率为 7.9%(如按负担人口计算,则 1944 年为 9.6%,1945 年为 9.8%),如果按军民的人口比例计算,1945 年军政人员占总人口的比例约为 1.59%,也不算太高。

(六) 华中根据地财政税收

1944 年,华中军民进行了局部反攻。7 月,新四军已在华中敌后战场建立了八个抗日民主根据地,包括江、浙、皖、鄂、湘等省地区。在这一区域内,设有淮海区、盐阜区、苏中区、淮北区、淮南区、皖江区、鄂豫边等八个行政公署和一个浙东军政民联合办事处,20 个以上的专员公署,147 个县政府;拥有 3000 万人民(占华中沦陷区人口的 50%),60 万武装民兵和 18 万以上精锐的主力军。[1]

---

① 《新四军和华中抗日根据地》,《解放日报》1944 年 7 月 13 日。

　　中国共产党和新四军抗日部队在建立、扩大华中根据地的过程中，对税赋征收制度做了某些调整，不过并未按照中央的指示，及时以统一累进税代替原来的"合理负担政策"。

　　1944年5月31日，中共中央给华中根据地关于以统一累进税代替合理负担的指示中，对统一累进税代替合理负担政策，做了详细说明："华中过去几年来实行征收公粮的合理负担制度，比较把负担重点放在中上层阶级方面，于1942年加征田赋亦复如此，同时几年来货检税收入甚大，这些办法在初期均是必要的，而且是适合当时情况的，依靠它保证了抗战经费之供应无缺。由于贫苦工农无负担或负担少，也有助于工农生活之改善，这些均对根据地之创立和巩固，起了积极作用。"近年来，由于华中根据地群众斗争业已深入，"根据地内部阶级关系呈露着新的变化，如贫农中农不断上升，中小地主降落或转移和出卖其土地等，雇农贫农无负担或负担很少，实际上有许多已提到富裕阶段。另一方面，某些中农和富农及中小地主负担较重，许多大地主负担比重反而是很少，同时货检税是一种间接税制度，商家获利极巨而负担特少。你们应考虑这些新情况，去适当改订华中的财税政策"。根据华北及陕甘宁边区的经验，以统一累进税代替合理负担制度，则可收到下列效果："（1）使负担面扩大，负担量减轻，于财政收入总额并无妨害；（2）征税比较公允，可以刺激根据地的生产向前发展；（3）按富力逐步累进，使根据地每一公民，均负担一定的不过量的纳税义务（免征者除外），不致有畸轻畸重之弊，这样可相当调整根据地各阶级关系，特别对中间势力的争取有极大意义；（4）统一累进税办得好，才算根本扫除了旧时代的苛捐杂税遗迹，而扩大新民主主义的政治影响，你们应考虑在华中实施统一累进税的具体办法。"这一工作有两方面："第一，在农业累进税方面，其繁难处在于土地调查和登记；第二，商业累进税方面，其繁难处在于富力计算，如资产利润的估计；此外便是免征点，累进率和最高点的适当规定。这些均应经过极其仔细的调查研究。一般来说，在华中党与群众工作有基础的地方，只要领导得法，上述困难是可以顺畅解决的。你们可在今年秋季开始在几个中心县区试行，取得经验，事前并发动讨论，征求人民的意见，以便明年能比较普遍实施"①。

华中根据地各行政公署按照中央的指示,结合当地实际情况,采取了比较灵活的变通方式,并未划一执行,以统一累进税取代原来的"合理负担政策",而只是在部分地区采取累进制的征收办法。

在苏中地区,1944年对原来的公粮征收办法做了以下调整和改进:第一,调整了业佃双方分担公粮的比例。原来公粮负担业主占3/5,佃户占2/5。1944年改为业佃各半负担。第二,改变了累进办法。原来是出租或承佃土地在100亩以上的户,另行按累进率加征。佃户基本上没有累进(100亩以上的佃户很少),中农、富农和贫农的负担率基本相等。1944年改进后,不论业主、佃户、自耕户,都要按田亩多少,另行累进加征。从15亩以上开始累进,5亩以下的户不但不累进,而且每亩减征3斤。第三,改进公草征收办法。规定租佃田随粮征草,征1斤公粮随征1.5斤公草,由佃户负担。第四,减免办法规定:5亩以下之户,一律减征3斤,特殊贫苦的,还可减免;荒歉不足二成者一律免征,收五成以下二成以上的,减等征收;沦陷区3亩以下的户,一律免征,3亩以上的户减等征收。

1945年的夏季征收,按照行署的规定,丰收地区按上年的标准执行,灾情严重的地区照上年规定的标准减成征收。收成在三成以下者粮赋一律免征,收成在七成以上者粮赋全征。歉收在三成以上、七成以下者,好田按收获成数征收(即收几成按标准征收几成);坏田按收获成数减一成征收(例如收四成,照标准征三成,以此类推)。全区夏季粮赋征收数比上年减少较多。秋季收成较好,为确保部队的供给,弥补夏季短收,各地普遍提高了征收标准。

1945年的粮赋征收办法,由各分区自订执行。新设的第五分区所颁布的条例中有关夏征的标准,是按田分等级规定的。夏征分三等六则确定征收标准,秋征按三等九则分别确定征收标准。除按亩规定的标准征

① 中共中央文献研究室、中央档案馆编:《建党以来重要文献选编(1921—1949)》第21册,中央文献出版社2011年版,第285页。

收外,还按全户田亩多少规定了累进的加征标准。夏征从 100 亩以上开始累进加征,秋征从 50 亩以上开始累进加征。公草的征收不分等级,夏季江阴县每亩征草 3 斤,其他各县一律每亩征草 2 斤;秋季一律每亩征草 8 斤。

为了进一步改善民生,减轻农民负担,1944 年上半年行署确定降低夏季粮赋的征收标准。一分区夏季每亩征麦标准,乙等田由 10 斤降为 9 斤 12 两,丙等田由 8 斤降为 7.5 斤,有田 5 亩以下的农户每亩再减 3 斤。东台县 1944 年全年计划征粮 12 万担,比上年 14.1 万担减少 15%。①

苏中行政公署于 1944 年 9 月 27 日发出训令,确定秋季粮赋征收任务增加 1/2。措施是:(1)提高秋季征收标准,稻田每亩征收标准一般在上半年基础上增加 1/2,杂粮、豆田、棉田的征收标准随稻田征收标准的提高酌量提高;(2)继续清查黑田,增加田赋收入;(3)对少数游击区、边沿区、灾区、"清乡"区,根据民众负担能力和当年收成情况,另订征收标准征收。1944 年苏中区的农民负担普遍增加,一般的增加 20%—30%。

1945 年全面转入对日反攻,苏中区部队人数增加较多,财粮需求量增大,而许多地区夏季受灾严重(边沿区最重),"三麦"减产,人民负担能力减弱,加之大量伪钞流入根据地市场,抢掠物资,财政经济上出现了一些矛盾和困难。为了解决这些矛盾,苏中行署采取了三条重要措施:一是大力开展对敌经济斗争,严格管理输出输入的主要物资,按照一定比率交换,缩小敌我区之间物资交换的剪刀差;查禁伪币,实行抗币(苏中区江淮银行发行)标价,确定抗币本位;二是组织群众发展农业生产,克服灾荒;三是按照军民兼顾的原则,确定 1945 年度的粮赋征收任务。

苏中区 1945 年度粮赋征收任务为 19516 万斤大米,折合稻谷为 27908 万斤,其中:公粮占 2/3,田赋占 1/3。当时,苏中根据地人口为 1000 万人,按负担人口 800 万人计算,每人平均负担公粮、田赋 34.9 斤稻

---

① 董希白:《东台县一年来行政工作》(系 1944 年 5 月 30 日在东台县临时参议会上的报告)。

谷。在粮食支出中,供给军政人员的粮食为7123万斤大米,按每人每天供给大米1.5斤计算,全年每人供给大米548斤。推算全区吃公粮人数为13万人,占根据地总人口的1.3%。从这个比例看,1945年苏中的农民负担仍是比较轻的。[1]

在盐阜区,1944年夏,行政公署对夏季粮税征收制定了甲、乙两种办法:甲种征收办法,适用于土地未复查的乡,仍按每户所负担田亩总数计征;乙种征收办法,适用于已复查田亩的乡,改按每人全年平均收获量多少累进征收。这一年夏秋两季的粮税征收,大多数地区仍然执行老办法(甲种办法),新办法(乙种办法)只是在各县试行,并未普遍推广。

甲种征收办法主要有四点变化:(1)提高了起征点。夏季公粮起征点由3亩改为4亩。(2)增加了累进级数,调整了累进级距。夏季公粮由8级改为12级,最高级由400亩改为500亩,秋季旱田、稻麦田、棉田征收由8级累进改为12级累进,累进最高级由500亩改为400亩。秋季水田征收公粮由9级累进改为12级累进,累进最高级由150亩改为400亩。(3)提高了每亩的征收额。夏季:最高级每亩征收公粮数由11斤增为12斤;有田15亩以上的业主,公粮负担增加1/10,公草每亩增加2斤,土地税增加不到1/10。秋季:水田最高级征公粮数由每亩14.5斤增至15.5斤,棉田最高级征收公粮数由每亩20两增至22两(皮花);公草征收由每亩5—10斤增加到8—30斤(草滩田每亩征草可达50斤)。(4)土地税由征收抗币一律改为征收实物(粮、棉、草)。

乙种公粮征收办法,是按每人全年平均收获量多少累进计征的。共分113个累进等级,每人平均产量在150斤以下的免征,最低税率4%,最高税率30%。税率的设计,是按各阶层占有产量的情况确定的。当时,盐阜区约有20%的农户每人平均收获量在150斤以下,所以起征点定为150斤,150斤以下的一律免征,以照顾赤贫户。贫农每人平均收获量在

---

① 江苏省财政厅、江苏省档案馆、财政经济史编写组合编:《华中抗日根据地财政经济史料选编(江苏部分)》第3卷,档案出版社1986年版,第619页附表二、第621页附表四。

150—450 斤之间,税率定为 4%。中农每人平均收获量在 450—800 斤之间,税率定为 4%—7.8%。富农每人平均收获量在 800—1200 斤之间,税率定为 7.8%—17%。地主每人平均收获量一般在 1200—2300 斤之间,税率定为 17%—30%,2300 斤以上者不再累进。这样,在负担上就体现了收入多的多负担、收入少的少负担的原则,不仅有利于增加财粮收入,保障战争的需要,而且也保障了地主的合法利益,有利于统一战线的巩固。

1945 年,盐阜区仍然执行甲、乙两种征收办法。已进行土地复查的乡继续执行乙种征收办法,新解放的地区和未复查的老区,仍然按甲种办法征收。但是,由于军政人员增多,开支加大,对原来规定的甲种征收办法又进行了若干修订。主要是增加了累进级数,适当提高了每亩的征收标准。夏季公草,一律照田亩征收,每亩征收麦稻草 7 斤(不足 4 亩地者免征)。上忙土地税,仍按田亩征收,全由业主负担,一律征收小麦。

此外,还继续规定了抗属公粮公草的减免优待。主力部队军人家属有田 10 亩以下者免征,10 亩以上至 24 亩者减 1/3。地方部队军人家属有田 7 亩以下者免征,7 亩以上至 24 亩者减 1/4。[①]

淮海区的税赋征收,1944—1945 年基本上仍然沿用 1943 年实施的办法。

鄂豫边区的财政税收方面,1944 年,全区计有地方税收入(包括营业税、生产税、公产收入、屠宰税、牙税、鱼税、湖产税在内)为 1 万万元,约折稻谷 40 万石。全区人口至少 450 万,但缴纳粮赋田地亩数仅 500 万亩,田赋公粮实征稻谷 60 多万石。

1944 年由于敌人掠夺加剧,加上严重的自然灾害,1944—1945 年,财粮收入入不敷出。1944 年边区财政(包括生产自给粮食和蔬菜在内)赤字 3 亿元(法币),其中边区一级赤字 1.5 亿元,边区以下赤字 1.5 亿元。

---

① 江苏省财政厅、江苏省档案馆、财政经济史编写组合编:《华中抗日根据地财政经济史料选编(江苏部分)》第 3 卷,档案出版社 1986 年版,第 286—290 页。

1944 年年底到 1945 年年初,边区脱离生产的军政人员为 8 万人,每人每年吃饭穿衣要花 8—15 石谷子,共计需要 64 万—120 万石谷。从当时收入情况看,约差六个月的给养。"主要原因是田赋公粮收得太少。实收公粮分为三种地区,第一种地区一个乡收的粮食等于第二种地区五个乡,等于第三种地区多劳多得十个乡。但第一种地区,即中心区只有 80 个乡,第二种地区约 200 个乡,第三种地区约 300 个乡。粮食收的少,实际是政府工作没有做好,群众工作做得更差。群众工作有 400 个空白乡,政府工作有 100 多个空白乡。另一方面,民众有三种负担(敌伪、顽军和我)"。①

为了解决 1945 年的供给困难,边区采取了如下措施:(1)以劝募方式发行"鄂豫边区行政公署建国公债"5 亿—10 亿元;(2)向殷实户筹借军粮;(3)预征田赋公粮;(4)清查黑地,增加粮赋收入。此外,新四军军部也适当支援了一部分。由于多方努力才勉强渡过了难关。

关于淮北区的财政税收状况,1943 年 11 月 4 日,经边区参议会通过,淮北行政公署公布《淮北苏皖边区三十二年(1943)秋季救国公粮公草征收条例》,规定除了土地收入要计征救国公粮外,商店、行坊及手工业者之营利也要合并计征救国公粮。各种收入的计算标准是:粮食作物按照调查登记的实际收获量计算;其他作物按照实际收获量和市价分别折合成粮食计算;商店、作坊及其他商业,按其半年营利之 1/4 折合粮食计算;喂养猪羊,凡价值在边币 3000 元以上者,按其价值 1/3 折合粮食计算。各种收入折合成粮食后,以户为单位,统一按照十二级累进税率全额累进计征,最低税率 3%,最高税率 18%(每人平均收获量在 2000 斤以上者),每人收获量不满 100 斤者免征。纳税人除按累进税率缴纳救国公粮外,秋季每征公粮 1 斤,征收烧草 2 斤半(不分草的地主及不收草的商号免征)。边缘地区仍采取按地亩分等级摊派、按乡保户口摊派或自动献粮的办法征收。

---

① 湖北省财政厅、湖北省档案馆、鄂豫边区财政史编委会合编:《华中抗日根据地财经史料选编(鄂豫边区新四军五师部分)》,湖北人民出版社 1989 年版,第 581—583 页。

行政公署于 1944 年全面开展了土地复查工作,于 1945 年 7 月 10 日修订公布了《淮北苏皖边区民国三十四年午季救国公粮公草征收办法》。主要内容有:(1)救国公粮改按土地复查后固定的收获量计算征收,午秋产量分别固定分别计算。(2)为奖励棉业生产,凡纯粹植棉之地亩,不征公粮公草。(3)调整了累进税率。每人平均固定收获量不满 80 斤者免征,80 斤以上者按 18 级累进税率计征,最低税率 2%,最高税率 20%(每人平均固定产量在 1500 斤以上者)。(4)规定了灾减办法。对因灾减收不满固定产量额数者,少一成减征一成,受灾七成以上,收获量不满三成者全部免征公粮。

淮北区的粮赋征收,1944 年土地复查后田赋收入增加较多;随着苛捐杂税的废除和农村经济的发展,人民的粮赋负担则是减轻的。以每保民众负担和民众全部收入作比较,在旧政权时为 26.6%,在抗日民主政权地区,1942 年为 13%,1944 年为 10%左右。各阶级的负担也比较合理,地主的负担最高也不超过 20%。

关于淮南区的财政税收,1944 年淮南区各阶层人民的公粮、田赋负担占总收入的比例大体是:贫农为 3%,中农为 5%,地主为 10%。[1]

1945 年,据安徽省来安县财政局调查,全县人口为 194008 人,耕地864100 亩,粮食总产量为 22644 万斤,缴纳公粮 679 万斤,公粮负担占粮食产量的 3%,每人平均负担 35 斤,每亩平均负担 7.9 斤。[2]

关于皖江区的财政税收状况,该区的财政收入基本上是赋税收入。开征的税种有检查税、田赋、公粮、营业税、屠宰税、牙帖、契税等数种。征收制度基本上沿用国民党政府的原有办法,只在某些方面做了改进。

征收货物检查税,是根据地初创时期财政收入的主要形式。检查税按货物价格征收,急需品,如洋布等,征收 5%;日需品,如肥皂、洋油等,征收 15%;消耗品,如烟、酒等,征收 15%;奢侈品,如香水、人参、燕窝等,征收 20%。

---

① 陈廷煊:《抗日根据地经济史》,社会科学文献出版社 2007 年版,第 492 页。
② 陈廷煊:《抗日根据地经济史》,社会科学文献出版社 2007 年版,第 492 页。

田赋、公粮是筹集粮食的主要方式。皖江行政公署成立前，田赋、公粮用突击方式征收，即在秋收之后，党、政、军集中大批干部组成突击队下乡征粮，收到的粮食仍分散保存在农民家里。敌人大"扫荡"后，正式以行署名义征粮，并依靠区、乡政府分夏、秋两期征收。田赋和公粮征收，均利用旧政权田赋册籍。

1944年1月，皖中专署颁布了《营业税征收条例》，规定各种商店按照营业资本额征收营业税，各种商行按照营业总收入额征收营业税。按照营业资本额征收的商店，税率分6级，最低一级（资本额2万元以上3万元以下）税率为5‰，最高一级（资本额10万元以上）税率为10‰。商行的税率分两种：牙行按四级累进税率征收，最低税率15‰，最高税率30‰；商行亦按四级累进税率征收，最低税率10‰，最高税率30‰。

皖江根据地财源虽比较充裕，但政府仍积极从物资上、政策上支援农业，改善民生。行署成立后，在减租减息、开垦荒地、发放农贷、发展合作事业等方面，都取得了可喜的成就。

浙东区的财政税收状况，该区1944年1月15日正式成立抗日民主政权——浙东敌后临时行政委员会，不久改称浙东行政公署，下辖4个行政区。[①]

1944年1月浙东敌后临时行政委员会成立以后，宣布废除国民党政府所收的内河税、内河船捐、行会取缔税与应变费等10余种苛捐杂税，确定抗日民主政府的收入为公粮、田赋、货物税、抚卫捐，实行财政收支统一管理。一方面，军队经费划归政府统筹，并且随着各级民主政府的建立，行政、教育和民主经费的支出大大增加；另一方面，由于自卫战争的继续，日伪趁机蚕食，使财政收入锐减，造成财政上入不敷出。为了克服财政困难，临时行政委员会于1944年4月下旬召开行政工作会议研究财政开源问题，决定采取以下10项措施。

第一，征收田赋。临时行政委员会宣布1943年及以前旧欠田赋一律豁免，1944年度的田赋，暂定每亩官田征收75元，民田65元，地50元，山

---

① 连柏生：《在浙东临代会的一年施政报告》，《新浙东报》1945年1月26日。

荡 5 元。第二,征收各种地方税。屠宰税,猪每头征收 600 元,羊每只征收 100 元,菜牛以 10% 税率征收;油坊税,每车油征收 200 元;牙税,平均每月佣金收入在 15 万元以上者为甲等,每季征收 1 万元,在 10 万元以上 15 万元以下者为乙等,每季征收 5000 元,在 5 万元以上 10 万元以下者为丙等,每季征收 2000 元,在 1 万元以上 5 万元以下者为丁等,每季征收 1000 元,在 1 万元以下者为五等,每季征收 300 元。第三,补报隐匿田亩,补交上年公粮。第四,结束上年征粮工作。不能征谷的地区,酌收代金,并开展对日伪和国民党统治地区的征粮工作。第五,结束酒捐(每缸 600 元),未开征酒捐的地区,设法补收。第六,加强缉私。第七,控制沿海税务。开展海上税收工作,夺取敌人海运物资。第八,控制航运,征收船舶航运捐。第九,征收盐税。税率以不超过 5% 为原则。第十,夺取敌人物资。

1944 年夏,新四军浙东游击纵队第二次自卫战争结束后,三北和四明山的部分地区成为浙东根据地的基本区。在基本区内,共产党的军事政治力量已占优势,人民有了比较安定的生产和生活环境,原来多面负担的状况起了变化。根据新的形势,浙东敌后行政委员会制定并公布了1944 年度的《公粮田赋合并征收办法》。1944 年征粮任务,三北地区为1200 万斤,四明地区为 600 万斤,总计 1800 万斤。

1945 年 2 月浙东行政公署成立后,当年 7 月浙东行署公布了适用于一般地区的 1945 年度的《公粮田赋并征办法》,实施累进加征新办法:第一,公粮实行累进征收。凡业佃土地在一定数量以上者,除缴纳田赋公粮外,对于公粮部分累进加征。第二,提高每亩征收额。甲等田每亩征谷32 斤(内田赋 5 斤),乙等田每亩征谷 20 斤(内田赋 3 斤);甲等地每亩征谷 20 斤(内田赋 2 斤),乙等地每亩征谷 13 斤(内田赋 1 斤)。第三,实行夏收预征公粮。种稻田地一律于每年秋季收割时征收。有夏收之田地,于夏收时预征公粮一部分,秋征时在应交公粮中照数扣除。[①]

---

① 陈廷煊:《抗日根据地经济史》,社会科学文献出版社 2007 年版,第 494—495 页。

六、抗日根据地金融业

抗日根据地金融业在进入反攻阶段后,内外形势都发生了重大变化。一方面,抗日根据地各个边区的工农业生产有较大的发展,经济和军事力量增强;另一方面,日本帝国主义和伪政权困难加剧,大大加强了对根据地的封锁、"围剿"和经济掠夺。而经济掠夺的手段,除了明火执仗的武装攫夺,就是将法币、伪币(包括汪伪政权的伪法币)强力向抗日根据地挤压、渗透,既以强购、贱购手段,掠夺抗日根据地战略物资和民用必需品,又挤垮各边区市场流行的抗币,反映在金融领域就是激烈和错综复杂的货币斗争。

抗日根据地按照党中央的部署,1944年金融工作主要实现三个任务:一是帮助发展公营经济与私营经济;二是周转财政;三是调剂货币。边区银行的核心任务概括起来是:发展经济,支持财政,稳定金融。在这里,要调剂货币、稳定金融,开展对敌货币斗争及其成效是关键。在过去一段时间,由于敌强我弱和主观政策上的偏差,生产不发达,物资短缺,经济实力处于劣势,无论规定货币比价,还是限制法币、伪币的流入,主要是靠行政办法,没有强大的经济后盾,无法采取有效的经济措施,未能完全达到预期目的。新阶段的货币斗争吸取了以往的经验教训,大力发展生产,增强经济实力;果断执行独立自主的货币政策,让边区本位币同法币脱钩,避免本位币随同法币加速贬值,同时由公营单位集中必要的物资力量,支持和保证本位币币值的稳定。在此基础上,将法币推向敌占区,既换回必需物资,又使边区本币稳固地占领了根据地市场,取得了货币斗争的胜利,壮大和完善了根据地的金融业。

(一) 陕甘宁边区金融业

1943年以后陕甘宁边区工农业生产增长明显加快,1944年边区粮食获得十几年来最好的收成。但是由于国民党顽固派放弃黄河防务,准备进犯边区,对边区实行更加严密的封锁,以致1943年年底,边区的物价和边币法币比价都急剧上涨。为此边区政府制定了"物价慢涨,比价慢降"的政策,在货币发行上就是"货币慢发"的政策。为了实现"三慢"政策,西北财经办事处决定发行"流通券"。其目的在于打击法币,巩固和稳定边币币值,扩大商品流通范围,融通资金。流通券的发行以陕甘宁边区贸易公司及其所属各公司即所属的西北土产公司、光华盐业公司、运输公司、南昌公司等的全部财产作为发行基金。① 1944年5月23日西北财经办事处第五次会议作出《关于发行商业流通券的决议》,决定发行贸易公司商业流通券。② "陕甘宁边区贸易公司商业流通券"名义上是贸易公司发行,实际上仍由边区银行发行。发行"流通券"是中央根据边区的经济形势而采取的货币金融政策方面的一项新措施。发行决议中明确指出,流通券1元可折合边币15元,但在以后流通中实为流通券1元折边币20元。流通券自1944年开始发行,至1945年前发行的共有5元、10元、20元、100元、500元5种票面。③ 具体发行数如表19-40所示。

流通券发行后,逐渐取代边币成为边区本位币。1944年7月1日,陕甘宁边区发布公告,要求"凡纳税交易还债等,一律通用"流通券。7月29日,西北局常委会发出"关于发行商业流通券致各地委电"指出:"一切党政机关的供给部门、公营商店、合作社、贸易公司以及一切财经税收机关均须用全力来支持流通券,并帮助其建立信用。对法币、白洋,必须在稳定与推广边币及流通券基础上继续采取打击政策,凡我财经部门及公营商店均一律以边币计价,拒用法币、白洋,一切出口货均收边币、流通券,只有在外商找不到边币、流通券情况下才折收法币。在群众中也经过适当方式,宣传政府法令,禁止使用法币、白洋,使其市场缩小。为了不让法币、白洋占领边区市场,宁可使法币、白洋流入银行,再由银行有计划地

①　中国人民银行金融研究所、财政部财政科学研究所编:《中国革命根据地货币》(上),文物出版社1982年版,第203页。
②　陕甘宁边区财政经济史编写组等编:《抗日战争时期陕甘宁边区财政经济史料摘编·第四编·商业贸易》,陕西人民出版社1981年版,第102—103页。
③　中国人民银行金融研究所、财政部财政科学研究所编:《中国革命根据地货币》(上),文物出版社1982年版,第202页。

表 19—40　边币和流通券发行统计（1944—1945 年 8 月）

年月＼项目	账面发行额折合流通券（万元）	账面累计发行额折合流通券（万元）	实际流通发行额折合流通券（万元）	实际累计流通发行额折合流通券（万元）	流通指数定基比（%）	流通指数环比	逐月递增率（%）
1944 年 1 月	300.25	9610.25	−419.9500	8325.6675	53514.80	95.2	−4.8
1944 年 2 月	3239.75	12850.00	3576.2500	11901.9175	76501.80	136.1	43.0
1944 年 3 月	1150.00	14000.00	745.3500	12647.2675	81292.70	144.6	6.2
1944 年 4 月	−300.00	13700.00	108.3182	12755.5857	81988.90	145.9	0.9
1944 年 5 月	1529.75	15229.75	656.6048	13412.1903	86209.30	153.4	5.1
1944 年 6 月	3995.75	19225.00	3725.3948	17137.5850	11015.50	195.9	27.8
1944 年 7 月	4790.00	24015.00	5589.2150	22726.8000	14608.07	259.8	32.6
1944 年 8 月	940.00	24955.00	1047.2000	23774.0000	15281.18	271.8	4.6
1944 年 9 月	1000.00	25955.00	1233.5000	25007.5000	16074.03	285.9	5.2
1944 年 10 月	2500.00	28455.00	1613.5500	26621.0500	17111.17	304.4	6.5
1944 年 11 月	—	28455.00	1123.8000	25497.2500	16388.83	291.5	−4.2
1944 年 12 月	1250.00	29705.00	3838.1000	29335.3500	18855.84	335.4	15.1
1945 年 1 月	9045.00	38750.00	7070.6500	36406.0000	23400.63	124.1	24.1
1945 年 2 月	7210.00	45960.00	7487.7000	43893.7000	38213.49	149.6	20.6
1945 年 3 月	7540.00	53500.00	2927.1000	46820.8000	30094.94	159.6	6.7

续表

项目＼年月	账面发行额折合流通券（万元）	账面累计发行额折合流通券（万元）	实际流通发行额折合流通券（万元）	实际累计流通发行额折合流通券（万元）	流通指数定基比（%）	流通指数环比	逐月递增率（%）
1945年4月	—	53500.00	-3362.8000	43458.0000	27933.43	148.1	-7.2
1945年5月	1000.00	54500.00	4336.7500	47794.7500	30720.96	162.9	10.0
1945年6月	10000.00	64500.00	8692.2500	56487.0000	36308.07	192.6	18.2
1945年7月	10500.00	75000.00	11629.0000	68116.0000	43782.82	232.2	20.6
1945年8月	12700.00	87700.00	5118.0000	73234.0000	47072.51	249.6	7.5

注：①1944年至1945年边币发行资料不全，仅有发行具体数字，缺少文字材料。

②实际流通额系账面金额减去总分库准备库存边币库存数，1944年上期以原边币发行统计表与边币发行数字为根据，1944年下期以总分库准备总账库存为根据。环比以上年年底为基期。1940年指数为100.4，边币与流通券比价为20：1.5，凡有"—"记号者，均为收回之数。

③定基比以1940年年年底为基期。

资料来源：陕甘宁边区财政经济史编写组等编《抗日战争时期陕甘宁边区财政经济史料摘编·第五编·金融》，陕西人民出版社1981年版，第143—144页。

抛出边区境外。① 1945 年 5 月 1 日,西北财经办事处又发出《关于统一货币单位的通知》,指出:(1)自 6 月 1 日起,实行贸易公司商业流通券为陕甘宁边区本位币,并责成银行尽可能迅速收回边币。但所有未收回的边币,仍照边币 20 元等于流通券 1 元比价,一律通用。(2)凡财政厅、建设厅及其所属机关、工厂、银行总分支行、贸易公司所属企业以及其他一切财政供给部门和公营企业,一律改用流通券为记账本位币。(3)各公营工商业在交易中挂牌、定价、契约、单据以及口头讲价等,均一律改用流通券为本位币。(4)一切税收及预决算,均改用流通券计算。(5)各货币交换所取消边币牌价,单用流通券挂牌,如以边币兑换时,须折成流通券计算。(6)改变本位币后,责成各地贸易公司和银行共同召集当地商人座谈,说明改变本位币的原因,劝说他们也改用流通券本位币讲价和记账。②

流通券的推行并没有完全占领边区市场。边区中心地带,使用流通券较好,绝大多数商人、群众使用流通券。但在离国民党统治区较近的地方,和国民党统治区贸易往来较多、受国民党统治区影响较大的地区,只有少数商人、群众使用流通券。

金融机构方面,除了银行之外,信用合作社成为这一时段另一重要金融机构。抗日战争进入反攻阶段后,银行在发展经济、支持财政、调剂货币等方面的任务愈加繁重。为此,边区政府决定发展信用合作社。陕甘宁边区建立信用合作社始于 1943 年 3 月的延安南区信用社(以前也办过,但不久停办)。1944 年 6 月,边区合作会议决定对信用合作社实行大量发展的方针,提出每个区建立一个信用社。到 9 月,延属分区召开信用社联席会时,信用社已普及各县,共有 23 处,存款 120312100 元,股金44156896 元,放款 182350625 元。③ 至 12 月,全边区信用社又增至 30 多

① 陕甘宁边区财政经济史编写组等编:《抗日战争时期陕甘宁边区财政经济史料摘编·第五编·金融》,陕西人民出版社 1981 年版,第 100—102 页。

② 陕甘宁边区财政经济史编写组等编:《抗日战争时期陕甘宁边区财政经济史料摘编·第五编·金融》,陕西人民出版社 1981 年版,第 103—104 页。

③ 陕甘宁边区财政经济史编写组等编:《抗日战争时期陕甘宁边区财政经济史料摘编·第五编·金融》,陕西人民出版社 1981 年版,第 615 页。

处,资金 5 亿元。到 1945 年 5 月,仅延安地区已有 35 个信用社,资产总额为 7.55 亿元。[①]

信用社是由银行帮助建立起来的,因此帮助银行开展业务是信用社的日常工作,如帮助银行收回边币,兑换破旧币,发放农贷。信用社在银行的指导下从事吸收存款、放款业务。信用社在边区的金融事业中发挥着较大的作用:(1)打击高利贷;(2)互助互济,组织新的借贷关系;(3)扶助生产,发展农村经济;(4)奖励储蓄,推动节约。边区银行和建设厅在推广农村办信用社的过程中,认识到这是群众自己依靠自己,互助合作,调剂资金的一种好办法。用这一新型的借贷关系来开拓资金来源,同农村流行着的高利贷作斗争,信用社发挥了很大的作用。到 1945 年,信用社发展到 80 余处,吸收存款达 15 亿元,起到了"小银行"的作用。其形式有货币的(包括白洋、金银首饰),还有实物的(粮食),因而具有备荒义仓的性质。这些信用社贯彻了"民办公助"的原则,统一领导(县联社统一领导),入股、退股自由,受到群众欢迎。

边区银行的首要任务是帮助发展公营经济和私营经济。因此,边区银行全部资金的运作,主要分配在放款上,用于支持生产和财政开支。边区的放款可分为五类:(1)生产建设放款(包括农贷、工业、盐业、运输业、合作社、机关生产等放款);(2)财政性放款(包括财政借款、机关借款);(3)商业放款;(4)物资局投资;(5)其他放款(包括短期的暂欠与私人借款)。

银行的主要力量是发放贷款,发展生产。首先是发放农贷。农业是边区经济的主体,为此,成立了边区和县两级的农贷机构,重点是解决粮食、棉花、布匹以及用来换取外汇的食盐等运输任务。大部分农贷用于开垦荒地、购置耕牛和帮助移民、难民生产。其次是经济建设投放,以 1944 年最高,占到总放款的 40% 以上,包括各公营自给工业、手工业、运输业、合作社等。这个时期自给工业有很大发展,以前工业用品几乎全靠输入,到 1944 年,纺织、造纸、印刷、火柴、肥皂、被服、皮革、石油、铁、玻璃、通信器材等都做到了不同程度的自给或半自给。最后是贸易周转金。贸易周

---

① 萧长浩:《介绍边区的信用合作社》,《解放日报》1945 年 7 月 1 日。

转金每年占到全部贷款总额的30%—50%。贸易周转的目的是配合商业部门争取物资和稳定物价,所采取的形式一般包括短期透支(可以同商人有来有往)、抵押借款、短期(三个月以内)周转、小额贷款等。这一类贷款几乎是银行的主要业务。[①]

银行还有一项重要任务是巩固边币地位。

边区经济和国民党统治区存在着商品交换关系。陕甘宁边区的31个县市中,约有40%的区域同国民党统治区犬牙交错,在商品交换中需要使用法币。边区的必需品大部分依靠外面输入,因而既要抵制法币,又要掌握一部分法币作为"外汇"来购买"入口"用品。1944年以前,如果把法币完全驱逐出边区,估计边币还有发行潜力,也就是说边币还可以增加发行一倍。可见,驱逐法币对于边区的生产建设、财政周转、人民利益都有着非常重要的意义。边币稳定是发行和推广边币的先决条件。若边币波动,边币就会从边区口岸退回到中心地带。中心地带承受不了过量的边币而产生物价上涨,比价下跌。为使边币相对稳定,边币发行指数低于物价指数;边区出口旺盛,换进法币甚多;为此,边区实行"三慢"(物价慢涨、比价慢降、发行慢发),发行流动券。1943年生产大发展之后,1944年出口好转,"外汇"增加,财政依靠银行程度减轻,边区已开始积累了资金。由此可见,边币问题不是孤立的,而是生产、财政、贸易、边币流通量等因素的综合。反过来,边币波动,就会出现:法币排挤边币,黑市猖獗,边币币值下跌,物价上涨。

巩固边币最根本的途径是使边币同生产相结合,特别对农副业、手工业、自给工业的贷款发放,使边币真正在广大农村扎根,通过增加生产,赢得农民对边币的信任,使边币成为工商业资本原始积累的主要来源。发行边币贷款,对农民、移民、难民、手工业者是救了急,抵制了高利贷,促进了互助合作。农村经济活了,就带动城镇生产,大批工具、物资流入农村,城镇也繁荣起来。在巩固边币过程中,通过公营商店和合作社,组织必要

① 西北五省区编纂领导小组、中央档案馆编:《陕甘宁边区抗日民主根据地·回忆录卷》,中共党史资料出版社1990年版,第290页。

的物资、牲畜出卖,收取边币,可以平抑物价。靠近边界的地区交纳公盐贷金、教育基金、定粮纳税,一律坚持收边币,使边币回笼。

总之,抵制法币是推行巩固边币的前提,法币退出市场意味着物资流入边区,或法币流入银行兑换所。这场斗争是边区对必需物品的争夺战,对边区金融至关重要。

边币同法币既有联系,又有斗争。联系是指利用法币为我所用,与国民党统治区进行贸易上的商品交换。斗争是指边币的独立自主性,独立的货币体系、独立的发行政策,在商品交换过程中,尽可能把法币削弱,将其排挤和驱逐出去。

边币的牌价有很大的灵活性,随市价变动作相应调整,以掌控金融形势,及时调度各口岸的法币,同黑市作斗争。有时法币黑市过高,边区的公营商店就在黑市上抛出法币,以“黑市”斗黑市,收到“拖住”黑市的效果。

边区兑换所在调整牌价时,一般采取先压低边界口岸的法币牌价,后压低中心地带的法币牌价的办法,以刺激边币由中心地区流向边界地区。当边币沿边界地区上涨时,中心地带的边币流向边界,这是推行边币的最好机会。如果这时害怕边币膨胀,不敢发行,就会错失良机,贻误边币向法币进攻的机会。当边界地区的边币增多时,要密切配合生产贷款,并有相应的物资供应,以巩固边币阵地。

各地区兑换所是同法币黑市进行斗争的前哨,也是各地货币流通的情报信息和调节机关,它们的工作深入市场,团结商人,能够起到调节金融的“活塞”作用。当边币、法币斗争中黑市得到缓解,边币得以巩固时,就加大边币发行量,驱逐法币。

陕甘宁边区银行的金融工作围绕扶持生产,巩固边币和保障边区财政供应方面,取得了卓越成就,对抗日战争作出了重要贡献,同时,也为以后解放战争时期及新中国成立后的金融工作积累了宝贵的经验。①

---

①　西北五省区编纂领导小组、中央档案馆编:《陕甘宁边区抗日民主根据地·回忆录卷》,中共党史资料出版社1990年版,第292—297页。

（二）晋察冀边区金融业

抗日战争进入反攻阶段后，晋察冀边区金融的周边环境发生了急剧变化。1943 年，华北敌占区金融正处于极其严重的紊乱状态中，战争的巨大消耗引起敌伪通货的恶性膨胀，汪伪政权企图以华中的储蓄银行钞票来吞并华北的联银券，与华北伪政权的矛盾引起汉奸内部的剧烈斗争。敌寇企图在其"大东亚共荣圈"之内形成一元化的金融体系，因此有所谓成立"大东亚中央银行"之说。敌寇在严重的经济危机之下，在其占领区加紧掠夺粮食等物资遭到失败，改用高价收买政策，滥发伪钞致加剧其恶性通货膨胀，造成金融的危机。中共中央北方分局作出关于对敌金融斗争的宣传攻势的指示，揭露敌人的阴谋，指出："敌占区的人民只有坚决拒绝使用伪钞，保存实物，不让敌人掠夺到任何东西。"①

为了加强对敌货币斗争，晋察冀边区行政委员会发布调整银行业务组织的决定，明确指出："在此斗争频繁的十分分散的农村中，银行普遍设立组织既不可能，而货币斗争又必须通过贸易进行。因此决定将银行之业务组织加以调整，把银行方面能进行货币斗争的干部抽调到商店里去，使金融与贸易密切结合起来，以加强对敌货币斗争。"并及时进行行业务方面的调整：(1)存款：除边委会向总行、专署向办事处随时可以办理外，对其他机关一律改为定期存款，期限至少三个月；(2)放款：均由总行办理、普遍性之农工业放款，以县联社为对象（大的水利放款，合作社不便经手者，由银行通过县政府办理），商业放款以公营商店之总店为对象，公营工矿业用款，由边委会向总行支借，不另贷款；(3)兑换由合作社代办；(4)银行今后不办投资业务，至于汇兑、收买生金银与购买票据等，亦应就力之所及酌情进行；(5)金库由政府直接掌握，对银行改为存款制，公款解发依一般汇兑手续办理；(6)为集中力量打击伪钞，压抑现洋，银行除收付政府所交之伪钞、现洋及银行门市兑入之现洋外，买卖货币业

---

① 魏宏运主编：《抗日战争时期晋察冀边区财政经济史资料选编·财政金融编》，南开大学出版社 1984 年版，第 723—724 页。

务,概由商店办理;(7)各办事处收回之破币,授权专署就地监销。①

经过调整银行业务组织,由于行政力量与经济力量的密切结合;政治攻势的开展,边币使用范围的扩大,入超减少;军事上的连续胜利,敌伪碉堡减少,缩小了伪币市场,扩大了边币市场。禁用伪币后,商店在买卖货物上使用边币,伪币要低于市价,并给使用边币商人和群众一些便宜,加上行政上严格禁止,"致使伪钞很快的宣告失败,向后退却"②。

在冀中区,原来在市场上伪钞占绝对优势,物资交换都按伪钞计价,经过货币斗争,边币在大部分地区能自由流通,在一些地区占领了阵地。边币在群众中的威信与购买力日益提高,维护了抗日人民利益。边币币值上升,过去以伪币计价转为边币计价,边币由被动转为主动、消除边币随伪币膨胀而膨胀的危险。边区物价平稳,而敌区物价飞涨4—5倍。因此,一度出现"由于敌区物价昂贵,造成我之物资走私的严重现象"。据调查,南马市场每集走私400石粮食。从市场成交额来看,南马集在打击前卖600石,打击后卖200石,这就说明,这400石粮食已被保留下了,这说明打击伪币对稳定物价、防止走私、保存物资起着相当大的作用。在斗争中掌控集市起了重要的作用。伪钞市场改用边钞计价,集市管理委员会着重牙纪的组织与教育,把牙纪编成小组订立公约,保证成交以边币计价,违者批评、开除、处罚,各处采用这种办法是起很大作用的,边钞占领了阵地:集委会分市(棉花市、牲口市等)登记成交,规定付款保证交几成边币,逐渐增加边币成数,这对驱逐伪钞上也起了相当大的作用。③

(三) 晋冀鲁豫边区金融业

抗日战争进入反攻阶段,晋冀鲁豫边区的金融业形势恶化。敌人因

---

① 魏宏运主编:《抗日战争时期晋察冀边区财政经济史资料选编·财政金融编》,南开大学出版社1984年版,第725—726页。

② 魏宏运主编:《抗日战争时期晋察冀边区财政经济史资料选编·财政金融编》,南开大学出版社1984年版,第727—728页。

③ 魏宏运主编:《抗日战争时期晋察冀边区财政经济史资料选编·财政金融编》,南开大学出版社1984年版,第732—737页。

经济困难增加,加紧了对根据地的经济封锁,对游击区实行经济掠夺,导致边区物价上涨,通货膨胀加剧。1943 年 11 月 25 日以后,晋冀鲁豫边区出现通货膨胀,至 12 月上旬,10 日之间各种物价平均上涨一倍,外汇亦同时狂跌,"一反往年冬季市场平稳之规律"。市面通货膨胀导致本票波动,甚至出现四扣或拒用的现象。因物价剧烈波动,民众惊惶,旧存冀钞纷纷抛出购存货物,"入冬以来出入口贸易入超数目巨大",外汇形势"亦趋不利"。本票发行后兑换不便,市场上以至银行办事处,本票"大部分不能兑换"。以致冀钞信用跌落。在这种形势下,1943 年 12 月 14 日边区财经会议决定:军政机关生产、银行、公营商店"所存之各种土产、山货立刻全部出口,以支援外汇之稳定";银行停止一切商业活动(机关生产在内),"撤回与私商经营之资本,紧缩商业放款";银行现存粮食"悉数交工商管理局分区代卖,并限于旧历年底前卖完,以平稳粮价";政府、公营商店及银行"必须尽一切力量收回或兑换本票"。同时决定成立冀南银行之"太行区行,由政府开支,并应取消银行之财政任务"。工商局之资金为太行区银行资金之一部分,以后工商局盈余"均作为银行之收入";提高各种生产贷款利息:农业贷款 1.5—2 分。合作手工业及水利贷款利息 2—2.5 分,商业贷款 2.5—3 分。"以上利息规定之执行,按贷款期间之长短决定,贷款期间长者利息重,贷款期间较短者利息轻。"①

　　1944 年日军失败已成定局,敌伪为了准备后路,大量抛售伪钞向根据地、游击区套购战略物资和银元。针对敌人的这种企图,边区政府针锋相对地制定了严禁战略物资和银元出境条令。太岳区工商管理局在 1944 年的工作方针中,明确提出:"巩固币值,开展货币斗争。"扩大本币行使地区,"在游击区应争取本币由无到有,由劣势到优势,清除法币,打击伪币。在开始时可以输出一部分物资,打开局面,然后力求吸收游击区的物资来扶持本币,争取与团结游击区的商人进行货币斗争"②。

　　① 晋冀鲁豫边区财政经济史编辑组,山西、河北、山东、河南省档案馆编:《抗日战争时期晋冀鲁豫边区财政经济史资料选编》第 2 辑,中国财政经济出版社 1990 年版,第 808—809 页。
　　② 晋冀鲁豫边区财政经济史编辑组,山西、河北、山东、河南省档案馆编:《抗日战争时期晋冀鲁豫边区财政经济史资料选编》第 2 辑,中国财政经济出版社 1990 年版,第 1104 页。

1945 年 3 月,伪钞贬值与冀南币的比值不成比例了。打击敌人伪钞的政策,在保护和促进根据地经济发展方面起了重要作用。

为了进一步发展生产,保障供给,打击伪币,边区加强银行贷款工作和外汇管理。1944 年 10 月,太行区工商局银行扩大干部会议决议:(1)加强贷款工作,发展人民生产,增加根据地财富;(2)发展群众性的服从家业的手工业,减轻或摆脱对敌占区的依赖,达到自给自足的目的;(3)加强组织出入口贸易,发展有利的物资兑换,精确地掌握汇价,争取出超。贷款种类及重点:以手工业为主,农业水利合作次之。各种贷款的重点:手工业贷款:以棉纺织、造纸、煤、铁、农具制造等为主;农业贷款:以增加牲畜、工具为主,肥料次之;水利贷款:以小规模水渠为主;合作贷款:以新社及生产社为主;商业贷款:以内地运输,调剂边沿区、点滴出入口、商贩及新区恢复建立集市为主。资金应贷给有组织的群众,有重点地集中使用,不要过于分散。

关于外汇管理,在总的政策上,是要打击伪钞,使之价格更低,活动范围缩小,逐渐转变对外贸易之计算本位为冀钞,彻底摆脱伪钞。对外来品与土产品比价的掌握,以掌握汇价为主,必须服从总的物价政策(即 10 斤米 1 斤棉花、1 斗米 4 斤盐)。某些物资(麻、毛)"试行卖冀钞的办法"。主要是"达到转变对外贸易上计算本币而扩大本币的用途,缩小伪钞的用途"。外汇管理权"应属银行(包括伪钞),无论何人无携带证,不得随意携带或保存。出入口等伪钞,可在交易所买卖,但须交银行保存"。外汇交易所可以成立由银行办理或委托事务所代理。手续费私商买卖各抽 2‰,自己换来使用者只抽一次 2‰,物资兑换物资不抽,公营商店和私商相同。

在资金管理上,活动资金主要用作收买有价证券、生金银及库存与兑换破币、应付各行之汇款,并用作一部分临时性的贷款(工厂、商店短期贷款),但不得超过全数的 30%。各种资金都应出利息,规定月息 1.5 分,利息半年交一次。①

由于以上政策措施的实施,抑制了通货膨胀,出现物价平稳下降的形

---

① 晋冀鲁豫边区财政经济史编辑组,山西、河北、山东、河南省档案馆编:《抗日战争时期晋冀鲁豫边区财政经济史资料选编》第 2 辑,中国财政经济出版社 1990 年版,第 1118 —1124 页。

势。汇价以阳邑之行市看,由 1 月之冀钞 12 元比伪钞 1 元,一直下降至 12 月之冀钞 1.2 元比伪钞 1 元,其过程为:12→10→8→7→6.5→4→2.8→ 2→1.4→1.2 元。汇价一直下跌打破了空前纪录:抗战七八年来抗钞与伪钞的比价上是经过了不少起伏的斗争。每一年中总有一个时间冀钞币值提高,再经过下降,而 1944 年的一年中则是 1—12 月一直是伪钞币值降低,始终没有抬起头来。比值上也打破了历年来的纪录,如 1945 年 1 月的冀钞 1 元比伪钞 1 元 8 角或 2 元,这是从来没有的纪录。同时还出现了"创造外汇来源与寻找外汇出路的两个不同形势:在抗战七八年来除极短的时期外,一般总是感到外汇不足,总在想创造外汇来源。但在 1944 年的一年中由外汇不足用的情况下逐渐变为外汇无出路的情况,这特别在后半年为最,各出口商不是不能出口,而是因外汇没有用途。不敢出口的事实,到处皆是"[①]。

(四) 山东抗日根据地金融业

同其他边区一样,山东抗日根据地金融业的首要任务之一,也是坚决开展对敌货币斗争,将区内原有的伪币、法币排挤到敌占区,换回根据地所需物资,使抗币占领市场,满足需要,稳定物价。

根据前一时期滨海区对敌货币斗争取得胜利的经验,山东抗日根据地政府决定从 1944 年开始,在鲁中、鲁南、渤海各地区相继停用法币。当时胶东区基本上已不用法币,市场上流通的主要是北海币,并将各区内原有的法币排挤到敌占区,换回抗日根据地所需物资。到 1944 年年底,对敌货币斗争在山东抗日根据地取得了全面胜利。

货币斗争的胜利,使北海币完全占领了山东抗日根据地的市场,保持了币值的稳定。停用法币,使本币摆脱了法币的影响。市场上的货币流通量可以控制,抗日根据地的物价也随之下降和稳定了。如滨海区 1943 年 7 月停用法币以后,到当年 12 月的半年中,物价指数平均下降了一半。

---

① 晋冀鲁豫边区财政经济史编辑组,山西、河北、山东、河南省档案馆编:《抗日战争时期晋冀鲁豫边区财政经济史资料选编》第 2 辑,中国财政经济出版社 1990 年版,第 1153 页。

1944 年以后各地普遍停用法币,市场上流通单一的北海币,改变了过去各地物价不平衡的状况,逐步使各地物价大体一致,保持了物价的相对平稳。各地本币的物价指数变化如表 19-41 所示。

表 19-41　山东抗日根据地物价指数统计(1944 年 1 月—1945 年 8 月)

(1944 年 1 月＝100)

地区　年月	滨海区	鲁中区	鲁南区	胶东区	渤海区
1944 年 1 月	100	100	100	100	100
1945 年 1 月	98	69	75	264	69
1945 年 8 月	127	139	147	296	91

注:胶东区物价指数上涨幅度最高,是因为该区 1944 年 1 月的物价比其他地区低一半,山东抗日根据地统一流通本币后,其物价也相应上涨较快。实际上胶东区 1945 年 8 月的物价与其他地区大体相同。

资料来源:中共中央党史研究室编:《中共党史资料》第 55 辑,中共党史出版社 1995 年版,第 37 页。

货币斗争的胜利,使法币及伪币币值下跌,北海币币值相对提高。当本币与法币等价流通时,法币贬值也使本币随之贬值;停用法币后,本币与法币脱钩,不受其通货膨胀的影响,本币的币值即可自主地保持稳定。这样不但提高了本币与法币的比价,也提高了本币对伪钞的比价,如 1943 年上半年,伪钞 1 元换本币七八元之多,经过货币斗争的较量之后,到 1943 年年底,伪钞 1 元,就只能兑换本币 1 元 5 角,待到 1944 年用五六元伪钞才能换 1 元北海币了。1943 年秋季,日照县有一个敌占区的商人,因不堪敌伪的压迫,携其资金伪钞 3 万元到根据地营业,当时他把伪钞依法兑换了北海币,3 个月后他的店铺尚未开始营业,而他的北海币已值伪钞 9 万元了,即已比原本多了两倍,喜得他逢人就称赞北海币的好处。当时根据地内也有些地主、商人不相信人民政府能够停用法币,不相信北海币的币值能够高于法币,因而暗中收藏法币,待其升值,结果吃了大亏。1943 年停用法币时,1 元法币兑换北海币 7 角,到当年年底,6 元法币才能换到 1 元北海币。但这时他们也不得不忍痛抛出法币了。[1]

---

[1]　中共中央党史研究室编:《中共党史资料》第 55 辑,中共党史出版社 1995 年版,第 36 页。

1944 年以后,伪联币币值跌落的情况如表 19-42 所示。

表 19-42　北海币与伪联币比价[*]变化统计
(1944 年 1 月—1945 年 8 月)

地区 年月	滨海区	鲁中区	鲁南区	胶东区	滨海区
1944 年 1 月	1.50	2.00	8.00	0.85	3.000
1944 年 6 月	1.10	1.00	1.00	0.80	1.700
1944 年 12 月	0.16	0.20	0.20	0.25	0.250
1945 年 8 月	0.03	0.03	0.03	0.25	0.025

注：*1 元伪联币兑换北海币的数额。

资料来源:中共中央党史研究室编:《中共党史资料》第 55 辑,中共党史出版社 1995 年版,第 38—39 页。

到 1945 年日本投降时,1 元伪联币只值北海币 3 分钱。

货币斗争的胜利,彻底粉碎了敌人向根据地倾销法币、伪钞,掠夺根据地物资的阴谋。停用法币,严禁伪钞流入,并将根据地内原有的法币推向敌占区,不但避免了法币继续贬值给根据地人民带来的巨大损失,而且用法币换回了边区军民必需的物资,克服了经济困难,改善了人民生活,支持了抗日战争。同时,由于本币币值稳定,信誉提高,不但巩固了它在根据地内市场上的地位,而且扩大了流通范围,使北海币在游击区以至敌占区城市内公开或秘密地广泛流通。正因为如此,日军投降后,北海币迅速占领了新解放地区和城市市场,深受广大群众的喜爱。①

经验证明,抗日战争节节胜利,根据地逐步扩大,普遍实行减租减息,农民生产的积极性大大提高,农业生产连年丰收,粮食、棉花、油料等都能够自给,有些地区还有多余可以输出。山东海岸线长,产盐十分丰富,津浦、胶济铁路和路西有一千多万敌占区人口要吃根据地产的食盐,抗日民主政府实行盐业专卖,不但造成对敌贸易的出超,而且取得大量的财政收入。利用输出食盐所取得的大量法币、伪币,不但从敌区换回根据地所需要的各种物资,而且用来压低法币和伪币的比价,取得了对敌货币斗争的

---

① 中共中央党史研究室编:《中共党史资料》第 55 辑,中共党史出版社 1995 年版,第 39 页。

胜利,壮大了根据地经济。

七、党的七大和根据地经济建设经验的理论总结

经过抗日战争期间抗日根据地各边区经济发展建设实践和延安"整风"运动,中国共产党对于中国的国情、民主革命的性质以及中国革命的前途等问题的认识进一步深化。在抗日战争胜利前夕,1945 年 4 月在延安召开的中国共产党第七次全国代表大会,标志着中国共产党理论上和政策上的成熟。在大会上,毛泽东在总结抗日根据地经济建设经验的基础上,对新民主主义经济理论做了深入、系统的阐述。1945 年 4 月 24 日,毛泽东在大会的书面政治报告和口头政治报告中讲到发展资本主义经济的问题时,对新民主主义的经济理论又有新的发展。

(1)新民主主义社会的经济中包括三个组成部分:国家经营、私人经营和合作经营,要发展私人资本主义经济。

毛泽东在《论联合政府》的政治报告中,有关新民主主义经济理论的论述,比《新民主主义论》又有进一步的发展。他指出:"我们主张的新民主主义的经济,也是符合于孙先生的原则的。在土地问题上,孙先生主张'耕者有其田'。在工商业问题上,孙先生在上述宣言里这样说:'凡本国人及外国人之企业,或有独占的性质,或规模过大为私人之力所不能办者,如银行、铁道、航路之属,由国家经营管理之,使私有资本制度不能操纵国民之生计,此则节制资本之要旨也'。在现阶段上,对于经济问题,我们完全同意孙先生的这些主张"。"有些人怀疑中国共产党人不赞成发展个性,不赞成发展私人资本主义,不赞成保护私有财产,其实是不对的。民族压迫和封建压迫残酷地束缚着中国人民的个性发展,束缚着私人资本主义的发展和破坏着广大人民的财产。我们主张的新民主主义制度的任务,则正是解除这些束缚和停止这种破坏,保障广大人民能够自由发展其在共同生活中的个性,能够自由发展那些不是'操纵国民生计'而是有益于国民生计的私人资本主义经济,保障一切正当的私有财产"。"按照孙先生的原则和中国革命的经验,在现阶段上,中国的经济,必须

是由国家经营、私人经营和合作社经营三者组成的。而这个国家经营的所谓国家,一定要不是'少数人所得而私'的国家,一定要是在无产阶级领导下而'为一般平民所共有'的新民主主义的国家。"①

在具体纲领中,毛泽东又有深入的阐述。在谈到土地问题时,他说:"为着消灭日本侵略者和建设新中国,必须实行土地制度的改革,解放农民。孙中山先生的'耕者有其田'的主张,是目前资产阶级民主主义性质的革命时代的正确的主张"。"为什么把目前时代的革命叫做'资产阶级民主主义性质的革命'? 这就是说,这个革命的对象不是一般的资产阶级,而是民族压迫和封建压迫;这个革命的措施,不是一般地废除私有财产,而是一般地保护私有财产;这个革命的结果,将使工人阶级有可能聚集力量因而引导中国向社会主义方向发展,但在一个相当长的时期内仍将使资本主义获得适当的发展。'耕者有其田',是把土地从封建剥削者手里转移到农民手里,把封建地主的私有财产变为农民的私有财产,使农民从封建的土地关系中获得解放,从而造成将农业国转变为工业国的可能性。因此,'耕者有其田'的主张,是一种资产阶级民主主义性质的主张,并不是无产阶级社会主义性质的主张,是一切革命民主派的主张,并不单是我们共产党人的主张。所不同的,在中国条件下,只有我们共产党人把这项主张看得特别认真,不但口讲,而且实做。"②"抗日期间,中国共产党让了一大步,将'耕者有其田'的政策,改为减租减息的政策。这个让步是正确的,推动了国民党参加抗日,又使解放区的地主减少其对我们发动农民抗日的阻力。这个政策,如果没有特殊阻碍,我们准备在战后继续实行下去,首先在全国范围内实现减租减息,然后采取适当方法,有步骤地达到'耕者有其田'。但是背叛孙先生的人们不但反对'耕者有其田',连减租减息也反对。国民党政府自己颁布的'二五减租'一类的法令,自己不实行,仅仅我们在解放区实行了,因此也就成立了罪状:名之曰'奸区'……在抗日期间,减租减息及其他一切民主改革是为着抗日的。

① 《毛泽东选集》第三卷,人民出版社 1991 年版,第 1057—1058 页。
② 《毛泽东选集》第三卷,人民出版社 1991 年版,第 1074—1075 页。

为了减少地主对于抗日的阻力,只实行减租减息,不取消地主的土地所有权,同时又奖励地主的资财向工业方面转移,并使开明士绅和其他人民的代表一道参加抗日的社会工作和政府工作。对于富农,则鼓励其发展生产。所有这些,是在坚决执行农村民主改革的路线里包含着的,是完全必要的。两条路线:或者坚决反对中国农民解决民主民生问题,而使自己腐败无能,无力抗日;或者坚决赞助中国农民解决民主民生问题,而使自己获得占全人口百分之八十的最伟大的同盟军,借以组织雄厚的战斗力量。前者就是国民党政府的路线,后者就是中国解放区的路线……农民——这是中国工人的前身。将来还要有几千万农民进入城市,进入工厂。如果中国需要建设强大的民族工业,建设很多的近代的大城市,就要有一个变农村人口为城市人口的长过程。农民——这是中国工业市场的主体。只有他们能够供给最丰富的粮食和原料,并吸引最大量的工业品。农民——这是中国军队的来源。士兵就是穿起军服的农民,他们是日本侵略者的死敌。农民——这是现阶段中国民主政治的主要力量。中国的民主主义者如不依靠三亿六千万农民群众的援助,他们就将一事无成。农民——这是现阶段中国文化运动的主要对象。所谓扫除文盲,所谓普及教育,所谓大众文艺,所谓国民卫生,离开了三亿六千万农民,岂非大半成了空话?"①

在谈到工业问题时,毛泽东说:"为着打败日本侵略者和建设新中国,必须发展工业。"……"没有独立、自由、民主和统一,不可能建设真正大规模的工业。没有工业,便没有巩固的国防,便没有人民的福利,便没有国家的富强。""中国人民在抗日战争中学得了许多东西,知道在日本侵略者被打败以后,有建立一个新民主主义的独立、自由、民主、统一、富强的中国之必要,而这些条件是互相关联的,不可缺一的。""在新民主主义的政治条件获得之后,中国人民及其政府必须采取切实的步骤,在若干年内逐步地建立重工业和轻工业,使中国由农业国变为工业国。如无巩固的经济做它的基础,如无进步的比较现时发达得多的农业,如无大规模

---

① 《毛泽东选集》第三卷,人民出版社 1991 年版,第 1076—1078 页。

的在全国经济比重上占极大优势的工业以及与此相适应的交通、贸易、金融等事业做它的基础,是不能巩固的。""在新民主主义的国家制度下,将采取调节劳资间利害关系的政策。一方面,保护工人利益,根据情况的不同,实行八小时到十小时的工作制以及适当的失业救济和社会保险,保障工会的权利;另一方面,保证国家企业、私人企业和合作社企业在合理经营下的正当的赢利;使公私、劳资双方共同为发展工业生产而努力。"①

在谈到中国解放区的任务中,毛泽东提出:"为了提高工农劳动群众在抗日和生产中的积极性,减租减息和改善工人、职员待遇的政策,必须充分地执行。解放区的工作人员,必须努力学会做经济工作。必须动员一切可能的力量,大规模地发展解放区的农业、工业和贸易,改善军民生活。为此目的,必须实行劳动竞赛,奖励劳动英雄和模范工作者。在城市驱逐日本侵略者以后,我们的工作人员,必须迅速学会做城市的经济工作。"②

(2)论述了三种资本主义的区别,"我们提倡的是新民主主义的资本主义","它的性质是帮助社会主义的","有利于社会主义发展的"。

1945年5月31日,毛泽东在大会上做结论时论述了三种资本主义的区别:"资本主义是向下的。经过第二次世界大战,欧洲大陆的资本主义下降了,日本的资本主义下降了,英国的资本主义也下降了。只有美国的资本主义是向上的,它的生产在战争中是它历史上未曾见过的大发展,超过它战前生产的一倍半到两倍。一九八二年繁荣期间,美国的生产总值为六百万万美元,现在,有人说是二千万万,有人说是一千八百万万,美国国务卿斯退丁纽斯说是一千五百万万到二千万万……它的生产有这样大的发展,所以说美国资本主义是向上的。""中国也要发展资本主义。中国的资本主义是什么性质? 前边说过,世界上的资本主义有两部分,一部分是反动的法西斯资本主义,一部分是民主的资本主义。反动的法西

---

① 《毛泽东选集》第三卷,人民出版社1991年版,第1080—1082页。
② 《毛泽东选集》第三卷,人民出版社1991年版,第1091页。

斯资本主义主要的已经打垮了。民主的资本主义比法西斯资本主义进步些,但它仍然是压迫殖民地,压迫本国人民,仍然是帝国主义。它一方面打德国,一方面又压迫人民,打法西斯是好的,压迫人民是不好的,在它打法西斯的时候,对它的压迫人民要忍一口气。蒋介石也是这样,他打日本是好的,压迫人民是不好的,在他还打日本的时候,我们也是要忍一口气,不提打倒蒋介石。蒋介石搞的是半法西斯半封建的资本主义。我们提倡的是新民主主义的资本主义,这种资本主义有它的生命力,还有革命性。从整个世界来说,资本主义是向下的,但一部分资本主义在反法西斯时还有用,另一部分资本主义——新民主主义的资本主义将来还有用,在中国及欧洲、南美的一些农业国家中还有用,它的性质是帮助社会主义的,它是革命的、有用的,有利于社会主义的发展的。"①

(3)提出了欢迎"外国投资"问题。

《论联合政府》在1945年5月2日《解放日报》发表的文稿中提到"外国投资是我们所欢迎的"。文稿指出:"为着发展工业,需要大批资本。从什么地方来呢? 不外两方面:主要地依靠中国人民自己积累资本,同时借助于外援。在服从中国法令,有益中国经济的条件之下,外国投资是我们所欢迎。对于中国人民与外国人民都是有利的事业,是中国在得到一个巩固的国内和平与国际和平,得到一个彻底的政治改革与土地改革之后,能够蓬蓬勃勃地发展大规模的轻重工业与近代化的农业。在这个基础上,外国投资的容纳量将是非常广大的。一个政治上倒退与贫困的中国,则不但对于中国人民非常不利,对于外国人民也是不利的。"②

(4)批判民粹主义,提出要"广泛地发展资本主义"。

毛泽东在口头政治报告中批判了民粹主义,提出要广泛地发展资本主义。他说:"关于资本主义。在我的报告里,对资本主义问题已经有所发挥,比较充分地肯定了它。这有什么好处呢? 是有好处的。我是在这样的条件下肯定的,就是孙中山所说的'不能操纵国民之生计'的资本主

① 《毛泽东文集》第三卷,人民出版社1996年版,第383—385页。
② 《解放日报》1945年5月2日第5版。这一段话在出版的《毛泽东选集》中已删除。

义。至于操纵国民生计的大地主、大银行家、大买办,那是不包括在里面的。""我们这样肯定要广泛地发展资本主义,是只有好处,没有坏处的。对于这个问题,在我们党内有些人相当长的时间里搞不清楚,存在一种民粹派的思想。这种思想,在农民出身的党员占多数的党内是会长期存在的。所谓民粹主义,就是要直接由封建经济发展到社会主义经济,中间不经过发展资本主义的阶段。"①

毛泽东在《论联合政府》中明确指出,一个共产党人"如果看不起这个资产阶级民主革命而对它稍许放松,稍许息工,稍许表现不忠诚、不热情,不准备付出自己的鲜血和生命,而空谈什么社会主义和共产主义,那就是有意无意地、或多或少地背叛了社会主义和共产主义,就不是一个自觉的和忠诚的共产主义者。只有经过民主主义,才能到达社会主义,这是马克思主义的天经地义。而在中国,为民主主义奋斗的时间还是长期的。没有一个新民主主义的联合统一的国家,没有新民主主义的国家经济的发展,没有私人资本主义经济和合作社经济的发展,没有民族的科学的大众的文化即新民主主义文化的发展,没有几万万人民的个性的解放和个性的发展,一句话,没有一个由共产党领导的新式的资产阶级性质的彻底的民主革命,要想在殖民地半殖民地半封建的废墟上建立起社会主义社会来,那只是完全的空想。"强调共产党人"不但不怕资本主义,反而在一定条件下提倡它的发展"。"拿资本主义的某种发展去代替外国帝国主义和本国封建主义的压迫,不但是一个进步,而且是一个不可避免的过程。它不但有利于资产阶级,同时也有利于无产阶级,或者说更有利于无产阶级。现在的中国是多了一个外国的帝国主义和一个本国的封建主义,而不是多了一个本国的资本主义,相反地,我们的资本主义是太少了。说也奇怪,有些中国资产阶级代言人不敢正面地提出发展资本主义的主张,而要转弯抹角地来说这个问题。另外有些人,则甚至一口否认中国应该让资本主义有一个必要的发展,而说什么一下就可以到达社会主义社会,什么要将三民主义和社会主义'毕其功于一役'。很明显地,这类现

---

① 《毛泽东文集》第三卷,人民出版社1996年版,第322—323页。

象,有些是反映着中国民族资产阶级的软弱性,有些则是大地主大资产阶级对于民众的欺骗手段。我们共产党人根据自己对于马克思主义的社会发展规律的认识,明确地知道,在中国的条件下,在新民主主义的国家制度下,除了国家自己的经济、劳动人民的个体经济和合作社经济之外,一定要让私人资本主义经济在不能操纵国民生计的范围内获得发展的便利,才能有益于社会的向前发展。"①

毛泽东在中国共产党第七次全国代表大会上有关新民主主义经济理论的论述,是在运用马克思主义的基本原理,深刻总结抗日根据地经济建设实践经验的基础上的伟大创造,是关于抗日根据地新民主主义经济创立、建设经验与理论的升华。

抗日根据地经济是新民主主义经济,是介于半殖民地半封建经济与社会主义经济之间的一种过渡性经济。随着抗日战争的发展,根据地的建立、巩固和扩大,新民主主义经济不断发展壮大。中国共产党和抗日根据地政府实行发展经济,保障供给的总方针,以及减租减息、互助合作、公私兼顾、劳资两利等一系列方针政策。抗日根据地的新民主主义经济有了较大的发展,具有以下一些特征。

(1)从废除封建剥削制度的土地革命政策转变为减轻封建剥削的减租减息政策。通过减租减息,发动了农民群众,建立起农民群众的政治优势,大大提高了农民群众发展生产和投入抗日斗争的积极性。农民所受封建剥削和农业税负担减轻,农民经济状况得到明显的改善,并出现了新的富农经济。

(2)在根据地经济发展中贯彻执行以农业为第一位的方针。对旧的富农经济只削弱其封建部分而奖励其资本主义部分。并在农村经济发展的实践中,总结出了"吴满有方向",如邓小平所指出的:"吴满有方向就是中共中央土地政策的具体表现";并将其精辟地概括为三个环节:"第一个就是扶助贫农、中农上升,第二个是奖励富农经济,第三个是削弱封建";"实行彻底减租、扶助贫农生产、组织起来、劳动互助、公私兼顾、精

---

① 《毛泽东选集》第三卷,人民出版社 1991 年版,第 1059—1061 页。

耕细作、多耕多锄、多上粪,就是吴满有方向,就是在实行贫的变富,富的更富的方向"。

(3)为了抗日战争军事斗争的需要和克服财政经济的困难,各根据地建立和发展了各种公营经济。公营经济包括根据地政府经营的工业(包括为支援抗日军事斗争的军事工业、盐业、食品加工、日用品工业)、商业、交通运输业和银行;军队经营的农场、工业、商业和运输业;党政机关、学校经营的自给性农工商业。毛泽东在《经济问题与财政问题》一文中,称根据地的公营经济是"新式的国家经济的模型","这种模型之所以为新式,就是说,它不是俾士麦式的旧型的国家经济,也不是苏联式的最新型的国家经济,而是新民主主义的或三民主义的国家经济"。对公营经济实行"统一领导,分散经营"的管理原则,这是公营经济原则性与灵活性、集中与分散的有机结合。也正是这种有机结合大大增强了公营经济的适应力和生命力。

(4)抗日根据地经济发展中提出了"发展合作事业,提倡股份经济"的政策。抗日根据地合作社经济得到较快发展,在农业生产中发展了农业生产互助组(包括临时互助和常年互助组)和以土地入股为特征的农业生产合作社。在流通领域发展了供销合作社;在金融领域发展了信用合作社;在手工业中发展了手工业合作社。关于合作社的性质,毛泽东指出它是建立在个体经济基础上(私有财产基础上)的集体劳动组织。一方面,它不破坏个体的私有财产基础,以个体经济为基础;另一方面,它是劳动群众自愿结成的组织,是许多劳动者共同的财产,集体互助没有剥削关系。

(5)对私人资本主义经济实行保护和鼓励的政策,私营工商业得到恢复和发展。各抗日根据地先后提出"奖励民营企业""扶助私人资本""奖励私人企业""承认资本主义生产方式的存在""奖励和保护民族资本主义的发展""保护私人工商业的自由营业"等政策,都是要保护和奖励私人资本主义的发展。毛泽东指出:"国营经济和合作社经济是应该发展的,但在目前的农村根据地内,主要的经济成分,还不是国营的,而是私营的,而是让自由资本主义经济得着发展的机会,用以反对日本帝国主义和半封建制度。这是目前中国的最革命的政策,反对和阻碍这个政策的施行,无疑义地是错误的。"①这就是说,在落后的农村地区,私营经济是最主要的经济成分。因此,"最革命的政策"就是不加限制,让自由资本主义经济"得着发展的机会"。在私营经济自由发展的过程中,穷者变富,富者更富。这样,作为农村资本主义基本形式的富农经济就有了充足的发展。

(6)在公私经济发展中提出了"公私兼顾"和"军民兼顾"的方针。在公营经济的发展中,曾一度出现垄断统制和与民争利的现象,也及时得到纠正。公营经济必须大力发展,但发展经济的重心,是促进个体经济、私人资本主义经济和合作经济等民营经济的发展。任何公营的工农商业的发展,绝不是垄断统制的和与民争利的,公营经济与民营经济密切联系,指导和帮助民营经济的发展,同时限制民营经济中的不良现象,以领导和推动抗日根据地经济的健康发展。在公私兼顾的方针下,各根据地在战争环境下创造了公私合营工业、公私合营商业等新的经济形式,在促进根据地经济的发展中起到了重大作用。

(7)抗日根据地经济发展中财政税收政策不断完善和规范。抗日根据地实行"发展经济,保障供给"的财政工作总方针。在税收政策上,废除旧的苛捐杂税,利用和改良旧的税制、建立新税制,实行合理负担政策,逐步实行统一累进税,为新民主主义经济的财政税收建设创立了良好的基础。

(8)抗日根据地的金融业得到发展。各抗日根据地建立银行,发行货币,开展对敌伪的货币斗争。各抗日根据地经历了整理货币市场,排挤、肃清敌伪货币,肃清各种杂钞,建立统一本位币市场。抗日根据地银行开展储蓄、贷款和汇兑业务,扶持生产,发展贸易,繁荣市场,促进了抗日根据地经济发展。

(9)抗日根据地经济开始形成了比较完整的新民主主义经济形态。主要由公营经济、私人资本主义经济、合作社经济、个体经济以及公私合营经济所构成。公营经济主要包括工业、商业、银行、交通运输业等企业。

---

① 《毛泽东选集》第三卷,人民出版社 1991 年版,第 793 页。

公营经济具有社会主义性质,是新民主主义经济的领导成分。抗日根据地政府积极发展公营经济。在创办公营经济的过程中,积累了较为丰富的管理企业的经验。

抗日根据地新民主主义的经济结构是中国共产党领导中国人民改造半殖民地半封建经济和经济建设实践的产物,是在探索中国经济发展道路的过程中反复实践不断总结正反两方面经验的产物,是中国共产党和人民群众集体智慧的结晶。抗日根据地经济建设的发展,第一,为抗日战争的胜利奠定了可靠的物质基础;第二,改善了以农民为主体的人民群众的生活,巩固了工农联盟,保证了无产阶级对农民的领导;第三,抗日根据地在经济建设中建立和壮大了公营经济,实现了公营经济对私营经济和个体经济的领导;第四,积累了领导经济工作、财政工作和管理工商业的经验,造就了一大批经济建设干部,为以后中国的解放事业乃至新中国成立后准备了物资条件和干部人才。